普通高等教育“十一五”国家级规划教材
（高职高专）

工程建设监理

（第2版）

主　编　钟汉华　赵旭升
副主编　张智涌　周无极
　　　　张希中　冷　涛
主　审　刘永庆　鲁立中

黄河水利出版社
·郑州·

内容提要

本书是普通高等教育“十一五”国家级规划教材，是按照国家对高职高专人才培养的规格要求及高职高专教学特点编写完成的。全书共分11章，主要内容包括工程建设监理的基本知识、工程建设合同、工程建设项目的进度控制、工程建设项目的质量控制、工程建设项目的投资控制、工程建设项目的合同管理、工程建设项目的安全管理、工程建设项目的信息管理、工程建设项目的组织协调、工程建设监理系列文件、工程建设监理招标与投标等。

本书为高职高专和成人高校土建类专业教材，也可供土木工程施工监理人员、技术人员、土木类各专业学生学习参考。

图书在版编目(CIP)数据

工程建设监理/钟汉华，赵旭升主编.—2版.—郑州：黄河水利出版社，2009.4 (2012.1 重印)

普通高等教育“十一五”国家级规划教材

ISBN 978-7-80734-587-9

Ⅰ.工… Ⅱ.①钟…②赵… Ⅲ.建筑工程-监督管理-高等学校：技术学校-教材 Ⅳ.TU712

中国版本图书馆CIP数据核字(2009)第041607号

组稿编辑：王路平　电话：0371-66022212　E-mail：hhslwlp@163.com

出 版 社：黄河水利出版社

地址：河南省郑州市顺河路黄委会综合楼14层　邮政编码：450003

发行单位：黄河水利出版社

发行部电话：0371-66026940、66020550、66028024、66022620(传真)

E-mail：hhslcbs@126.com

承印单位：黄河水利委员会印刷厂

开本：787 mm×1 092 mm　1/16

印张：21.25

字数：540千字

版次：2005年2月第1版　印数：20 201—24 000

2009年4月第2版　印次：2012年1月第6次印刷

定价：32.00元

再版前言

本书是普通高等教育“十一五”国家级规划教材，是根据《国务院关于大力发展职业教育的决定》、教育部《关于全面提高高等职业教育教学质量的若干意见》等文件精神，以及教育部对普通高等教育“十一五”国家级规划教材建设的具体要求组织编写的。

本书是在全国水利水电类高职高专统编教材《工程建设监理》的基础上，根据土建类专业指导性教学计划及教学大纲，以及国家最新颁布的标准、规范，经过新编、修订、补充编写完成的。主要内容包括工程建设监理的基本知识、工程建设合同、工程建设项目的进度控制、工程建设项目的质量控制、工程建设项目的投资控制、工程建设项目的合同管理、工程建设项目的安全管理、工程建设项目的信息管理、工程建设项目的组织协调、工程建设监理系列文件、工程建设监理招标与投标等。在编写过程中，我们努力体现高等职业技术教育的教学特点，并结合现行工程监理制度、规定，贯彻理论联系实际，注重实践能力的整体要求，突出针对性和实用性，便于学生学习。同时，我们还适当照顾了不同地区的特点和要求，力求反映工程监理的先进经验和技术手段。

本书编写人员及编写分工如下：湖北水利水电职业技术学院钟汉华（第一章、附录），杨凌职业技术学院赵旭升（第二章、第六章），四川水利职业技术学院李学明（第三章），山西水利职业技术学院张希中（第四章、第九章），四川水利职业技术学院张智涌（第五章、第十一章），湖北水利水电职业技术学院周无极（第七章），湖北水利水电职业技术学院冷涛（第八章），太原城市职业技术学院张建隽（第十章）。本书由钟汉华、赵旭升担任主编，钟汉华负责全书统稿，由张智涌、周无极、张希中、冷涛担任副主编，由长江工程职业技术学院刘永庆、湖北卓越工程建设监理公司鲁立中担任主审。

本书大量引用了有关专业文献和资料，未在书中一一注明出处，在此对有关文献的作者表示感谢。由于编者水平有限，加之时间仓促，难免存在错误和不足之处，诚恳地希望读者批评指正。

编　者

2009 年 1 月

前　言

本书是根据教育部《关于加强高职高专人才培养工作意见》和《面向21世纪教育振兴行动计划》等文件精神，以及全国水利水电高职教研会拟定的教材编写规划，报水利部批准，根据土建类专业指导性教学计划及教学大纲组织编写的全国水利水电类高职高专统编教材。

本书内容包括工程建设监理的基本知识、工程建设合同、工程建设项目的进度控制、工程建设项目的质量控制、工程建设项目的投资控制、工程建设项目的合同管理、工程建设项目的信息管理、工程建设项目的组织协调、工程建设监理系列文件、工程建设监理招标与投标等内容。在编写过程中，我们努力体现高等职业技术教育教学特点，并结合现行工程监理制度、规定的精选内容，以贯彻理论联系实际、注重实践能力的整体要求，突出针对性和实用性，便于学生学习。同时，我们还适当照顾了不同地区的特点和要求，力求反映工程监理的先进经验和技术手段。

参加本书编写的有湖北水利水电职业技术学院钟汉华（第一章、第九章）、冷涛（第七章），杨凌职业技术学院赵旭升（第二章、第六章），四川水利职业技术学院李学明（第三章）、张智涌（第五章、第十章），山西水利职业技术学院张希中（第四章、第八章）。全书由钟汉华主编，赵旭升任副主编，长江工程职业技术学院刘永庆主审。

本书大量引用了有关专业文献和资料，未在书中一一注明出处，在此对有关文献的作者表示感谢。由于编者水平有限，加之时间仓促，难免存在错误和不足之处，诚恳地希望读者批评指正。

编　者

2004年11月

目　录

第一章　工程建设监理的基本知识

第一节　工程建设监理的概念

工程建设监理是监理单位受项目法人委托进行的建设项目管理。工程建设监理是指针对工程项目建设，社会化、专业化的工程建设监理单位接受业主的委托和授权，根据国家批准的工程项目建设文件，有关工程建设的法律、法规和建设工程委托监理合同以及其他建设工程合同所进行的旨在实现项目投资目的的微观监督管理活动。

正确理解工程建设监理的概念，应把握以下几个要点：

(1)工程建设监理是针对工程项目建设所实施的监督管理活动。工程建设监理活动是围绕工程项目来进行的，并以此来界定工程建设监理的范围。工程建设监理是直接为建设项目提供管理服务的行业，监理单位是建设项目管理服务的主体。

(2)工程建设监理的行为主体是监理单位。由于监理单位具有独立性、社会化、专业化特点，这就使得监理单位能按照独立、自主的原则，以"公正的第三方"的身份开展工程建设监理活动。非监理单位所进行的监督管理活动不能称为工程建设监理。

(3)工程建设监理需要业主委托和授权。监理单位是依法成立的具有独立性、社会性、专业化等特点，从事工程建设监理的社会中介服务组织。工程建设监理的产生源于市场经济条件下社会的需求，始于业主的委托和授权。有业主的委托和授权是工程建设监理与政府行政监督管理的重要区别。这种方式也决定了业主与监理单位的关系是委托与被委托、授权与被授权的关系，决定了两者之间是合同关系。

(4)工程建设监理是有明确依据的工程建设行为。工程建设监理的最直接依据是建设工程合同(包括勘察、设计、施工、委托监理合同)，除此外，还有国家批准的工程项目建设文件、有关工程建设的法律和法规等。

(5)现阶段工程建设监理主要发生在项目建设的实施阶段。工程建设监理的经营服务范围包括了工程项目建设的全过程，但在现阶段监理活动主要发生在设计、招标、施工及竣工验收和保修阶段，而且这些阶段的监理活动还必须在业主授权的情况下才发生。

(6)工程建设监理是微观性质的监督管理活动。工程建设监理活动是针对一个具体项目展开的，它是围绕工程项目建设各项投资活动和生产活动所进行的监督管理，注重的是具体工程项目的实际效益。项目业主委托监理的目的就是期望监理单位能协助他实现项目投资目的。

第二节　建设监理的目标、任务和依据

一、建设监理的目标

就整个建设项目全过程监理而言，工程建设监理的目标就是力求在计划的投资、进度和质量目标内实现建设项目的总目标；阶段监理要力求实现本阶段建设项目的目标。

二、建设监理的任务

工程建设监理的中心任务是指控制工程项目目标，也就是控制合同所确定的投资、进度和质量目标。中心任务的完成是通过各阶段具体的监理工作任务的完成来实现的。监理工作任务的划分见图 1-1。

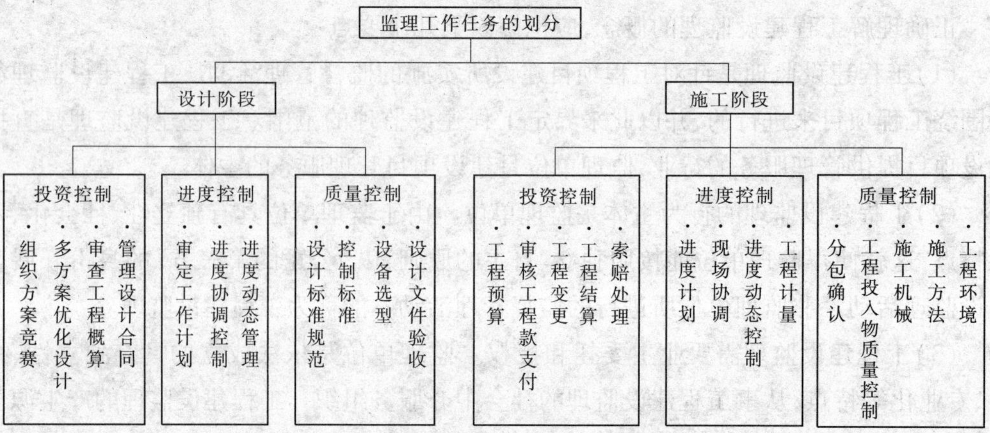

图 1-1　监理工作任务的划分

工程建设监理的内容主要是对建设项目进行投资控制、质量控制、进度控制、合同管理、信息管理、组织协调等。

（一）工程投资控制

监理单位审核施工单位编制的工程项目各阶段及各年、季、月度资金使用计划，并控制其执行，熟悉设计图纸、招标文件、标底（合同价），分析合同价构成因素，找出工程费用最易突破的部分，从而明确投资控制的重点，预测工程风险及可能发生索赔的原因，制定防范性对策，严格执行付款审核签订制度，及时进行工程投资实际值与计划值的比较、分析，严格履行计量与支付程序，及时对质量合格工程进行计量，及时审核签发付款证书等。

工程未经监理工程师签证，不得进行下一道工序的施工。设计单位的设计变更通知，应通知监理单位，监理工程师应核定费用及工期的增减，列入工程结算。

严格审核施工单位提交的工程结算书，公正地处理施工单位提出的索赔。

根据施工合同拟定的工程价款结算方式，由施工单位按已完工程进度填制工程价款等有关账单并报送监理单位，由总监理工程师对已完工程的数量、质量核实签证后，经建设单位同意，送开户银行作为支付价款的依据。

(二)工程质量控制

(1)原材料、构配件及设备的质量控制。工程所需的主要原材料、构配件及设备应由监理单位进行质量认定,其主要控制内容一般有:审核工程所用原材料、构配件及设备的出厂合格证或质量保证书;对工程原材料、构配件及设备在使用前需进行抽检或复试其试验的范围,按有关规定、标准的要求确定;凡采用新材料、新型制品,应检查技术鉴定文件;对重要原材料、构配件及设备的生产工艺、质量控制、检测手段等进行检查,必要时应到生产厂家实地进行考察,以确定供货单位;所有设备在安装前,应按相应技术说明书的要求进行质量检查,必要时还应由法定检测部门检测。

(2)分部、分项工程的质量控制。在一般情况下,主要的分项工程施工前,施工单位应将施工工艺、原材料使用、劳动力配置、质量保证措施等基本情况填写施工条件准备情况表报监理单位,监理单位应调查核实,经同意后方可开工。

分项工程施工过程中,应对关键部位随时进行抽检,抽检不合格的应通知施工单位整改,并要做好复查和记录。

所有分项工程施工,施工单位应在自检合格后,填写分项工程报验申请表,并附上分项工程评定表。属隐蔽工程的,还应将隐蔽工程报验单报监理单位,监理工程师必须严格按每道工序进行检查。经检查合格的,签发分项工程认可书。不合格的,给施工单位下达监理通知,指明整改项目。整改合格后,重新报验。

(三)工程进度控制

工程进度控制一般包括以下工作内容:

(1)审核施工单位编制的工程项目实施总进度计划。

(2)审核施工单位提交的施工进度计划,审核施工进度计划与施工方案的协调性和合理性等。

(3)审核施工单位提交的施工总平面布置图。

(4)审定材料、构配件及设备的采购供应计划。

(5)工程进度的检查,主要检查计划进度与实际进度的差异和实际工程量与计划工程量指标完成情况的一致性。

(四)合同管理

合同管理是监理工作的主要内容。广义地讲,监理工作可概括为监理单位受项目法人的委托,协助项目法人组织工程项目建设合同的订立、签订,并在合同实施过程中管理合同。狭义的合同管理是指合同文件管理、会议管理、支付、合同变更、违约、索赔及风险分担、合同争议协调等。

(五)安全管理

国务院颁布的《建设工程安全生产管理条例》明确监理单位对建设工程安全生产承担三大职责:审核查验职责、安全检查职责和督促整改职责。建设工程安全监理是建设工程监理的重要组成部分,也是建设工程安全生产管理的重要保障。建设工程安全监理的实施,是提高施工现场管理水平的有效方法,也是建设管理体制改革中加强安全管理、控制重大伤亡事故的一种有效手段。

（六）信息管理

信息管理是项目建设监理的重要手段。只有及时、准确地掌握项目建设中的信息，严格、有序地管理各种文件、图纸、记录、指令、报告和有关技术资料，完善信息资料的接收、签发、归档和查询等制度，才能使信息及时、准确和可靠地为建设监理提供工作依据，以便及时采取措施，有效地完成监理任务。

（七）组织协调

在工程项目实施过程中，存在大量的组织协调工作，项目法人和承包商之间由于各自的经济利益和对问题的不同理解，会产生各种矛盾和冲突；在项目建设过程中，多部门、多单位以不同的方式为项目建设服务，他们难以避免地会发生各种冲突。因此，监理工程师及时、准确地做好协调工作，是建设项目顺利进行的重要保证。

三、建设监理的依据

建设监理的依据是国家颁布实施的《中华人民共和国建筑法》和《建设工程质量管理条例》、《建设工程监理规范》、国家规范和验评标准以及工程建设监理合同、施工合同、设计合同、勘察合同、设计文件等。

与建设监理有关的法规有以下几项。

（一）技术规范标准

（1）国家计委、建设部等批准的《建筑设计规范》。

（2）建设部等批准的《建筑结构规范》。

（3）国家计委、建设部等批准的《建筑施工规范》。

（4）建设部等批准的《建筑材料的质量标准及检验方法》。

（5）建设部批准的《工程网络计划技术规程》。

（二）招标投标管理

（1）1992 年建设部第 23 号文发布的《工程建设施工招标投标管理办法》。

（2）1999 年中华人民共和国主席令第 21 号《中华人民共和国招标投标法》。

（3）2000 年国家计委第 3 号令《工程建设项目招标范围和规模标准规定》。

（三）合同管理

（1）1999 年全国人大通过的《中华人民共和国合同法》。

（2）1983 年国务院颁布的国发[1983]122 号《建筑安装工程承包合同条例》。

（3）1999 年国家工商行政管理局、建设部批准的《建设工程施工合同》（示范文本），GF—1999—0201。

（4）2000 年国家工商行政管理局、建设部批准的《建设工程委托监理合同》（示范文本），GF—2000—0202。

（5）2000 年国家工商行政管理局、建设部批准的《建设工程勘察合同（一）》（示范文本），GF—2000—0203，岩土建设工程勘察合同。

（6）2000 年国家工商行政管理局、建设部批准的《建设工程勘察合同（二）》（示范文本），GF—2000—0204，岩土建设工程设计合同。

（7）2000 年国家工商行政管理局、建设部批准的《建设工程设计合同（一）》（示范文本），GF—2000—0209，民用建设工程设计合同。

（8）2000 年国家工商行政管理局、建设部批准的《建设工程设计合同（二）》（示范文本），GF—2000—0210，专业建设工程设计合同。

（9）国际咨询工程师联合会发表的《委托监理合同》推荐文本。

（10）国际咨询工程师联合会发表的《土木工程施工合同条件》。

（11）国际咨询工程师联合会发表的《设计的建造与交钥匙工程合同条件》。

（12）国际咨询工程师联合会发表的《电气与机械工程合同条件》。

（四）质量、安全管理

（1）1990 年国家计委批准的［1990］建字第 151 号《建筑工程质量监督管理规定》。

（2）1990 年国家计委批准的计建设［1990］215 号《建设项目工程竣工验收办法》。

（3）1993 年建设部第 29 号文发布的《建筑工程质量管理办法》。

（4）2000 年中华人民共和国国务院令第 279 号《建设工程质量管理条例》。

（5）1980 年国家建工总局颁发的《建筑安装工人安全技术操作规程》。

（6）1982 年城乡建设环境保护部颁布的《关于加强集体所有制建筑企业安全生产的暂行规定》。

（7）1983 年城乡建设环境保护部颁布的《国营建筑企业安全生产工作条例》。

（8）1989 年建设部颁布的《工程建设重大事故报告和调查程序规定》。

（9）1991 年建设部颁布的《建筑安全生产监督管理规定》。

（10）1988 年建设部颁布的《建筑工程质量检验评定标准》。

（五）勘察、设计、施工单位资质管理

（1）1991 年建设部颁布的《建筑企事业单位关键岗位持证上岗管理规定》。

（2）1992 年建设部颁布的《建筑装饰设计资格分级标准》。

（3）1994 年建设部颁布的《在中国境内承包工程的外国企业资质管理暂行规定》。

（4）1995 年建设部发布的《建筑业企业资质管理规定》。

（5）1997 年建设部颁布的《建设工程勘察和设计单位资质管理规定》。

（六）其他

（1）1989 年中华人民共和国主席令第 23 号《中华人民共和国城市规划法》。

（2）1999 年中华人民共和国主席令第 29 号《中华人民共和国公司法》修正案。

第三节　监理单位

一、监理单位的设立

监理单位是指取得监理资格证书、具有法人资格、从事工程建设监理的单位，如监理公司、监理事务所、监理中心、咨询中心。监理单位按照经济性质分为全民所有制企业、集体所有制企业、私有企业；按照组建方式分为股份公司、合资企业、合作企业以及合伙企业等；按照经济责任分为有限责任公司和无限责任公司两种；按照资质等级分为甲级、乙级、丙级三种；按照从事的主要业务范围不同，可分出不同专业类别的监理单位。

监理单位必须具有自己的名称、组织机构和场所，有与承担监理业务相适应的经济、法律、技术及管理人员，完善的组织章程和管理制度，并有一定数量的资金和设施。符合条件的单位经申请取得监理资格等级证书，并经工商行政管理部门注册取得营业执照后，才可承担监理业务。

（一）监理单位的资质等级与资质管理

1. 监理单位的资质要素

1）监理人员的素质要求

（1）具备较高的与工程技术或建筑经济有关的理论知识和实际运用技能。

（2）具有较强的组织协调能力。

（3）具有高尚的职业道德。

（4）拥护共产党的领导，热爱社会主义祖国。

（5）身体健康，能胜任监理工作的需要。

对监理单位负责人的素质要求则更高一些：在技术方面，应当具有高级专业技术职称；应具有较强的组织协调和领导才能，应当取得国家确认的《监理工程师资格证书》。

2）监理单位的专业配套能力

一个监理单位，按照它所从事的监理业务范围的要求，配备的专业监理人员是否齐全，在很大程度上决定了它的监理能力的强弱。根据承担的监理工程业务的要求，配备专业齐全的监理人员，这是专业配套能力的起码要求。另一方面，专业配套能力的重要标志，在于各主要专业的监理人员当中应有 2 名以上具有高级专业技术职称，这些人员同时还取得了《监理工程师岗位证书》。达不到这个标准，就视为该监理单位配套能力不强，就应该限制其承接监理业务的范围。

3）监理单位的技术装备

监理单位的技术装备也是其资质要素之一。监理单位的技术装备一般有计算机，工程测量仪器和设备，检测仪器和设备，交通、通信设备，照相、录像设备等。

4）监理单位的管理水平

对于企业来说，管理包括组织管理、人事管理、财务管理、设备管理、生产经营管理、科技管理以及档案文书管理等多方面的内容。考察一个监理单位管理工作的优劣，一是要考察其领导的能力，二是要侧重考察其规章制度的建立和贯彻执行情况。

5）监理单位的经历和成效

监理单位的经历是指监理单位成立之后，从事监理工作的历程。监理成效主要是指监理活动在控制工程建设投资、工期和保证工程质量等方面取得的效果。

此外，监理单位要有起码的经济实力，即要有一定数额的注册资金。

2. 监理单位资质等级的划分

按照有关法规规定，监理单位自领取营业执照之日起，从事监理工作满 2 年后，可以向监理资质管理部门申请核定资质等级。刚成立的监理单位，不定资质等级，只能领取临时资质等级证书。

监理单位申请核定资质等级时需提交以下材料：

（1）核定资质等级申请书。

(2)《监理申请批准书》和《营业执照》副本。

(3)法定代表人与技术负责人的有关证件。

(4)《监理业务手册》。

(5)其他有关证明。

资质管理部门根据有关申请材料,对其人员素质、专业技能、管理水平、资金数量以及实际业绩等进行综合评审,经审核符合等级标准的,发给相应的《资质等级证书》。

监理单位的资质等级3年核定一次。无论甲级、乙级或丙级资质监理单位,其资质等级的审定都是从以下四方面考虑的:

(1)监理单位负责人的专业技术素质。

(2)监理单位的群体专业技术素质及专业配套能力。

(3)注册资金的数额。

(4)监理工程的等级和竣工的工程数量以及监理成效。

核定资质等级时可以申请升级。申请升级的监理单位必须向资质管理部门报送以下材料:

(1)资质升级申请书。

(2)原《资质等级证书》和《营业执照》副本。

(3)法定代表人与技术负责人的有关证件。

(4)《监理业务手册》。

(5)其他有关证明文件。

资质管理部门对资质升级材料进行审查核实,经审查符合升级标准的,发给相应的《资质等级证书》,同时收回原《资质等级证书》。

3.监理单位的资质标准

按《工程监理企业资质管理规定》,工程监理企业资质分为综合资质、专业资质和事务所资质。其中,专业资质按照工程性质和技术特点划分为若干工程类别。

综合资质、事务所资质不分级别。专业资质分为甲级、乙级。其中,房屋建筑、水利水电、公路和市政公用专业资质可设立丙级。工程监理企业的资质等级标准如下。

1)综合资质标准

(1)具有独立法人资格且注册资本不少于600万元。

(2)企业技术负责人应为注册监理工程师,并具有15年以上从事工程建设工作的经历或者具有工程类高级职称。

(3)具有5个以上工程类别的专业甲级工程监理资质。

(4)注册监理工程师不少于60人,注册造价工程师不少于5人,一级注册建造师、一级注册建筑师、一级注册结构工程师或者其他勘察设计注册工程师合计不少于15人次。

(5)企业具有完善的组织结构和质量管理体系,有健全的技术、档案等管理制度。

(6)企业具有必要的工程试验检测设备。

(7)申请工程监理资质之日前一年内没有《工程监理企业资质管理规定》中第十六条禁止的行为。

(8)申请工程监理资质之日前一年内没有因本企业监理责任造成重大质量事故。

(9)申请工程监理资质之日前一年内没有因本企业监理责任发生三级以上工程建设重大安全事故或者发生两起以上四级工程建设安全事故。

2)专业资质标准

A. 甲级

(1)具有独立法人资格且注册资本不少于300万元。

(2)企业技术负责人应为注册监理工程师,并具有15年以上从事工程建设工作的经历或者具有工程类高级职称。

(3)注册监理工程师、注册造价工程师、一级注册建造师、一级注册建筑师、一级注册结构工程师或者其他勘察设计注册工程师合计不少于25人次。其中,相应专业注册监理工程师不少于《专业资质注册监理工程师人数配备表》中要求配备的人数,注册造价工程师不少于2人。

(4)企业近2年内独立监理过3个以上相应专业的二级工程项目,但是,具有甲级设计资质或一级及以上施工总承包资质的企业申请本专业工程类别甲级资质的除外。

(5)企业具有完善的组织结构和质量管理体系,有健全的技术、档案等管理制度。

(6)企业具有必要的工程试验检测设备。

(7)申请工程监理资质之日前一年内没有《工程监理企业资质管理》中第十六条禁止的行为。

(8)申请工程监理资质之日前一年内没有因本企业监理责任造成重大质量事故。

(9)申请工程监理资质之日前一年内没有因本企业监理责任发生三级以上工程建设重大安全事故或者发生两起以上四级工程建设安全事故。

B. 乙级

(1)具有独立法人资格且注册资本不少于100万元。

(2)企业技术负责人应为注册监理工程师,并具有10年以上从事工程建设工作的经历。

(3)注册监理工程师、注册造价工程师、一级注册建造师、一级注册建筑师、一级注册结构工程师或者其他勘察设计注册工程师合计不少于15人次。其中,相应专业注册监理工程师不少于《专业资质注册监理工程师人数配备表》中要求配备的人数,注册造价工程师不少于1人。

(4)有较完善的组织结构和质量管理体系,有技术、档案等管理制度。

(5)有必要的工程试验检测设备。

(6)申请工程监理资质之日前一年内没有《工程监理企业资质管理规定》中第十六条禁止的行为。

(7)申请工程监理资质之日前一年内没有因本企业监理责任造成重大质量事故。

(8)申请工程监理资质之日前一年内没有因本企业监理责任发生三级以上工程建设重大安全事故或者发生两起以上四级工程建设安全事故。

C. 丙级

(1)具有独立法人资格且注册资本不少于50万元。

(2)企业技术负责人应为注册监理工程师,并具有8年以上从事工程建设工作的经历。

(3)相应专业的注册监理工程师不少于《专业资质注册监理工程师人数配备表》中要

求配备的人数。

(4)有必要的质量管理体系和规章制度。

(5)有必要的工程试验检测设备。

D.事务所资质标准

(1)取得合伙企业营业执照,具有书面合作协议书。

(2)合伙人中有3名以上注册监理工程师,合伙人均有5年以上从事建设工程监理的工作经历。

(3)有固定的工作场所。

(4)有必要的质量管理体系和规章制度。

(5)有必要的工程试验检测设备。

4.监理单位的资质管理

申请综合资质、专业甲级资质的,应当向企业工商注册所在地的省、自治区、直辖市人民政府建设主管部门提出申请。省、自治区、直辖市人民政府建设主管部门应当自受理申请之日起20日内初审完毕,并将初审意见和申请材料报国务院建设主管部门。国务院建设主管部门应当自省、自治区、直辖市人民政府建设主管部门受理申请材料之日起60日内完成审查,公示审查意见,公示时间为10日。其中,涉及铁路、交通、水利、通信、民航等专业工程监理资质的,由国务院建设主管部门送国务院有关部门审核。国务院有关部门应当在20日内审核完毕,并将审核意见报国务院建设主管部门。国务院建设主管部门根据初审意见审批。

专业乙级、丙级资质和事务所资质由企业所在地省、自治区、直辖市人民政府建设主管部门审批。

县级以上人民政府建设主管部门和其他有关部门应当依照有关法律、法规和《工程监理企业资质管理规定》,加强对工程监理企业资质的监督管理。

(1)建设主管部门履行监督检查职责时,有权采取下列措施:

①要求被检查单位提供工程监理企业资质证书,注册监理工程师注册执业证书,有关工程监理业务的文档,有关质量管理、安全生产管理、档案管理等企业内部管理制度的文件。

②进入被检查单位进行检查,查阅相关资料。

③纠正违反有关法律、法规和规定及有关规范和标准的行为。

(2)建设主管部门进行监督检查时,应当有2名以上监督检查人员参加,并出示执法证件,不得妨碍被检查单位的正常经营活动,不得索取或者收受财物、谋取其他利益。有关单位和个人对依法进行的监督检查应当协助与配合,不得拒绝或者阻挠。监督检查机关应当将监督检查的处理结果向社会公布。

(3)工程监理企业违法从事工程监理活动的,违法行为发生地的县级以上地方人民政府建设主管部门应当依法查处,并将违法事实、处理结果或处理建议及时报告该工程监理企业资质的许可机关。

(4)工程监理企业取得工程监理企业资质后不再符合相应资质条件的,资质许可机关根据利害关系人的请求或者依据职权,可以责令其限期改正;逾期不改的,可以撤回其资质。

(5)有下列情形之一的，资质许可机关或者其上级机关，根据利害关系人的请求或者依据职权，可以撤销工程监理企业资质：

①资质许可机关工作人员滥用职权、玩忽职守作出准予工程监理企业资质许可的。

②超越法定职权作出准予工程监理企业资质许可的。

③违反资质审批程序作出准予工程监理企业资质许可的。

④对不符合许可条件的申请人作出准予工程监理企业资质许可的。

⑤依法可以撤销资质证书的其他情形。以欺骗、贿赂等不正当手段取得工程监理企业资质证书的，应当予以撤销。

(6)有下列情形之一的，工程监理企业应当及时向资质许可机关提出注销资质的申请，交回资质证书，国务院建设主管部门应当办理注销手续，公告其资质证书作废：

①资质证书有效期届满，未依法申请延续的。

②工程监理企业依法终止的。

③工程监理企业资质依法被撤销、撤回或吊销的。

④法律、法规规定的应当注销资质的其他情形。

(7)工程监理企业应当按照有关规定，向资质许可机关提供真实、准确、完整的工程监理企业的信用档案信息。

工程监理企业的信用档案应当包括基本情况、业绩、工程质量和安全、合同违约等情况。被投诉举报和处理、行政处罚等情况应当作为不良行为记入其信用档案。

工程监理企业的信用档案信息按照有关规定向社会公示，公众有权查阅。

(8)申请人隐瞒有关情况或者提供虚假材料申请工程监理企业资质的，资质许可机关不予受理或者不予行政许可，并给予警告，申请人在1年内不得再次申请工程监理企业资质。

(9)以欺骗、贿赂等不正当手段取得工程监理企业资质证书的，由县级以上地方人民政府建设主管部门或者有关部门给予警告，并处1万元以上2万元以下的罚款，申请人3年内不得再次申请工程监理企业资质。

(二)设立建设监理单位的申报、审批程序

设立建设监理单位的申报、审批程序，一般分为三步：一是按照申报的要求，准备好各种材料向建设监理行政主管部门申报设立；二是建设监理行政主管部门审查其资质条件；三是审查资质合格者到工商行政管理机关申请登记注册，领取营业执照。监理单位营业执照的签发日期为监理单位的成立日期。

建设监理行政主管部门对申报设立监理单位的资质审查，主要是看它是否具备开展监理业务的能力；同时，要审查它是否具备法人资格的起码条件。在达到上述两项条件的基础上，核定它开展建设监理业务活动的经营范围，并提出资质审查合格的书面材料。没有建设监理行政主管部门签署的资质审查合格的书面意见，监理单位不得到工商行政管理部门申请登记注册，工商行政管理部门不得受理没有建设行政主管部门签署资质审查合格书面材料的监理单位的登记注册申请。

工商行政管理部门对申请登记注册监理单位的审查，主要是按企业法人应具备的条件进行审理。经审查合格者，给予登记注册，并填发营业执照。登记注册是对法人成立的确认。没有获准登记注册的，不得以申请登记注册的法人名称进行经营活动。

二、监理单位的业务范围

监理单位必须在核定的监理范围内从事监理活动，不得擅自越级承接建设监理业务。工程监理企业资质相应许可的业务范围如下。

（一）综合资质

综合资质可承担所有专业工程类别建设工程项目的工程监理业务。

（二）专业资质

专业甲级资质可承担相应专业工程类别建设工程项目的工程监理业务；专业乙级资质可承担相应专业工程类别二级以下（含二级）建设工程项目的工程监理业务；专业丙级资质可承担相应专业工程类别三级建设工程项目的工程监理业务。

（三）事务所资质

事务所资质可承担三级建设工程项目的工程监理业务，但是，国家规定必须实行强制监理的工程除外。

工程监理企业可以开展相应类别建设工程的项目管理、技术咨询等业务。

有关工程范围、复杂程度如下：

（1）矿山采选工程。适用于有色金属、黑色冶金、化学、非金属、黄金、铀、煤炭以及其他矿种采选工程。矿山采选工程复杂程度如表 1-1、表 1-2 所示。

表 1-1　采矿工程复杂程度

等级	工程特征
Ⅰ级	1. 地形、地质、水文条件简单； 2. 煤层、煤质稳定，全区可采，无岩浆岩侵入，无自然发火的矿井工程； 3. 立井筒垂深 <300 m，斜井筒斜长 <500 m； 4. 矿田地形为Ⅰ、Ⅱ类，煤层赋存条件属Ⅰ、Ⅱ类，可采煤层 2 层及以下，煤层埋藏深度 <100 m，采用单一开采工艺的煤炭露天采矿工程； 5. 两种矿石品种，有分采、分贮、分运设施的露天采矿工程； 6. 矿体埋藏垂深 <120 m 的山坡与深凹露天矿； 7. 矿石品种单一，斜井，平硐溜井，主、副、风井条数 <4 条的矿井工程
Ⅱ级	1. 地形、地质、水文条件较复杂； 2. 低瓦斯、偶见少量岩浆岩、自然发火倾向小的矿井工程； 3. 300 m≤立井筒垂深 <800 m，500 m≤斜井筒斜长 <1 000 m，表土层厚度 <300 m； 4. 矿田地形为Ⅲ类及以上，煤层赋存条件属Ⅲ类，煤层结构复杂，可采煤层多于 2 层，煤层埋藏深度≥100 m，采用综合开采工艺的煤炭露天采矿工程； 5. 有两种矿石品种，主、副、风井条数≥4 条，有分采、分贮、分运设施的矿井工程； 6. 两种以上开拓运输方式，多采场的露天矿； 7. 矿体埋藏垂深≥120 m 的深凹露天矿； 8. 采金工程

续表 1-1

等级	工程特征
Ⅲ级	1. 地形、地质、水文条件复杂； 2. 水患严重、有岩浆岩侵入、有自然发火危险的矿井工程； 3. 地压大，地温局部偏高，煤尘具爆炸性，高瓦斯矿井，煤层及瓦斯突出的矿井工程； 4. 立井筒垂深 >800 m，斜井筒斜长 >1 000 m，表土层厚度≥300 m； 5. 开采运输系统复杂，斜井胶带，联合开拓运输系统，有复杂的疏干、排水系统及设施； 6. 两种以上矿石品种，有分采、分贮、分运设施，采用充填采矿法或特殊采矿法的各类采矿工程； 7. 铀矿采矿工程

表 1-2　选矿工程复杂程度

等级	工程特征
Ⅰ级	1. 新建筛选厂（车间）工程； 2. 处理易选矿石，单一产品及选矿方法的选矿工程
Ⅱ级	1. 新建和改扩建入洗下限≥25 mm 选煤厂工程； 2. 两种矿产品及选矿方法的选矿工程
Ⅲ级	1. 新建和改扩建入洗下限 <25 mm 选煤厂、水煤浆制备及燃烧应用工程； 2. 两种以上矿产品及选矿方法的选矿工程

（2）加工冶炼工程。适用于机械、船舶、兵器、航空、航天、电子、核加工、轻工、纺织、商物粮、建材、钢铁、有色等各类加工工程，钢铁、有色等冶炼工程。加工冶炼工程复杂程度如表 1-3 所示。

表 1-3　加工冶炼工程复杂程度

等级	工程特征
Ⅰ级	1. 一般机械辅机及配套厂工程； 2. 船舶辅机及配套厂，船舶普航仪器厂，吊车道工程； 3. 防化民爆工程、光电工程； 4. 文体用品、玩具、工艺美术品、日用杂品、金属制品厂工程； 5. 针织、服装厂工程； 6. 小型林产加工工程； 7. 小型冷库、屠宰厂、制冰厂，一般农业（粮食）与内贸加工工程； 8. 普通水泥、砖瓦水泥制品厂工程； 9. 一般简单加工及冶炼辅助单体工程和单体附属工程； 10. 小型、技术简单的建筑铝材、铜材加工及配套工程

续表 1-3

等级	工程特征
Ⅱ级	1. 试验站(室),试车台,计量检测站,自动化立体和多层仓库工程,动力、空分等站房工程; 2. 造船厂,修船厂,坞修车间,船台滑道,船模试验水池,海洋开发工程设备厂,水声设备及水中兵器厂工程; 3. 坦克装甲车车辆、枪炮工程; 4. 航空装配厂、维修厂、辅机厂,航空、航天试验测试及零部件厂,航天产品部装厂工程; 5. 电子整机及基础产品项目工程,显示器件项目工程; 6. 食品发酵烟草工程,制糖工程,制盐及盐化工工程,皮革毛皮及其制品工程,家电及日用机械工程,日用硅酸盐工程; 7. 纺织工程; 8. 林产加工工程; 9. 商物粮加工工程; 10. <2 000 t/d 的水泥生产线,普通玻璃、陶瓷、耐火材料工程,特种陶瓷生产线工程,新型建筑材料工程; 11. 焦化、耐火材料、烧结球团及辅助、加工和配套工程,有色、钢铁冶炼等辅助、加工和配套工程
Ⅲ级	1. 机械主机制造厂工程; 2. 船舶工业特种涂装车间,干船坞工程; 3. 火炸药及火工品工程,弹箭引信工程; 4. 航空主机厂,航天产品总装厂工程; 5. 微电子产品项目工程,电子特种环境工程,电子系统工程; 6. 核燃料元/组件、铀浓缩、核技术及同位素应用; 7. 制浆造纸工程,日用化工工程; 8. 印染工程; 9. ≥2 000 t/d 的水泥生产线,浮法玻璃生产线; 10. 有色、钢铁冶炼(含连铸)工程,轧钢工程

(3)石油化工工程。适用于石油、天然气、石油化工、化工、火化工、核化工、化纤、医药工程。石油化工工程复杂程度如表 1-4 所示。

表 1-4　石油化工工程复杂程度

等级	工程特征
Ⅰ级	1. 油气田井口装置和内部集输管线,油气计量站、接转站等场站、总容积 <50 000 m^3 或品种 <5 种的独立油库工程; 2. 平原微丘陵地区长距离油、气、水煤浆等各种介质的输送管道和中间场站工程; 3. 无机盐、橡胶制品、混配肥工程; 4. 石油化工工程的辅助生产设施和公用工程

续表 1-4

等级	工程特征
Ⅱ级	1. 油气田原油脱水转油站、油气水联合处理站、总容积≥50 000 m^3 或品种≥5 种的独立油库、天然气处理和轻烃回收厂站、三次采油回注水处理工程，硫磺回收及下游装置、稠油及三次采油联合处理站，油气田天然气液化及提氦、地下贮气库； 2. 山区沼泽地带长距离油、气、水煤浆等各种介质的输送管道和首站、末站、压气站、调度中心工程； 3. 500 万 t/年以下的常减压蒸馏及后加工装置，丁烯氧化脱氢、MTBE、丁二烯抽提、乙腈生产装置工程； 4. 磷肥、农药、精细化工、生物化工、化纤工程； 5. 医药工程； 6. 冷冻、脱盐、联合控制室、中高压热力站、环境监测、工业监视、三级污水处理工程
Ⅲ级	1. 海上油气田工程； 2. 长输管道的穿跨越工程； 3. 500 万 t/年以上的常减压联合蒸馏及二次加工装置，芳烃抽提、芳烃（PX），乙烯、对苯二甲酸等单体原料，合成材料，LPG、LNG 低温贮存运输设施工程； 4. 合成氨、制酸、制碱、复合肥、火化工、煤化工工程； 5. 核化工、放射性药品工程

（4）水利电力工程。适用于水利、水电、电力、核能工程。水利电力工程复杂程度如表 1-5、表 1-6 所示。

表 1-5　水库、水电、电力、核能工程复杂程度

等级	工程特征
Ⅰ级	1. 单机容量 200 MW 及以下凝汽式机组发电工程，燃气轮机发电工程，50 MW 及以下供热机组发电工程； 2. 电压等级 110 kV 及以下的送电、变电工程； 3. 最大坝高 <70 m，边坡高度 <50 m，基础处理深度 <20 m 的水库水电工程； 4. 施工明渠导流建筑物与土石围堰； 5. 总装机容量 <50 MW 的水电工程； 6. 单洞长度 <1 km 的隧洞； 7. 无特殊环保要求
Ⅱ级	1. 单机容量 300～600 MW 凝汽式机组发电工程，单机容量 50 MW 以上供热机组发电工程，新能源发电工程（可再生能源、风电、潮汐等）； 2. 电压等级 330 kV 的送电、变电工程； 3. 70 m≤最大坝高 <100 m 或 1 000 万 m^3≤库容 <1 亿 m^3 的水库水电工程； 4. 地下洞室的跨度 <15 m，50 m≤边坡高度 <100 m，20 m≤基础处理深度 <40 m 的水库水电工程； 5. 施工隧洞导流建筑物（洞径 10 m）或混凝土围堰（最大堰高 <20 m）； 6. 50 MW≤总装机容量 <1 000 MW 的水电工程； 7. 1 km≤单洞长度 <4 km 的隧洞； 8. 工程位于省级重点环境（生态）保护区内，或毗邻省级重点环境（生态）保护区，有较高的环保要求

续表 1-5

等级	工程特征
Ⅲ级	1. 单机容量 600 MW 及以上凝汽式机组发电工程； 2. 换流站工程，电压等级≥500 kV 的送电、变电工程； 3. 核能工程； 4. 最大坝高≥100 m 或库容≥1 亿 m^3 的水库水电工程； 5. 地下洞室的跨度≥15 m，边坡高度≥100 m，基础处理深度≥40 m 的水库水电工程； 6. 施工隧洞导流建筑物（洞径≥10 m）或混凝土围堰（最大堰高≥20 m）； 7. 总装机容量≥1 000 MW 的水库水电工程； 8. 长度≥4 km 的水工隧洞； 9. 工程位于国家级重点环境（生态）保护区内，或毗邻国家级重点环境（生态）保护区，有特殊的环保要求

表 1-6　其他水利工程复杂程度

等级	工程特征
Ⅰ级	1. 流量＜15 m^3/s 的引调水渠道管线工程； 2. 堤防等级Ⅴ级的河道治理建（构）筑物及河道堤防工程； 3. 灌区田间工程； 4. 水土保持工程
Ⅱ级	1. 15 m^3/s≤流量＜25 m^3/s 引调水渠道管线工程； 2. 引调水工程中的建筑物工程； 3. 丘陵、山区、沙漠地区的引调水渠道管线工程； 4. 堤防等级Ⅲ、Ⅳ级的河道治理建（构）筑物及河道堤防工程
Ⅲ级	1. 流量≥25 m^3/s 的引调水渠道管线工程； 2. 丘陵、山区、沙漠地区的引调水建筑物工程； 3. 堤防等级Ⅰ、Ⅱ级的河道治理建（构）筑物及河道堤防工程； 4. 护岸、防波堤、围堰、人工岛、围垦工程，城镇防洪、河口整治工程

（5）交通运输工程。适用于铁路、公路、水运、城市交通、民用机场、索道工程。交通运输工程复杂程度如表 1-7 ~ 表 1-11 所示。

表 1-7　铁路工程复杂程度

等级	工程特征
Ⅰ级	Ⅱ、Ⅲ、Ⅳ级铁路
Ⅱ级	1. 时速 200 km 客货共线； 2. Ⅰ级铁路； 3. 货运专线； 4. 独立特大桥； 5. 独立隧道
Ⅲ级	1. 客运专线； 2. 技术特别复杂的工程

注：1. 复杂程度调整系数Ⅰ级为 0.85，Ⅱ级为 1，Ⅲ级为 0.95；
2. 复杂程度Ⅱ级的新建双线复杂程度调整系数为 0.85。

表 1-8　公路、城市道路、轨道交通、索道工程复杂程度

等级	工程特征
Ⅰ级	1. 三级公路、四级公路及相应的机电工程； 2. 一级公路、二级公路的机电工程
Ⅱ级	1. 一级公路、二级公路； 2. 高速公路的机电工程； 3. 城市道路、广场、停车场工程
Ⅲ级	1. 高速公路工程； 2. 城市地铁、轻轨； 3. 客(货)运索道工程

注：穿越山岭重丘区的复杂程度Ⅱ、Ⅲ级公路工程项目的部分复杂程度调整系数分别为 1.1 和 1.26。

表 1-9　公路桥梁、城市桥梁和隧道工程复杂程度

等级	工程特征
Ⅰ级	1. 总长 <1 000 m 或单孔跨径 <150 m 的桥梁； 2. 长度 <1 000 m 的隧道工程； 3. 人行天桥、涵洞工程
Ⅱ级	1. 总长≥1 000 m 或 150 m≤单孔跨径 <250 m 的公路桥梁； 2. 1 000 m≤长度 <3 000 m 的隧道工程； 3. 城市桥梁、分离式立交桥、地下通道工程
Ⅲ级	1. 主跨≥250 m 拱桥，单跨≥250 m 预应力混凝土连续结构，≥400 m 斜拉桥，≥800 m 悬索桥； 2. 连拱隧道、水底隧道、长度≥3 000 m 的隧道工程； 3. 城市互通式立交桥

表 1-10　水运工程复杂程度

等级	工程特征
Ⅰ级	1. 沿海港口、航道工程：码头 <1 000 t 级，航道 <5 000 t 级； 2. 内河港口、航道整治、通航建筑工程：码头、航道整治、船闸 <100 t 级； 3. 修造船厂水工工程：船坞、舾装码头 <3 000 t 级，船台、滑道船体重量 <1 000 t； 4. 各类疏浚、吹填、造陆工程
Ⅱ级	1. 沿海港口、航道工程：1 000 t 级≤码头 <10 000 t 级，5 000 t 级≤航道 <30 000 t 级，护岸、引堤、防波堤等建筑物； 2. 油、气、危险品码头工程 <1 000 t 级； 3. 内河港口、航道整治、通航建筑工程：100 t 级≤码头 <1 000 t 级，100 t 级≤航道整治 <1 000 t 级，100 t 级≤船闸 <500 t 级，升船机 <300 t 级； 4. 修造船厂水工工程：3 000 t 级≤船坞、舾装码头 <10 000 t 级，1 000 t< 船台、滑道船体重量 <5 000 t

续表 1-10

等级	工程特征
Ⅲ级	1. 沿海港口、航道工程:码头≥10 000 t 级,航道≥30 000 t 级; 2. 油、气、危险品码头工程≥1 000 t 级; 3. 内河港口、航道整治、通航建筑工程:码头、航道整治≥1 000 t 级,船闸≥500 t 级,升船机≥300 t 级; 4. 航运(电)枢纽工程; 5. 修造船厂水工工程:船坞、舾装码头≥10 000 t 级,船台、滑道船体重量≥5 000 t; 6. 水上交通管制工程

表 1-11　民用机场工程复杂程度

等级	工程特征
Ⅰ级	3C 及以下场道、空中交通管制工程及助航灯光工程(项目单一或规模较小工程)
Ⅱ级	4C、4D 场道,空中交通管制工程及助航灯光工程(中等规模工程)
Ⅲ级	4E 及以上场道、空中交通管制工程及助航灯光工程(大型综合工程含配套措施)

注:工程项目规模划分标准见《民用机场飞行区技术标准》。

(6)建筑市政工程。适用于建筑、人防、市政公用工程,园林绿化、广播电视、邮政、电信工程。建筑市政工程复杂程度如表 1-12 ~ 表 1-14 所示。

表 1-12　建筑、人防工程复杂程度

等级	工程特征
Ⅰ级	1. 高度<24 m 的公共建筑和住宅工程; 2. 跨度<24 m 的厂房和仓储建筑工程; 3. 室外工程及简单的配套用房; 4. 高度<70 m 的高耸构筑物
Ⅱ级	1. 24 m≤高度<50 m 的公共建筑工程; 2. 24 m≤跨度<36 m 的厂房和仓储建筑工程; 3. 高度≥24 m 的住宅工程; 4. 仿古建筑,一般标准的古建筑、保护性建筑以及地下建筑工程; 5. 装饰、装修工程; 6. 防护级别为四级及以下的人防工程; 7. 70 m≤高度<120 m 的高耸构筑物
Ⅲ级	1. 高度≥50 m 的公共建筑工程,或跨度≥36 m 的厂房和仓储建筑工程; 2. 高标准的古建筑、保护性建筑; 3. 防护级别为四级以上的人防工程; 4. 高度≥120 m 的高耸构筑物

表 1-13　市政公用、园林绿化工程复杂程度

等级	工程特征
Ⅰ级	1. 直径＜1.0 m 的给排水地下管线工程； 2. 小区内燃气管道工程； 3. 小区供热管网工程，＜2 MW 的小型换热站工程； 4. 小型垃圾中转站，简易堆肥工程
Ⅱ级	1. 直径≥1.0 m 的给排水地下管线工程，＜3 m^3/s 的给水、污水泵站，＜10 万 t/d 的给水厂工程，＜5 万 t/d 的污水处理厂工程； 2. 城市中、低压燃气管网（站），＜1 000 m^3 液化气贮灌场（站）； 3. 锅炉房，城市供热管理网工程，≥2 MW 换热站工程； 4. ≥100 t/d 的垃圾中转站，垃圾填埋场； 5. 园林绿化工程
Ⅲ级	1. ≥3 m^3/s 的给水、污水泵站；≥10 万 t/d 的给水厂工程，≥5 万 t/d 污水处理厂工程； 2. 城市高压燃气管网（站），≥1 000 m^3 液化气贮灌场（站）； 3. 垃圾焚烧工程； 4. 海底排污管线，海水取排水、淡化及处理工程

表 1-14　广播电视、邮政、电信工程复杂程度

等级	工程特征
Ⅰ级	1. 广播电视中心设备（广播 2 套及以下，电视 3 套及以下）工程； 2. 中短波发射台（中波单机功率 $P<1$ kW，短波单机功率 $P<50$ kW）工程； 3. 电视、调频发射塔（台）设备（单机功率 $P<1$ kW）工程； 4. 广播电视收测台设备工程，三级邮件处理中心工艺工程
Ⅱ级	1. 广播电视中心设备（广播 3～5 套，电视 4～6 套）工程； 2. 中短波发射台（中波单机功率 1 kW≤P＜20 kW，短波单机功率 50 kW≤P＜150 kW）工程； 3. 电视、调频发射塔（台）设备（中波单机功率 1 kW≤P＜10 kW，塔高＜200 m）工程； 4. 广播电视传输网络工程，二级邮件处理中心工艺工程； 5. 电声设备、演播厅、录（播）音馆、摄影棚设备工程； 6. 广播电声卫星地球站、微波站设备工程； 7. 电信工程
Ⅲ级	1. 广播电视中心设备（广播 6 套以上，电视 7 套以上）工程； 2. 中短波发射台设备（中波单机功率 P≥20 kW，短波单机功率 P≥150 kW）工程； 3. 电视、调频发射塔（台）设备（中波单机功率 P≥10 kW，塔高≥200 m）工程； 4. 一级邮件处理中心工艺工程

（7）农业林业工程。适用于农业、林业工程。农业、林业工程复杂程度为Ⅱ级。

三、监理单位经营活动的内容

监理单位经营活动的内容如表 1-15 所示。

表 1-15　建设工程监理与相关服务的主要工作内容

服务阶段	具体服务范围构成	备注
勘察阶段	协助发包人编制勘察要求、选择勘察单位,核查勘察方案并监督实施和进行相应的控制,参与验收勘察成果	建设工程勘察、设计、施工、保修等阶段监理与相关服务的具体内容按国家、行业有关规范、规定执行
设计阶段	协助发包人编制设计要求、选择设计单位,组织评选设计方案,对各设计单位进行协调管理,监督合同履行,审查设计进度计划并监督实施,核查设计大纲和设计深度、使用技术规范的合理性,提出设计评估报告(包括各阶段设计的核查意见和优化建议),协助审核设计概算	
施工阶段	施工过程中的质量、进度、费用控制,安全生产监督管理,合同、信息等方面的协调管理	
保修阶段	检查和记录工程质量缺陷,对缺陷原因进行调查分析并确定责任归属,审核修复方案,监督修复过程并验收,审核修复费用	

四、工程建设监理费

(一)监理费的构成

作为企业,监理单位要负担必要的支出,监理单位的活动应达到收支平衡,且略有节余。所以,概括地说,监理费的构成是指监理单位在工程项目建设监理活动中所需要的全部成本(包括直接成本和间接成本),再加上应缴纳的税金和合理的利润。

1. 直接成本

直接成本是指监理单位在完成某项具体监理业务中所发生的成本。主要包括:

(1)监理人员和监理辅助人员的工资、津贴、附加工资、奖金等。

(2)用于监理人员和监理辅助人员的其他专项开支,包括差旅费、补助费、书报费、医疗费等。

(3)用于监理工作办公设施的购置、使用费和检测仪器购置、使用费。

(4)所需的其他外部服务支出。

2. 间接成本

间接成本亦称日常管理费,包括全部业务经营开支和非工程项目监理的特定开支。主要包括:

(1)管理人员、行政人员、后勤服务人员的工资,包括津贴、附加工资、奖金等。

(2)经营业务费,包括为招揽监理业务而发生的广告费、宣传费、投标费、有关契约或合同的公证费和鉴证费等活动经费。

(3)办公费,包括办公用具、用品购置费,通讯、邮寄费,交通费,办公室及相关设施的使用(或租用)费、维修费以及会议费,差旅费等。

(4)其他固定资产及常用工、器具和设备的使用费。

(5)垫支资金贷款利息。

(6)业务培训费,图书、资料购置费等教育经费。

(7)新技术开发、研制、试用费。

(8)咨询费、专用技术使用费。

(9)职工福利费、劳动保护费。

(10)工会等职工组织活动经费。

(11)其他行政活动经费,如职工文化活动经费等。

(12)企业领导基金和其他营业外支出。

3. 税金

税金是指按照国家规定,监理单位应缴纳的各种税金总额,如营业税、所得税等。

4. 利润

利润是指监理单位的监理活动收入扣除直接成本、间接成本和各种税金之后的余额。由于监理单位是一个高智能群体,监理是一种高智能的技术服务,所以监理单位的利润应当高于社会平均利润。

(二)监理费的计算方法

1. 监理费的内容

建设工程监理与相关服务是指监理人接受发包人的委托,提供建设工程施工阶段的质量、进度、费用控制管理和安全生产监督管理,合同、信息等方面协调管理服务,以及勘察、设计、保修等阶段的相关服务。建设工程监理与相关服务收费包括建设工程施工阶段的工程监理(以下简称"施工监理")服务收费和勘察、设计、保修等阶段的相关服务(以下简称"其他阶段的相关服务")收费。

2. 监理费的计费

铁路、水运、公路、水电、水库工程的施工监理服务收费按建筑安装工程费分档定额计费方式计算收费。其他工程的施工监理服务收费按照建设项目工程概算投资额分档定额计费方式计算收费。

施工监理服务收费按照下列公式计算:

施工监理服务收费 = 施工监理服务收费基准价 ×(1 + 浮动幅度值)

施工监理服务收费基准价 = 施工监理服务收费基价 × 专业调整系数 × 工程复杂程度调整系数 × 高程调整系数

其中施工监理服务收费基价是完成国家法律法规、规范规定的施工阶段监理基本服务内容的价格。施工监理服务收费基价按《施工监理服务收费基价表》(见表1-16)确定,计费额处于两个数值区间的,采用直线内插法确定施工监理服务收费基价。施工监理服务收费基准价是按照收费标准规定的基价和上式计算出的施工监理服务基准收费额。发包人与监理人根据项目的实际情况,在规定的浮动幅度范围内协商确定施工监理服务收费合同额。

表 1-16 施工监理服务收费基价表 （单位:万元）

序号	计费额	收费基价	序号	计费额	收费基价
1	500	16.5	9	60 000	991.4
2	1 000	30.1	10	80 000	1 255.8
3	3 000	78.1	11	100 000	1 507.0
4	5 000	120.8	12	200 000	2 712.5
5	8 000	181.0	13	400 000	4 882.6
6	10 000	218.6	14	600 000	6 835.6
7	20 000	393.4	15	800 000	8 658.4
8	40 000	708.2	16	1 000 000	10 390.1

注:计费额大于 1 000 000 万元的,以计费额乘以 1.039% 的收费率计算收费基价。其他未包含的其收费由双方协商议定。

施工监理服务收费以建设项目工程概算投资额分档定额计费方式收费的,其计费额为工程概算中的建筑安装工程费、设备购置费和联合试运转费之和,即工程概算投资额。对设备购置费和联合试运转费占工程概算投资额 40% 以上的工程项目,其建筑安装工程费全部计入计费额,设备购置费和联合试运转费按 40% 的比例计入计费额。但其计费额不应小于建筑安装工程费与其相同且设备购置费和联合试运转费等于工程概算投资额 40% 的工程项目的计费额。

工程中有利用原有设备并进行安装调试服务的,以签订工程监理合同时同类设备的当期价格作为施工监理服务收费的计费额;工程中有缓配设备的,应扣除签订工程监理合同时同类设备的当期价格作为施工监理服务收费的计费额;工程中有引进设备的,按照购进设备的离岸价格折换成人民币作为施工监理服务收费的计费额。

施工监理服务收费以建筑安装工程费分档定额计费方式收费的,其计费额为工程概算中的建筑安装工程费。

作为施工监理服务收费计费额的建设项目工程概算投资额或建筑安装工程费均指每个监理合同中约定的工程项目范围的投资额。

施工监理服务收费调整系数包括专业调整系数、工程复杂程度调整系数和高程调整系数。

专业调整系数是对不同专业建设工程的施工监理工作复杂程度和工作量差异进行调整的系数。计算施工监理服务收费时,专业调整系数在《施工监理服务收费专业调整系数表》(见表 1-17)中查找确定。

工程复杂程度调整系数是对同一专业建设工程的施工监理复杂程度和工作量差异进行调整的系数。工程复杂程度分为一般、较复杂和复杂三个等级,其调整系数分别为:一般(Ⅰ级)0.85;较复杂(Ⅱ级)1.0;复杂(Ⅲ级)1.15。计算施工监理服务收费时,工程复杂程度在相应章节的工程复杂程度表(见表 1-3)中查找确定。

高程调整系数如下:海拔 2 001 m 以下为 1;海拔 2 001 ~ 3 000 m 为 1.1;海拔 3 001 ~

表 1-17　施工监理服务收费专业调整系数表

序号	工程类型	专业调整系数
1	矿山采选工程	
	黑色、有色、黄金、化学、非金属及其他矿采选工程	0.9
	选煤及其他煤炭工程	1.0
	矿井工程,铀矿采选工程	1.1
2	加工冶炼工程	
	冶炼工程	0.9
	船舶水工工程	1.0
	各类加工	1.0
	核加工工程	1.2
3	石油化工工程	
	石油工程	0.9
	化工、石化、化纤、医药工程	1.0
	核化工工程	1.2
4	水利电力工程	
	风力发电、其他水利工程	0.9
	火电、送变电工程	1.0
	核能、水电、水库工程	1.2
5	交通运输工程	
	机场场道、助航灯光工程	0.9
	铁路、公路、城市道路、轻轨及机场空管工程	1.0
	水运、地铁、桥梁、隧道、索道工程	1.1
6	建筑市政工程	
	园林绿化工程	0.8
	建筑、人防、市政公用工程	1.0
	邮政、电信、广电电视工程	1.0
7	农业林业工程	
	农业工程	0.9
	林业工程	0.9

3 500 m 为1.2;海拔3 501 ~4 000 m 为1.3;海拔4 001 m 以上的,高程调整系数由发包人和监理人协商确定。

发包人将施工监理服务中的某一部分工作单独发包给监理人,按照其占施工监理服务工作量的比例计算施工监理服务收费,其中质量控制和安全生产监督管理服务收费不宜低于施工监理服务收费总额的70%。

建设工程项目施工监理服务由两个或者两个以上监理人承担的,各监理人按照其占施工监理服务工作量的比例计算施工监理服务收费。发包人委托其中一个监理人对建设工程项目施工监理服务总负责的,该监理人按照各监理人合计监理服务收费的4% ~6%向发包人加收总体协调费。

五、有关监理单位的法律规定

(一)对监理单位监理活动的义务性规定

(1)监理单位不得超越资质等级许可的范围承担工程监理业务。监理单位必须在其等级核定的监理范围内从事监理活动,不得擅自越级承接监理业务。如果监理单位越级承接监理业务,由于其水平、能力、规模等条件的限制,监理单位难以完成任务,从而工程监理的目的难以达到,工程的质量和安全将很难保证。

(2)监理单位应当依据客观、公正的原则代表建设单位进行工程监理。监理单位从性质上讲应当属于社会中介组织。它和建设单位之间是一种委托代理关系。监理单位接受建设单位的委托对工程建设活动进行监督。因此,它具有一定的独立性,而不是建设单位让它干什么,它就干什么。监理单位据以监理的依据是法律、行政法规及有关的技术标准、设计文件和建设工程承包合同。因其与建设单位的代理关系,所以它必须维护建设单位的利益,因其具有社会中介组织的独立性,所以它必须依法办事。也就是说,监理单位代表建设单位进行工程监理应依据客观、公正的原则进行。

(3)监理单位与其监理的承包商以及建筑材料、构配件和设备供应单位不得有隶属关系或者其他利害关系。

监理单位与被监理的承包商之间是一种监督与被监督的关系,监理单位代表建设单位对承包商的工程建设活动进行监督。因此,监理单位与被监理的承包商之间不得有隶属关系,否则,工程监理变成了自己监督自己的工程建设活动,这样的监督肯定会出问题,即使监理单位与被监理的承包商存在其他利害关系,也会对建筑工程的质量和安全产生程度不同的影响。另外,监理单位与建筑材料、构配件和设备供应单位也不得有隶属关系或者其他利害关系,因为这样存在将不合格的建筑材料、构配件和设备用于工程的可能性。《中华人民共和国建筑法》中作出这样的规定,对于监理单位更好地行使职责,保证工程建设的质量和安全都有很大的好处。

(4)监理单位不得转让监理业务。《中华人民共和国建筑法》第三十一条规定,实行监理的工程项目,由建设单位委托具有相应资质条件的监理单位监理。建设单位与其委托的监理单位应当订立书面委托监理合同。《中华人民共和国建筑法》第三十二条也规定,工程监理应当依据有关的法律、法规、技术标准、设计文件和承包合同,对承包商的施工质量、建设工期和建设资金使用等方面实施监督。从以上规定可以看出,建设单位与监理单位是依据实力和信誉而建立的委托代理关系,且《中华人民共和国建筑法》第三十四条第 1 款也规定了监理单位应当在其资质等级许可范围内承接监理业务。另外,监理单位转让监理业务也违反了工程建设活动规律。因此,《中华人民共和国建筑法》第三十四条第 3 款明文规定,监理单位不得转让监理业务。

(二)对监理单位民事责任的规定

(1)监理单位不按照委托监理合同的约定履行监理职责,或者不正确履行职责由此给建设单位造成损失的,应当承担相应的赔偿责任。

根据《中华人民共和国建筑法》规定,建设单位与其委托的监理单位通过委托监理合同确定了委托代理关系,监理单位必须全面、正确地履行委托监理合同约定的监理义务,对应当监督检查的项目认真、全面地按规定进行检查,发现问题及时要求施工单位整改。只有这样,才能保证监理任务按合同约定完成。监理单位不按照委托监理合同的约定履行监理义务,对应当监督检查的项目不检查或不按规定检查,即是违反合同约定的行为,给建设单位造成损失的,应当承担相应赔偿责任。

监理单位承担赔偿责任首先应明确两个条件:一是违反合同,监理工作失职;二是造成损失,这里的损失包括直接损失和间接损失。其次,应明确监理单位赔偿责任的范围和大小。承担相应的赔偿责任,一是指在建设单位委托的范围内,由于监理单位过失造成的损失,监理单位均应当作出相应的赔偿;二是根据其过失责任的轻重、造成损失的大小,确定其应赔偿的数额。

(2)监理单位与承包商串通为承包商谋取非法利益给建设单位造成损失的,监理单位与承包商要承担连带赔偿责任。

监理单位与承包商均受建设单位的委托,从事监理活动和施工活动,两者应该严格按照建设单位与其订立的合同,履行各自的义务,两者之间是一种监督与被监督的关系。监理单位应客观、公正地按合同约定执行监理任务,不得与承包商相互勾结,为承包商谋取非法利益,造成建设单位损失。监理单位与承包商串通,为承包商谋取非法利益,是一种严重的故意违法行为,不仅要承担民事责任,而且要承担相应的行政责任、刑事责任。监理单位与承包商承担连带赔偿责任,是指建设单位可以对监理单位和承包商中的一方或双方同时或先后请求全部赔偿,其中一方承担全部赔偿责任时,另一方对建设单位则免除赔偿责任。当一方承担全部赔偿责任时,有权向相连带的另一方请求偿还应由其承担赔偿责任的费用。这样规定,有利于保护建设单位的合法权益。

(三)有关"守法、诚信、公正、科学"准则的规定

从事工程建设监理活动应当遵循"守法、诚信、公正、科学"的准则。

1. 守法

守法是任何一个具有民事行为能力的单位或个人最起码的行为准则,对于监理单位来说,守法就是要依法经营。守法的内容包括:

(1)监理单位只能在核定的业务范围内开展经营活动。

(2)监理单位不得伪造、涂改、出租、转让、出卖《资质等级证书》。

(3)建设工程委托监理合同一经双方签订,即具有一定的法律约束力(违背国家法律、法规的合同除外),监理单位应按照合同的规定认真履行,不得无故或故意违背合同。

(4)监理单位离开原住地承接监理业务,要自觉遵守当地人民政府颁发的监理法规和有关规定,并要主动向监理工程所在地的省、自治区、直辖市建设行政主管部门备案登记,接受其指导和监督管理。

(5)遵守国家关于企业法人的其他法律、法规的规定。

2. 诚信

所谓诚信,简单地讲就是忠诚老实,讲信用。一个高水平的监理单位可以运用自己的高智能最大限度地把投资控制和质量控制搞好,也可以以低水准的要求,把工作做得勉强能交待过去,但后者就是不诚信。没有为业主提供与其监理水平相适应的技术服务,或者本来没有较高的监理能力,却在竞争承揽监理业务时,有意夸大自己的能力,或者借故不认真履行监理合同规定的义务和职责等,都是不诚信的行为。

3. 公正

所谓公正主要是指监理单位在处理业主与承建商之间的矛盾和纠纷时,要做到是谁的责任谁就该负责任,该维护谁的利益,就维护谁的利益。绝对不能因为监理单位受业主的委托,就偏袒业主。

监理单位要做到公正,必须要做到以下几点:

(1)要培养良好的职业道德,不为私利而违心地处理问题。

(2)要坚持实事求是的原则,不惟上级或业主的意见是从。

(3)要提高综合分析问题的能力,不为局部问题或表面现象所迷惑。

(4)要不断提高自己的专业技术能力,尤其是要尽快提高综合理解、熟练运用建设工程有关合同条款的能力,以便以合同条款为依据,恰当地协调、处理问题。

4. 科学

所谓科学是指监理单位的监理活动要依据科学的方案,要运用科学的手段,要采取科学的方法,工程项目监理结束后,还要进行科学总结。

(1)科学的方案。就一个工程项目的管理工作而言,科学的方案主要是指监理细则,它包括:该项目监理机构的组织计划;该项目监理工作的程序,各专业、各年度(含季度,甚至按天计算)的监理内容与对策;工程的关键部分或可能出现的重大问题的监理措施。总之,在实施监理前,要尽可能地把各种问题都列出来,并拟定解决办法,使各项监理活动都纳入计划管理的轨道。更重要的是,要集思广益,充分运用已有的经验和智慧,制定出切实可行、行之有效的监理细则,指导监理活动顺利进行。

(2)科学的手段。单凭人的感官直接进行监理,这是最原始的监理手段。科学发展到今天,必须借助于先进的科学仪器才能做好监理工作。

(3)科学的方法。监理工作的科学方法主要体现在监理人员在掌握大量的、确凿的有关监理对象及其外部环境实际情况的基础上,适时、妥当、高效地处理有关问题,体现在解决问题要用"事实说话"、"用书面文字说话"、"用数据说话",尤其体现在要开发、利用计算机软件,建立起先进的软件库。

第四节　监理工程师

一、监理工程师的概念

(一)监理工程师

监理工程师是一种岗位职务。所谓监理工程师是指在工程建设监理岗位上工作,并经全国统一考试合格,又经政府注册的监理人员。它包含三层含义:第一,他是从事工程建设监理工作的人员;第二,已取得国家确认的《监理工程师资格证书》;第三,经省、自治区、直辖市建设主管部门或由国务院工业、交通等部门的建设主管单位核准、注册,取得《监理工程师岗位证书》。

从事工程建设监理工作,但尚未取得《监理工程师岗位证书》的人员统称为监理员。

在工作中,监理员与监理工程师的区别主要在于监理工程师具有相应岗位责任的签字权,监理员没有相应岗位责任的签字权。

(二)监理工程师的素质要求

监理单位的职责是受工程建设项目业主的委托对工程建设进行监督和管理。具体从事监理工作的监理人员,不仅要有较强的专业技术能力和较高的政策水平,能够对工程建设进行监督管理,提出指导性的意见,而且要能够组织、协调与工程建设有关的各方共同完成工程建设任务。就是说,监理人员既要有一定的工程技术或工程经济方面的专业知识,还要有一定的组织协调能力。就专业知识而言,既要精通某一专业,又要具备一定水平的其他专业知识。所以说监理人员,尤其是监理工程师是一种复合型人才。对这种高智能人才素质的要求,主要体现在以下几个方面。

1.具有较高学历和多学科专业知识

为了优质、高效地搞好工程建设,需要具有较深厚的现代科技理论知识、经济管理理论知识和一定的法律知识的监理人员进行组织管理。

2.要有丰富的工程建设实践经验

工程建设中的实践经验主要包括以下几个方面:

(1)工程建设地质勘测实践经验。

(2)工程建设规划设计实践经验。

(3)工程建设施工实践经验。

(4)工程建设经济管理实践经验。

(5)工程建设招标、投标等中介服务的实践经验。

(6)工程建设立项评估、建成使用后评价分析实践经验。

(7)工程建设监理工作实践经验。

3.要有良好的品德

监理工程师的良好品德主要体现在以下几个方面:

(1)热爱社会主义祖国,热爱人民,热爱建设事业。

(2)具有科学的工作态度。

(3)具有廉洁奉公、为人正直、办事公道的高尚情操。

(4)能听取不同意见,有良好的包容性。

另外,监理工程师要有健康的体魄和充沛的精力。

(三)监理工程师的职业道德

(1)维护国家的荣誉和利益,按照"守法、诚信、公正、科学"的准则执业。

(2)执行国家有关工程建设的法律、法规、规范、标准和制度,履行监理合同规定的义务和责任。

(3)努力学习专业技术和建设监理知识,不断提高业务能力和监理水平。

(4)不以个人名义承揽监理业务。

(5)不同时在两个或两个以上监理单位注册和从事监理活动,不在政府部门和施工、材料设备的生产供应等单位兼职。

(6)不为所监理项目指定承包商、建筑构配件、设备、材料和施工方法。

(7)不收受被监理单位的任何礼金。

(8)不泄露所监理工程各方认为需要保密的事项。

(9)坚持独立自主地开展工作。

(四)监理工程师的工作纪律

(1)遵守国家的法律和政府有关的条例、规定和办法等。

(2)认真履行建设工程委托监理合同所承诺的义务和承担约定的责任。

(3)坚持公正的立场,公平地处理有关各方的争议。

(4)坚持科学的态度和实事求是的原则。

(5)在坚持按委托监理合同的规定向业主提供技术服务的同时,帮助被监理者完成其担负的建设任务。

(6)不泄露所监理的工程需保密的事项。

(7)不在任何承建商或材料设备供应商中兼职;不擅自接受业主额外的津贴,也不接受被监理单位的任何津贴;不接受可能导致判断不公的报酬。

二、监理工程师资格考试

(一)报考监理工程师的条件

根据工程建设监理工作对监理人员素质的要求,对报考监理工程师资格的人员有一定的条件限制。主要有两条要求:一是从事工程建设工作,包括工程建设管理工作的人员以及与工程建设相关的工作人员可以报考;二是必须具备中级专业技术职称,且取得中级专业技术职称后又有3年以上(含3年)从事工程建设实践的经历。以上两项条件要同时具备,缺一不可。报考时,要填写报考申请表,并交验有关证件。

(二)考试范围

监理工程师资格考试的范围是现行的监理培训教材,即工程建设监理概论、建设工程合同管理、工程建设质量控制、工程建设进度控制、工程建设投资控制和工程建设信息管理等六方面的理论知识和实务技能(即案例分析能力)。

(三)考试方式和录取

监理工程师资格考试是对考生监理理论和实务技能水平的考查,是一种水平考试。因此,采取统一命题、闭卷考试、分科记分、统一标准录取的方式。

(四)考试管理

我国对监理工程师资格考试工作,实行政府统一管理的原则。国家成立由建设行政主管部门、人事行政主管部门、计划行政主管部门和有关方面的专家组成的"全国监理工程师资格考试委员会";省、自治区、直辖市成立"地方监理工程师资格考试委员会"。

全国监理工程师资格考试委员会是全国监理工程师资格考试工作的最高管理机构,其主要职责如下:

(1)拟定考试计划。

(2)组织制定并发布考试大纲。

(3)组成命题小组,领导命题小组确定考试命题,拟定标准答案和评分标准,印制试卷。

(4)指导、监督考试工作。

(5)拟定考试合格标准,报国家人事行政主管部门、建设行政主管部门审批。

(6)进行考试总结,并写出总结报告。

三、监理工程师注册

专业执业资格实行注册制度,这是国际上通行的做法。监理工程师是一种岗位职务,经注册的监理工程师具有相应的责任和权力。实行监理工程师注册制度,是为了建立一支适应工程建设监理工作需要的、高素质的监理队伍,是为了建立和维护监理工程师岗位的严肃性。

(一)监理工程师的注册条件

(1)热爱中华人民共和国,拥护社会主义制度,遵纪守法,遵守监理工程师的职业道德。

(2)已取得《监理工程师资格证书》。

(3)在监理单位执业,并能胜任担负的监理工作。

(4)身体健康,能适应监理工作的需要。

(5)符合建立专业结构合理、配套、规模适中的监理队伍的需要。

(二)监理工程师的注册管理

监理工程师的注册工作实行分级管理。

国务院建设行政主管部门为全国监理工程师注册管理机关,其主要职责如下:

(1)制定监理工程师注册的法规、政策和计划等。

(2)制定《监理工程师岗位证书》式样并监制。

(3)受理各地方、各部门监理工程师注册机关上报的监理工程师注册备案。

(4)监督、检查各地方、各部门监理工程师注册工作。

(5)受理对监理工程师处罚不服的上诉。

省、自治区、直辖市人民政府建设行政主管部门的建设监理主管机构为本部门直属工程建设监理单位监理工程师的注册机关。其主要职能包括:

(1)贯彻执行国家有关监理工程师注册的法规、政策和计划,制定相关的实施细则。

(2)受理所属监理单位关于监理工程师注册的申请。

(3)审批注册监理工程师,并上报国家监理工程师注册管理机关备案。

(4)颁发《监理工程师岗位证书》。

(5)负责对违反有关规定的注册监理工程师的处罚。

(6)负责对注册监理工程师的日常考核、管理,包括每5年对持《监理工程师岗位证书》者复查一次,对不符合条件者,注销注册,并收回《监理工程师岗位证书》,以及注册监理工程师退出、调出(入)监理单位,或被解聘时,办理有关核销及注册手续。注册监理工程师按专业设置岗位,并在《监理工程师岗位证书》中注明专业。

(三)注册监理工程师的职责

工程建设项目的总监理工程师一般由资深的注册监理工程师担任。一般注册监理工程师在总监理工程师的领导下开展工作,并可能带领未注册的监理人员负责一定范围的工作。注册监理工程师的职责如下：

(1)按照分工，独立自主地担负一定范围的监理工作。

(2)按照监理合同的要求，为项目法人提供满意的服务，并对自己的工作负责。

(3)在分管的工作范围内，对工程建设的具体事项有检验、签认的权力。

(4)为了改进工作，有向项目法人的建议权。

(5)遵守监理工程师的职业道德。

第五节　项目监理组织形式和组织机构

监理单位通过招标投标方式取得工程建设监理任务，监理单位与项目法人签订书面建设工程委托监理合同后，一般组建项目监理组织。项目监理组织一般由总监理工程师、专业或子项监理工程师和其他监理人员组成。工程项目建设监理实行总监理工程师负责制。总监理工程师行使合同赋予监理单位的权限，全面负责委托的监理工作。总监理工程师在授权范围内发布有关指令，签认所监理的工程项目有关款项的支付凭证，并有权建议撤换不合格的分包单位和项目负责人及有关人员。项目监理组织成立后一般工作内容有：收集有关资料，熟悉情况，编制项目监理规划；按工程建设进度，分专业编制工程建设监理细则；根据项目监理规划和监理细则开展工程建设监理活动；参与工程预验收并签署试验、化验报告等。

一、项目监理的组织形式

项目监理组织形式的设计，应遵循集中与分权统一、专业分工与协作统一、管理跨度与分层统一、权责一致、才职相称、效率和弹性的原则。同时，还应考虑工程项目的特点、工程项目承发包模式、业主委托的任务以及监理单位自身的条件。常用的项目监理组织形式有直线制、职能制、直线职能制和矩阵制。

(一)直线制监理组织

这种组织形式是最简单的，它的特点是组织中各种职位是按垂直系统直线排列的。它适用于监理项目能划分为若干相对独立子项的大、小型建设项目，如图 1-2 所示。总监理工程师负责整个项目的规划、组织和指导，并着重于整个项目范围内各方面的协调工作。子项目监理组分别负责子项目的目标值控制，具体领导现场专业或专项监理组的工作。

还可按建设阶段分解设立直线制监理组织形式，如图 1-3 所示。此种形式适用于大、中型以上项目，且承担包括设计和施工的全过程工程建设监理任务。这种组织形式的主要优点是机构简单、权力集中、命令统一、职责分明、决策迅速、隶属关系明确；缺点是实行没有职能机构的“个人管理”。这就要求总监理工程师通晓各种业务和多种知识技能，成为“全能”式人物。

(二)职能制监理组织

职能制的监理组织形式，是在总监理工程师下设一些职能机构，分别从职能角度对基层监理组进行业务管理，这些职能机构可以在总监理工程师授权的范围内，就其主管的业务范围,向下下达命令和指示,如图 1-4 所示。此种形式适用于工程项目在地理位置上相对集中的工程。

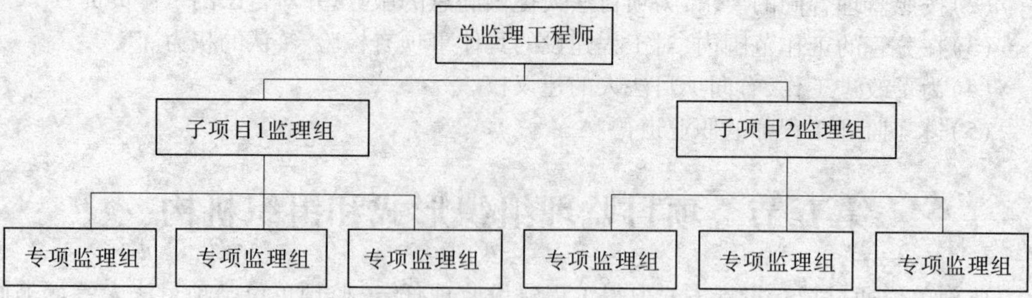

图 1-2 按子项分解设立的直线制监理组织形式

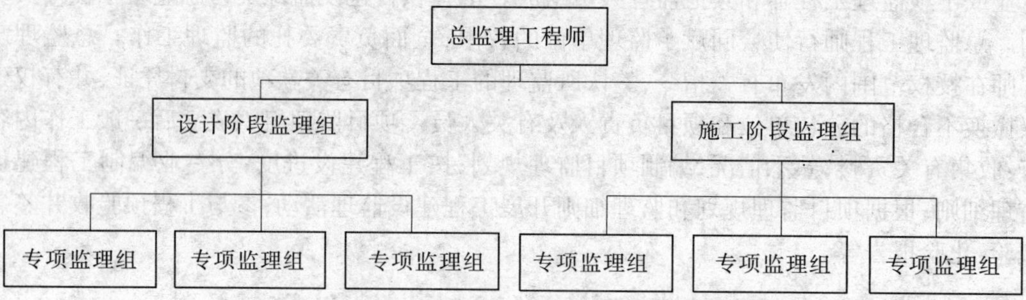

图 1-3 按建设阶段分解设立的直线制监理组织形式

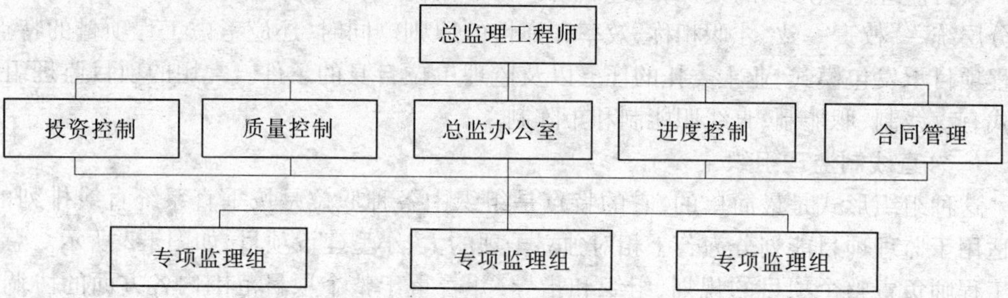

图 1-4 职能制监理组织形式

这种组织形式的主要优点是目标控制分工明确,能够发挥职能机构的专业管理作用,专家参加管理,提高管理效率,减轻总监理工程师负担;缺点是多头领导,易造成职责不清。

(三)直线职能制监理组织

直线职能制的监理组织形式是吸收了直线制组织形式和职能制组织形式的优点而构成的一种组织形式,如图 1-5 所示。

这种形式的主要优点是集中领导、职责清楚,有利于提高办事效率;缺点是职能部门与指挥部门易产生矛盾,信息传递路线长,不利于互通情报。

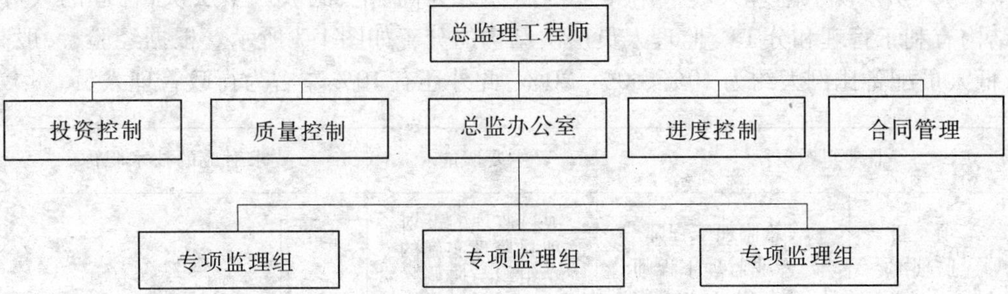

图 1-5　直线职能制监理组织形式

(四)矩阵制监理组织

矩阵制监理组织是由纵横两套管理系统组成的矩阵形组织结构,一套是纵向的职能系统,另一套是横向的子项目系统,如图 1-6 所示。

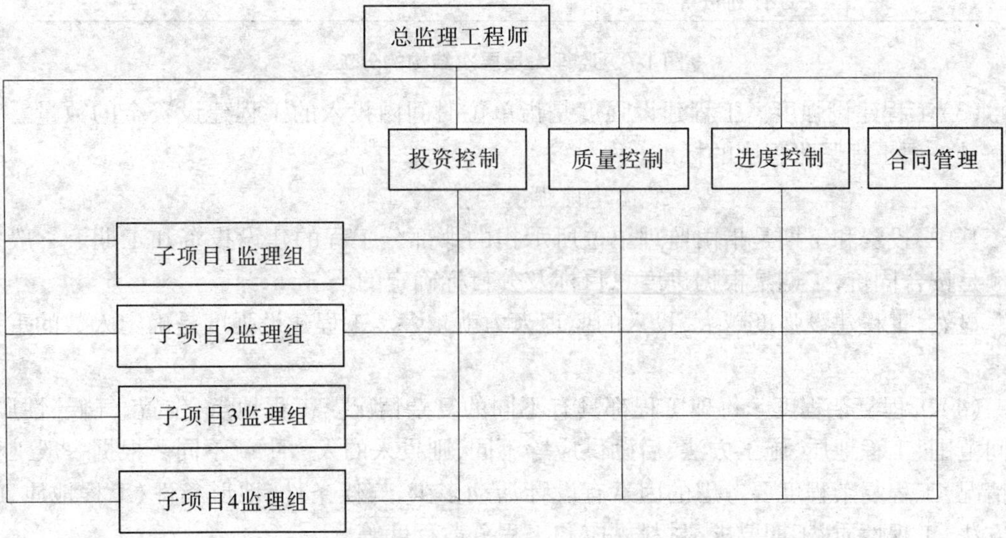

图 1-6　矩阵制监理组织形式

这种形式的优点是加强了各职能部门的横向联系,具有较大的机动性和适应性;把上下左右、集权与分权实行最优的结合,有利于解决复杂难题,有利于监理人员业务能力的培养。其缺点是纵横向协调工作量大,处理不当会造成扯皮现象,产生矛盾。

二、项目监理组织的人员配备

(一)监理人员配备应考虑的因素

监理组织人员的配备一般应考虑专业结构、人员层次、工程建设强度、工程复杂程度和监理单位的业务水平。

(1)专业结构。项目监理组专业结构应针对监理项目的性质和委托监理合同进行设置。专业人员的配备要与所承担的监理任务相适应。在监理人员数量确定的情况下,应做适当调整,保证监理组织结构与任务职能分工的要求得到满足。

(2)人员层次。监理人员根据其技术职称分为高、中、低级三个层次，合理的人员层次结构有利于管理和分工。监理人员层次结构的分工如图1-7所示。根据经验，一般高、中、低人员配备比例大约为10%、60%、20%，此外还有10%左右为行政管理人员。

监理组织层次		主要职能	要求对应的技术职称
项　目 监理部	总监理工程师 专业监理工程师	项目监理的策划 项目监理实施的 组织与协调	高级
子　项 监理组	子项监理工程师 专业监理工程师	具体组织子项 监理业务	中级
现　场 监理员	质监员 计量员 预算员 计划员等	监理实务的 执行与作业	初级

图1-7　监理人员层次结构的分工

(3)工程建设强度。工程建设强度是指单位时间内投入的工程建设资金的数量。它是衡量一项工程紧张程度的标准。

$$工程建设强度 = 投资/工期$$

其中，投资和工期是指由监理单位所承担的那部分工程的建设投资和工期。一般投资额是按合同价，工期是根据进度总目标及分目标确定的。

显然，工程建设强度越大，投入的监理人力就越多。工程建设强度是确定人数的重要因素。

(4)工程复杂程度。每项工程都具有不同的复杂情况。工程地点、位置、气候、性质、空间范围、工程地质、施工方法、后勤供应等不同，则投入的人力也就不同。根据一般工程的情况，工程复杂程度要考虑的因素有设计活动多少、气候条件、地形条件、工程地质、施工方法、工程性质、工期要求、材料供应和工程分散程度等。

(5)监理单位的业务水平。每个监理单位的业务水平有所不同，业务水平的差异影响监理效率的高低。对于同一份委托监理合同，高水平的监理单位可以投入较少的人力去完成监理工作，而低水平的监理单位则需投入较多的人力。各监理单位应当根据自己的实际情况对监理人员数量进行适当调整。

(二)监理人员的确定方法

(1)监理人员需要量定额。根据工程复杂程度等级按一个单位工程的建设强度来制定。

(2)确定工程建设强度。

(3)确定工程复杂程度。按构成工程复杂程度的因素，根据本工程实际情况分别打分。

(4)根据工程复杂程度和工程建设强度套定额。

(5)根据实际情况确定监理人员数量。

如某工程根据监理组织结构情况确定每个机构各类监理人员如下：

监理总部(含总监、总监助理和总监办公室)：监理工程师2人，监理员2人，行政文秘员2人。

子项目1监理组：监理工程师4人，监理员12人，行政文秘员1人。

子项目2监理组：监理工程师3人，监理员11人，行政文秘员1人。

三、项目监理组织各类人员的基本职责

(一)总监理工程师的基本职责

(1)以监理单位在工程项目的代表身份，与业主、承包商及政府监督机关和有关单位协调沟通有关方面问题。

(2)确定工程项目组织和监理组织系统，制定监理工作方针和基本工作流程。

(3)选择确定监理各部门负责人员，并确定他们的任务和职能分工。

(4)对监理人员的工作进行督导，并根据工程实施的变化进行人员的调配。

(5)主持制定工程项目建设监理规划，并全面组织实施。

(6)提出工程承发包模式，设计合同结构，为业主发包提供决策意见。

(7)协助业主进行工程招标工作，主持编写招标文件，进行投标人资格预审、开标、评标，为业主定标提出决策意见。

(8)参加合同谈判，协助业主确定合同条款。

(9)审核并确认分包单位。

(10)主持建立监理信息系统，全面负责信息沟通工作。

(11)在规定时间内及时对工程实施的有关工作作出决策。如计划审批、工程变更、事故处理、合同争议、工程索赔、实施方案、意外风险等。

(12)审核并签署开工令、停工令、复工令、付款证明、竣工资料、监理文件和报告等。

(13)定期及不定期巡视工地现场，及时发现问题并进行处理。

(14)按规定向业主提交工程监理报告和例外报告。

(15)定期和不定期向监理单位报告监理情况。

(16)分阶段组织监理人员进行工作总结。

总之，总监理工程师是一个工程项目中的监理工作总负责人，在管理中承担决策职能，直接主持或参与重要方案的规划工作，并进行必要的检查。总监理工程师也有执行的职能，即对本单位的指示和业主方根据委托监理合同所规定范围内的指示应当认真执行。

(二)各专业或各子项目监理工程师的基本职责

(1)组织制定各专业或各子项目的监理实施计划或监理细则，经总监理工程师批准后组织实施。

(2)对所负责控制的目标进行规划，建立实施目标控制的目标子系统。

(3)建立目标控制系统，落实各控制子系统的负责人员，制定控制工作流程，确定方法和手段，制定控制措施。

(4)协商确定各部门之间协调程序，为组织一体化主动开展工作。

(5)定期提交本目标或本子项目目标控制例行报告。

(6)根据信息流结构和信息目录的要求,及时、准确地做好本部门的信息管理工作。

(7)根据总监理工程师的安排,参与工程招标工作,做好招标各阶段的本专业的工作。

(8)审核有关承包商提交的计划、设计、方案、申请、证明、单据、变更、资料、报告等。

(9)检查有关工程情况,掌握工程现状,及时发现和预测工程问题,并采取措施妥善处理。

(10)组织、指导、检查和监督本部门监理员的工作。

(11)及时检查、了解和发现承包商的组织、技术、经济和合同方面的问题,并向总监理工程师报告,以便研究对策,解决问题。

(12)及时发现并处理可能发生或已发生的工程质量问题。

(13)参与有关分部(分项)工程、单位工程、单项工程等分期交工工程的检查和验收工作。

(14)参加或组织有关工程会议并做好会前准备。

(15)协调处理本部门管理范围内各承包商之间的有关工程方面的矛盾。

(16)提供或搜集有关索赔的资料,并把索赔和防索赔当做本部门分内工作来抓,积极配合合同管理部门做好索赔的有关工作。

(17)检查、督促并认真做好监理日志、监理月报工作,建立本部门监理资料管理制度。

(18)定期做好本部门监理工作总结。

专业和子项目监理工程师是各专业部门和各子项目管理机构的负责人员或骨干,在各自的部门和机构中有局部决策职能,而在全局监理工作范围内一般具有规划、执行和检查的职能。经总监理工程师的书面委托,监理工程师在委托的范围内可行使总监理工程师的权力和职责。

(三)监理员的基本职责

监理员从事直接的工程检查、计量、检测、试验、监督和跟踪工作。他们行使检查和发现问题的职能。

监理员的任务一般有如下几方面:

(1)负责检查、检测并确认材料、设备、成品、半成品的质量。

(2)检查施工单位人力、材料、设备、施工机械投入和运行情况,并做好记录。

(3)负责工程计量并签署原始凭证。

(4)检查是否按设计图纸、工艺标准和进度计划进行施工,并对发生的问题随时予以解决纠正。

(5)检查确认工序质量,进行验收并签署。

(6)实施跟踪检查,及时发现问题并及时报告。

(7)做好填报工程原始记录工作。

(8)记好监理日志。

复习思考题

1. 工程建设监理的依据是什么?
2. 工程建设监理的范围有哪些?
3. 监理单位监理活动义务性规定有哪些?
4. 监理单位的民事责任有哪些?
5. 监理单位的资质分几级? 各应具备哪些条件?
6. 设立监理单位的基本条件和申报审批程序是什么?
7. 对监理单位的哪些违法行为应给予处罚?
8. 监理工程师违反规定的,应如何追究其法律责任?
9. 简述工程建设监理的程序。
10. 简述工程建设监理费的构成及收费标准。
11. 监理工程师的职业道德有哪些?

第二章　工程建设合同

第一节　工程建设合同的概念和作用

一、合同的概念

为了保护合同各方当事人的合法权益，维护社会秩序，促进社会主义建设，我国于1999年3月15日第九届全国人民代表大会第二次会议批准颁布了《中华人民共和国合同法》，并从1999年10月1日起施行。

《中华人民共和国合同法》第二条对合同的概念作出了规定："本法所称合同是平等主体的自然人、法人、其他组织之间设立、变更、终止民事权利义务关系的协议。"合同作为一种协议，必须是当事人双方意思表示一致的民事法律行为。合同是当事人行为合法性的依据。合同中所确定的当事人的权利、义务及责任，必须是当事人依法可以享有的权利和能够承担的义务和责任，这是合同具有法律效力的前提。

任何合同都应具有三大要素，即合同的主体、客体和合同内容。

(1)合同主体：指签约双方的当事人。合同的当事人可以是自然人、法人或其他组织，且合同当事人的法律地位平等，一方不得将自己的意志强加于另一方。依法签订的合同具有法律效力。当事人应按合同约定履行各自的义务，不得擅自变更或解除合同。

(2)合同客体：指合同主体的权利与义务共同指向的对象。如建设工程项目、货物、劳务、智力成果等。客体应规定明确，切忌含混不清。

(3)合同内容：指签约合同双方具体的权利、义务和责任。

二、工程建设合同的概念及特征

(一)工程建设合同的概念

工程建设合同是承包商进行工程建设，发包人支付工程价款的合同。工程建设合同的客体是工程；工程建设合同的主体是发包人和承包商。发包人是业主或业主委托的管理机构，承包商是承担勘察、设计、建筑和安装施工任务的勘察人、设计人或施工人。建设工程实行监理的，发包人也应当与监理人订立委托监理合同。

工程建设合同是一种诺成合同，合同订立生效后双方均应严格履行。同时，工程建设合同也是一种有偿合同，合同双方当事人在执行合同时，都享有各自的权利，同时必须履行自己应尽的义务，并承担相应的责任。

(二)工程建设合同的特征

1. 合同主体的严格性

工程建设合同主体一般只能是法人。发包人一般只能是经过批准进行工程项目建设的法人，必须有国家批准的建设项目，落实投资计划，并且应当具备相应的协调能力；承包人则必须具备法人资格，而且必须具备相应的从事勘察、设计、施工、监理等业务的资质。

2. 合同客体的特殊性

工程建设合同的客体是各类建筑产品，建筑产品的形态往往是多种多样的。建筑产品的单件性及固定性等其自身的特点，决定了工程建设合同客体的特殊性。

3. 合同履行期限的长期性

建设工程由于结构复杂、体积大、工作量大、建筑材料类型多、投资巨大，因而建设工程的生产周期一般较长，从而导致工程建设合同履行期限较长。同时，由于投资额巨大，工程建设合同的订立和履行一般都需要较长的准备期。而且，在合同的履行过程中，还可能因为不可抗力、工程变更、材料供应不及时等原因而导致合同期限的延长。综上所述，决定了工程建设合同的履行期限的长期性。

4. 投资和建设程序的严格性

由于工程建设对国家的经济发展和广大人民群众的工作与生活都有重大的影响，因此国家对工程项目在投资和建设程序上有严格的管理制度。订立工程建设合同也必须以国家批准的投资计划为前提。即使是非国家投资方式筹集的其他资金，也要受到当年的贷款规模和批准限额的限制，该投资也要纳入当年投资规模，进行投资平衡，并要经过严格的审批程序。工程建设合同的订立和履行还必须遵守国家关于基本建设程序的有关规定。

三、工程建设合同的作用

(1)合同确定了工程建设和管理的目标。合同的主要内容有：工期和建设地点，包括建设地点和施工场地、工程开工和结束的日期、工程中主要活动的延续时间等，都是由合同协议书、工程进度计划所决定的；工程规模、范围和质量，包括工程的类型和尺寸，工程要达到的功能和能力，设计、施工、材料等方面的质量标准和规范等，是由合同条款、规范、图纸、工程量清单、供应单等决定的；价格和报酬，包括工程总造价，各分项工程的单价和合价，设计、服务费用和报酬等，是由合同协议书、中标函、工程量清单等决定的。

(2)合同是工程建设过程中双方纠纷解决的依据。在建设过程中，由于合同实施环境的变化，双方对合同条款本身存在模糊、不确定等因素，引起纠纷是难免的，重要的是如何正确解决这些纠纷。在这方面合同有两个决定性作用：一是判定纠纷责任要以合同条款为依据，即根据合同判定应由谁对纠纷负责以及应负什么样的责任；二是纠纷的解决必须按照合同所规定的解决方式和程序进行。

(3)合同是工程建设过程中双方活动的准则。工程建设中双方的一切活动都是为了履行合同，必须按合同办事，全面履行合同所规定的权利和义务，并承担所分配风险的责任。双方的行为都要受合同约束，一旦违约，就要承担法律责任。

(4)合同是协调并统一参加建设者行动的重要手段。一个工程项目的建设，往往有相当多的参与单位，有业主、勘察设计、施工、咨询监理单位，也有设备和物资供应、运输、加工单位，还有银行、保险公司等金融单位，并有政府有关部门、群众组织等。每一个参与者均有自身的目标和利益追求，并为之努力活动。要使各参与者的活动协调统一，为工程总目标服务，就必须依靠为本工程顺利建设而签订的各个合同。项目管理者要通过与各单位签订的合同，将各合同和合同规定的活动在内容上、技术上、组织上、时间上协调统一，形成一个完整、周密、有序的体系，以保证工程有序地按计划进行，顺利地实现工程总目标。

第二节　工程建设合同的类别

工程建设合同往往根据管理角度不同有多种分类方式。

一、按承、发包的范围和数量分类

按承、发包的范围和数量，可以将工程建设合同分为建设工程总承包合同、建设工程承包合同、分包合同三类。建设工程总承包合同是指发包人将工程建设的全过程发包给一个承包人的合同。建设工程承包合同是指发包人将建设工程的勘察、设计、施工等的每一项发包给一个或多个承包人的合同。分包合同是指经合同约定和发包人认可，分包商从工程承包人的工程中承包部分工程而订立的合同。

二、按完成工程承包的内容分类

按完成工程承包的内容来划分，工程建设合同可以分为建设工程勘察合同、建设工程设计合同、建设工程委托监理合同和建设工程施工合同等类型。

(1)建设工程勘察合同，是指建设单位或项目管理部门和勘察单位为完成商定的勘察任务，明确合同双方权利、义务关系的协议。建设单位或项目管理部门是发包人，勘察单位是承包人。根据勘察合同，承包人完成发包人委托的勘察任务，发包人接受符合约定要求的勘察成果，并支付报酬。

(2)建设工程设计合同，是指建设单位或项目管理部门和设计单位为完成商定的设计任务，明确合同双方权利、义务关系的协议。建设单位或项目管理部门是发包人，设计单位是承包人。根据设计合同，承包人完成发包人委托的设计任务，发包人接受符合约定要求的设计成果，并支付报酬。

(3)建设工程委托监理合同是委托合同的一种，是指工程建设单位聘请监理单位对工程建设实施监督管理，明确双方权利、义务的协议。建设单位称为委托人，监理单位为受托人。

(4)建设工程施工合同即建筑安装工程承包合同，是发包人与承包人之间为完成商定的建设工程项目，明确双方权利和义务的协议。依据施工合同，承包人应完成一定的建筑、安装工程任务，发包人应提供合同规定的施工条件并支付工程价款。

三、按计价方式分类

业主与承包商所签订的合同，按计价方式不同，可以划分为总价合同、单价合同和成本加酬金合同三大类。建设工程勘察、设计合同和设备加工采购合同，一般为总价合同；建设工程委托监理合同大多数为成本加酬金合同。建设工程施工合同根据招标准备情况和工程项目特点不同，可选择其适用的一种合同。

(一)总价合同

总价合同又分为固定总价合同、固定工程量总价合同和可调整总价合同。

1. 固定总价合同

合同当事人双方以招标时的图纸和工程量等招标文件为依据，承包商按投标时业主接受的合同价格承包并实施。在合同履行过程中，如果业主没有要求变更原定的承包内容，承包商实施并圆满完成所承包工程的工作内容，不论承包商的实际成本是多少，业主都应当按合同价支付项目价款。

2. 固定工程量总价合同

在工程量报价单中，业主按单位工程及分项工程内容列出实施工程量，承包商分别填报各项内容的直接费单价，然后再汇总出总价，并据此总价签订合同。合同内原定工作内容全部完成后，业主按总价支付给承包商全部费用。如果中途发生设计变更或增加新的工作内容，则用合同内已确定的单价来计算新增工程量而对总价进行调整。

3. 可调整总价合同

这种合同与固定总价合同基本相同，但合同期较长(一年以上)，只是在固定总价合同基础上，增加了合同执行过程中因市场价格浮动等因素对承包价格调整的条款。常见的调价方式有票据价格调整法、文件证明法、公式调价法等。

(二)单价合同

单价合同是指承包商按工程量报价单内分项工作内容填报单价，以实际完成工程量乘以所报单价计算结算款的合同。承包商所填报的单价应为计入各种摊销费以后的综合单价，而非直接费单价。合同执行过程中无特殊情况，一般不得变更单价。单价合同的执行原则是，工程量清单中分项开列的工程量，在合同实施过程中允许有上下浮动变化，但该项工作内容的单价不变，结算支付时以实际完成工程量为依据。因此，按投标书报价单中预计工程量乘以所报单价计算的合同价格，并不一定就是承包商保质保量完成合同中规定的任务后所获得的全部款项，可能比它多，也可能比它少。

单价合同大多用于工期长、技术复杂、实施过程中发生各种不可预见因素较多的大型复杂工程的施工，以及业主为了缩短项目建设周期，初步设计完成后就进行施工招标的工程。单价合同的工程量清单内所列出的工程量一般为估算工程量，而非准确工程量。

常用的单价合同有估计工程量单价合同、纯单价合同和单价与包干混合合同三种。

(1)估计工程量单价合同。承包商在投标时，以工程量报价单中列出的工作内容和估计工程量填报相应的单价后，累计计算合同价。此时的单价应为计入各种摊销费后的综合单价，即成品价，不再包括其他费用项目。合同履行过程中应以实际完成工程量乘以单价作为结算和支付的依据。这种合同方式较为合理地分担了合同履行过程中的风险。估计工程量单价合同按照合同工期长短也可以分为固定单价合同和可调单价合同两类。

(2)纯单价合同。招标文件中仅给出各项工程的分部分项工程项目一览表、工程范围和必要的说明，而不提供工程量。投标人只要报出各分部分项工程项目的单价即可，实施过程中按实际完成工程量结算。由于同一工程在不同的施工部位和外部环境条件下，承包商的实际成本投入不尽相同，因此仅以工作内容填报单价不易准确。而且对于间接费分摊在许多工种中的复杂情况，以及有些不易计算工程量的项目内容，采用纯单价合同往往会引起结算过程中的麻烦，甚至导致合同争议。

(3)单价与包干混合合同。这种合同是总价合同与单价合同结合的一种形式。对内容简单、工程量准确部分，采用总价合同承包；对技术复杂、工程量为估算值部分采用单价合同方式承包。

(三)成本加酬金合同

成本加酬金合同是将工程项目的实际投资划分为直接成本费和承包商完成工作后应得酬金两部分。实施过程中发生的直接成本费由业主实报实销，另按合同约定的方式付给承包商相应的报酬。成本加酬金合同大多使用于边设计边施工的紧急工程或灾后修复工程，以议标方式与承包商签订合同。由于在签订合同时，业主还提供不出可供承包商准确报价的详细资料，因此在合同中只能商定酬金的计算办法。按照酬金的计算方式不同，成本加酬金合同又可分为成本加固定百分比酬金合同、成本加固定酬金合同、成本加浮动酬金合同及目标成本加奖惩合同四种类型。

第三节　FIDIC 土木工程施工合同条件

一、FIDIC 土木工程施工合同条件简介

(一)国际咨询工程师联合会及其合同条款

FIDIC 是国际咨询工程师联合会(Federation Internationale Des Ingenieurs Conseils)的法文名称的缩写，它是各国咨询工程师协会创建的，其目标是共同促进成员协会的专业影响，并向各成员协会传播他们感兴趣的信息。第二次世界大战以后，成员的数目迅速发展，到 20 世纪末，已成为拥有遍布全球 67 个成员的协会，是世界上最具有权威性的国际工程咨询工程师组织。

FIDIC 下设五个永久性专业委员会，即业主与咨询工程师关系委员会(CCRC)、合同委员会(CC)、风险管理委员会(RMC)、质量管理委员会(QMC)和环境委员会(ENVC)。各专业委员会编制出版了许多规范性的和指南性的文件。

目前，最新的 FIDIC 工程合同条件(1999 年第 1 版)为一系列的标准合同范本：《施工合同条件》(新红皮书)、《生产设备和设计－施工合同条件》(新黄皮书)、《设计采购施工(EPC)/交钥匙工程合同条件》(银皮书)和《简明合同格式》(绿皮书)。

新版 FIDIC 合同继承了以往 FIDIC 合同条件的优点，并根据多年来在实践中取得的经验以及专家、学者和相关各方的意见和建议，做出了重大的调整。对结构、布局和措辞等做了重大的修改：统一了条款、定义和措辞；条款数目统一为二十条。此次出版的新红皮书和新黄皮书，不是在原有合同条件基础上修改的，而是进行了重新编写。银皮书和绿皮书是首次推出的。

(1)《施工合同条件》(新红皮书)“推荐用于由雇主或其代表工程师设计的建筑或工程项目。这种合同的通常情况是，由承包商按照雇主提供的设计进行工程施工。但该工程可以包含由承包商设计的土木、机械、电气和(或)构筑物的某些部分”。

(2)《生产设备和设计－施工合同条件》(新黄皮书)“推荐用于电气和(或)机械生产设备供货及建筑或工程的设计与施工。这种合同的通常情况是,由承包商按照雇主要求,设计与提供生产设备和(或)其他工程;可以包括土木、机械、电气和(或)构筑物的任何组合”。

(3)《设计采购施工(EPC)/交钥匙工程合同条件》(银皮书)“可适用于以交钥匙方式提供加工或动力设备、工厂或类似设施、基础设施项目或其他类型发展项目,这种方式(i)项目的最终价格和要求的工期具有更大程度的确定性,(ii)由承包商承担项目的设计和实施的全部职责,雇主卷入很少。交钥匙工程的通常情况是,由承包商进行全部设计、采购和施工(EPC),提供一个配备完善的设施,(“转动钥匙”)即可运行”。

(4)《简明合同格式》(绿皮书),这是一本全新的合同条件。“推荐用于资本金额较小的建筑或工程项目。根据项目的类型和具体情况,这种格式也可用于较大资本金额的合同,特别是适用于简单或重复性的工程或工期较短的工程。这种合同的通常情况是,由承包商按照雇主或其代表(如有时)提供的设计进行工程施工,但这种格式也可适用于包括或全部是,由承包商设计的土木、机械、电气和(或)建筑物的合同”。

(二)FIDIC 系列合同条件的特点

1. 国际性、广泛的使用性和权威性

FIDIC 系列合同条件是在总结国际工程合同管理各方面经验教训的基础上制定的,是在总结各个国家和地区的业主、咨询工程师和承包商各个方面经验的基础上编制出来的,并且不断地被修改完善,是国际上最有权威性的合同文件,也是世界上国际招标的工程项目中使用最多的合同条件。我国有关部委编制的合同条件和协议书范本也都把 FIDIC 系列合同条件作为重要的参考文本。世界银行、亚洲开发银行、非洲开发银行等国际金融机构组织的贷款项目,规定必须采用 FIDIC 系列合同条件。同时,FIDIC 条件既保证了一般的、普遍的使用性,又照顾了合同双方的特殊要求和工程特点,因此使用范围非常广泛。

2. 程序严谨,易于操作

合同条件中处理各种问题的程序非常严谨,特别强调要及时地处理和解决问题,以避免由于拖拉而产生的不良后果。另外,还特别强调各种书面文件及证据的重要性,这些规定使各方有章可循,易于操作和实施。

3. 强化了工程师的作用

FIDIC 合同条件明确规定了工程师的权力和职责,赋予工程师在工程管理方面的充分权力。工程师是独立的、公正的第三方,工程师是受业主聘用,负责合同管理和工程监督。要求承包商严格遵守和执行工程师的指令,简化了工程项目管理中一些不必要的环节,为工程项目的顺利实施创造了条件。

4. 公正合理

FIDIC 合同条件较为公正地考虑了合同双方的利益,包括合理地分配工程责任,合理地分配工程风险,为双方确定一个合理的价格奠定了良好的基础。合同在确定工程师权力的同时,又要求其必须公正地行事,从而进一步保证了合同条件的公正性。

(三)FIDIC《施工合同条件》的内容构成

FIDIC 合同条件使用于国内外公开招标的土木工程项目承包管理。FIDIC 合同条件的内容构成为:第一部分通用条件,第二部分专用条件,以及一套标准格式。下面分别予以简要介绍。

1. 通用条件

FIDIC《施工合同条件》中的通用条件是固定不变的,无论是工民建、水电工程、路桥工程等都适用。共包括 20 条 163 款,包括了土木工程项目施工合同中双方的权利、义务和责任,明确规定了执行合同时的法律、经济、技术等各方面的内容与管理方法,以保证工程项目顺利进行。在国际土木工程项目的招标文件中,FIDIC 合同通用条件一般可直接进入招标文件,不需再重新去编写合同通用条件。例如我国的鲁布革水电站工程项目、引大入秦水利工程项目、京津塘高速公路项目等,都是直接引用 FIDIC 合同通用条件,并得到世界银行的认可。

2. 专用条件

FIDIC《施工合同条件》的专用条件共有 20 条,其 20 条编号和通用条件的 20 条相对应,是对通用条件各相应条款的补充或进一步的明确化。一般土木工程项目的合同专用条件,大都由工程项目的招标委员会或咨询公司根据工程项目所在国的情况,或项目自身的特性,对照第一部分合同通用条件,参考工程项目再具体编写。特别是当通用条件中的某些条款不适合时,就可在专用条件中换上本项目合适的内容。另外,当通用条件中一些条款写得不具体不细致时,可以对专用条件相对应的条款进行补充和完善。因此,在阅读合同条件时,应仔细慎重地读懂合同专用条件的具体规定。从法律意义上讲,合同专用条件的法律地位高于合同通用条件的法律地位。

由此可知,通用条件和专用条件是统一的整体,相互补充完善而不可分割。专用条件的各条款也给出了不同的措辞,供编写具有工程项目合同专用条件时参考选择,以适应工程项目所在国的具体情况。对有些条款,提出了应注意的事项;对于一些特殊情况,还提出了补充性的条款,如保密的要求、对联营体的责任划分及对领头公司的要求等;对于疏浚工程和填筑工程,可以在专用条件中予以专门考虑。

3. 合同的标准格式

FIDIC《施工合同条件》通用条件和专用条件的后面,还给出了土木工程承包合同文件的一些标准格式,以便对国际公开招标的工程项目给予指导,也便于评标比较。例如承包商投标书的标准格式、业主和承包商双方的“协议书”标准格式,以及投标书的附表和附录,反映投标书中的一些重要数据资料等。

合同文件包括的范围,构成合同的几个文件之间应能互相解释。当它们之间出现矛盾和不一致时,FIDIC 合同条件第 5.2 款对合同文件及其优先顺序规定如下:“构成合同的若干文件应被认为是互相说明的,但在出现含糊或歧义时,则应由工程师对之做出解释或订正,工程师并应就此向承包商发出有关指示。”在此情况下,除合同另有规定外,构成合同的各文件的优先解释顺序应如下:

(1)协议书。

(2)中标函。

(3)投标书及其附件。

(4)合同的专用条件。

(5)合同的通用条件。

(6)构成合同组成部分的其他任何文件。

(四)FIDIC合同条件的应用范围

FIDIC合同条件的应用范围如下:

(1)土木工程项目。

(2)业主授权工程师对合同实施监督的项目。

(3)主要使用于单价合同,但单价合同也可带有若干总价(包干)合同。

二、FIDIC《施工合同条件》

(一)业主的权利

(1)业主有权要求承包商按照合同规定的工期提交质量合格的工程。

(2)业主有权批准合同的转让。未经业主同意,承包商不得将合同的任何部分的权利义务转让,并不得对合同中或合同名义下的任何权益进行转让。

(3)业主有权指定分包商。所谓指定分包商,是由业主指定、选定,完成某项特定工作内容并与承包商签订分包合同的特殊分包商。业主有权对在暂定金额中列出的任何工程的施工,或任何货物、材料、工程设备或服务的提供分项指定承担人。该分包商仍与承包商签订分包合同,指定分包商应向承包商负责。承包商应负责管理和协调。对指定分包商的付款,仍由承包商按分包合同进行。然后,承包商提出已向分包商付款的证明,由工程师批准在暂定金额中向承包商支付。如果指定分包商失误,造成承包商损失,承包商可以向业主索赔。同时,承包商如果有理由,可以反对雇用业主指定的分包商。

(4)在承包商无力或不愿意执行工程师指令时,业主有权雇用他人完成任务。如果承包商未执行工程师指令,在规定时间内未更换不符合合同的材料和工程设备,未拆除任何不符合合同规定的工程并重新施工的,业主有权雇用他人完成上述指令,其费用全部由承包商支付。同时,无论在工程施工期间或在保修期间,如果发生工程事故、故障或其他事件,而承包商没有(无能力或不愿意)执行工程师指令去立即执行修补工作,则业主有权雇用其他人去完成该项工作并支付费用。如果上述问题由承包商责任引起,则应由承包商负担费用。

(5)除属于业主风险和特殊风险外,业主对承包商的设备、材料和临时工程的损失或损坏不承担责任。

(6)在一定条件下,业主可以终止合同。如果工程师证明承包商存在下列情况之一,业主有权终止合同:①承包商破产或失去偿付能力;②承包商未经业主同意转让合同;③承包商无视工程师的警告,固执地或公然地忽视合同中规定的义务;④承包商无正当理由,在接到工程师开工指令后拒不开工;⑤承包商拖延工期,而又无视工程师的指示,拒不采取加快施工的措施;⑥承包商否认合同有效。

在合同履行过程中如发生了双方都无法控制的情况,如战争、地震等,业主有权提出终止合同。

(7)业主有权提出仲裁。在业主和承包商之间发生合同争议,或承包商未能执行工程师的决定,业主有权提出仲裁。这是业主借助于法律手段保障合同实施的措施。

(二)业主的义务

(1)业主应编制双方实施项目的合同协议书。

(2)业主应承担拟订和签订合同的费用,并承担合同规定的设计文件以外的其他设计的费用。

(3)业主应委派工程师管理工程施工。在工程实施过程中,业主通过工程师管理工程,下达指令,行使权利。通常情况下,业主赋予工程师在FIDIC合同中明确规定的,或者由该合同引申的权力。但是,如果业主要限定工程师的权力,或要求工程师在行使某些权力之前,需得到业主的批准,则可在FIDIC专用条件中予以明确。但FIDIC合同是业主和承包商之间的合同,业主必须为工程师的行为承担责任。如果工程师在工程管理中失误,业主必须承担赔偿责任。

(4)业主应批准承包商的履约担保、担保机构及保险条件。在承包商没有足够的保险证明文件的情况下,业主应代为保险(随后可从承包商处扣回该项费用)。

(5)业主应配合承包商办理有关事务。在承包商提交投标文件前,业主有义务向承包商提供有关该工程勘察所得的水文地质资料,并协助承包商进行现场勘察工作。在向承包商授标后,业主应尽力协助承包商办理有关设备和材料等工程所需物品进口的海关手续。

(6)业主应按时提供施工现场。业主可以在施工开始前一次性移交全部施工现场;也允许随着施工进展的实际需要,在合理的时间内分段陆续移交。如果业主没有依据合同约定履行义务,不仅要对承包商因此而受到的损失给予费用补偿和顺延合同工期,而且要由承包商提出新的合理施工进度计划和开工时间。为了明确合同责任,应在合同专用条件内具体规定移交施工现场区域和通行道路的范围,陆续移交的时间、现场和通行道路所应达到的标准等详细条件。

(7)业主应按合同约定时间及时提供施工图纸。虽然通用条件中规定"工程师应在合理的时间内向承包商提供施工图纸",但图纸大多由业主准备或委托设计单位完成,经工程师审核后发放给承包商。大型工程为了缩短施工周期,初步设计完成后就可以开始施工招标,施工图纸在施工阶段陆续发送给承包商。如果施工图纸不能在合理的时间内提供,就会打乱承包商的施工计划,尤其是施工过程中出现的重大设计变更,在相当长时间内不能提供施工图纸就可能会导致施工中断。因此,业主应妥善处理好提供图纸的组织工作。

(8)业主应按时支付工程款。通用条件规定,首次分期预付款,业主应在中标函发出之日起42天内,或根据履约担保以及预付款的规定,在收到相关的文件之日起21天内,二者中较晚时间内支付;工程师在收到承包商的报表和证明文件后28天内,应向业主签发工程进度款支付证书;在工程师收到工程进度款支付报表和证明文件56天内,业主应向承包商支付工程款;收到最终支付证书后,要在56天内支付工程款。如果业主拖延支付工程款,在规定日期内未能支付,承包商有权就未付款额按月计复利收取延误期的利息作为融资费,此项融资费的年利率是以支付货币所在国中央银行的贴现率加上三个百分点计算而得的。

(9)业主应负责移交工程的照管责任。业主根据工程师颁发的工程移交证书,接收按合同规定已基本竣工的任何部分工程或全部工程,并从此承担这些工程的照管责任。

(10)业主应承担有关工程风险。业主对因自己的风险因素造成承包商的损失应负有补偿义务。对其他不能合理预见到的风险导致承包商的实际投入成本增加给予相应补偿。

(11)业主应对自己授权在现场的工作人员的安全负全部责任。

(三)承包商的权利

(1)进入现场的权利。

(2)对已完工程有按时得到工程款的权利。

承包商在施工过程中,有权得到经过工程师证明质量合格的已完工程的付款。

(3)有提出工期和费用索赔的权利。

在施工过程中,对于非承包商原因造成的工程费用增加或工期延长,承包商有提出工期和费用索赔的权利,以保护自己的正当利益。

(4)有终止受雇或者暂停工作的权利。在业主有下列情况之一时,承包商有权终止受雇或者暂停工作:①业主在合同规定的应付款时间期满42天之内,未能按工程师批准的付款证书向承包商付款;②业主干涉、阻挠或拒绝工程师颁发付款证书;③业主宣布破产或由于经济混乱而导致业主不具备继续履行其合同义务的能力。

(5)对业主准备撤换的工程师有拒绝的权利。

(6)有提出仲裁的权利。

(四)承包商的义务

1. 遵守工程所在地的法规、法令

承包商的一切行为都必须遵守工程所在地的法律和法规,不应因自己的任何违反法规的行为而使业主承担责任或罚款。承包商的守法行为包括:按规定缴纳除专用条件中写明可以免交外的所有税金;不得因自己的行为而侵犯专利权;缴纳公共交通设施的使用费及损坏赔偿费;承担施工料场的使用费或赔偿费;采取一切合理措施,遵守环境保护法的有关规定等。

2. 确认签订施工合同的完备性和正确性

承包商是经过现场考察后编制的投标书,并与业主就合同文件的内容协商达成一致后签署的合同协议书,因此承包商必须承认合同的完备性和正确性。也就是说,除合同中另有规定的情况外,合同价格已包括了完成承包任务的全部施工、竣工和修补任何缺陷工作的所需费用。

3. 对工程图纸和设计文件应承担的责任

通用条件规定,设计文件和图纸由工程师单独保管,免费提供给承包商两套复制件。承包商必须将其中的一套保存在施工现场,随时供工程师和其授权的其他监理人员进行施工检查之用。承包商不得将本工程的图纸、技术规范和其他文件,在取得工程师同意前用于其他工程或传播给第三方。对合同明文规定,由承包商设计的部分永久性工程,承包商应将设计文件按质、按量、按期完成,报经工程师批准后用于施工。工程师对承包商设计图纸的批准认可，不能解除承包商应负的施工或图纸设计的任何责任。工程施工达到竣工条件时，只有当承包商将其负责设计那部分永久工程的竣工图及使用和维修手册提交后，经工程师批准，才能认为达到竣工要求。如果承包商负责的设计涉及使用了他人的专利技术，则应与业主和工程师就设计资料的保密和专利权等问题达成协议。

4. 提交进度计划和现金流量估算

承包商在接到工程师的开工通知后在规定时间内应尽快开工。同时，承包商应按照合同及工程师的要求，在规定的时间内，向工程师提交一份详细的施工进度计划，并取得工程师的同意，同时提交对其工程施工拟采用的方案及施工总说明；在任何时候，如果工程师认为工程的实际进度不符合已同意的施工进度计划，只要工程师要求，承包商应提交一份经过修改的进度计划。

承包商应每个月向工程师提交月进度报告，此报告应随进度款支付报表的申请一并提交。月进度报告包括的内容应很全面，主要有施工进度的图表和详细说明，照片，工程设备制造、加工进度和其他情况，承包商的人员和设备数量，质量保证文件，材料检验结果，双方索赔通知，安全情况，实际进度与计划进度对比情况等。

此外，承包商应按进度向工程师提交其根据合同规定，有权得到的全部将由业主支付的详细现金流量估算；如果工程师以后提出要求，承包商还应提交经过修正的现金流量估算。

5. 任命项目经理

承包商应任命一名合格的并被授权的代表全面负责工程的施工，此代表须经工程师批准，代表承包商接受工程师的各项指示。如果由于该代表不胜任、渎职等原因，工程师有权要求承包商将其撤回，并且以后不能再在此项目工作，而另外再派一名经工程师批准的代表。

6. 放线

承包商根据工程师给定的原始基准点、基准线、参考标高等，对工程进行准确的放线。尽管工程师要检查承包商的放线工作，但承包商仍然要对放线的正确性负责。除非是由于工程师提供了错误的原始数据，否则，承包商应对由于放线错误引起的一切差错自费纠正。

7. 对工程质量负责

承包商应按照合同建立一套质量保证体系，在每一项工程的设计和施工实施阶段开始之前，均应将所有程序的细节和执行文件提交工程师。工程师有权审查该质量保证体系的各个方面，但这并不能解除承包商在合同中的任何职责、义务和责任。这对承包商的施工质量管理提出了更高的要求，同时也便于工程师检查工作和保证工程质量。

承包商应按照合同的各项规定，以应有的精力和努力对承包范围的工程进行设计和施工。对合同中规定的由承包商提供的一切材料、工程设备和工艺，都应符合合同规定的质量要求。对不符合合同规定而被工程师拒收的材料和工程设备，承包商应立即纠正缺陷，并保证使它们符合合同规定。如果工程师要求，应对它们进行复检，其费用由承包商负责。承包商应执行工程师的指令，更换不符合合同规定的任何材料和工程设备，拆除不符合合同规定的工程，并按原设计要求重新施工。

缺陷责任期满之前,承包商负有施工、竣工以及修补任何所发现缺陷的全部责任。施工过程中,工程师对施工质量的认可,以及“工程接收证书”的颁发,都不能解除承包商对施工质量应承担的责任。只有工程圆满地通过了试运转的考验,工程师颁发了“履约证书”,才是对施工质量的最终确认。

8. 必须执行工程师发布的各项指令并为工程师的各种检验提供条件

工程师有权就涉及到合同工程的任何事项发布有关指令,包括合同内未予说明的内容。对工程师发布的无论是书面指令或是口头指令,承包商都必须遵照执行。不过,对于口头指令,承包商应在发布后的 2 天内以书面形式要求予以确认。如果工程师在接到请求确认函后的 2 天内未做出书面答复,则可以认为这一口头指示是工程师的一项书面指令,承包商的请求确认函将作为变更工程结算的依据,成为合同文件的一个组成部分。若工程师的书面答复指出,口头指示的原因属于承包商应承担的责任,则承包商就不能获得额外支付。

承包商应为工程师及任何授权人进入现场和为工程制造、装配及准备材料或工程设备的车间和场所提供便利。同时,对承包商提供的一切材料、工程设备和工艺,承包商必须为工程师指令的各种检查、测量和检验提供通常需要的协助、劳务、燃料、仪器等条件,并在用于工程前,按工程师要求提交有关材料样品,以供检验。

9. 承担其责任范围内的相关费用

承包商负责工程所用的或与工程有关的任何承包商的设备、材料或工程设备侵犯专利或其他权利而引起的一切索赔和诉讼;承担工厂用建筑材料和其他各种材料的一切吨位费、矿区使用费、租金以及其他费用。承包商承担取得进出现场所需专用或临时道路通行权的一切费用和开支,自费提供其所需的供工程施工使用的位于现场以外的附加设施。

10. 按期完成施工任务

承包商必须按照合同约定的工期完成施工任务。若因承包商原因延误竣工日期的,将依据合同内约定的日延期赔偿额乘以延误天数后承担违约赔偿责任。但当延误天数较多时,以合同约定的最高赔偿限额为赔偿业主延迟发挥工程效益的最高款项。提前竣工的,承包商是否得到奖励,要看合同内对此是否有约定。

11. 负责对材料、设备等的照管工作

从工程开始到颁发工程的接收证书为止,承包商对工程以及材料和待安装的工程设备的照管负完全责任。在此期间,如果发生任何损失或损坏,除属于业主的风险情况外,应由承包商承担责任。

12. 对施工现场的安全、卫生负责

承包商应高度重视施工安全,做到文明施工。要使现场的施工井然有序,保障已完成工程不受损害,而且还应自费采取一切合理的安全措施,保证施工人员和所有有权进入现场人员的生命安全,如按工程师或有关当局要求,自费提供防护围栏、警告信号和警卫人员,以及采取一切适当措施保护环境,限制由其施工作业引起的污染、噪音和其他后果对公众和财产造成的损害妨害,确保排污量、噪音不超过规范和法律规定的标准。

同时,承包商应对工程和设备进行保险,应办理第三方保险,办理施工人员事故保险,并应在开工前提供保险证据。此外,在施工期间,承包商还应保持现场整洁。在颁发任何接收证书时，承包商应对该接收证书所涉及的那部分现场进行清理，达到工程师满意的使用状态。

13. 为其他承包商提供方便

一个综合性大型工程，经常会有几个独立承包商同时在现场施工。为了保证工程项目整体计划的实现，通用条件规定每个承包商都应给其他承包商提供合理的方便条件。为了使各承包商在编制标书时能够恰当地计划自己的工作，每个独立合同的招标文件中均给出了同时在现场进行施工活动的有关信息。通常的做法是在某一合同的招标文件中规定为其他承包商提供必要施工方便的条件和服务责任，让承包商将这些费用考虑在报价之内。如果各招标文件中均未对此做出规定，而施工过程中有出现需要某一承包商为另一承包商提供服务时，工程师可向提供服务方发出书面指示，待其执行后批准一笔追加费用，计入到该合同的承包价格中去。但对两个承包商之间通过私下协商而提供的方便服务，则不属于该条款所约定的承包商应尽义务。

14. 及时通知工程师在工程现场发现的意外事件并做出响应

在工程现场挖掘出来的所有化石、硬币、有价值的物品或文物，属于业主的绝对财产。承包商应采取措施防止其工人或者其他任何人员移动或损坏这些物品，承包商必须立即通知工程师，并按工程师的指示进行保护。由于执行此类指令造成承包商工期延长和费用增加，承包商有权提出索赔要求。

（五）工程师的权力和职责

工程师是受业主委托，负责合同履行的协调管理和监督施工的独立的第三方。FIDIC《施工合同条件》的一个突出特点，就是在众多的条款中赋予了不属于合同签约当事人的工程师在合同管理方面的充分权力。工程师可以行使合同内规定的所有权力，也可以行使合同引申的权力。不仅承包商要严格遵守并执行工程师指令，而且工程师的决定对业主也同样具有约束力。

1. 工程师的任务和权力

工程师的任务和权力如下：

（1）工程师无权修改合同。

（2）工程师可以行使合同中规定的或必然隐含的应属于工程师的权力。如果要求工程师在行使规定的权力前必须取得业主的批准，这些要求应在专用条件中写明。

（3）除得到承包商的同意外，业主承诺不对工程师的权力做进一步的限制。但是，每当工程师行使需由业主批准的规定权力时，则应视为业主已予批准，除非合同条件中另有说明。①每当工程师履行或行使合同规定或隐含的任务或权力时，应视为代表业主执行；②工程师无权解除任一方根据合同规定的任何任务、义务或职责；③工程师的任何批准、校核、证明、同意、检查、检验、指示、通知、建议、要求、试验或类似行动，不应解除合同规定的承包商的任何职责，包括错误、遗漏、误差和未遵照办理的职责。

（4）工程师在工程管理中具体的权力：①质量管理方面，主要表现在对运抵施工现场的材料、设备质量的检查和检验，对承包商施工过程中的工艺操作进行监督，对已完成工程部位质量的确认或拒收，发布指令要求对不合格工程部位采取补救措施；②进度管理方面，主要表现在审查批准承包商的施工进度计划，指示承包商修改施工进度计划，发布开工令、暂停施工令、复工令和赶工令;③费用管理方面,主要表现在确定变更工程的估价,批准使用暂定金额和计日工,签发各种给承包商的付款证书;④合同管理方面,主要表现在解释合同文件中的矛盾和歧义,批准分包工程,发布工程变更指令,签发"工程接收证书"和"履约证书",审核承包商的索赔,行使合同引申的必然权力。

2. 工程师代表或助手

业主应任命工程师,工程师应履行合同中指派给他的任务。工程师的助手应包括具有资质的工程师和能承担这些任务的其他专业人员。工程师有时可以向其助手指派任务和托付权力,也可以撤销这种指派或托付。这些助手可以包括驻地工程师、被任命为检查和试验各项工程设备或材料的独立检查员。以上指派、托付或撤销应用书面形式,在双方收到抄件后才生效。但是,除非另经双方同意,工程师一般不得将应由其本人确定的任何事项的权力托付给他人。

助手应是具有适当资质、能履行这些任务、行使此项权力、遵守法律、流利地使用合同条款中规定的语言进行交流的人员。

已被指派任务或托付权力的每个助手,只能在授权托付规定的范围内对承包商发出指示。由助手按照托付做出的任何批准、校核、证明、同意、检查、检验、指示、通知、建议、要求、试验或类似行动,应具有工程师做出行动的同样效力。如承包商对助手的确定或指示提出质疑,承包商可将此事提交工程师,工程师应及时对该确定或指示进行确认、取消或改变。

3. 工程师的指示

工程师可随时按照合同规定向承包商发出指示和实施工程及修补缺陷可能需要的附加说明或修正图纸。承包商必须接受工程师或根据合同条款托付适当权力的助手的指示。

承包商应执行工程师或托付助手对合同有关的任何事物发出的指示。这些指示一般应采用书面形式。如果工程师或托付助手给出口头指示,承包商或其代表应在 2 个工作日内向工程师发出指示的书面内容,并要求对指示进行书面确认。工程师在收到书面确认后 2 个工作日内,如果未发出书面拒绝或未对指示进行答复,这时该确认应成为工程师或托付助手的书面指示。

4. 工程师的替换

如果业主拟替换工程师,业主应在拟替换日期 42 天前通知承包商,告知拟替换工程师的名称、地址和有关经验。如果承包商向业主提出所替换工程师不适合该工程的合理理由,并附有详细依据,业主就不应用该人替换工程师。

(六)FIDIC 施工合同条件中的其他主要条款

1. 合同的转让和分包

1)合同的转让

合同的转让是指承包商在中标签约后,将其所签合同中的权利和义务转让给第三者。由于合同转让可能招致不合格的承包商,所以合同条件中规定,没有取得业主的事先书面同意,承包商不得自行将合同或合同的任何部分,包括合同中的任何权益或利益转让给他人,否则可视为承包商违约,业主有权和他解除合同关系。

2）合同的分包

由于一般工程施工涉及工种繁多，有些工种的专业性很强，单靠承包商自身的力量难以胜任，所以在合同事实中，承包商需要将一部分工作分包给某些分包商，但是这种分包必须经过批准；如果在订立合同时已列入分包项目，则意味着业主已经批准；如果在工程开工后再用分包商，则必须经过工程师事先同意。承包商不得将整个工程或工程的主要部分分包出去。承包商应对任何分包商的行为或违约负责，除非专用条款中另有规定。

2. 工程的开工、延期、暂停及赶工

1）工程的开工

承包商应在合同约定的日期或接到中标函后的 42 天内开工。工程师应至少提前 7 天通知承包商开工日期，而承包商收到此开工通知规定的日期即为开工日期，竣工时间是从开工日期算起。承包商应在合理可能的情况下尽快开工。

2）工程的延期

如果由于业主方面的原因未能按承包商的施工进度表的要求做好征地、拆迁工作，未能及时提供施工现场及有关通道，导致承包商延误工期或增加开支，则工程师应及时与业主和承包商商量后，给予承包商延长工期并补偿由此引起的开支。

如果由于下列原因，承包商有权得到延长工期：①额外的或附加的工作的数量或性质；②合同中提到的导致工期延误的原因；③异常恶劣的气候条件；④由业主造成的任何延误、干扰或阻碍；⑤非承包商方面的过失或违约引起的延误；⑥由于传染病或其他政府行为导致人员或货物的不可预见的短缺。

承包商必须在上述导致延期的事件开始发生后 28 天内将要求延期的报告送给工程师（副本送业主），并在上述通知后 42 天内或工程师可能同意的其他合理期限内，向工程师提交要求延期的详细申请，以便工程师进行调查，否则，工程师可以不受理这一要求。

在收到承包商的索赔详细报告之后 42 天内，工程师应对承包商的索赔表示批准或不批准，不批准时要给予详细的评价，并可能要求进一步的详细报告。

3）工程的暂停

在工程施工过程中，由于各种因素影响，工程可能会出现暂时的中断。在这种情况下，承包商应按工程师认为必要的时间和方式暂停工程施工或其他任何部分的进展，并在此期间负责保护、保管以及保障该部分工程施工或全部工程免遭任何损失、损蚀及损害。此时，工程师应在与业主和承包商协商后，决定给予承包商延长工期的权利和增加由于停工导致的额外费用。

如暂时停工属于下列情况，则不给予补偿：在合同中有规定；由于承包商违约行为或应由承包商承担风险事件影响必要的停工；由于现场不利的气候原因导致的必要停工；为了工程的合理施工或安全原因（不包括业主或工程师的过失导致的暂停、业主风险发生后导致的暂停）的必要停工。

如果按工程师书面指令暂时停工持续 84 天以上，工程师仍未通知复工，则承包商可向工程师发函，要求在 28 天内准许复工。如果复工要求未能获准，当暂时停工仅影响工程的局部时，承包商可通知工程师把这部分暂停工程视做删减工程；当暂时停工影响到整个工程进度时，承包商可视该事件属业主违约，并要求按业主违约处理。

4) 工程的赶工

工程师认为整个工程或部分工程的施工进度滞后于合同内竣工要求的时间时，可以下达赶工指示。承包商应立即采取经工程师同意的必要措施加快施工进度。发生这种情况时，也要根据赶工指令发布的原因，决定承包商的赶工措施是否应给予补偿。在承包商没有合理理由延长工期的情况下，他不仅无权要求补偿赶工费用，而且在他的赶工措施中若包括有夜间或当地公认的休息日加班时，还应承担工程师增加附加工作所需补偿的监理费用。虽然这笔费用按责任划分应由承包商负担，但不能由他直接支付给工程师，而应由业主支付后从承包商的工程款内扣回。

3. 工程的计量与支付

工程的计量与支付条款是FIDIC合同条件的核心条款。FIDIC施工合同条件规定的支付结算和程序包括预付款、每个月末支付工程进度款、竣工移交时办理竣工结算、解除缺陷责任后进行最终决算四大类。支付结算过程中涉及的费用又可分为两大类：一类是工程量清单中列明的费用；另一类属于工程量清单内未注明，但条款中有明确规定的费用，如变更工程款、物价浮动调整款、预付款、保留金、逾期付款利息、索赔款、违约赔偿款等。

1) 工程计量

FIDIC合同是单价合同，工程款的支付是根据承包商实际完成的工程量计算的。因此，工程计量显得格外重要。除非合同中另有规定，否则，工程量均应计算净值。工程量表中列出的工程量都是在图纸和规范的基础上估算出来的，工程实施后，实际完成的工程量要通过测量来核实并以此作为支付依据。工程师测量时应通知承包商一方派人参加。如承包商未能派人参加测量，即应承认工程师或由他批准的测量数据是正确的。有时，也可以在工程师的监督和管理下，由承包商进行测量，工程师审核签字确认。在对永久工程进行测量时，工程师应在工作过程中准备好所需的记录和图纸，承包商应在接到参加该项工作的书面通知后14天内对这些记录和图纸进行审查并确认。若承包商未参加，则这些记录和图纸被认为是正确的。若承包商不同意这些记录和图纸，应及时向工程师提出申诉，由工程师进行复查、修改或确认。对于工程量表中的包干项目，工程师可要求承包商在接到中标函后28天内将投标文件中的每一包干项目进行详细分解，提交给工程师一份包干项目分解表，以便在合同执行过程中按照该分解表的内容逐月付款。该分解表应得到工程师的批准。

2) 保留金

保留金是按合同约定从承包商所得工程款中扣减相应的一笔金额保留在业主手中，作为约束承包商严格履行合同义务的措施之一。保留金的扣留从首次支付工程进度款开始，用该月承包商有权获得的所有款项中减去调价款后的金额，乘以合同约定保留金的百分比（通常为10%）作为本次支付时应扣留的保留金，逐月累计扣到合同约定的保留金最高限额为止（通常为工程款的5%）。

保留金的返还从颁发“工程接收证书”开始。颁发“工程接收证书”后，退还承包商一半保留金。颁发“履约证书后”，退还剩余的全部保留金。

3) 预付款

FIDIC土木工程施工合同条件中，将预付款分为动员预付款和预付材料款两部分。

动员预付款是业主为了解决承包商进行施工时的资金短缺，从未来的工程款中提前支付的一笔款项。动员预付款的数额由承包商在投标书内确认，一般为合同价的10%～15%。同时，为了帮助承包商解决订购大宗主要材料和设备的资金周转，订购物资运抵施工现场经工程师确认合格后，按发票价值乘以合同约定的百分比(60%～90%)作为预付材料款，包括在当月应支付的工程进度款内。

预付材料款的扣还方式通常在FIDIC专用条件约定，具体规定在约定的后续月内(一般为三个月)每月按平均值扣还或从已计量支付的工程量内扣除其中的材料费等，直至扣完为止。

4)计日工费

计日工费是指承包商在工程量清单的附件中，按工种或设备填报单价的日工劳务费和机械台班费，一般用于工程量清单中没有合适项目，且不能安排大批量的流水施工的零星附加工作。只有当工程师根据施工进展的实际情况，指示承包商实施以日计价的工作时，承包商才有权获得用工计价的付款。

5)合同价格的调整

长期合同计价调价条款中，每次支付工程进度款均应按合同约定的方法计算价格调整费用。如果工程施工因承包商责任延误工期，则在合同约定的全部工程应竣工日后的施工期间内，不再考虑价格调整，各项指数采用应竣工日当月所采用值；对于不属于承包商责任的施工延期，在工程师批准的展延期限内仍应考虑价格调整。

6)暂定金额

FIDIC合同条件中暂定金额是指包括在合同中并在工程量表中以该名称标明，供工程任何不可预见事件施工的一项金额。该金额按照工程师的指示可能全部或部分地使用，或根本不予动用。

7)支付工程进度款

(1)承包商报表并提出支付申请。进度付款，也称中间支付，应根据已完工作的单价按月进行支付。每个月的月末，承包商应按工程师规定的格式提交一式六份的本月支付报表，每份均由承包商代表签字，内容包括以下几个方面：截至当月末已实施的工程及承包商的文件的估算合同价值；根据法规及费用变化引起的调整价款，由于立法和费用变化应增加或减扣的任何款项；应扣减的保留金；根据预付款条款，为预付款的支付和偿还应增加或减扣的款项；为永久设备和材料应增加或减扣的款项；本月实施的永久工程的价值；对所有以前的支付证书中证明的款额的扣减；按合同或其他规定应付的其他任何增加或减扣的款项。

(2)工程师审核与签证。工程师接到报表后，要审查款项内容的合理性和计算的正确性。在承包商本月应得款的基础上，再扣除保留金、动员预付款，以及所有承包商责任而应扣减的款项后，据此签发中期支付的临时支付凭证。如果本月承包商应获得的支付金额小于投标书附件中规定的中期支付最小金额，工程师可不签发本月进度款的支付凭证，这笔进度款将接转下月一并支付。工程师的审查和签证工作，应在收到承包商报表后28天内完成。工程进度款的支付凭证属于临时支付凭证，工程师有权对以前签发过的证书进行修改。若对某项工作的完成情况不满意，也可在后续证书内删去或减少这项工作的价值。

(3)业主的支付。承包商的报表经过工程师认可并签发工程进度款的支付证书后，业主应在接到证书的28天内给承包商付款。如果逾期支付，将按投标书附件约定的利率计算延期付款利息。

8)竣工结算

在收到“工程接收证书”后的84天内，成本核算应按工程师规定格式报送报表。报表内容主要包括：截止到“工程接收证书”中指明的竣工日期，根据合同完成全部工作的最终价值；承包商认为应该获得的其他款项，如要求的索赔款、应退还的部分保留金等；承包商认为根据合同应支付给他的估算总额。

工程师在接到竣工报表后，应对照竣工图详细核算工程量，对其他支付要求进行审查，然后再根据检查结果签署竣工结算的支付凭证。此项签证工作，工程师也应在收到竣工报表后28天内完成。业主依据工程师的签证予以支付。

4. 质量检查及工程照管

施工中，对于所有的材料，永久工程的设备和施工工艺均应符合合同要求及工程师的指示。承包商应随时按照工程师的要求在施工现场以及为工程加工制造设备的所有场所为其质量检查提供方便。

对施工现场一般施工工序的常规检查，由现场值班的工程师代表或工程师助手进行，不需事先约定。但对于某些专项检查，工程师应在24小时前将参加检查和检验的计划通知承包商，若工程师或其授权代表未能按时前往(除非事先通知承包商外)，承包商可以自己进行检查和验收，工程师应确认此次检查和验收的结果。如果工程师或其授权的代表经过检查认为质量不合格，承包商应及时补救，直到下一次验收合格为止。

对于隐蔽工程、基础工程和工程的任何部位，在工程师检查验收前，均不得覆盖。

工程师有权指示承包商从现场运走不合格的材料或工程设备，同时，应以合格的产品代替。

工程质量检查和检验的费用，根据情况分别由业主或承包商负担，下面分别予以说明：

(1)在下列情况下，检查和验收的费用由业主支付：工程师要求检验的项目是合同中没有规定的，检验结果合格时的费用；工程师要求进行的检验虽然合同中有说明，但是检验地点在现场以外或在材料、设备的制造、装配或准备地点以外，如果检验结果合格时的全部费用；工程师要求对工程的任何部位进行剥露或开孔以检查工程质量，如果该部位经检验合格时，剥露、开孔以及还原的费用。

(2)在下列情况下，检查和验收的费用由承包商支付：合同中明确规定的；合同中有详细说明允许承包商可以在投标文件中报价的；由于第一次检验不合格而需要重复检验所导致的业主开支的费用；工程师要求对工程的任何部位进行剥露或开孔以检查工程质量，如果该部位经检验不合格时所有有关的费用；承包商在规定时间内不执行工程师的指示或违约情况下，业主雇用其他人员来完成此项任务时的有关费用；工程师要求检验的项目；在合同中没有规定或合同中虽有规定，但检验地点在现场以外或在材料、设备的制造、装配或准备地点以外，如果检验结果不合格时的全部费用。

从开工之日起到颁发“工程接收证书”之日止，承包商负有照管工程的责任。缺陷通知期内,业主对移交工程承担照管责任。

5. 工程的接收证书与履约证书

1)工程的接收证书

当全部工程基本完工并圆满通过合同规定的竣工检验时,承包商在他认为可以完成移交工作前14天,可将此结果通知工程师及业主,将此通知书同时附上一份对在缺陷通知期内以应有的速度及时地完成任何未完工作而做出的书面保证,作为要求工程师颁发“工程接收证书”的申请。

工程师接到承包商的申请后的28天内,如果认为已满足竣工条件,即可颁发“工程接收证书”;若不满意,则书面通知承包商,指出还需要完成哪些工作后才达到基本竣工条件。承包商按指示完成相应工作并被工程师认可后,不需再次申请颁发证书,工程师应在指示工作最后一项完成的28天内主动颁发证书。“工程接收证书”应说明以下主要内容:确认工程已基本竣工;注明达到基本竣工的具体日期;详细列出按照合同规定承包商在缺陷通知期内还需完成工作的项目一览表。

2)工程的履约证书

缺陷通知期,是指正式颁发的“工程接收证书”中注明的缺陷通知期开始日期后的一段时间。缺陷通知期时间长短应在投标文件附件中注明,一般为一年(根据工程情况也有更长时间)。在缺陷通知期内,承包商除应继续完成在“工程接收证书”上写明的扫尾工作外,还应对工程由于施工原因所产生的各种缺陷负责维修。

缺陷通知期内工程圆满地通过运行考验,工程师应在期满后的28天内,向承包商颁发“履约证书”,并将副本送给业主。“履约证书”是承包商已按合同规定完成全部施工义务的证明。因此,该证书颁发后工程师就无权再指示承包商进行该工程项目的任何施工工作,承包商即可办理最终结算手续。业主应在证书颁发后的21天内,退还承包商的履约担保。

6. 变更与索赔

1)变更

工程变更是指施工过程中出现了与签订合同时的预计条件不一致的情况,而需要改变原定施工承包范围内的某些工作内容。工程师可以通过发布指示或要求承包商提交建议书的方式,提出工程变更。工程变更不同于合同变更,对合同条件约定的业主和承包商的权利、义务没有改动,只是对施工方法、内容作局部变更,属于正常的合同管理。

变更指令一般由工程师以书面形式发出。如果是口头指示,承包商也应遵照执行,但在规定时限内,工程师应尽快以书面形式确认。

承包商按照工程师的变更指令实施变更工作后,往往会涉及到变更工程的价款结算问题。工程师在发出变更指令之前或发布后的14天内,可以要求承包商提出变更工程的取费标准和变更项目价格,或将自己确定的费率和估价额通知承包商,以此作为双方协商变更工程价格的基础。

2)索赔

索赔就是索取赔偿或补偿,即在经济合同履行过程中,如果任何一方没有按照合同或法律的规定履行合同,他就违反了合同和法律,构成违法行为,对这种违法行为给另一方所造成的损失，违约方当然应根据合同和法律的规定，给另一方以赔偿或补偿。索赔对合同双方都是正当合法的权利要求。由此可见，施工索赔是双方面的，索赔既包括承包商向业主的索赔，也包括业主向承包商的索赔。但常见的、有代表性的、处理和解决比较困难的，是承包商向业主的索赔。

7. 争端的解决

争端的解决有许多方法，如谈判、调解、仲裁或诉讼等。在工程承包合同中，应该规定争端的解决办法，一般均是双方协商解决或通过工程师调解，不能解决时再诉诸仲裁。

合同中应对仲裁地点、机构、程序和仲裁裁决效力等方面都做出具体明确的规定。

8. 风险

业主和承包商都应研究和分析工程项目风险的来源以及风险的偶然性与必然性，对具体的工程项目来说，对明示和潜在的风险进行调查、分析研究和评价，特别是潜在的工程风险，更应注意去发现和分析，然后从合同条款中明确风险责任的分担。

合同履行过程中可能发生的某些风险是业主和承包商在招标投标时无法合理预见的，就业主而言，不应要求承包商在其报价中计入这些不可合理预见风险的损害补偿费，以取得有竞争性的合理报价。合同履行过程中发生此类风险事件后，根据合同条款中风险责任分担的具体要求，如果合同规定，该风险由业主承担，业主应按承包商受到影响的实际情况给予补偿或进行风险转移；如果该风险由承包商承担，那么承包商应自费承担工程项目维修的全部费用或进行风险转移。

第四节 《建设工程施工合同》（示范文本）简介

1991 年 3 月，国家工商行政管理局和建设部联合颁发了《建设工程施工合同》（GF—1991—0201），作为我国国内建设工程施工合同范本使用，可主要用于工业与民用建筑方面。在总结了近几年施工合同示范文本推行的经验后，结合我国建设工程施工的实际情况，并借鉴国际上通用的土木工程施工合同的成熟经验和有效做法，于 1999 年颁发了修改后的新版《建设工程施工合同》（示范文本）（GF—1999—0201）。

《建设工程施工合同》（示范文本）由协议书、通用条款和专用条款三部分组成，并附有三个附件，附件一是《承包人承揽工程项目一览表》、附件二是《发包人供应材料设备一览表》、附件三是《工程质量保修书》。

协议书是《建设工程施工合同》（示范文本）中总纲性文件，是发包人和承包人依据《中华人民共和国合同法》、《中华人民共和国建筑法》及其他有关法律法规，遵循平等、公平和诚实信用的原则，就建设工程施工中最基本、最重要的事项协商一致而订立的合同。虽然其文字量并不大，但它规定了合同当事人双方最主要的权利和义务，规定了组成合同的文件及合同当事人对履行合同义务的承诺，并且合同当事人在这份文件上签字盖章，因此具有很高的法律效力，在所有施工合同文件中具有最优的解释权。协议书的内容包括工程概况、工程承包范围、合同工期、质量标准、合同价款、组成合同的文件等。

通用条款是根据《中华人民共和国合同法》、《中华人民共和国建筑法》、《建设工程施工合同管理办法》等法律、法规对承发包双方的权利、义务做出的规定，除双方协商一致对其中的某些条款做了修改、补充或取消外，双方都必须履行。它是将建设工程施工合同中共性的一些内容抽象出来编写的一份完整的合同文件。通用条款具有很强的通用性，基本适用于各类建设工程。通用条款共由11部分47条117款组成。这11部分内容如下：

(1)词语定义及合同条件。

(2)双方一般权利和义务。

(3)施工组织设计和工期。

(4)质量与检验。

(5)安全施工。

(6)合同价款与支付。

(7)材料设备供应。

(8)工程变更。

(9)竣工验收与结算。

(10)违约、索赔和争议。

(11)其他。

考虑到建设工程的内容各不相同，工期、造价也随之变动，承包、发包人各自的能力，施工现场的环境和条件也各不相同，通用条款不能完全适用于各个具体工程，因此配之以专用条款对其做必要的修改和补充，使通用条款和专用条款成为双方统一意愿的体现。专用条款的条款号与通用条款相一致，但主要是空格，由当事人根据工程的具体情况予以明确或对通用条款进行修改和补充。

《建设工程施工合同》(示范文本)的附件是对施工合同当事人的权利、义务的进一步明确，并且使得施工合同当事人的有关工作一目了然，便于执行和管理。

复习思考题

1. 简述建设工程合同的种类及特征。
2. 建设工程合同中主要包括哪些合同关系？
3. 建设工程合同管理有哪些主要内容？
4. 简述FIDIC合同文件解释和执行的优先顺序。
5. 什么是合同的转让和分包？
6. 承包商在哪些情况下有权要求延长工期？
7. 延误工期后承包商应做哪些工作？
8. FIDIC合同条件对工程量的计量有哪些规定？
9. 简述支付工程进度款的程序。
10. 在何种情况下，检查和检验的费用由承包商或业主支付？
11. 缺陷责任期需要做哪些工作？
12. 简述索赔处理程序。
13. 简述《施工合同示范文本》的组成。
14. 建设工程施工合同中通用条款与专用条款的区别是什么？请举例说明它们之间的关系。

第三章　工程建设项目的进度控制

第一节　进度控制的作用和任务

一、进度控制的概念

建设工程进度控制是指对工程项目建设各阶段的工作内容、工作程序、持续时间和衔接关系根据进度总目标及资源配置的原则编制计划并付诸实施，然后在进度计划的实施过程中经常检查实际进度是否按计划进度要求进行，对出现的偏差情况进行分析，采取补救措施或调整、修改原计划后再付诸实施，如此循环，直到建设工程竣工验收交付使用。建设工程进度控制的最终目的是确保建设项目按预定的时间动用或提前交付使用，建设工程进度控制的总目标是建设工期。而进度控制目标能否实现，主要取决于处在关键线路上的工程内容能否按预定的时间完成。当然，同时要防止非关键线路上的工作延误而成为关键线路的情况。保证工程项目按期建成交付使用，是建设工程施工阶段进度控制的最终目的。为了有效地控制施工进度，首先要将施工进度总目标从不同角度进行层层分解，形成施工进度控制目标体系，从而作为实施进度控制的依据。

建设工程施工进度控制目标体系是指各单位工程交工动用的分目标以及按承包单位、施工阶段和不同计划期划分的分目标；各目标之间相互联系，共同构成建设工程施工进度控制目标体系。其中，下级目标受上级目标的制约，下级目标保证上级目标，最终保证施工进度总目标的实现。为了提高进度计划的预见性和进度控制的主动性，在确定施工进度控制目标时，必须全面细致地分析与建设工程进度有关的各种有利因素和不利因素。确定施工进度控制目标的主要依据有：建设工程总进度目标对施工工期的要求；工期定额、类似工程项目的实际进度；工程难易程度和工程条件的落实情况等。

在确定施工进度分解目标时，还要考虑以下各个方面：

(1)对于大型建设工程项目，应根据尽早提供可动用单元的原则，集中力量分期分批建设，以便尽早投入使用，尽快发挥投资效益。

(2)合理安排土建与设备的综合施工。

(3)结合本工程的特点，参考同类建设工程的经验来确定施工进度目标。

(4)做好资金供应能力、施工力量配备、物资(材料、构配件、设备)供应能力与施工进度的平衡工作，确保工程进度目标的要求而不使其落空。

(5)考虑外部协作条件的配合情况。

(6)考虑工程项目所在地区地形、地质、水文、气象等方面的限制条件。

总之，要想对工程项目的施工进度实施控制，就必须有明确、合理的进度目标(进度总目标和进度分目标)，否则，控制便失去了意义。

二、建设工程进度控制的依据

监理单位只有监督合同双方履行合同的职责，没有修改合同的权力。因此，监理工程师严格按合同的有关规定，执行监理工作任务。对合同工期控制遵循以下原则：

(1)以合同工期为准，严格执行合同。

(2)只有发生超常规的自然条件(暴雨、洪水、地震……)或因业主方未能按合同规定提供必要的条件(设计图纸、施工场地、移民搬迁、水源、电源及业主方提供的主要建筑材料)时，监理将根据施工单位申报的调整工期意见，实事求是地核实影响范围、程度和时间，提出初审意见，报业主方审定。

(3)由于施工单位的施工力量投入不足或管理不力，造成工期延误，除要求施工单位及时加大投入或改善管理，以提高施工强度为业主挽回工期外，对延误工期部分将根据合同有关规定提出具体处理意见，报业主方审定。

(4)一个合同中有分阶段交付使用要求的，按分阶段控制，将阶段工期同总工期衔接起来，以保证阶段工期和总工期的实现，并及时做好阶段初检工作。

三、建设工程进度控制的任务和作用

(1)在设计准备阶段进度控制的任务是：收集有关工期的信息，进行工期目标和进度控制决策；编制工程项目建设总进度计划；编制设计准备阶段详细工作计划，并控制其执行；进行环境及施工现场条件的调查和分析。

(2)设计阶段进度控制的任务是：编制设计阶段工作计划，并控制其执行；编制详细的出图计划，并控制其执行。

(3)施工阶段进度控制的任务是：编制施工总进度计划，并控制其执行；编制单位工程施工进度计划，并控制其执行；编制工程年、季、月实施计划，并控制其执行。

为了有效地控制建设工程进度，监理工程师要在设计准备阶段向建设单位提供有关工期的信息，协助建设单位确定工期总目标，并进行环境及施工现场条件的调查和分析。在设计阶段和施工阶段，监理工程师不仅要审查设计单位和施工单位提交的进度计划，更要编制监理进度计划，以确保进度控制目标的实现。

四、建设工程进度控制措施

在施工招投标时确定中标单位并签订施工承发包合同后，按承发包合同规定的施工期为监理进度控制目标。如果业主要求提前完工或承包商承诺提前竣工，则监理机构将全力支持、配合、协调、监督施工单位采取一定的组织、技术、经济、合同措施力保按期完工。

(一)组织措施

进度控制的组织措施主要包括：建立进度控制目标体系，明确建设工程现场监理组织机构中进度控制人员及其职责分工；建立工程进度报告制度及进度信息沟通网络；建立进度计划审核制度和进度计划实施中的检查分析制度；建立进度协调会议制度，包括协调会议举行的时间、地点，协调会议的参加人员等；建立图纸审查、工程变更和设计变更管理制度。

在监理工作中，监理单位召集现场各参建单位参加现场进度协调会议，监理单位协调承包单位不能解决的内外关系。因此，在会议之前监理要收集相关的进度控制资料，如承包商的人员投入情况、机械投入情况、材料进场和验收情况、现场操作方法和施工措施环境情况。这些都将是监理组织进度专题会议的基础资料之一。通过这些事实，监理才能对承包商的施工进度有一个真切的结论，除指出承包商进度落后这一结论和要求承包商进行改正的监理意思外，监理还能建设性地对如何改正提出自己的看法，对承包商将要采取的措施得力与否进行科学的评价。有时，监理单位可以组织现场专题会议，现场专题会议一般是由现场的项目经理、副经理、相关管理人员、各专业工种负责人、业主代表和监理人员参加，由项目总监理工程师主持，会议有记录，会后编制会议纪要。当实际进度与计划进度出现差异时，在分析原因的基础上要求施工单位采取以下组织措施：增加作业队伍、工作人数、工作班次，开内部进度协调会等；必要时同步采取其他配套措施：改善外部配合条件、劳动条件，实施强有力的调度等。督促承包商调整相应的施工计划、材料设备供应计划、资金供应计划等，在新的条件下组织新的协调和平衡。

（二）技术措施

进度控制的技术措施主要包括：审查承包商提交的进度计划，使承包商能在合理的状态下施工；编制进度控制工作细则，指导监理人员实施进度控制；采用网络计划技术及其他科学适用的计划方法，并结合电子计算机的应用，对建设工程进度实施动态控制。

进度控制很大程度上是基于对承包商的前期工作、期间工作以及期后工作信息的收集和分析。作为监理工程师应该具备对承包商现场状态的洞察能力，进度控制的内容也无非是对承包商的资源投入状态、资源过程利用状态以及资源使用后与目标值的比较状态三个方面内容的控制。对这三方面的控制就是监理对进度要素的控制。监理进度控制的方法即对这些要素具体的综合运用。工程开工时，监理机构指令施工单位及时上报项目实施总进度计划及网络图。总监理工程师审核施工单位提交的总进度计划是否满足合同总工期控制目标的要求，进行进度目标的分解和确定关键线路与节点的进度控制目标，制定监理进度控制计划。为了做好工期的预控，即施工进度的事前控制，监理主要按照建设工程监理规范的要求，审批承包单位报送的施工总进度计划；审批承包单位编制的年、季、月度施工进度计划；专业监理工程师对进度计划实施情况检查、分析；当实际进度符合计划进度时，要求承包单位编制下一期进度计划；当实际进度滞后于计划进度时，专业监理工程师书面通知承包单位采取纠偏措施并监督实施技术措施，如缩短工艺时间、减少技术间歇、实行平行流水立体交叉作业等。

（三）经济措施

进度控制的经济措施主要包括：及时办理工程预付款及工程进度款支付手续；对应急赶工给予优厚的赶工费用；对工期提前给予奖励；对工程延误收取误期损失赔偿金；加强索赔管理，公正地处理索赔。

监理工程师应认真分析合同中经济条款内容。监理工程师在控制过程中，可以与承包商进行多方面、多层次的交流。经济支付是杠杆，也将是不可缺少的方式之一，而且是最重要的进度控制手段。在进度控制过程中，从对进度有利的前提出发，监理工程师也可以促使甲乙双方对合同的约定进行合理的变更。

（四）合同措施

进度控制的合同措施主要包括：推行CM承发包模式，对建设工程实行分段设计、分段发包和分段施工；加强合同管理，协调合同工期与进度计划之间的关系，保证合同中进度目标的实现；严格控制合同变更，对各方提出的工程变更和设计变更，监理工程师应严格审查后再补入合同文件之中；加强风险管理，在合同中应充分考虑风险因素及其对进度的影响，以及相应的处理方法。

运用合同措施是控制工程进度最理性的手段，全面实际地履行合同是承包商的法律义务。当建设单位要求暂时停工，且工程需要暂停施工；或者为了保证工程质量而需要进行停工处理；或者施工出现了安全隐患，总监理工程师认为有必要停工以消除隐患；或者发生了必须暂时停止施工的紧急事件；或者承包单位未经许可擅自施工，或拒绝项目监理机构管理时，总监理工程师按照《建设工程监理规范》的规定，有权签发《工程暂时停工指令》。这往往发生在赶工时重进度轻质量状况下，监理要采取强制干预措施，控制施工节奏。

总之，在工程进度管理中，建设单位起主导作用，施工单位起中心作用，监理单位起重要作用；只有三者有机结合，再加上其他单位的大力配合，才能使工程顺利进行，按期竣工。

第二节　影响工程进度控制的主要因素

影响工程进度的因素很多，在工程建设过程中，常见的影响因素有：业主因素、勘察设计因素、施工技术因素、自然环境因素、组织管理因素、社会环境因素、材料因素、设备因素、资金因素等。根据来源划分，归纳起来有以下几个方面的原因：

（1）建设单位原因：业主使用要求改变而进行设计变更；资金投入不足，并不能及时到位；图纸未及时到位；建设单位供应材料设备未及时送到施工现场；应确定事项未及时确定；场地拆迁不彻底等。

（2）承建单位原因：承建单位（包括总承包单位、各专业分承包单位、材料供应单位、设备制造安装单位）人力、技术力量投入不足；施工方案欠佳；出现施工质量问题需处理；所采用工程材料、产品质量差需要整改；工程材料不足，供应不及时；资金调用失控，出现资金短缺现象。

（3）设计单位原因：未及时向业主提交满足进度计划的设计文件；现场施工与设计图纸有矛盾需修改；现场发现配套专业设计与土建有矛盾；变更设计较多。

（4）不利自然条件：发生了不可抗力，如台风、暴雨、非典、电网不正常供电、不明障碍物等。

（5）组织管理因素：向有关部门提出各种申请审批手续的延误；合同签订时条款不完善、计划安排不周密，组织协调不力，导致停工停料、相关作业脱节；领导不力，指挥失当，使参加工程建设的各单位、各专业、各个施工过程之间交接、配合上发生矛盾等。

（6）外部单位原因：外单位临近施工的干扰；与工程有关的市政、规划、消防、电力、自来水、电信等部门没有及时协调而影响等。

第三节 进度控制的方法

工程施工前期的进度控制及准备工作是施工过程进行动态控制和对工程进度进行主动控制的前提和基础，监理单位应针对工程特点和施工总进度目标，绘制施工进度计划网络图，编制施工进度总控制计划；对施工进度总目标进行层层分解，明确各单项工程各阶段的起止时间，通过运用网络技术定期分析、评价承包方的实施进度，当施工进度延误时，要协助承包方查找原因，并督促其制订科学合理的赶工措施；密切注意关键路线项目各重要事件的进展，逐旬、逐月检查承包方的人员、原材料及施工设备的进场情况及进度的实施情况；完善现场例会制度，及时发现、协调和解决影响工程进展的外部条件和干扰因素，促进工程施工的顺利进行；编制和建立适合工程特点的用于进度控制和施工记录的各种图表，便于及时对工程进度进行分析和评价，同时也可作为进度控制和合同管理的依据。

一、编制和适时调整总进度计划

(一)施工总进度计划的编制

施工总进度计划一般是建设工程项目的施工进度计划。它是用来确定建设工程项目中所包含的各单位工程的施工顺序、施工时间及相互衔接关系的计划。编制施工总进度计划的依据包括施工总方案、资源供应条件、各类定额资料、合同文件、工程项目建设总进度计划、工程运用时间目标、建设地区自然条件及有关技术经济资料等。

施工总进度计划的编制步骤和方法如下。

1. 计算工程量

根据批准的工程项目一览表，按单位工程分别计算其主要实物工程量，工程量只需粗略地计算即可。

工程量的计算可按初步设计(或扩大初步设计)图纸和有关额定手册或资料进行。

2. 确定各单位工程的施工工期

各单位工程的施工期限应根据合同工期确定，同时还要考虑建筑类型、结构特征、施工方法、施工管理水平、施工机械化程度及施工现场条件等因素。

3. 确定各单位工程的开竣工时间和逻辑关系

确定各单位工程的开竣工时间和逻辑关系主要应考虑以下几点：同一时期平行施工的项目不宜过多，以避免人力、物力过于分散；尽量做到均衡施工，以使劳动力、施工机械和主要材料的供应在整个工期范围内达到均衡；尽量提前建设可供工程施工使用的永久性工程，以节省临时工程费用；急需和关键的工程先施工，以保证工程项目如期交工；对于某些技术复杂、施工周期较长、施工困难较多的工程，亦应安排提前施工，以利于整个工程项目按期交付使用；施工顺序必须与主要生产系统投入生产的先后次序相吻合，同时还要安排好配套工程的施工时间，以保证建设工程能迅速投入生产或交付使用；应注意季节对施工顺序的影响，使施工季节不导致工期拖延，不影响工程质量；安排一部分附属工程或零星项目作为后备项目，用以调整主要项目的施工进度；注意主要工种和主要施工机械能否连续施工。

4. 初拟施工总进度计划

按照各单位工程的逻辑关系和工期初拟施工总进度计划，施工总进度计划既可以用横道图表示，也可以用网络图表示。

5. 修正施工总进度计划

初步施工总进度计划编制完成后，要对其进行检查。主要是检查总工期是否符合要求，资源使用是否均衡且其供应是否能得到保证，从而确定正式的施工进度计划。

（二）单位工程施工进度计划的编制

单位工程施工进度计划的编制步骤如下。

1. 划分工作项目

工作项目是包括一定工作内容的施工过程，它是施工进度计划的基本组成单元。工作项目内容的多少、划分的粗细程度，应该根据计划的需要来确定。对于大型建设工程，经常需要编制控制性施工进度计划，此时工作项目可以划分得粗一些，一般只明确到分部工程即可。如果编制实施性施工进度计划，工作项目就应划分得细一些。在一般情况下，单位工程施工进度计划中的工作项目应明确到分项工程或更具体，以满足指导施工作业、控制施工进度的要求。

由于单位工程中的工作项目较多，应在熟悉施工图纸的基础上，根据建筑结构特点及已确定的施工方案，按施工顺序逐项列出，以防止漏项或重项。凡与工程对象施工直接有关的内容均应列入计划，而不属于直接施工的辅助性项目和服务性项目则不必列入。

另外，有些分项工程在施工顺序上和时间安排上是相互穿插进行的，或者是由同一专业施工队完成的，为了简化进度计划的内容，应尽量将这些项目合并，以突出重点。

2. 确定施工顺序

确定施工顺序是为了按照施工的技术规律和合理的组织关系，解决各工作项目之间在时间上的先后次序和搭接问题，以达到保证质量、安全施工、充分利用空间、争取时间、实现合理安排工期的目的。

3. 计算工程量

工程量的计算应根据施工图和工程量计算规则，针对所划分的每一个工作项目进行。计算工程量时应注意以下问题：工程量的计算单位应与现行定额手册中所规定的计量单位相一致，以便计算劳动力、材料和机械数量时直接套用定额，而不必进行换算；要结合具体的施工方法和安全技术要求计算工程量；应结合施工组织的要求，按已划分的施工段分层分段进行计算。

4. 计算劳动量和机械台班数

当某工作项目是由若干个分项工程合并而成时，则应分别根据各分项工程的时间定额（或产量定额）及工程量计算出综合时间定额（或综合产量定额）。

5. 确定工作项目的持续时间

根据工作项目所需要的劳动量或机械台班数，以及该工作项目每天安排的工人数或配备的机械台数，即可计算出各工作项目的持续时间。

6. 绘制施工进度计划图

绘制施工进度计划图，首先应选择施工进度计划的表达形式。目前，常用来表达建设工程施工进度计划的方法有横道图和网络图两种形式。

7. 施工进度计划的检查与调整

当施工进度计划初始方案编制好后，需要对其进行检查与调整，以便使进度计划更加合理。进度计划检查的主要内容包括：各工作项目的施工顺序、平行搭接和技术间歇是否合理；总工期是否满足合同规定；主要工种的工人是否能满足连续、均衡施工的要求；主要机具、材料等的利用是否均衡和充分。在这一项中，首要的是前两方面的检查，如果不满足要求，必须进行调整。只有在前两个方面均达到要求的前提下，才能进行后两个方面的检查与调整。前者是解决可行与否的问题，而后者则是优化的问题。

（三）调整总进度计划

工期目标的按期实现，首要前提是要有一个科学合理的进度计划。如果实际进度与计划进度出现偏差，应根据工作偏差及其对后续工作和总工期的影响情况，调整后续施工进度，以确保工程进度目标实现。进度控制程序如图3-1所示。

在工程实施过程中，施工阶段监理工程师严格执行施工合同中对进度、开工及延期开工、暂停施工、工期延误、工程竣工的承诺。建立实际进度监测与调整的系统过程，如图3-2所示。通过检查分析，如果发现原有进度计划已不适应实际情况，为确保进度控制目标的实现或需要确定新的计划目标，就必须对原有的进度计划进行调整，以形成新的进度计划，作为进度控制的新依据。

在实际工作中应根据具体情况进行进度计划的调整。施工进度调整的方法常用的有两种：一种是通过压缩关键工作的持续时间来缩短工期；另一种是通过组织搭接作业或平行作业来缩短工期。

1. 缩短关键工作的持续时间

这种方法的特点是不改变工作之间的先后顺序关系，而通过采取增加资源投入，提高劳动效率等措施来缩短某些工作的持续时间，使工程进度加快，以保证按计划工期完成该工程项目。这些被压缩持续时间的工作是位于关键线路和超过计划工期的非关键线路上的工作。同时，这些工作又是其持续时间可被压缩的工作。这种调整方法通常可以在网络图上直接进行。其调整方法视限制条件及其对后续工作的影响程度的不同而有所区别，一般可分为两种情况。

1）网络计划中某项工作进度拖延的时间已超过其自由时差但未超过其总时差

此时该工作的实际进度不会影响总工期，而只对其后续工作产生影响。因此，在进行调整前，需要确定其后续工作允许拖延的时间限制，并以此作为进度调整的限制条件。该限制条件的确定较复杂，尤其是当后续工作由多个平行的承包单位负责实施时更是如此。后续工作如不能按原计划进行，在时间上产生的任何变化都可能使合同不能正常履行，而导致蒙受损失的一方提出索赔。因此，寻求合理的调整方案，把进度拖延后对后续工作的影响减小到最低程度，是监理工程师的一项重要工作。

2）网络计划中某项工作进度拖延的时间超过其总时差

如果网络计划中某项工作进度拖延的时间超过其总时差，则无论该工作是否为关键

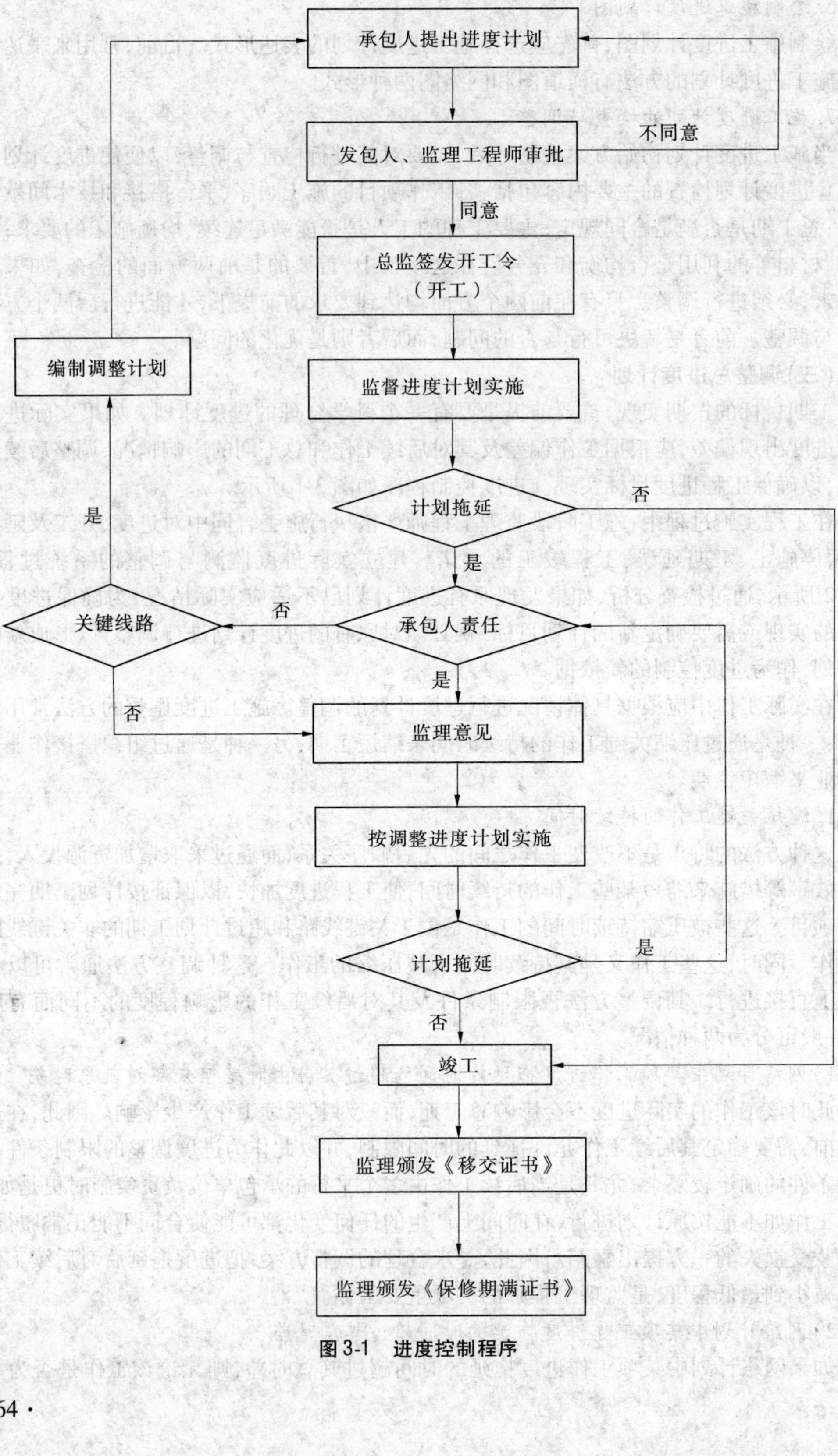
承包人提出进度计划
发包人、监理工程师审批
不同意
同意
总监签发开工令
（开工）
编制调整计划
监督进度计划实施
计划拖延
否
是
是
关键线路
否
承包人责任
是
否
监理意见
按调整进度计划实施
计划拖延
是
否
竣工
监理颁发《移交证书》
监理颁发《保修期满证书》

图 3-1　进度控制程序

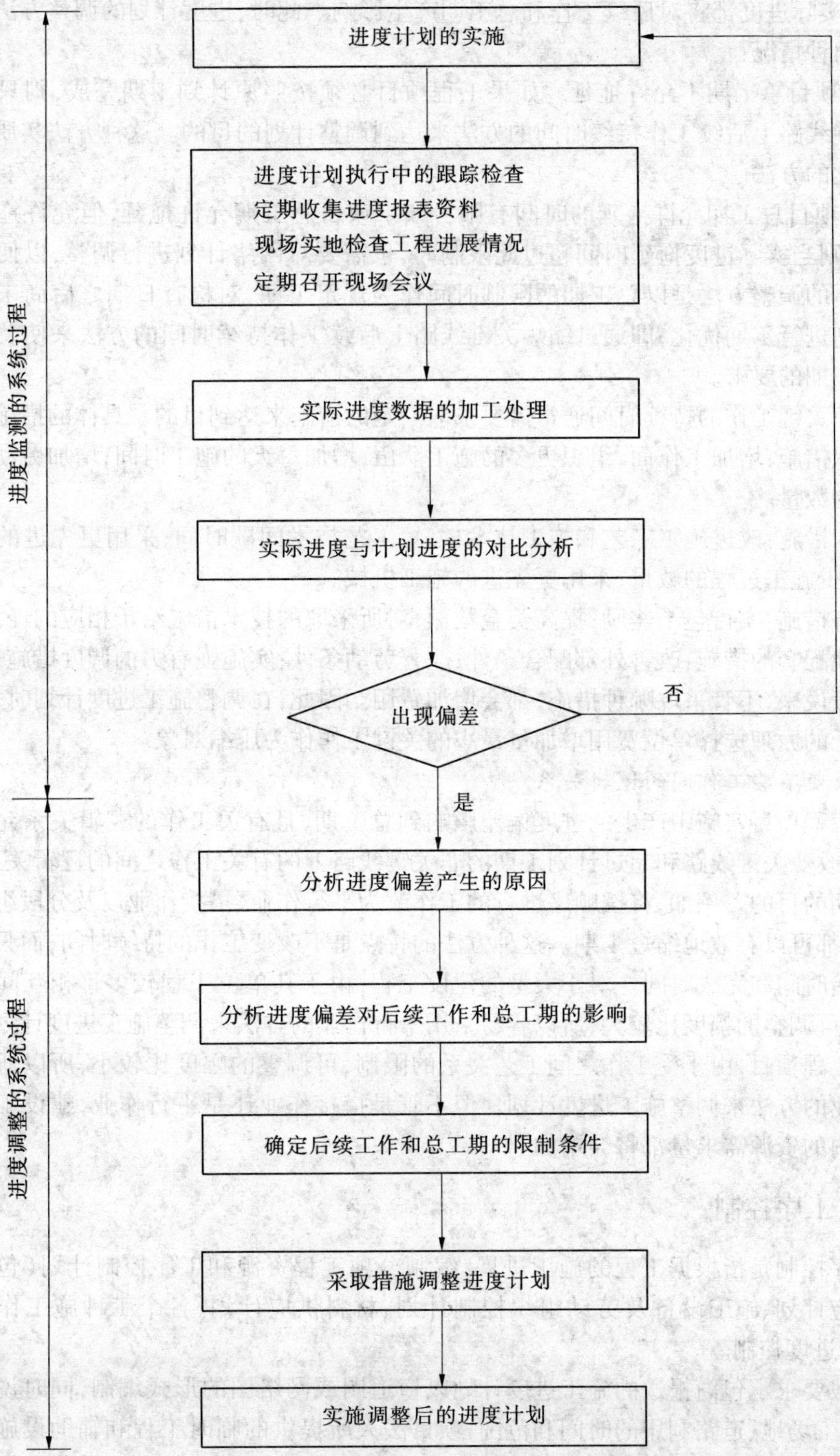

图 3-2　实际进度监测与调整的系统过程

工作，其实际进度都将对后续工作和总工期产生影响。此时，进度计划的调整方法又可分为以下两种情况：

(1)项目总工期不允许拖延。如果工程项目必须按照原计划工期完成，则只能采取缩短关键线路上后续工作持续时间的方法来达到调整计划的目的。这种方法实质上就是工期优化的方法。

(2)项目总工期允许拖延的时间有限。如果项目总工期允许拖延，但允许拖延的时间有限，则当实际进度拖延时间超过此限制时，也需要对网络计划进行调整，以便满足要求。具体的调整方法是以总工期的限制时间作为规定工期，对检查日期之后尚未实施的网络计划进行工期优化，即通过缩短关键线路上后续工作持续时间的方法来使总工期满足规定工期的要求。

缩短关键工作的持续时间通常需要采取一定的措施来达到目的。具体的措施包括：

组织措施：增加工作面，组织更多的施工队伍；增加每天的施工时间；增加劳动力和施工机械的数量。

技术措施：改进施工工艺和施工技术，缩短工艺技术间歇时间；采用更先进的施工方法，以减少施工过程的数量；采用更先进的施工机械。

经济措施：实行包干奖励；提高奖金数额；对所采取的技术措施给予相应的经济补偿。

其他配套的措施：改善外部配合条件；改善劳动条件；实施强有力的调度措施等。

一般说来，不管采取哪种措施，都会增加费用。因此，在调整施工进度计划时，应利用费用最低的原理选择单位费用增加量最小的关键工作作为压缩对象。

2. 改变某些工作间的逻辑关系

当工程项目实施中产生的进度偏差影响到总工期，且有关工作的逻辑关系允许改变时，可以改变关键线路和超过计划工期的非关键线路上的有关工作之间的逻辑关系，达到缩短工期的目的。例如，将按顺序进行的工作改为平行作业、搭接作业以及分段组织流水作业等，都可以有效地缩短工期。这种方法的特点是不改变工作的持续时间，而只改变工作的开始时间和完成时间。对于大型的建设工程，由于其单位工程较多且相互间的制约比较少，可调整的幅度比较大，所以容易采用平行作业的方法来调整施工进度计划。而对于单位工程项目，由于受工作之间工艺关系的限制，可调整的幅度比较小，所以通常采用搭接作业的方法来调整施工进度计划。但不管是搭接作业还是平行作业，建设工程在单位时间内的资源需求量都将会增加。

二、工序控制

工序控制是指根据工程的施工进展，编制分项工程资源和工序控制计划（包括工程图纸供应计划、施工设备及劳动组织控制计划、材料供应计划、各个工种施工作业计划等）进行进度控制。

一般要求承包商报送的施工进度计划以横道图或网络图的形式编制，同时说明施工方法、施工场地、道路利用的时间和范围，项目法人所提供的临时工程和辅助设施的利用计划，并附机械设备需要计划、主要材料需求计划、劳动力计划及资金计划及附属设施计划等。工序控制一般包括以下几个方面。

（一）施工机械、物资供应计划

为了实现月施工计划，对需要的施工机械、物资必须落实，主要包括机械需要计划、主要材料需要计划。

（二）技术组织措施计划

合同要求编制技术组织措施方面的具体工作计划，如保证完成关键作业项目、实现安全施工等。对关键线路上的施工项目、施工工序严格控制，并随工程的进展实施动态控制；重要的分部、分项工程的施工，承包单位在开工前，应向监理工程师提交详细方案，说明为完成该项工程的施工方法、施工机械设备及人员配备与组织、质量管理措施以及进度安排等，报请监理工程师审查认可后方能实施。

（三）施工进度计划控制

总体工程开工前，首先要求承建单位报送施工进度总计划，监理部门审查其逻辑关系、施工程序和资源的均衡投入以及对工程施工质量和合同工期目标的影响。承建单位根据监理部门批准的进度计划，结合实际工程的进展，按月向监理部门报送当月实际完成的施工进度报告和下月的施工进度计划。

（四）工程施工过程控制

监理工程师对施工开工申请单中陈述的人员、施工机具、材料及设备到场情况，施工方法和施工环境进行检查。如：检查主要专业操作工持证上岗资料；检查五大员（施工员、质检员、材料员、安全员、试验员）是否到岗；检查施工机具是否完好，能否正常运行，能否达到设计要求；检查进场材料是否与设计要求品种、规格一致，是否有出厂标签、产品合格证、出厂试验报告单等。工程施工过程中，监理工程师应密切注意施工进度进展情况，并且通过计算机项目管理程序进行动态跟踪，如工程出现工期延误的情况，监理部门及时召开协调会议，查出原因。不管是不是由于承建单位责任造成的，都应及时与建设单位协商，尽快解决存在的问题。

三、形象进度控制

施工进度表和材料进场计划表是控制和保证按期完工的形象图。根据批准的施工技术方案计算各分项工程的工程量所需的劳动力和材料、设备，按照合同工期和劳动工日定额，排出各工序的开、竣工日期和顺序，形成施工进度安排。安排时要尽可能使主要工序和关键机械（如基槽土方的机械开挖）连续、均衡施工，避免尖峰和停顿。处理好时间和空间、需要与条件、进度与供应等方面的关系。工程进度表一般采用横道图或工程进度曲线，这样能直观、方便地检查和控制。在计划图上进行实际进度记录，并跟踪记载每个施工过程的开始日期、完成日期，记录每日完成数量、施工现场发生的情况、干扰因素的排除情况。跟踪形象进度对工程量，总产值，耗用的人工、材料和机械台班等的数量进行统计与分析，编制检查期内实际完成和累计完成工程量报表，进行实际进度与计划进度的比较。实际进度与计划进度的比较方法有以下几种。

（一）横道图比较法

横道图比较法是指将项目实施过程中检查实际进度收集到的数据，经过加工整理后直接用横道线平行绘于原计划的横道线处，进行实际进度与计划进度比较的方法。采用横道图比较法,可以形象、直观地反映实际进度与计划进度的比较情况。

1. 匀速进展横道图比较法

匀速进展是指在工程项目中,每项工作在单位时间内完成的任务量都是相等的,即工作进展速度是均匀的。此时,每项工作累计完成的任务量与时间成线性关系,如图 3-3 所示。完成的任务量可以用实物工作量、劳动消耗量或费用支出表示。为了便于比较,通常用上述物理量的百分比表示。

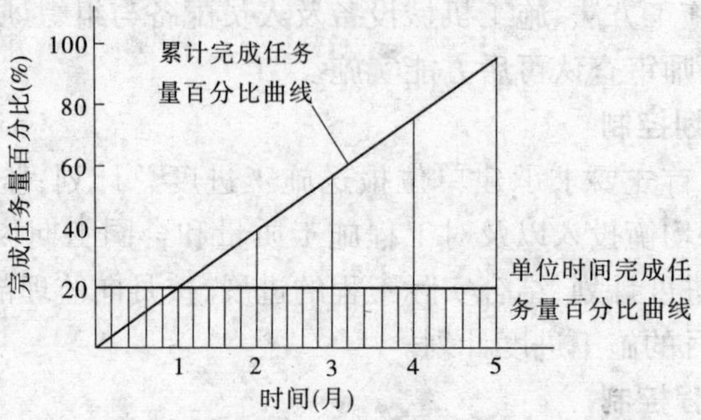

图 3-3　匀速进展工作时间与完成任务量关系曲线

匀速进展横道图比较法实施步骤如下:编制横道图进度计划→在进度计划上标出检查日期→将检查收集到的实际进度数据经加工整理后按比例用涂黑的粗线标于计划进度的下方。如图 3-4 所示。

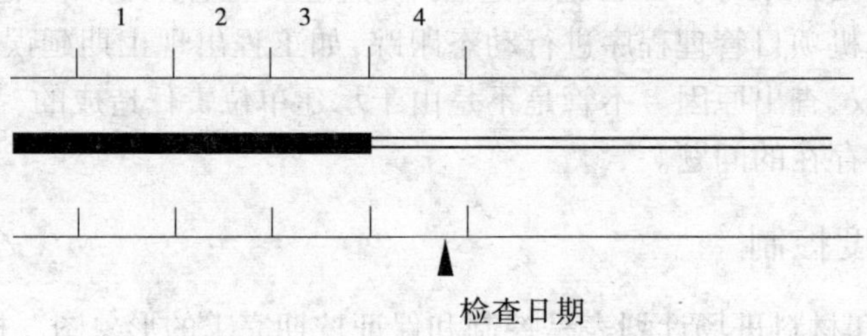

图 3-4　匀速进展横道图比较法

对比分析实际进度与计划进度:如果涂黑的粗线右端落在检查日期左侧,表明实际进度拖后;如果涂黑的粗线右端落在检查日期右侧,表明实际进度超前;如果涂黑的粗线右端与检查日期重合,表明实际进度与计划进度一致。

必须指出,该方法仅适用于工作从开始到结束的整个过程中,其进展速度均为固定不变的情况。如果工作的进展速度是变化的,则不能采用这种方法进行实际进度与计划进度的比较,否则,会得出错误的结论。

2. 非匀速进展横道图比较法

当工作在不同单位时间里的进展速度不相等时,累计完成的任务量与时间的关系就不可能是线性关系。此时,应采用非匀速进展横道图比较法进行实际工作进度与计划进度的比较。

非匀速进展横道图比较法是在用涂黑粗线表示工作实际进度的同时,还要标出其对应时刻完成任务量的累计百分比,并将该百分比与其同时刻计划完成任务量的累计百分比相比较,判断工作实际进度与计划进度之间的关系。

非匀速进展横道图比较法实施步骤如下:编制横道图进度计划→在横道线上方标出各主要时间工作的计划完成任务量累计百分比→在横道线下方标出相应时间工作的实际完成任务量累计百分比→用涂黑粗线标出工作的实际进度,从开始之日标起,同时反映出该工作在实施过程中的连续与间断情况→通过比较同一时刻实际完成任务量累计百分比和计划完成任务量累计百分比,判断工作实际进度与计划进度之间的关系。如图 3-5 所示。如果同一时刻横道线上方累计百分比大于横道线下方累计百分比,表明实际进度拖后,拖欠的任务量为二者之差;如果同一时刻横道线上方累计百分比小于横道线下方累计百分比,表明实际进度超前,超前的任务量为二者之差;如果同一时刻横道线上下方两个累计百分比相等,表明实际进度与计划进度一致。

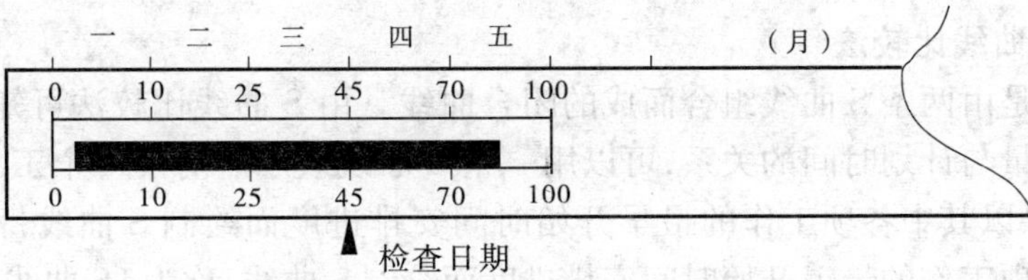

图 3-5 非匀速进展横道图比较法

可以看出,由于工作进展速度是变化的,因此在图中的横道线,无论是计划的还是实际的,只能表示工作的开始时间、完成时间和持续时间,并不表示计划完成的任务量和实际完成的任务量。此外,采用非匀速进展横道图比较法,不仅可以进行某一时刻(如检查日期)实际进度与计划进度的比较,而且还能进行某一时间段实际进度与计划进度的比较。当然,这需要实施部门按规定的时间记录当时的任务完成情况。

横道图记录比较法虽有记录比较方法简单、形象直观、易于掌握、使用方便等优点,但由于其以横道计划为基础,因而带有不可克服的局限性。一旦某些工作实际进度出现偏差,就难以预测其对后续工作和工程总工期的影响,也就难以确定相应的进度调整方法。因此,横道图比较法适用于工程项目中某些工作实际情况与计划进度的局部比较。

(二)S 曲线比较法

S 曲线比较法是以横坐标表示时间、纵坐标表示累计完成任务量,绘制一条按计划时间累计完成任务量的 S 曲线;然后将工程项目实施过程中各检查时间累计完成任务量的 S 曲线也绘制在同一坐标系中,进行实际进度与计划进度比较的一种方法。实际进度与计划进度的比较同横道图比较法一样,S 曲线比较法也是在图上进行工程项目实际进度与计划进度的直观比较。在工程项目实施过程中,按照规定时间将检查收集到的实际累计完成任务量绘制在原计划 S 曲线图上,即可得到实际进度 S 曲线,如图 3-6 所示。

在图 3-6 中,工程项目实际进度状况是:如果工程实际进展点落在 S 计划曲线左侧,表明此时实际进度比计划进度超前,如图 3-6 中的 a 点;如果工程实际进展点落在计划 S 曲线右侧,表明此时实际进度拖后,如图 3-6 中的 c 点;如果工程实际进展点正好落在计划 S 曲线上,则表示此时实际进度与计划进度一致,如图 3-6 中的 b 点。

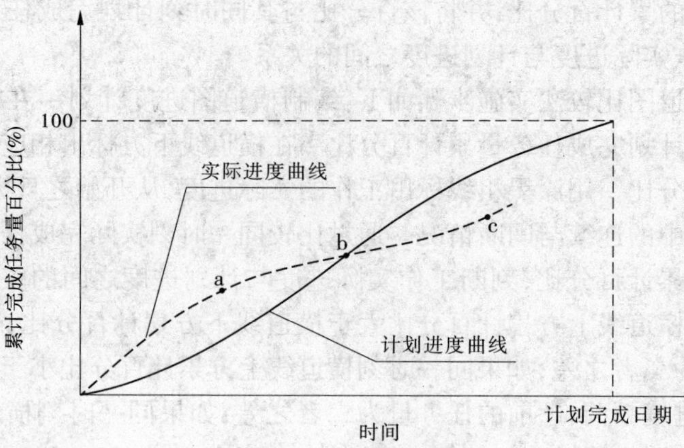

图 3-6　S 曲线比较法

(三)香蕉曲线比较法

香蕉曲线是由两条 S 曲线组合而成的闭合曲线。由 S 曲线比较法可知,工程项目累计完成的任务量与计划时间的关系,可以用一条 S 曲线表示。对于一个工程项目的网络计划来说,如果以其中各项工作的最早开始时间安排进度而绘制 S 曲线,称为 ES 曲线;如果以其中各项工作的最迟开始时间安排进度而绘制 S 曲线,称为 LS 曲线。两条 S 曲线具有相同的起点和终点,因此两条曲线是闭合的。在一般情况下,ES 曲线上的其余各点均落在 LS 曲线的相应点的左侧。由于该闭合线形似香蕉,故称为香蕉曲线,如图 3-7 所示。

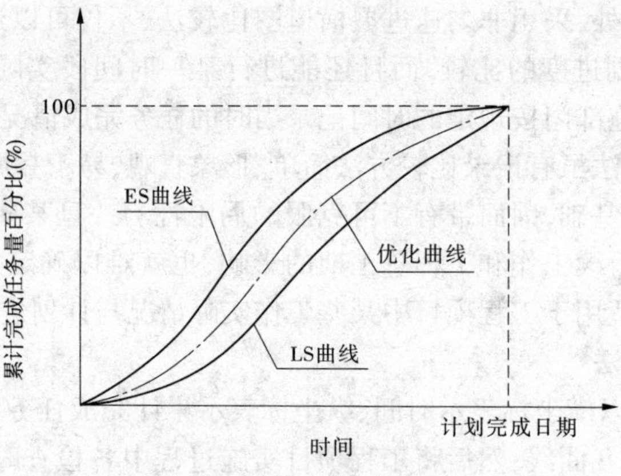

图 3-7　香蕉曲线比较法

香蕉曲线比较法能直观地反映工程项目的实际进度情况,并可以获得比 S 曲线更多的信息。其主要作用如下:

(1)合理安排工程项目进度计划。如果工程项目中的各项工作均按其最早开始时间安排进度,将导致项目的投资加大,而如果各项工作都按其最迟开始时间安排进度,则一旦受到进度影响因素的干扰,又将导致工期拖延,使工程进度风险加大。因此,一个科学合理的进度计划优化曲线应处于香蕉曲线所包络的区域之内。

(2)定期比较工程项目的实际进度与计划进度。在工程项目的实施过程中,根据每次检查收集到的实际完成任务量,绘制出实际进度 S 曲线,便可以与计划进度相比较。工程项目实施进度的理想状态是任一时刻工程实际进展点应落在香蕉曲线图的范围之内。如果工程实际进展点落在 ES 曲线的左侧,表明此刻实际进度比各项工作按其最早开始时间安排的计划进度超前;如果工程实际进展点落在 LS 曲线的右侧,表明此刻实际进度比各项工作按其最迟开始时间安排的计划进度拖后。

(3)预测后期工程进展趋势。利用香蕉曲线可以对后期工程的进展情况进行预测。判断工程项目按照目前的施工进度在检查日期之后完成工程的情况。

(四)前锋线比较法

前锋线比较法是通过绘制某检查时刻工程项目实际进度前锋线,进行工程实际进度与计划进度比较的方法,它主要适用于时标网络计划。所谓前锋线,是指在原时标网络计划上,从检查时刻的时标点出发,用点画线依次将各项工作实际进度位置点连接而成的折线。前锋线比较法就是通过实际进度前锋线与原进度计划中各工作箭线交点的位置来判断工作实际进度与计划进度的偏差,进而判定该偏差对后续工作及总工期影响进度的一种方法。

采用前锋线比较法进行实际进度与计划进度的比较,其步骤如下。

1. 绘制时标网络计划图

工程项目实际进度前锋线是在时标网络计划图上表示,为清楚起见,可在时标网络计划图的上方和下方各设一时间坐标。

2. 绘制实际进度前锋线

一般从时标网络计划图上方时间坐标的检查日期开始绘制,依次连接相邻工作的实际进展位置点,最后与时标网络计划图下方坐标的检查日期相连接。

工作实际进展位置点的标定方法有两种:

(1)按该工作已完成任务量比例进行标定。假设工程项目中各项工作均为匀速进展,根据实际进度检查时刻该工作已完成任务量占其计划完成总任务量的比例,在工作箭线上从左至右按相同的比例标定其实际进展位置点。

(2)按尚需作业时间进行标定。当某些工作的持续时间难以按实物工程量来计算而只能凭经验估算时,可以先估算出检查时刻到该工作全部完成尚需作业的时间,然后在该工作箭线上从右向左逆向标定其实际进展的位置点。

3. 进行实际进度与计划进度的比较

前锋线可以直观地反映出检查日期有关工作实际进度与计划进度之间的关系。对某项工作来说,其实际进度与计划进度之间的关系可能存在以下三种情况:

(1)工作实际进度位置点落在检查日期的左侧,表明该工作实际进度拖后,拖后的时间为二者之差;如图 3-8 中,C 工作拖后的时间为 2 天,E 工作拖后的时间为 1 天。

(2)工作实际进展位置点与检查日期重合,表明该工作实际进度与计划进度一致,如图 3-8 中 D 工作。

(3)工作实际进展位置点落在检查日期的右侧,表明该工作实际进度超前,超前的时间为二者之差。

4. 预测进度偏差对后续工作及总工期的影响

通过实际进度与计划进度的比较确定进度偏差后，还可根据工作的自由时差和总时差预测该进度偏差对后续工作及项目总工期的影响。由此可见，前锋线比较法既适用于工作实际进度与计划进度的局部比较，又可用来分析和预测工程项目整体进度状况。

例如，某分部工程时标网络计划如图 3-8 所示。当该计划执行到第 5 天结束时检查实际进展情况，实际进度前锋线表明工作 D 仍有总时差 2 天；工作 G 的最早开始时间将会受影响。

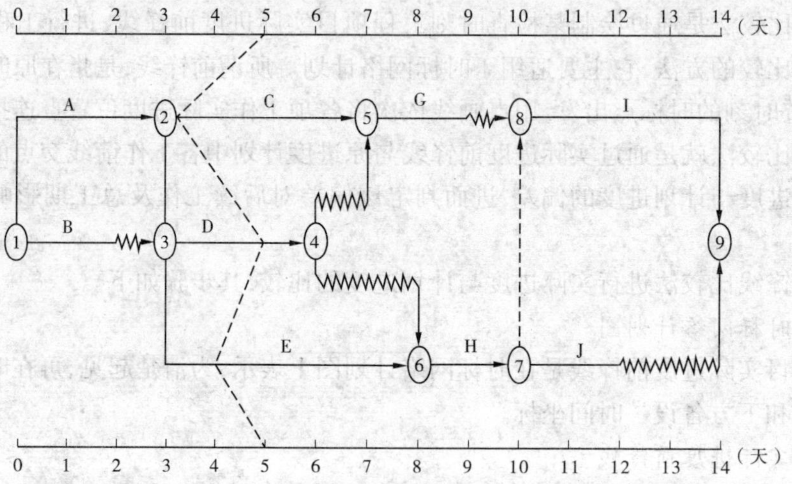

图 3-8 前锋线比较法

(五) 列表比较法

当工程进度计划用非时标网络图表示时，可以采用列表比较法进行实际进度与计划进度的比较。这种方法是记录检查日期应该进行的工作名称及其已经作业的时间，然后列表计算有关时间参数，并根据工作总时差进行实际进度与计划进度比较的方法。

采用列表比较法进行实际进度与计划进度比较的步骤如下：

(1) 对于实际进度检查日期应该进行的工作，根据已作业的时间，确定其尚需作业时间。

(2) 根据原进度计划，计算从检查日期开始至原计划最迟完成时间的尚余时间。

(3) 计算工作尚有总时差，其值等于工作从检查日期到原计划最迟完成时间尚余时间与该工作尚需作业时间之差。

(4) 比较实际进度与计划进度，可能有以下几种情况：①如果工作尚有总时差与原有总时差相等，说明该工作实际进度与计划进度一致；②如果工作尚有总时差大于原有总时差，说明该工作实际进度超前，超前的时间为二者之差；③如果工作尚有总时差小于原有总时差，且仍为非负值，说明该工作实际进度拖后，拖后的时间为二者之差，此时工作实际进度偏差将影响总工期。

第四节　进度控制的措施

一、施工进度计划的审查

工程进度控制的具体手段是:建立严格的进度计划会商和审批制度;对进度计划执行情况进行考核,并实行奖惩;定期更新进度计划,及时调整偏差;通过进度计划滚动编制过程的远粗、近细,实现对工程进度计划动态控制;对工程总进度计划中的关键项目进行重点跟踪控制,达到确保工程建设工期的目的;根据整个工程实际进度,统一安排而提出指导性或目标性的年度、季度总进度计划,用于协调整个工程进度。工程进度涉及到业主和承包商的利益,计划是工程进度控制的依据,也是管理工作的重要组成部分,科学合理的工程进度计划是保证施工工期的前提条件。工程进度的控制主要是审查承包商所制定的施工组织计划的合理性和可行性,并对计划的执行情况进行追踪检查,当发现实际进度与计划不符时,及时提醒承包商,帮助分析查找原因,适时指导承包商调整进度计划,并监督和促进其采取行之有效的补救措施,审核施工单位编制的工程进度计划,并检查督促其执行。目标进度计划审查的主要内容如下:

(1)对承包人报送的实施进度计划(包括总进度计划、分年施工计划、季度施工计划、分月施工计划等)进行认真审批。看进度安排是否符合工程项目建设总进度计划中总目标和分目标的要求,是否符合施工合同中开工、竣工日期的规定。审查计划作业项目是否齐全、有无漏项。

(2)施工总进度计划中的项目是否有遗漏,分期施工是否满足分批动用的需要和配套动用的要求。

(3)按分项工程对总进度进行分解,对重点、关键部位或项目,制定工序控制计划和控制工作细则。分析各项目的完工日期是否符合合同规定的各个中间完工日期(主要进度控制里程碑)和最终完工日期;各道作业的逻辑关系是否正确、合理,是否符合施工工程序;施工顺序的安排是否符合施工工艺的要求。对进度计划重点审查其逻辑关系、施工程序、资源的均衡投入以及施工进度安排对工程支付、施工质量和合同工期目标的影响等方面。

(4)劳动力、材料、构配件、设备及施工机具、水、电等生产要素的供应计划是否能保证施工进度计划的实现,供应是否均衡,需求高峰期是否有足够能力实现计划供应,与之相应的人员、设备和材料以及费用等资源是否合理,能否保证计划的实施。

(5)与外部环境是否有矛盾,如承包商的进度计划是否与项目法人的工作计划协调、与业主提供的设备条件和供货时间有无冲突、与其他标承包商的施工有无干扰;总包、分包单位分别编制的各项单位工程施工进度计划之间是否相协调;专业分工与计划衔接是否明确合理。

如果监理工程师在审查施工进度计划的过程中发现问题,应及时向承包单位提出书面修改意见(也称整改通知书),并协助承包单位修改。其中重大问题应及时向业主汇报。

二、优化调整进度计划

跟踪计划的实施并进行监督,当发现进度计划执行受到干扰时,应采取调整措施。调整进度计划即对工期进行优化。所谓工期优化，是指网络计划的计算工期不满足要求工期时，通过压缩关键工作的持续时间以满足要求工期目标的过程。

网络计划工期优化的基本方法是在不改变网络计划中各项工作之间逻辑关系的前提下，通过压缩关键工作的持续时间来达到优化目标。在工期优化过程中，按照经济合理的原则，不能将关键工作压缩成非关键工作。此外，当工期优化过程中出现多条关键线路时，必须将各条关键线路的总持续时间压缩相同数值，否则，不能有效地缩短工期。

网络计划的工期优化可按下列步骤进行：

(1)确定初始网络计划的计算工期和关键线路。

(2)按要求工期计算应缩短的时间。

(3)选择应缩短持续时间的关键工作。选择压缩对象时宜在关键工作中考虑下列因素：①缩短持续时间对质量和安全影响不大的工作；②有充足备用资源的工作；③缩短持续时间所需增加的费用最少的工作。

(4)将所选定的关键工作的持续时间压缩至最短，并重新确定计算工期和关键线路。若被压缩的工作变成非关键工作，则应延长其持续时间，使之仍为关键工作。

(5)当计算工期仍超过要求工期时，则重复上述步骤，直至计算工期满足要求工期或计算工期已不能再缩短为止。

(6)当所有关键工作的持续时间都已达到其能缩短的极限而寻求不到继续缩短工期的方案，但网络计划的计算工期仍不能满足要求工期时，应对网络计划的原技术方案、组织方案进行调整，或对要求工期重新审定。

选择关键工作压缩其持续时间，应选择优选系数最小的关键工作。若需要同时压缩多个关键工作的持续时间，则它们的优选系数之和(组合优选系数)最小者应优先作为压缩对象。

在工程实施过程中按照进度计划予以控制，若实际进度与计划进度偏差甚大，应及时调整进度计划措施。

工程师根据现场的施工进展情况，要求承包商适时提交反映实际进度的计划，以便及时掌握承包商投入的资源。因此，适时修正的施工进度计划是监理工程师实施进度控制的重要手段，也是监理工程师分析进度拖延的原因、分清施工延期责任、确定延期和赶工费用的基础。

三、工期延误补救

造成工程进度拖延的原因有两个方面：一是承包单位自身的原因；一是承包单位以外的原因。前者所造成的进度拖延称为工程延误，而后者所造成的进度拖延称为工程延期。当出现工程延误时，监理工程师有权要求承包单位采取有效措施加快施工进度。如果经过一段时间后，实际进度没有明显改进，仍然拖后于计划进度，而且显然影响工程按期竣工时，监理工程师应要求承包单位修改进度计划，并提交给监理工程师重新确认。工程延误通常可以采用停止付款、误期损失赔偿、取消承包资格等手段处理。

监理工程师对修改后的施工进度计划的确认，并不是对工程延误的批准，他只是要求承包单位在合理的状态下施工。因此，监理工程师对进度计划的确认，并不能解除承包单位应负的一切责任，承包单位需要承担赶工的全部额外开支和误期损失赔偿。

（一）工程延误的处理措施

1. 在原计划范围内采取赶工措施

（1）在年度计划内调整。当月计划未完成，一般要求在下个月的施工计划中补上。如果由于某种原因（例如发生大的自然灾害，或材料、设备、资金未能按计划要求供应等）计划拖欠较多时，则要求在季度或年度的其他月份内调整。

（2）在合同工期内跨年度调整。工程年度施工计划是报上级主管部门审查批准的，大型工程还须经国家批准，因此是属于国家计划的一部分，应有其严肃性，当年计划应力争在当年内完成。只有在出现意外情况（如发生超标准洪水、造成很大损失，出现严重的不良地质情况，材料、设备、资金供应等无法保证时），承包商通过各种努力仍难以完成年度计划时，允许将部分工程施工进度后延。在这种情况下，调整当年剩余月份的施工进度计划时，应保证合同书上规定的工程控制日期不变，因为它是关键线路上的工期。例如向下一工序的承包商移交工作面、某项工程完工等，若拖后很可能引起工期顺延，还可能引起下一工序承包商的索赔，这时，该承包商应加快进度并按原定时间完工。影响上述工程控制工期的关键线路上的施工进度应保证，非关键线路上的施工进度应尽可能保证。

当年的月（季）施工进度计划调整需跨年度时，应结合总进度计划调整考虑。

2. 超过合同工期的进度调整

当在合同规定的控制工期内调整已无法实现时，只有靠超过工期来调整进度。这种情况只有在万不得已时才允许。调整时应注意先调整投产日期外的其他控制日期。例如，厂房土建工期拖延可考虑以加快机电安装进度来弥补，开挖时间拖延可考虑以加快浇筑进度来弥补等，以不影响第一台机组发电时间为原则，可考虑将工期后延，但应报上级主管部门审批。进度调整时应使竣工日期推迟最短。

3. 工期提前的进度调整

当控制投产日期的项目完成计划后，且根据施工总进度安排，其后续施工项目和施工进度有可能缩短时，应考虑工程提前投产的可能性。例如某发电厂工程，厂房标计划完成较好，机组安装力量较强，工期有可能提前；而引水系统由于主客观原因，进度拖后较多，成了控制工程发电工期的拦路虎，这时就应想办法把引水系统进度赶上去。

一般情况下，只要能达到预期目标，调整越少越好。在进行项目进度调整时，应充分考虑以下各方面因素的制约：

（1）后续施工项目合同工期的限制。

（2）进度调整后，会不会给后续施工项目造成赶工或窝工而导致其工期和经济上遭受损失。

（3）材料物资供应需求上的制约。

（4）劳动力供应需要的制约。

（5）工程投资分配计划的限制。

（6）外界自然条件的制约。

（7）施工项目之间逻辑关系的制约。

（8）后续施工项目及总工期允许拖延的幅度。

(二)工程延期的处理措施

工程延期是指如果由于承包单位以外的原因造成工期拖延,承包单位有权提出延长工期的申请。监理工程师应根据合同规定,审批工程延期时间。经监理工程师核实批准的工程延期时间,应纳入合同工期,作为合同工期的一部分。即新的合同工期应等于原定的合同工期加上监理工程师批准的工程延期时间。发生工程延期事件,不仅影响工程的进展,而且会给业主带来损失。因此,监理工程师应做好以下工作,以减少或避免工程延期事件的发生:

(1)选择合适的时机下达工程开工令。监理工程师在下达工程开工令之前,应充分考虑业主的前期准备工作是否充分。特别是征地、拆迁问题是否已解决,设计图纸能否及时提供,以及付款方面有无问题等,以避免由于上述问题缺乏准备而造成工程延期。

(2)提醒业主履行施工承包合同中所规定的职责。在施工过程中,监理工程师应经常提醒业主履行自己的职责,提前做好施工场地及设计图纸的提供工作,并能及时支付工程进度款,以减少或避免由此而造成的工程延期。

(3)妥善处理工程延期事件。当延期事件发生以后,监理工程师应根据合同规定进行妥善处理。既要尽量减少工程延期时间及其损失,又要在详细调查研究的基础上合理批准工程延期时间。

此外,业主在施工过程中应尽量减少干预、多协调,以避免由于业主的干扰和阻碍而导致延期事件的发生。

(三)工期进度计划的贯彻

1.检查各层次的计划,形成严密的计划保证系统

工期进度的所有施工进度计划:施工总进度计划、单位工程施工进度计划、分部分项工程施工进度计划,都是围绕一个总任务而编制的,它们之间的关系是高层次计划为低层次计划的依据,低层次计划为高层次计划的具体化。在其贯彻执行时应当首先检查是否协调一致,计划目标是否层层分解、互相衔接,组成一个计划实施的保证体系,以施工任务书的方式下达施工队以保证实施。

2.层层签订承包合同或下达施工任务书

工期进度经理、施工队和作业班组之间分别签订承包合同,按计划目标明确规定合同工期、相互承担的经济责任、权限和利益,或者采用下达施工任务书的方法,将作业下达到施工班组,明确具体施工任务、技术措施、质量要求等内容,使施工班组必须保证按作业计划时间完成规定的任务。

3.计划全面交底,发动群众实施计划

施工进度计划的实施是全体工作人员共同的行动,要使有关人员都明确各项计划的目标、任务、实施方案和措施,使管理层和作业层协调一致,将计划变成群众的自觉行动,充分发动群众,发挥群众的干劲和创造精神。在计划实施前要进行计划交底工作,可以根据计划的范围召开全体职工代表大会或各级生产会议进行交底落实。

(四)督促施工单位工期进度计划的实施

1.检查施工编制月(旬)作业计划

为了实施施工进度计划,将规定的任务结合现场施工条件,如施工场地的情况,劳动

力、机械等资源条件和施工的实际进度,在施工开始前和过程中不断地编制本月(旬)的作业计划,使施工计划更具体、切合实际和可行。在月(旬)计划中要明确本月(旬)应完成的任务、所需要的各种资源量、提高劳动生产率和节约措施。

2. 检查施工单位签发施工任务书

编制好月(旬)作业计划以后,将每项具体任务通过签发施工任务书的方式使其进一步落实。施工任务书是向班组下达任务实行责任承包、全面管理和原始记录的综合性文件,施工班组必须保证指令任务的完成,它是计划实施的纽带。

3. 检查施工进度记录,填好施工进度统计表

在计划任务完成的过程中,各级施工进度计划的执行者都要跟踪做好施工记录,记载计划中每项工作的开始日期、工作进度和完成日期,为工期进度检查分析提供信息。因此,要求实事求是地记载,并填好有关图表。

4. 做好施工中的调度工作

施工中的调度是组织施工中各阶段、环节、专业和工种的互相配合、进度协调的指挥核心。调度工作是使施工进度计划实施顺利进行的重要手段。其主要任务是掌握计划实施情况,协调各方面关系,采取措施,排除各种矛盾,加强各薄弱环节,实现动态平衡,保证完成作业计划和实现进度目标。

调度工作内容主要有:监督作业计划的实施,调整协调各方面的进度关系;监督检查施工准备工作;督促资源供应单位按计划供应劳动力、施工机具、运输车辆、材料构配件等,并对临时出现的问题采取调配措施;按施工平面图管理施工现场,结合实际情况进行必要调整,保证文明施工;了解气候、水、电、气的情况,采取相应的防范措施和保证措施;及时发现和处理施工中各种事故和意外事件;调节各薄弱环节;定期召开现场调度会议,贯彻工期进度主管人员的决策,发布调度令。

5. 督促承包商建立强有力的现场管理机构

督促承包商建立以进度控制为主线的强有力的现场管理机构,狠抓进度计划的落实,对进度计划的落实情况进行考核,促进施工管理水平的提高,以此促进本工程施工的顺利进展。工期进度计划的实施就是施工活动的进展,也就是用施工进度计划指导施工活动,落实和完成计划。工期进度计划逐步实施的过程就是工期进度逐步完成过程。为了保证工期进度计划的实施,并且尽量按编制的计划时间逐步进行,保证各进度目标的实现,应做好如下工作:

(1)检查承建单位的施工管理组织机构、人员配备、资质、业务水平是否适应工程的需要。检查实际参加施工的人力、机械数量及生产效率。对工程中出现窝工人数、窝工机械台班数及其原因进行分析。

(2)审核施工单位提出的工程项目总进度计划,并督促其执行。审查施工单位月进度计划并督促其执行。要求施工单位定期报下月的月进度计划和本月的完成工作量表。施工过程中,对照监理机构审批的分月施工计划,督促承包人做好周计划安排,并加以审核,认真落实各项施工措施,保证计划的完成。对实际进度与计划的偏差还要进一步分析其大小、对进度目标影响程度及其产生的原因,以便研究对策,提出纠偏措施。必要时对后期进度计划做出适当的调整。

(五)确保资源供应进度计划的实现

在进度控制中,特别是应确保资源供应进度计划的实现。当出现下列情况时,应采取措施处理:

(1)发现资源供应出现中断、供应数量不足或供应时间不能满足要求。

(2)由于工程变更引起资源需求的数量变更和品种变化时,应及时调整资源供应计划。

(3)当发包人提供的资源供应进度发生变化不能满足施工进度要求时,应敦促发包人执行原计划。

(六)检查监督计划的实施

监理工程师对进度计划和实际完成任务随时进行比较,对进度偏差情况、进度管理情况、影响进度的特殊原因进行分析,并报总监理工程师。对进度拖延的,责成施工单位提出加快进度的措施,并督促落实。审核施工单位的进度调整计划并监督其实施。

只有月进度计划按期或超前完成,年度计划和总目标的实现才有保证。因此,监理要求承包商年末上报下一年度的施工进度计划,审批后,再按年度计划编报月进度计划。在审批月进度计划时,对承包商的质量保证体系、人员到位情况、设备运行状态、原材料供应及施工方法等都要予以考虑。为检查监督计划的实施,可采取以下一些措施:

(1)建立月例会制。

(2)建立现场协调令制度。

(3)推行目标管理。

(4)及时解决施工中的"瓶颈"。对于施工中的重点、难点项目,要求承包商制定专门措施,集中一切人力、物力,突击攻关。

(5)大力采用新技术。

复习思考题

1. 试述进度控制和进度控制体系的概念。
2. 建设工程进度控制的依据有哪些?
3. 试述影响工程建设进度控制的主要因素。
4. 工程建设进度控制有哪些?
5. 如何编制施工总进度计划?
6. 如何编制单位工程施工进度计划?
7. 如何调整施工总进度计划?
8. 缩短关键工作的持续时间有哪些措施?
9. 如何采用前锋线进行实际进度与计划进度的比较?
10. 施工进度计划审查的内容是什么?
11. 网络进度计划工期优化的步骤是什么?
12. 工期延误补救的措施有哪些?
13. 如何督促承包商建立强有力的现场管理机构?

第四章　工程建设项目的质量控制

第一节　质量控制的作用和任务

一、工程项目质量和质量控制的概念

（一）广义与狭义的质量概念

狭义的质量是指产品的质量，即工程实体质量（或工程质量）。其定义是：反映实体满足明确需要和隐含需要能力的特性之总和（GB/T 6583—94）。

质量的主体是"实体"。实体可以是活动或过程（如监理单位受业主委托实施工程建设监理或承建商履行施工合同的过程），也可以是活动或过程结果的有形产品（如建成的厂房）或无形产品（如监理规划、监理实施细则等），也可以是某个组织体系或人，以及以上各项的组合。

需要通常被转化为有规定准则的特性，如适用性、安全性、可信性、可靠性、维修性、经济性、美观和环境协调等方面。明确需要是指在合同、标准、规范、图纸、技术文件中已经作出明确规定的要求；隐含需要一是指顾客或社会对实体的期望，二是指那些人们所公认的、不言而喻的、不必作出规定的"需要"，如住宅应满足人们最起码的居住功能即属于"隐含需要"。

广义的质量是指工程项目质量，它包括工程实体质量和工作质量两部分。工程实体质量包括分项工程质量、分部工程质量、单位工程质量；工作质量包括社会工作质量（如社会调查、市场预测、质量回访和保修服务等）和生产过程工作质量（如政治工作质量、管理工作质量、技术工作质量和后勤工作质量等）。

工程质量的好坏是决策、计划、勘察、设计、施工等单位各方面、各环节工作质量的综合反映，而不是单纯靠质量检验检查出来的。要保证工程质量，就要求有关部门和人员精心工作，对决定和影响工程质量的所有因素严加控制，即通过提高工作质量来保证和提高工程实体质量。

（二）工程项目质量控制的概念

工程项目质量控制可定义为：为达到工程项目质量要求所采取的作业技术和活动。

工程项目质量要求则主要表现为工程合同、设计文件、技术规范规定的质量标准。因此，工程项目质量控制就是为了保证达到工程合同的规定的质量标准而采取的一系列措施、手段和方法。

工程项目质量控制按其实施者不同，包括以下三方面：

（1）业主方面的质量控制——工程建设监理的质量控制。其特点是外部的、横向的控制。工程建设监理的质量控制，是指监理单位受业主委托，为保证工程合同规定的质量

标准对工程项目的质量控制。

(2)政府方面的质量控制——政府监督机构的质量控制。其特点是外部的、纵向的控制。政府监督机构的质量控制是按城镇或专业部门建立有权威的工程质量监督机构,根据有关法规和技术标准,对本地区或本部门的工程质量进行监督检查。

(3)承建商方面的质量控制。其特点是内部的、自身的控制。

二、工程项目建设各阶段对质量形成的影响

工程建设的不同阶段,对工程项目质量的形成起着不同的作用和影响。

(一)项目可行性研究阶段

项目可行性研究是运用技术经济学原理,在对投资建设有关的技术、经济、社会、环境等所有方面进行调查研究的基础上,对各种可能的拟建方案和建成投产后的经济效益、社会效益和环境效益等技术经济指标进行分析、预测和论证,以确定项目建设的可行性,并在可行的情况下提出最佳建设方案作为决策、设计的依据。在此阶段,需要确定工程项目的质量要求,并与投资目标相协调。因此,项目的可行性研究直接影响项目的决策质量和设计质量。

(二)项目决策阶段

项目决策阶段,主要是确定工程项目应达到的质量目标及水平。项目决策要能充分反映业主对质量的要求和意愿。

(三)工程设计阶段

工程项目设计阶段,是根据项目决策阶段已确定的质量目标和水平,通过工程设计使其具体化。设计在技术上是否可行、工艺是否先进、经济是否合理、设备是否配套、结构是否安全可靠等,都将决定工程项目建成后的使用价值和功能。因此,设计阶段是影响工程项目质量的决定性环节。

(四)工程施工阶段

工程项目施工阶段,是根据设计文件和图纸的要求,通过施工形成工程实体。这一阶段直接影响工程的最终质量。因此,施工阶段是工程质量控制的关键环节。

(五)工程竣工验收阶段

工程项目竣工验收阶段,就是对项目施工阶段的质量进行试车运转、检查评定,考核质量目标是否符合设计阶段的质量要求。这一阶段是工程建设向生产转移的必要环节,影响工程能否最终形成生产能力,体现了工程质量水平的最终结果。

本章主要讲述工程施工阶段和工程竣工验收阶段的质量控制。

三、质量控制的依据

施工阶段质量控制的依据,根据其适用的范围及性质,大体上可以分为以下两类。

(一)共同性的依据

所谓共同性的依据主要是指那些适用于工程项目施工阶段与质量控制有关的通用的、具有普遍指导意义和必须遵守的基本文件。它们包括以下几方面。

1. 工程承包合同

工程承包合同、设计合同和监理合同条款中分别规定了参与建设的各方在质量控制方面的权利和义务，有关各方必须履行在合同中的承诺。尤其是监理单位，既要履行监理合同的条款，又要监督建设单位、施工单位履行有关质量控制的条款。

2. 设计文件

“按图施工”是施工阶段质量控制的一项重要原则，也是约定俗成的事。因此，经过批准的设计图纸和技术说明书等设计文件，无疑是质量控制的重要依据。

3. 国家及政府有关部门颁布的有关质量管理方面的法律、法规性文件

国家及政府有关部门颁布的有关质量管理方面的法律、法规性文件包括：

(1)1989 年 3 月，国家建设部发布的《施工企业资质等级标准》和同年 6 月颁布的《施工企业资质管理规定》。

(2)1990 年 4 月，国家建设部发布的《建设工程质量监督管理规定》。

(3)1997 年 11 月，国务院发布的《中华人民共和国建筑法》。

(4)2000 年 1 月，国务院发布的《建设工程质量管理条例》等。

以上有关质量管理方面的文件是基本建设行业质量管理方面所应遵循的基本法规文件。此外，其他各行业如交通、能源、水利、冶金、化工等政府主管部门和省、市、自治区有关主管部门，也均根据本行业及地方的特点，制定和颁发了有关的法规性文件，这些文件分别适用于本行业或本地区工程建设质量管理和质量控制。

(二)有关质量检验与控制的专门技术法规性依据

这类文件依据一般是针对不同行业、不同的质量控制对象而制定的技术法规性的文件，包括各种有关的标准、规范、规程或规定。

所谓技术标准有国际标准(如 ISO 系列)、国家标准、行业标准和企业标准之分。它是建立和维护正常的生产及工作秩序应遵守的准则，也是衡量工程、设备和材料质量的尺度，如质量检验及评定标准，材料、半成品或构配件的技术检验和验收标准等。所谓技术规程或规范，一般是为执行技术标准、保证施工有秩序地进行，而为有关人员制定的行动准则，通常它们与质量的形成有密切关系，应严格遵守，如施工技术规程、操作规程、设备维护和检修规程、安全技术规程，以及施工及验收规范等。各种有关质量方面的规定，一般是有关主管部门根据需要而发布的带有方针目标性的文件，它对于保证标准和规程、规范的实施及改善实际存在的问题，具有指令性和及时性的特点。

属于这类专门的技术法规性的依据主要有以下几类：

(1)工程项目质量检验评定标准。

(2)有关工程材料、半成品和构配件质量控制方面的专门技术法规性依据。

(3)控制施工工序质量等方面的技术法规性依据。

(4)凡采用新工艺、新技术、新方法的工程，事先应进行试验，并应有权威性的技术部门的技术鉴定书及有关的质量数据、指标，在此基础上制定有关的质量标准和施工工艺规程，以此作为判断与控制的依据。

四、质量控制的作用和任务

(一)质量控制的作用

监理单位受建设单位的委托,依据国家和政府颁布的有关标准、规范、规程、规定,以及工程建设的有关合同文件,对工程建设项目质量形成过程的各个阶段和各环节中影响工程质量的主导因素进行有效的控制,预防、减少或消除质量缺陷,满足业主对工程质量的要求,使工程建设项目有良好的投资效益和社会效益。由此可见,质量控制在工程建设项目的实施过程中具有十分重要的作用。

1.克服由建设单位进行质量控制的片面性和放任性的弊端

监理单位按照建设单位的委托监理合同进行质量控制,就有了法律上的保证。监理单位是专职的质量控制监督服务性机构,它可以比建设单位更多地深入施工现场,及时发现施工中的质量问题并加以纠正。监理单位是工程建设过程中的监督者,在某种意义上还是质量控制的实施者。监理单位还可以对建设单位进行质量控制发挥参谋作用,协助其进行质量控制决策,解决重大质量问题。

2.促进建设单位和施工单位的质量控制活动

监理单位由于深入施工现场进行全过程质量控制,故可以促使施工单位更加自觉地按照技术规范、操作规程、设计要求、施工方案、工作程序、检验方法等进行施工,从而可以确保工程施工质量,对施工单位的技术水平与管理水平也可起到促进和提高作用。通过监理单位对施工单位质量保证体系的检查监督,发现不完善的加以帮助改正,对健全质量体系、加强施工单位的全面质量管理也是十分有益的。

3.有利于健全施工单位质量保证体系

保证工程质量是一个复杂的系统工程,其中主要依靠施工单位内部建立完善的质量保证体系和正常运行,而施工单位的质量保证体系受合同环境的影响很大,如监理单位、材料供应单位、分包单位、外协单位等,都是质量保证体系的构成要素,没有这些单位的质量保证,施工单位的质量就不能保证,就难免出现质量问题。监理单位除对施工单位进行质量监理外,还要对他们的合同环境的质量活动进行必要的监理,审查各有关单位的质量保证体系,对他们的产品质量进行验收、检验、认证等把关活动。这一重要作用,离开质量监理是不可能实现的。

(二)质量控制的主要内容

质量控制包括以下主要内容:

(1)审查承包者的资格和质量保证条件,优选承包者,确认分包者。

(2)确定质量标准和明确质量要求。

(3)督促承建商建立与完善质量保证体系。

(4)组织与建立本项目的质量监理控制体系。

(5)项目实施过程中实行质量跟踪、监督、检查、控制。

(6)质量缺陷或事故的处置。

(三)施工阶段质量控制的任务

施工阶段质量控制是工程项目全过程质量控制的关键环节。工程质量很大程度上决定于施工阶段质量控制。其中心任务是要通过建立、健全有效的质量监督工作体系来确保工程质量达到合同规定的标准和等级要求。根据工程质量形成的时间阶段，施工阶段的质量控制可分为质量的事前控制、事中控制和事后控制。其中，工作的重点应是质量的事前控制。

1. 质量的事前控制

(1)确定质量标准，明确质量要求。

(2)建立本项目的质量监理控制体系。

(3)施工场地的质检验收。①现场障碍物的拆除、迁建及清除后的验收；②现场定位轴线及高程标桩的测设、验收。

(4)审查承建商的资质。①总承包单位的资质在招标阶段已进行了审查，开工时应检查工程主要技术负责人是否到位；②审查分包单位资质。

(5)督促承建商建立并完善质量保证体系。

(6)检查工程使用的原材料、半成品。①审核工程所用材料、半成品的出厂证明、技术合格证或质量保证书；②抽检材料、半成品质量；③对采用的新材料、新型制品，应检查技术鉴定文件；④对重要的原材料、制品、设备的生产工艺、质量控制、检测手段应实地考察，督促生产厂家完善质量保证体系和质量保证措施；⑤核查结构构件生产厂家生产许可证，考察其生产工艺；⑥设备安装前，按相应技术说明书的要求检查其质量。

(7)施工机械的质量控制。①对影响工程质量的施工机械，按技术说明书查验其相应的技术性能，不符合要求的，不得在工程中采用；②检查施工中使用的计量器具是否有相应的技术合格证，正式使用前进行校验或校正。

(8)审查施工单位提交的施工组织设计或施工方案。①审查施工组织设计或施工方案对保证工程质量是否有可靠的技术和组织措施；②结合监理工程项目的具体情况，要求施工单位编制重点分部(分项)工程的施工方法文件；③要求施工单位提交针对当前工程质量通病制定的技术措施；④要求施工单位提交为保证工程质量而制定的质量预控措施；⑤要求总包单位编制“土建、安装、装修”标准工艺流程图；⑥审核施工单位关于材料、制品试件取样及试验的方法或方案；⑦审核施工单位制定的成品保护的措施、方法；⑧考核施工单位试验室的资质；⑨完善质量报表、质量事故的报告制度等。

2. 质量的事中控制

(1)施工工艺过程质量控制：现场检查、旁站、量测、试验。

(2)工序交接检查：坚持上道工序不经检查验收不准进行下道工序的原则，检验合格后签署认可才能进行下道工序。

(3)隐蔽工程检查验收。

(4)做好设计变更及技术核定的处理工作。

(5)工程质量事故处理：分析质量事故的原因、责任；审核、批准处理工程质量事故的技术措施或方案；检查处理措施的效果。

(6)行使质量监督权，下达停工指令。为了保证工程质量，出现下述情况之一者，监理工程师有权指令施工单位立即停工整改：①未经检验即进行下道工序作业者；②工程质量下降经指出后，未采取有效改正措施，或采取了一定措施，而效果不好，继续作业者；

③擅自采用未经认可或批准的材料;④擅自变更设计图纸的要求;⑤擅自转包工程;⑥擅自让未经同意的分包单位进场作业;⑦没有可靠的质量保证措施贸然施工并已呈现质量下降的趋势。

(7)严格工程开工报告和复工报告审批制度。

(8)进行质量、技术鉴定。

(9)对工程进度款的支付签署质量认证意见。

(10)建立质量监理日志。

(11)组织现场质量协调会。

(12)定期向总监、业主报告有关工程质量动态情况。

3. 质量的事后控制

(1)组织试车运转。

(2)组织单位、单项工程竣工验收。

(3)组织对工程项目进行质量评定。

(4)审核竣工图及其他技术文件资料。

(5)整理工程技术文件资料并编目建档。

(四)保修阶段质量控制的任务

(1)审核承建商的《工程保修证书》。

(2)检查、鉴定工程质量状况和工程使用状况。

(3)对出现的质量缺陷确定责任者。

(4)督促承建商修复质量缺陷。

(5)在保修期结束后,检查工程保修状况,移交保修资料。

五、监理工程师在质量控制中遵循的原则

监理工程师在质量控制中应遵循以下原则:

(1)坚持质量第一。

(2)坚持以人为控制核心。

(3)坚持以预防为主。

(4)坚持质量标准。

(5)贯彻科学、公正、守法的职业规范。

第二节　对影响工程质量主要因素的控制

在工程建设中,施工阶段影响工程质量的因素主要有人、材料、机械、方法和环境等五大方面。因此,事前对这五方面的因素严格予以控制,是保证建设项目工程质量的关键。

一、人的控制

人是指直接参与工程建设的决策者、组织者、指挥者和操作者。人,作为控制的对象,是避免产生失误;作为控制的动力,是充分调动人的积极性,发挥“人的因素第一”的主导

作用。

为了避免人的失误,调动人的主观能动性,增强人的责任感和质量观,达到以工作质量保工序质量、促工程质量的目的,除加强政治思想教育、劳动纪律教育、职业道德教育、专业技术知识培训,健全岗位责任制,改善劳动条件,公平合理地激励外,还需根据工程项目的特点,从确保质量出发,本着适才适用、扬长避短的原则来控制人的使用。

在工程监理质量控制中,应从以下几方面来考虑人对质量的影响。

(一)领导者的素质

在对施工承包单位进行资质认证和优选时,一定要考核领导层领导者的素质,因领导层整体的素质好,必然决策能力强,组织机构健全,管理制度完善,经营作风正派,技术措施得力,社会信誉高,实践经验丰富,善于协作配合,这样,就有利于合同执行,有利于确保质量、投资、进度三大目标的控制。事实证明,领导层的整体素质是提高工作质量和工程质量的关键。所以,在 FIDIC 合同条款中明文规定:对项目经理、总工程师、计划、财务、质量、主体工程、装饰、试验、机械等主要管理人员的个人经历及能力均要进行考查;监理工程师有权随时检查承包人员的情况,有权建议撤销承包方的任何施工人员,有权建议业主解除合同、驱逐承包商等。这些均有利于加强对承包方人员的控制,促使承包方领导层提高领导素质和管理水平。

(二)人的理论、技术水平

人的理论、技术水平直接影响工程质量水平,尤其是对技术复杂、难度大、精度高、工艺新的建筑结构或建筑安装的工序操作,均应选择既有丰富理论知识,又有丰富实践经验的工程技术人员承担。必要时,还应对他们的技术水平予以考察,进行资质认证。

(三)人的生理缺陷

根据工程施工的特点和环境,应严格控制人的生理缺陷,如有高血压、心脏病的人,不能从事高空作业和水下作业;反应迟钝、应变能力差的人,不能操作快速运行、动作复杂的机械设备;视力、听力差的人,不宜参与校正、测量或信号、旗语指挥的作业等。否则,将影响工程质量,引起安全事故,产生质量事故。

(四)人的心理行为

人由于要受社会、经济、环境条件和人际关系的影响,要受组织纪律、法律、规章和管理制度的制约,要受劳动分工、生活福利和工资报酬的支配,因此人的劳动态度、注意力、情绪、责任心等在不同地点、不同时期也会有所变化。如当个人某种需要未得到满足,或受到批评处分,带着愤满和怨气的不稳定情绪工作,或上下级关系紧张,产生疑虑、畏惧、抑郁的心理,注意力发生转移,也极容易诱发质量、安全事故。所以,对某些须确保质量、万无一失的关键工序和操作,一定要分析人的心理变化,控制人的思想活动,稳定人的情绪。

(五)人的错误行为

人的错误行为,是指人在工作场地或工作中吸烟、打赌、错视、错听、误判断、误动作等,这些都会影响质量或造成安全事故。所以,应采取措施,预防发生质量和安全事故。

(六)人的违纪违章

对人的违纪违章,必须严加教育、及时制止。

此外,应严格禁止无技术资质的人员上岗操作。总之,在使用人的问题上,应从思想素质、业务素质和身体素质等方面综合考虑,全面控制。

二、材料质量控制

(一)材料质量控制的要点

1. 订货前的控制

(1)掌握材料质量、价格、供货能力的信息,选择好的供货厂家,就可获得质量好、价格低的材料资源,从而就可确保工程质量,降低工程造价。为此,对主要材料、设备及构配件在订货前,必须要求承包单位申报,经监理工程师论证同意后,方可订货。

(2)对主要装饰材料及建筑配件,应在订货前要求厂家提供样品或看样订货;主要设备订货时,要审核设备清单,看其是否符合设计要求。

(3)监理工程师协助承包单位合理、科学地组织材料采购、加工、储备、运输,建立严密的计划、调度、管理体系,加快材料的周转,减少材料的占用量,按质、按量、如期地满足建设需要。

2. 进货后的控制

(1)对用于工程的主要材料,进场时必须具备正式的出厂合格证和材质化验单。如不具备或对检验证明有怀疑时,应补做检验。

(2)工程中所有构件,必须具有厂家批号和出厂合格证。预制钢筋混凝土或预应力钢筋混凝土构件,应按规定的方法进行抽样检验。由于运输、安装等原因出现的构件质量问题,应分析研究,经处理鉴定后方能使用。

(3)凡标志不清或认为质量有问题的材料;对质量保证资料有怀疑或与合同规定不符的一般材料;由工程重要程度决定,应进行一定比例试验的材料;需要进行追踪检验,以控制和保证其质量的材料等,均应进行抽检。对于进口的材料设备和重要工程或关键施工部位所用的材料,则应全部进行检验。

(4)材料质量抽样和检验的方法,应符合《建筑材料质量标准与管理规程》,要能反映该批材料的质量性能。对于重要构件或非匀质的材料,还应酌情增加采样的数量。

(5)对进口材料、设备应会同商检局检验,如核对凭证中发现问题,应取得供方和商检人员签署的商务记录,按期提出索赔。

(6)高压电缆、电压绝缘材料,要进行耐压试验。

3. 现场配制材料的控制

在现场配制的材料,如混凝土、砂浆、防水材料、防腐材料、保温材料等的配合比,应先提出试配要求,经试配检验合格后才能使用。

4. 现场使用材料的控制

(1)对材料性能、质量标准、适用范围和对施工要求必须充分了解,以便慎重选择和使用材料。

(2)合理地组织材料使用,减少材料的损失,正确按定额计量使用材料,加强运输、仓库、保管工作,加强材料限额管理和发放工作,健全现场管理制度,避免材料损失、变质,确保材料质量。

(3)凡用于重要结构、部位的材料,使用时必须仔细地核对,检查材料的品种、规格、型号、性能有无错误,是否适合工程特点和满足设计要求。

(4)新材料应用,必须通过试验和鉴定;代用材料必须通过计算和充分的论证,并要符合结构的要求。

(5)要针对工程特点,根据材料的性能、质量标准、适用范围和对施工要求等方面进行综合考虑,慎重选择和使用材料。

(二)材料质量控制的内容

1. 掌握材料质量标准

材料质量标准是用以衡量材料质量的尺度,也是作为验收、检验材料质量的依据。不同的材料有不同的质量标准,如水泥的质量标准有细度、标准稠度用水量、凝结时间、强度、体积安定性等。掌握材料的质量标准,就便于可靠地控制材料和工程的质量。

2. 材料质量的检(试)验

1)材料质量检验的目的

材料质量检验的目的,是通过一系列的检测手段,将所取得的材料数据与材料的质量标准相比较,借以判断材料质量的可靠性,决定其能否使用于工程中,同时还有利于掌握材料信息。

2)材料质量的检验方法

材料质量检验方法有书面检验、外观检验、理化检验和无损检验等四种。

(1)书面检验:是通过对提供的材料质量保证资料、试验报告等进行审核,取得认可方能使用。

(2)外观检验:是对材料从品种、规格、标志、外形尺寸等方面进行直观检查,看其有无质量问题。

(3)理化检验:是借助试验设备和仪器对材料样品的化学成分、机械性能等进行科学的鉴定。

(4)无损检验:是在不破坏材料样品的前提下,利用X射线、超声波、表面探伤仪等进行检测。

3. 材料质量检验程度

根据材料信息和保证资料的具体情况,其质量检验程度分为免检、抽检和全部检验三种。

(1)免检就是免去质量检验过程。对有足够质量保证的一般材料,以及实践证明质量长期稳定,且质量保证资料齐全的材料,可予免检。

(2)抽检就是按随机抽样的方法对材料进行抽样检验。当对材料的性能不清楚,或对质量保证资料有怀疑,或对成批生产的构配件,均应按一定比例进行抽样检验。

(3)全部检验。凡对进口的材料、设备和重要工程部位的材料,以及贵重的材料,应进行全部检验,以确保材料和工程质量。

4. 材料质量检验项目

材料质量的检验项目分一般试验项目和其他试验项目。一般试验项目为通常进行的试验项目;其他试验项目为根据需要进行的试验项目。如水泥一般要进行标准稠度、凝结时间、抗压和抗折强度检验;若是小厂生产的水泥,往往由于安定性不好,则还应进行安定性检验。

5.材料质量检验的取样

材料质量检验的取样必须有代表性,即所采取样品的质量应能代表该批材料的质量。在采样时,必须按规定的部位、数量及采选的操作要求进行。

三、施工方案控制

施工方案正确与否,是直接影响工程项目的进度、质量、投资三大目标能否顺利实现的关键。往往由于施工方案考虑不周而拖延进度,影响质量,增加投资。为此,监理工程师在审核施工方案时,必须结合工程实际,从技术、组织、管理、工艺、操作、经济等方面进行全面分析、综合考虑,力求方案技术可行、经济合理、工艺先进、措施得力、操作方便,有利于提高质量、加快进度、降低成本。

四、施工机械设备控制

从保证项目施工质量角度出发,监理工程师应着重从机械设备的选型、机械设备的主要性能参数和机械设备的使用操作要求等三方面予以控制。在项目施工阶段,监理工程师必须综合考虑施工现场条件、建筑结构型式、机械设备性能、施工工艺和方法、施工组织管理、建筑技术经济等各种因素,审核承包单位机械化施工方案。

(一)机械设备的选型

机械设备的选型,应按照技术上先进、经济上合理、生产上适用、性能上可靠、使用上安全、操作上方便和维修方便等原则,贯彻执行机械化、半机械化与改良工具相结合的方针,突出机械与施工相结合的特色,使其具有工程的适用性,具有保证工程质量的可靠性,具有使用操作的方便性和安全性。

(二)机械设备的主要性能参数

机械设备的主要性能参数是选择机械设备的依据,要能满足施工需要和保证质量的要求。

(三)机械设备的使用、操作要求

合理使用机械设备,正确地进行操作,是保证项目施工质量的重要环节,应贯彻"人机固定"的原则,实行定机、定人、定岗位责任的"三定"制度。操作人员必须认真执行各项规章制度,严格遵守操作规程,防止出现安全质量事故。

五、环境因素控制

影响工程项目质量的施工环境因素较多,主要有技术环境、施工管理环境及自然环境。

技术环境因素包括施工所用的规程、规范、设计图纸及质量评定标准。

施工管理环境因素包括质量保证体系、三检制、质量管理制度、质量签证制度、质量奖惩制度等。

自然环境因素包括工程地质、水文、气象、温度等。

上述环境因素对施工质量的影响具有复杂而多变的特点,尤其是某些环境因素更是如此。如气象条件就是千变万化,温度、大风、暴雨、酷暑、严寒等均影响到施工质量。为此,监理工程师要根据工程特点和具体条件,采取有效的措施,严格控制影响质量的环境因素,确保工程项目质量。

第三节　施工阶段质量控制流程

一、图纸会审

施工图是工程施工的直接依据,图纸会审是监理单位、设计单位和施工单位进行质量控制的重要手段,也是使监理工程师和施工单位通过审查熟悉设计图纸,了解工程特点、设计意图和关键部位的工程质量要求,发现和减少设计差错的重要方法。

施工图纸会审通常是由监理工程师组织施工单位、设计单位参加进行的。先由设计单位介绍设计意图和设计图纸、设计特点、对施工的要求和技术关键问题;然后,由各方面代表对设计图纸中存在问题及对设计单位的要求进行讨论、协商,解决存在的问题和澄清疑点,并写出会议纪要。

对于在图纸会审纪要中提出的问题,设计单位应通过书面形式进行解释或提交设计变更通知书。若施工图是由施工单位编制和提供的,则应由该施工单位针对会审中提出的问题修改施工图纸,然后上报监理工程师审查,在获得批准和确认后,才能按该施工图进行施工。

图纸审查的内容主要包括以下几个方面:

(1)施工图纸设计者(设计单位或施工单位)合法资格的认定,以及图纸审核手续是否符合规定的要求,是否经设计单位正式签署。

(2)图纸与说明书是否齐全,是否符合监理大纲提出的要求。

(3)设计是否满足规定的要求(如抗震烈度、安全防火、环境卫生等要求)。

(4)图纸中有无遗漏、差错或相互矛盾之处;图纸的表示方法是否清楚和符合标准等。

(5)工程地质及水文地质等基础资料是否充分、可靠。

(6)所需材料的来源有无保证,能否替代;新材料、新技术的采用有无问题。

(7)所提出的施工工艺、方法是否合理,是否切合实际,是否存在不便于施工之处,能否保证质量要求。

(8)施工图或说明书中所涉及的各种标准、图册、规范、规程等,施工单位是否具备。

二、设计交底

设计交底应在工程施工前,由监理工程师组织设计单位向施工单位有关人员进行。设计交底的程序是:首先由设计单位介绍设计意图、结构特点、施工及工艺要求、技术措施和有关注意事项及关键问题;再由施工单位提出图纸中存在的问题和疑点,以及需要解决的技术难题;然后通过三方研究和商讨,拟定出解决的方法,并写出会议纪要,以作为对设计图纸的补充、修改以及施工的依据。

设计交底的内容主要包括以下几方面：

(1)有关的地形、地貌、水文气象、工程地质及水文地质等自然条件方面。

(2)施工图设计依据方面。包括初步设计文件、主管部门及其他部门(如规划、环保、农业、交通、旅游等)的要求、采用的主要设计规范、业主提供或市场供应的建筑材料情况等。

(3)设计意图方面。诸如设计思想、设计方案比较的情况、基础开挖及基础处理方案、结构设计意图、设备安装和调试要求、施工进度与工期安排等。

(4)施工应注意事项方面。如基础处理的要求、对建筑材料方面的要求、主体工程设计中采用新结构或新工艺对施工提出的要求、为实现进度安排而应采用的施工组织和技术保证措施等。

三、对原始基准点、基准线和参考标高的复核和工程放线的检查

为了使承包商进场后能尽快开始工程施工，监理工程师应要求承包商对工程师书面给定的原始基准点、基准线和参考标高进行复核，并将上述复核结果填写《施工放样报验单》，上报监理工程师进行审查。在获得批准后，承包商应根据批准的原始基准点、基准线和参考标高，对工程进行准确放线，并对工程所有的位置、标高、尺寸及其正确性负责。承包人还应提供与上述责任有关的一切必要的仪器、装置和劳务。在工程施工期间，如果工程任何部分的位置、标高、尺寸或基准线出现任何差错，当监理工程师要求对此进行纠正时，承包商应纠正此类差错，直至工程师满意。

需要指出的是，监理工程师对任何放线工作或基准、标高的检查，均不能在任何方面解除承包商对上述各项工作的精度所负的责任。

然而，如果能确实肯定是由于监理工程师提供的数据不正确而导致工程任何部分的位置、标高、尺寸或基准线的差错，则其费用可由承包商从业主处得到补偿。

四、施工文件的审查

在施工招标阶段，施工承包商根据标书中表明的施工任务、技术要求、施工工期及施工现场的自然条件，曾制定过施工组织设计，这一施工组织设计是承包商投标书的重要组成部分。承包商中标后，投标阶段所编制的施工组织设计也自然成了工程承包合同文件的组成部分。然而，承包商进行现场施工时，仍必须对每一单位工程制定更为具体的施工组织设计，详细说明如何实施该单位工程的施工，并保证其质量。对于某些特别重要的和复杂的或者缺乏施工经验的分部(分项)工程还应编写专门的、详尽的分部(分项)工程施工设计文件。不论属哪一种情况，监理工程师均要对承包商编制的单位工程施工组织设计和分部(分项)施工设计文件进行审查。

施工承包商应将所制定的施工组织设计及时报送监理工程师审查。监理工程师审查时应着重注意以下方面：

(1)承包商所选用的施工机械设备的型号、类型、性能、数量等，能否满足施工进度和施工质量的要求。

(2)拟采用的施工方法、施工方案在技术上是否可行,对质量有无保证。

(3)各施工工序之间是否平衡,会不会因工序的不平衡而出现窝工。

(4)质量控制点的设置是否正确,其检验方法、检验频率、检验标准是否符合合同技术规范的要求。

(5)计量方法是否符合合同的规定。

(6)技术保证措施是否切实可行。

(7)施工安全技术措施是否切实可行等。

监理工程师在对施工承包商的施工组织设计进行仔细审查后提出意见和建议,并用书面形式答复承包商是否批准施工组织设计,是否需要修改。如果需要修改,承包商应对施工组织设计进行修改后提出新的施工方案,再次请监理工程师审查,直至批准为止。在施工组织设计获得批准后,承包商就应严格遵照批准的施工组织设计实施。根据合同条件的规定,监理工程师对施工方案的批准,并不解除承包商对此方案应负的责任。

在施工过程中,监理工程师有权随时随地检查已批准的施工组织设计的实施情况。如果发现施工承包商有违背之处,监理工程师应首先以口头,然后用书面形式指出承包商违背施工组织设计的行为,并要求其予以改正。如果承包商坚持不予以改正,监理工程师有权发布暂停令,停止其施工。

五、施工准备的检查

(一)对承包商组织机构和人员的审查

在合同项目开工前,承包商应向监理工程师呈报现场组织机构表及各主要岗位的人员名单和他们的主要资历,监理工程师应认真予以审查。对于各现场机构的技术人员的配置,应要求承包商提供与工程施工和竣工以及修补其任何缺陷有关的人员,包括熟悉他们各自行业的、有经验的技术助理及有能力对工程进行正确监督的工长和领班,以及为使承包商能恰当并按期履行合同义务所需的熟练的、半熟练的技工和普工,确保承包单位各级人员的素质。

根据承包商雇员在工作中的实际表现,监理工程师有权反对并要求承包商立即从该工程撤掉由承包商提供的而监理工程师认为是渎职者或不能胜任工作或玩忽职守的人员,以及监理工程师从其他方面考虑认为不宜留在现场的人员,而且没有监理工程师的同意,不得允许这些人员重新从事该工程的该项工作。从该工程撤走的任何此类人员,应尽快予以更换。

(二)承包商工地试验室和试验计量设备的检查

为了能实施工程质量控制,工地试验室是一个十分重要的部门,它负责原材料试验,混凝土级配试验、强度试验,各种混合料试验以及其他各种现场试验。因此,开工前必须要求承包商建立自己的工地试验室,配置必要的试验设备和合格的试验技术人员,以满足开展工程所必需的各种常规试验的需要。

一般在合同中规定了承包商试验室必须从事的试验项目及试验室需要配置的设备清单,监理工程师应逐项进行检查,并且对于试验计量设备要求有合格证和率定表,以检查其计量的准确性。

根据国家规定,材料试验室的资格需要得到国家技术监督部门的质量认证,其试验结果才能有效。

(三)对施工机具、设备的检查

为了保证合同项目建设的顺利开工,承包商在开工前应提交施工机具、设备进场的计划,这一计划应与施工进度计划相适应。根据施工进度及所需完成的工程量、工种、施工强度,确定所需的施工机具类型、型号、性能、数量及其进场的时间。监理工程师应审查承包商的施工机具、设备进场计划,以确定这一计划能否满足施工进度的需要。在该计划得到批准后,承包商应按计划组织机具设备进场并上报监理工程师。监理工程师应根据计划对进场的施工机具设备的类型、型号、性能、数量,以及这些机具设备的实际状况进行检查。如果发现有不符合进场计划的情况,或进场机具设备性能不符合要求,监理工程师应书面通知承包商进行更换和补充。

(四)对原材料、成品、半成品的检查

用于工程的原材料,应检查其规格性能是否符合设计要求。凡没有出厂合格证的水泥、掺合料、外加剂、金属、化工、电工等材料,每批产品均需经过检查鉴定。对于混凝土结构、金属结构、木结构的预制件及半成品的质量,也需事先进行鉴定。对于机电设备及金属结构,应检查其是否有出厂合格证,对在运输和存放过程中发生的变形、锈蚀、受潮、损坏等问题,是否已妥善处理。仪表、自动化元件、观测仪器和预埋件等,也需责成有关部门进行检查。

对于在一定时段内需要连续施工的工程(如混凝土浇筑、灌浆等),还需检查其材料和施工设备、机具配置数量能否满足计划时段内连续施工的需要。

(五)对质量保证体系的检查

按照全面质量管理的观点,质量保证绝不是单一的质量管理、监督部门的事。为确保工程质量,施工承包商应充分发挥内部各部门、各岗位的特定质量职能,使其各尽质量保证的责任,建立承包商的质量保证体系。

监理工程师应从质量保证体制和人员、质量保证手册、质量保证体系图、质量信息反馈系统等四个方面审查承包商的质量保证体系。同时,监理工程师应督促承包商健全质量保证机构,并制定相应的职责,以确保质量保证工作的正常开展。

此外,还需检查附属工程、大型临时设施、防冻与降温措施、防自然灾害措施、保养和保护措施、劳动组织和技工水平,以及技术交底情况。

六、施工过程质量管理

(一)对施工单位施工质量管理的监控

(1)对施工单位的质量控制自检系统进行监督,使其能在质量管理中始终发挥良好作用。如在施工中发现其不能胜任的质量控制人员,可要求承包方予以撤换;当其组织不完善时,应促使其改进、完善。

(2)监督与协助施工承包方完善工序质量控制,使其能将影响工序质量的因素自始至终都纳入质量管理范围;督促承包方对重要的和复杂的施工项目或工序要作为重点设立质量控制点,加强控制;及时检查与审核施工承包方提交的质量统计分析资料和质量控制图表;对于重要的工程部位或专业工程,监理单位还要再进行试验和复核。

(二)在施工过程中进行质量跟踪监控

(1)在施工过程中监理工程师要进行质量跟踪监控,监督承包方的各项工程活动,随时密切注意承包方在施工准备阶段中对影响工程质量的各方面因素所做的安排,在施工过程中是否发生了不利于保证工程质量的变化,诸如施工材料质量、混合料的配合比、施工机械的运行与使用情况、计量设备的准确性、上岗人员的组成和变化,以及工艺与操作等情况是否始终符合要求。若发现承包方有违反合同规定的行为或质量不符合要求,监理工程师有权要求承包方予以处理,直到使监理工程师满意。必要时,监理工程师还有权指令承包方暂时停工加以解决。

(2)严格工序间的交接检查。对于主要工序作业和隐蔽作业,通常要按有关规范要求,由监理工程师在规定的时间内检查,确认其质量符合要求后,才能进行下道工序。

(3)建立施工质量跟踪档案。监理工程师为了对施工承包单位所进行的每一分项或分部工程的各个工序质量实施严密、细致和有效的监督、控制,国内外的工程建设中常把建立施工跟踪档案作为一项十分重要的工作予以实施。

所谓施工质量跟踪档案,实质上是施工或安装记录,在我国叫做施工记录。它是针对各分部、分项工程所建立的,在施工承包单位进行工程对象施工或安装期间,实施质量控制活动的记录,还包括监理工程师对这些质量控制活动的意见以及施工承包单位对这些意见的答复,它详细地记录了工程施工阶段质量控制活动的全过程。因此,它不仅在工程施工期间对工程质量的控制有重要作用,而且在工程竣工和投入运行后,对于查询和了解工程建设的质量情况以及工程维修和管理也能提供大量有用的资料和信息。

施工质量跟踪档案是在工程施工或安装开始前,由监理工程师帮助施工单位首先研究并列出各施工对象的质量跟踪档案清单。施工单位应在各建筑、安装对象施工前两周建立相应的质量跟踪档案并公布有关资料。随着施工的进行,施工单位应不断补充和填写关于材料、半成品生产或建筑物施工、安装的有关内容,记录新的情况。当每一阶段的建筑物施工或安装工作完成后,相应的施工质量跟踪档案也应随之完成,施工单位应在相应的跟踪档案上签字、留档,并送交监理工程师一份。

(三)施工过程中的检查验收

(1)工序产品的检查、验收。对于各工序的产出品,应先由施工单位按规定进行自检,自检合格后向监理工程师提交“质量验收通知单”,监理工程师收到通知单后,应在合同规定的时间内及时对其质量进行检查,确认其质量合格并签发质量验收单后,方可进行下道工序的施工。

(2)重要的工程部位、工序和专业工程,或监理工程师对施工单位的施工质量状况未能确信者,以及重要的材料、半成品的使用等,还需由监理方亲自进行试验或技术复核。例如在公路路面摊铺现场测定沥青的温度、在路基或填土压实的现场抽取试样检验等。

(四)下达停工指令控制施工质量

在出现下列情况时,监理工程师有权行使质量控制权,下达停工令,及时进行质量控制:

(1)施工中出现质量异常情况,经提出后,施工单位未采取有效措施,或措施不力未能扭转这种情况。

(2)隐蔽作业未经查验确认合格,而擅自封闭。

(3)已发生质量事故,迟迟未按监理工程师要求进行处理,或者是已发生质量缺陷或事故,如不停工则质量缺陷或事故将继续发展的情况下。

(4)未经监理工程师审查同意,而擅自变更设计进行施工。

(5)未经技术资格审查的人员或不合格人员进入现场施工。

(6)使用的原材料、构配件不合格或未经检查确认,或擅自采用未经审查认可的代用材料。

(7)擅自使用未经监理单位审查认可的分包商进场施工。

七、设置质量控制点

质量控制点是施工质量控制的重点,设置质量控制点就是要根据工程项目的特点,抓住影响工序施工质量的主要因素。对工序活动中的重要部位或薄弱环节,事先分析影响质量的原因,并提出相应的措施,以便进行预控。不论是结构部位、影响质量的关键工序、操作、施工顺序、技术参数、材料、机械、施工环境等均可作为质量控制点来控制。概括说来,应当选择那些保证质量难度大的、对质量影响大的或者是发生质量问题时危害大的对象作为质量控制点。

质量控制点的选择要准确、有效。为此,一方面需要有经验的工程技术人员来进行选择,另一方面也要集思广议,集中群体智慧由有关人员充分研究讨论,在此基础上进行选择。选择时要根据对重要的质量特性进行重点控制的要求,选择质量控制的重点部位、重点工序和重点的质量因素作为质量控制点,进行重点控制和预控,这是进行质量控制的有效方法。

八、质量控制中的见证点和停止点

所谓见证点和停止点是国际上对于重要程度不同及监督控制要求不同的质量控制对象的一种区分方式。实际上它们都是质量控制点,只是由于它们的重要性或其质量后果影响程度有所有同,所以在实施监督控制时的运作程序和监督要求也有区别,现分述如下。

(一)见证点

1. 见证点的概念

见证点(或截留点)监督也称为 W 点监督。凡是列为见证点的质量控制对象,在规定的关键工序(控制点)施工前,施工单位应提前通知监理人员在约定的时间到现场进行见证和对其施工实施监督。如果监理人员未能在约定的时间到现场见证和监督,则施工单位有权进行该 W 点的相应的工序操作和施工。

2. 见证点的监理实施程序

见证点的监理实施程序如下:

(1)施工单位应在到达某个见证点(质量控制点)之前一定时间,例如 24 小时前,书面通知监理工程师,说明将到达该见证点准备施工的日期与时间,请监理人员届时到现场进行见证和监督。

(2)监理工程师收到通知后,应在“施工跟踪档案”上注明收到该通知的日期并签字。

(3)监理人员应按规定的时间到现场见证,对该质量控制点的实施过程进行认真的监督、检查,并在见证表上详细记录该项工作所在的建筑物部位、工作内容、数量、质量及工时等后签字,作为凭证。

(4)如果监理人员在约定的时间未能到现场见证,施工单位可以认为已获得监理工程师认可,有权进行施工。

(5)如果在此之前监理单位已到过现场检查,并将有关意见写在“施工跟踪档案”上,则施工单位应在该意见旁写明他根据该意见已采取的改进措施,或者写明他的某些具体意见。

(二)停止点

1.停止点的概念

停止点也称为待检点或H点,它是重要性高于见证点的质量控制点。它通常是针对特殊过程或特殊工序而言的。所谓特殊过程通常是指该施工过程或工序施工质量不易或不能通过其后的检验和试验而充分得到验证。因此,对于某些施工质量不能依靠其后的检验来把关或难以在以后检验其内在质量的工序或施工过程,或者是某些万一发生质量事故则难以挽救的施工对象,就应设置停止点。凡列为停止点的控制对象,要求必须在规定的控制点到来之前通知监理方派员对控制点实施监控,如果监理方未在约定的时间到现场监督、检查,施工单位应停止进入该H点相应的工序,并按合同规定等待监理方,未经认可不能越过该点继续活动。例如,某些重要的预应力钢筋混凝土结构或构件的预应力张拉工序,某些重要的钢筋混凝土结构在钢筋架立后、混凝土浇筑之前,重要的重型设备基础预埋螺栓的定位等均可设置停止点。

2.停止点的监理实施程序

停止点的监理实施程序与上述见证点实施程序不同,如果监理人员未能在约定时间到达待检点的现场,施工承包单位不得进行该项工作。事后监理方应在“施工跟踪档案”上说明未能到现场的原因,然后双方重新约定监理检查时间。

在实际工程实施质量控制时,通常是由工程承包单位在分项工程施工前制定施工计划时,选定质量控制点,并在相应的质量计划中再进一步明确哪些是见证点,哪些是停止点,施工单位应将该施工计划及质量计划提交监理工程师审批。如监理工程师对上述计划及见证点与停止点的设置有不同的意见,应书面通知施工单位,要求其予以修改,修改后再上报监理工程师审批后执行。

九、工程质量的检验

质量检验就是根据一定的质量标准,借助一定的检测手段来评估工程产品、材料或设备等性能特征或质量状况的工作。

(一)质量检验的作用

质量检验是监理单位监督、控制施工单位施工质量的十分重要的、必不可少的手段。概括起来,质量检验的主要作用如下:

(1)质量检验是质量保证与质量控制的重要手段。为了保证工程质量,在质量控制中,需要将工程产品或材料、半成品等的实际质量状况(质量特性等)与规定的标准进行比较,以便判断其质量状况是否符合要求的标准,这就需要通过质量检验手段来检测实际情况。

(2)质量检验为质量分析与质量控制提供了所需依据的有关技术数据和信息,所以它是质量分析、质量控制与质量保证的基础。

(3)通过对进场材料、半成品、构配件及其他器材进行全面的质量检验工作,可以监督与保证承包单位使用质量合格的材料,避免因材料的质量问题而导致工程质量事故的发生。

(4)在施工过程中,施工单位通过对施工工序的检验取得数据,可以及时判断质量情况,采取措施,防止质量问题的延续与积累。监理单位则可借助检验资料数据,分析判断质量是否合格,如不合格,则采取措施加以补救。

显然,工程质量检验可以为质量管理与质量控制及时提供所需的数据资料,用检验的数据和所反映的实际情况来分析、判断工程的质量状况,找出质量规律,有针对性地采取控制措施,达到质量控制的目的,确保工程质量及工程的可靠性与安全性。

(二)质量检验的方法

现场所用原材料、半成品、工序过程或工程产品质量进行检验的方法,一般可分为三类,即目测法、检测工具量测法以及试验法。

1. 目测法

目测法即凭借感官进行检查。这类方法主要是根据质量要求,采用看、摸、敲、照等手法对检查对象进行检查。

2. 量测法

量测法就是利用量测工具或计量仪表,通过实际量测结果与规定的质量标准或规范的要求相对照,从而判断质量是否符合要求。量测的手法可归纳为靠、吊、量、套。

3. 试验法

试验法是指通过进行现场试验或试验室试验等理化试验手段,取得数据,分析判断质量情况。包括理论试验和无损测试或检验。

(1)理化试验。工程中常用的理化试验包括各种物理力学性能方面的检验和化学成分及含量的测定等两个方面。力学性能的检验如各种力学指标的测定,像抗拉强度、抗压强度、抗弯强度、抗折强度、冲击韧性、硬度、承载力等。各种物理性能方面的测定如密度、含水量、凝结时间、安定性、抗渗、耐磨、耐热等。各种化学方面的试验如化学成分及其含量的测定(例如钢筋中的磷、硫含量,混凝土粗骨料中的活性氧化硅成分测定等),以及耐酸、耐碱、抗腐蚀等。此外,必要时还可在现场通过诸如对桩或地基的现场静载试验或打试桩,确定其承载力;对混凝土现场取样,通过试验室的抗压强度试验,确定混凝土达到的强度等级;通过管道压水试验,判断其耐压及渗漏情况等。

(2)无损测试或检验。借助专门的仪器、仪表等手段探测结构物或材料、设备内部组织结构或损伤状态。它们一般可以在不损伤被探测物的情况下了解被探测物的质量情况。

(三)质量检验的分类

质量检验按检验的程度,即检验对象被检验的数量划分,可有以下几类:

(1)全数检验。全数检验也叫做普遍检验。它主要是用于关键工序部位或隐蔽工程,以及那些在技术规程、质量检验标准或设计文件中有明确规定应进行全数检验的对象。

(2)抽样检验。对于主要的建筑材料、半成品或工程产品等,由于数量大,通常大多采取抽样检验。

(3)免检。就是在某种情况下,可以免去质量检验过程。

(四)质量检验必须具备的条件

监理单位对施工单位进行有效的质量监督控制是以质量检测为基础的,为了保证质量检验的工作质量,必须具备一定的条件,如:

(1)监理单位要具有足够的检验技术力量。要配备所需的各类具有相应水平和资格的质量检验人员。必要时,还应建立可靠的对外委托检验关系。

(2)监理单位应建立一套完善的管理制度,包括建立质量检验人员的岗位责任制、检验设备质量保证制度、检验人员技术核定与培训制度、检验技术规程与标准实施制度,以及检验资料档案管理制度等。

(3)配备符合标准及满足检验工作需要的检验和测试手段。

(4)具备适宜检验的工作条件:①检验工作必需的工作环境条件,如场地、工作面、照明、安全条件等;②检验标准规定的技术环境条件;③质量检验所需的评价标准条件,即技术标准,如国际标准、国家标准、部颁标准及地方标准等。

十、工程验收

(一)分部、分项工程的验收

(1)对施工过程完成的分部、分项工程进行中间验收。中间验收也叫中期验收或工程师验收。一项分部、分项工程完成后,施工单位应对其先进行自检,确认合格后,再向监理工程师提交一份"中间(中期)交工证书"请求监理工程师予以检查、确认。监理工程师可按合同文件的要求,根据施工图纸及有关文件、规范、标准等,从产品外观、几何尺寸以及内在质量等方面进行检查、审核,如确认其质量符合要求,则签发"中间交工证书"予以验收。如有质量缺陷,则指令施工单位进行处理,待质量合乎要求后再予以验收。

(2)在分部、分项工程根据合同要求进行中间验收的同时,还应当根据工程性质,按各有关行业的工程质量检验评定的国家标准或部颁标准,对分部、分项工程进行质量等级的评定。

(二)参与单位工程或整个工程项目的竣工验收

在一项单位工程完工后或整个工程项目完成后,施工承包单位应先进行竣工自验,自验合格后,向监理工程师提出竣工验收申请。监理工程师应协助建设单位组织竣工验收,其主要工作包括以下几个方面:

(1)审查施工承包单位提交的竣工验收所需文件资料,包括各种质量检查、试验报告以及各种有关的技术性文件等。若所提交的验收文件、资料不齐全或有相互矛盾和不符之处,应指令施工单位补充及核实。

(2)审核施工单位提交的竣工图,并与已完工程、有关的技术文件(如设计图纸、设计变更文件、施工记录及其他文件)对照进行核查。

(3)监理工程师参与拟验收工程项目的现场初验,如发现质量问题应指令施工单位进行处理。

(4)对拟验收项目初验合格后,即可上报业主组织由业主、施工承包单位、设计单位和政府质量监督部门等参加的正式验收。

(5)与竣工验收同时,会同政府质量监督部门及其他有关单位进行单位或单项工程的质量等级评定工作。

十一、设计变更

在工程施工过程中,无论是建设单位或者施工单位及设计单位提出的工程变更或图纸修改,都应通过监理工程师审查并组织有关方面研究,确认其必要性后,由监理工程师发布变更指令方能生效予以实施。

应当指出的是,监理工程师对于无论哪一方提出的现场设计变更要求,都应持十分谨慎的态度。除非是原设计不能保证质量要求,或确有错误,以及无法施工或非改不可之处。一般情况下即使变更要求可能在技术经济上是合理的,也应全面考虑,将变更以后所产生的效益(质量、工期、造价)与现场变更往往会引起施工单位的索赔等所产生的损失加以比较,权衡轻重后再做出决定。因为往往这种变更并不一定能达到预期的愿望和效果。

第四节 施工质量控制的方法

一、测量

测量是建筑对象几何尺寸、方位等控制的重要手段。施工前监理人员应对施工放线及高程控制进行检查,严格控制,不合格者不得施工;有些在施工过程中即应随时注意控制,发现偏差,及时纠正;中间验收时,对于几何尺寸等不符合要求者,应指令施工单位处理。

二、试验

试验数据是监理工程师判断和确认各种材料和工程部位内在品质的主要依据。每道工序中诸如材料性能、拌和料配合比、成品的强度等物理力学性能以及打桩的承载能力等,常需通过试验手段取得试验数据来判断质量情况。

三、指令文件

指令文件是运用监理工程师指令控制权的具体形式。所谓指令文件是指监理工程师对施工承包单位提出指示和要求的书面文件,用以向施工单位指出施工中存在的问题,提请施工单位注意,以及向施工单位提出要求或指示其做什么或不做什么等。监理工程师的各项指令都应是书面的或有文件记载方为有效,并作为技术文件资料存档。如因时间紧迫,来不及做出正式的书面指令,也可以用口头指令的方式下达给施工单位,但随即应按合同规定,及时补充书面文件对口头指令予以确认。

四、支付控制手段

支付控制是国际上较通用的一种重要的控制手段,也是业主或承包合同赋予监理工程师的支付控制权。从根本上讲,国际上对合同条件的管理主要是采用经济手段和法律手段。因此,质量监理是以计量支付控制权为保障手段的。所谓支付控制权就是:对施工承包单位支付任何工程款项,均需由监理工程师开具支付证明书,没有监理工程师签署的支付证书,业主不得向承包方支付工程款。工程款支付的条件之一就是工程质量要达到规定的要求和标准。如果施工单位的工程质量达不到要求的标准,而又不能按监理工程师的指示承担处理质量缺陷的责任,予以处理使之达到要求的标准,监理工程师有权采取拒绝开具支付证书的手段,停止对施工单位支付部分或全部工程款,由此造成的损失由施工单位负责。显然,这是十分有效的控制和约束手段。我国有些国外贷款工程项目,如世界银行贷款项目或国际招标项目,曾按国际惯例成功地运用这一手段解决质量纠纷问题。例如,在我国一条世界银行贷款的高速公路工程的施工监理中,曾经针对施工单位不遵照监理工程师的指示对不合格填方进行返工处理的情况,坚持采取拒绝支付工程款的控制手段,有效地解决了填方的质量问题。

五、旁站监理

旁站监理是指监理人员对关键部位、关键工序(质量控制点、见证点及停止点)的施工实施全过程现场跟班的监督活动。旁站监理是驻地监理人员的一种主要现场检查形式。监理单位在编制监理规划和监理细则时,应明确旁站监理的范围、内容和旁站监理人员的职责。施工单位根据监理规划和监理细则中的要求,在需要实施旁站监理的关键部位、关键工序进行施工前 24 小时,以书面的形式通知驻工地的项目监理机构(驻地监理),项目监理机构及时安排监理人员实施旁站监理。

旁站监理人员的主要职责如下:

(1)检查施工企业现场质检人员到岗,特殊工种人员持证上岗及施工机械、建筑材料准备情况。

(2)在现场跟班监督关键部位、关键工序的施工执行施工方案以及工程建设强制性标准情况。

(3)检查现场建筑材料、建筑构配件、设备和商品混凝土的质量检验报告等,并可在现场监督施工单位进行检验或者委托具有资格的第三方进行复验。

(4)做好旁站监理记录和监理日记,保存旁站监理原始材料。

旁站监理人员对需要实施旁站监理的关键部位、关键工序在施工现场跟班监督,及时发现和处理旁站监理过程中出现的质量问题,如实、准确地做好旁站监理记录。凡施工单位现场质检人员和旁站监理人员未在旁站监理记录上签字的,不得进行下一道工序施工。旁站监理人员发现施工单位有违反工程建设强制性标准行为的,有权责令施工单位立即整改;发现其施工活动已经或者可能危及工程质量的,应当及时向监理工程师或者总监理工程师报告,由总监理工程师下达局部暂停施工指令或者采取其他应急措施。

旁站监理记录是监理工程师或者总监理工程师依法行使有关签字权的重要依据,对于需要旁站监理的关键部位、关键工序施工,凡没有实施旁站监理或者没有旁站监理记录的,监理工程师或者总监理工程师不得在相应文件上签字。工程竣工验收后,监理单位应当将旁站监理记录存档备查。

旁站监理记录要求如下:

(1)以单位工程为单位做好旁站监理记录,并以单位工程装订成册,保存旁站监理原始资料。

(2)对实施旁站监理的施工部位,监理人员应跟班监督,及时发现和处理旁站过程中出现的质量问题,如实、正确地做好旁站监理记录。

(3)根据旁站监理的部位和工序不同,可由 1 至 2 人或多人同时进行旁站监理,旁站监理人员应各自做好旁站监理记录,按要求填好旁站监理记录表。

六、巡视监理

巡视监理是采用定期或不定期的巡视检查。在实施巡视检查时可用两种方法:

(1)巡视检查正在作业的部位或工序,随时发现问题随时处理。

(2)巡视检查已施工完毕的部位,如发现问题,可用量测或检测的方法进行检查。经量测或检测,如不符合要求,应按下列规定进行处理:经返工重做,重新进行验收;经有资质的检测单位检测鉴定能达到设计要求的,应予以验收;经有资质的检测单位检测鉴定达不到设计要求,但经原设计单位核算认可能够满足结构安全和使用功能的检验批,可予以验收;经返修或加固处理的分项、分部工程,虽然改变外形尺寸但仍能满足安全使用要求,可按技术处理方案和协商文件进行验收。

在执行巡视检查后,应按要求填好《巡视监理记录表》。必要时可由监理工程师或总监理工程师签发《巡视监理备忘录》。

七、质量控制工作程序

质量控制工作程序是质量管理中为保证监理人员有效地控制工程质量,而将工程中承包人和监理工程师应做的工作按时间先后顺序确定下来的工作步骤。这个步骤一旦形成正式规定,承包人和监理人员都必须严格执行。工程质量控制工作程序包括基本程序和工序检查程序。

(一)质量控制的基本程序

在开工前,监理工程师应向承包人及监理人员提出适用于所有工程项目质量控制的程序(基本程序)及说明,以供所有监理人员、承包人的自检人员和施工人员共同遵循,使质量控制程序化、规范化。质量控制的基本程序包括开工报告、工序自检报告、工序检查认可、中间交工报告、中间交工证书以及中间计量。在上述质量控制程序中关键是控制《开工报告》、《质量验收单》和《中间交工证书》三个重点环节。

《开工报告》是监理工程师对该项工程(单位或单项)准备工作就绪的认可和批准。

承包人开工前准备工作充分与否直接关系到工程的施工进度和质量,因此要求监理工程师对开工报告应认真、严格地审查,批准意见必须用书面形式通知承包人,承包人只有在接到批准开工的书面通知后方可开始施工。

《质量验收单》是各工序或各项工程完工后的专用验收单,是工序自检报告和抽检签认报告的汇总,是监理工程师对工序或分项工程质量的鉴定书。每道工序或分项工程一个部位完工后,承包人进行质量自检,合格后填写《质量验收单》报监理,监理接到验收单之后立即对申请验收的工序或分部工程部位进行检测和复验,并将检查结果填入《质量验收单》。若检查合格,则通知承包人继续下一道工序或另一个分项、分部工程施工;若检查不合格,则责令承包人改正或返工。

《中间交工证书》是在一个单项工程完工后签认的。签认的前提条件是:有监理工程师批准的《开工报告》;有承包人对单项工程质量的自检结果;有该项工程各道工序或部位的《质量验收单》;该项工程经监理现场验收合格。《中间交工证书》是监理工程师进行质量控制的最后手段,也是中间计量和支付的依据,所以这个环节十分重要。

在执行质量控制程序中要坚持"四不准"原则:人力、材料、机械设备不足,不准开工;未经检查认可的材料,不准使用;未经批准的施工工艺在施工中不准采用;前一道工序或分项工程部位未经监理人员验收,下一道工序或另一分项工程不准施工。

(二)工序检查程序

各专业监理工程师应在组成工程的各个单位、分部、单元工程开工之前,提出工序检查程序及说明,在这个程序中根据施工的进展,规定不同施工工序监理人员为保证工程质量应做的事情以及承包人应完成的工作。在技术规范中几乎每项工程都可以编制出相应的工序检查程序。

工序检查程序的编制原则:应与合同图纸和工程量清单的分项所含内容一致;应与技术规范及监理工程师批准采用的施工方法和工艺流程相协调;应与国家或合同规定的验收标准、检验频率和检验方法相配合;工序检查程序宜采用框图的形式表示,以便直观,并应与相应的检查记录、报表、证书等相配套。

质量控制的监理内容和监理程序如图 4-1 ~ 图 4-5 所示。

第五节　施工质量控制制度

一、工程建设标准强制性条文

工程建设强制性标准是指直接涉及工程质量、安全、卫生及环境保护等方面的工程建设标准强制性条文。工程建设标准强制性条文由国务院建设行政主管部门会同国务院有关行政主管部门确定。工程建设强制性标准分为:工程建设规划阶段强制性标准;工程建设勘察、设计阶段强制性标准;工程建设施工阶段强制性标准。工程建设施工阶段强制性标准又分为水利工程施工强制性标准、公路工程施工强制性标准、工业与民用建筑施工强制性标准等。凡在我国境内从事新建、扩建、改建等工程建设活动,都必须执行工程建设强制性标准。

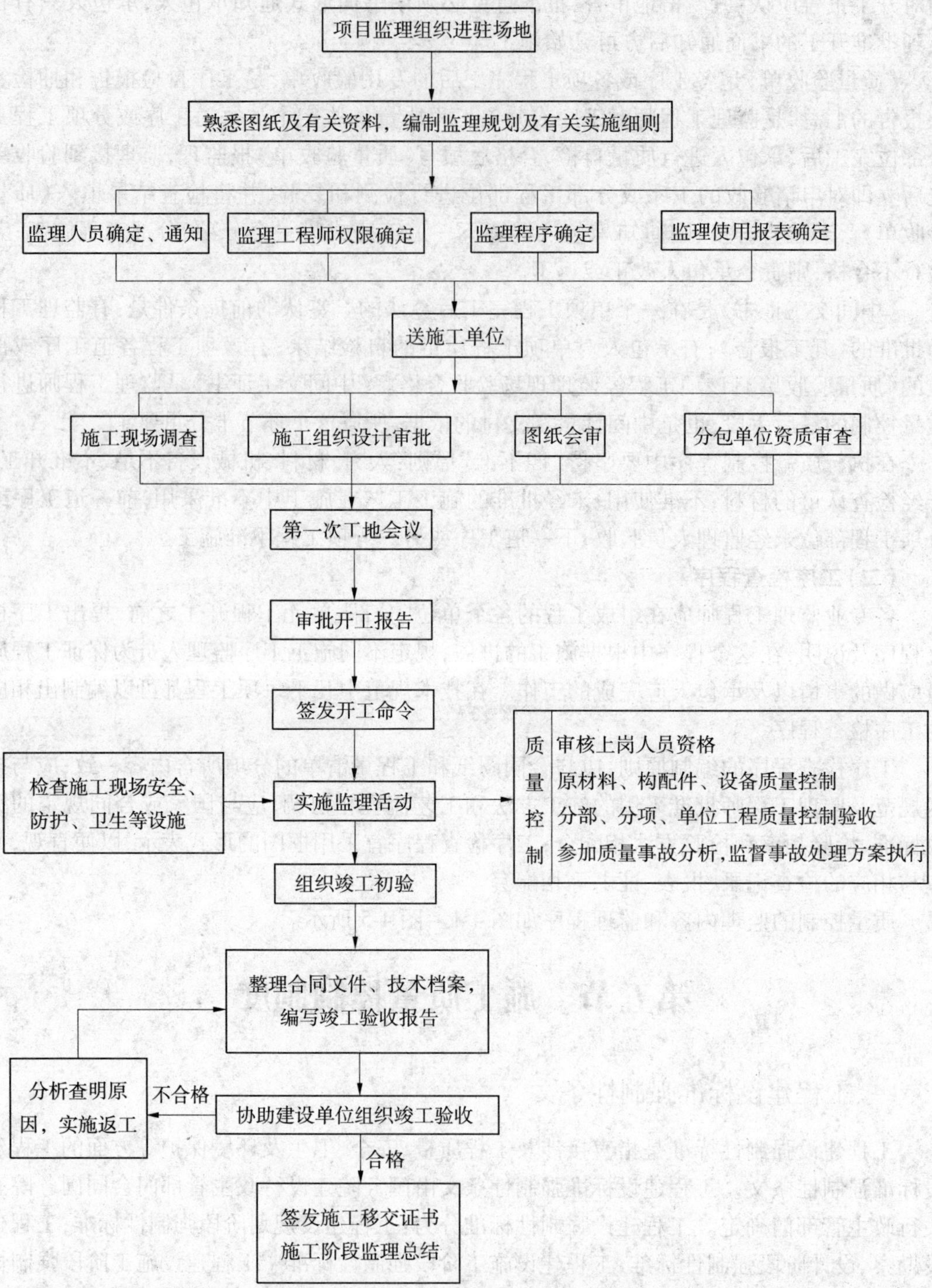

图 4-1　施工阶段质量控制监理程序

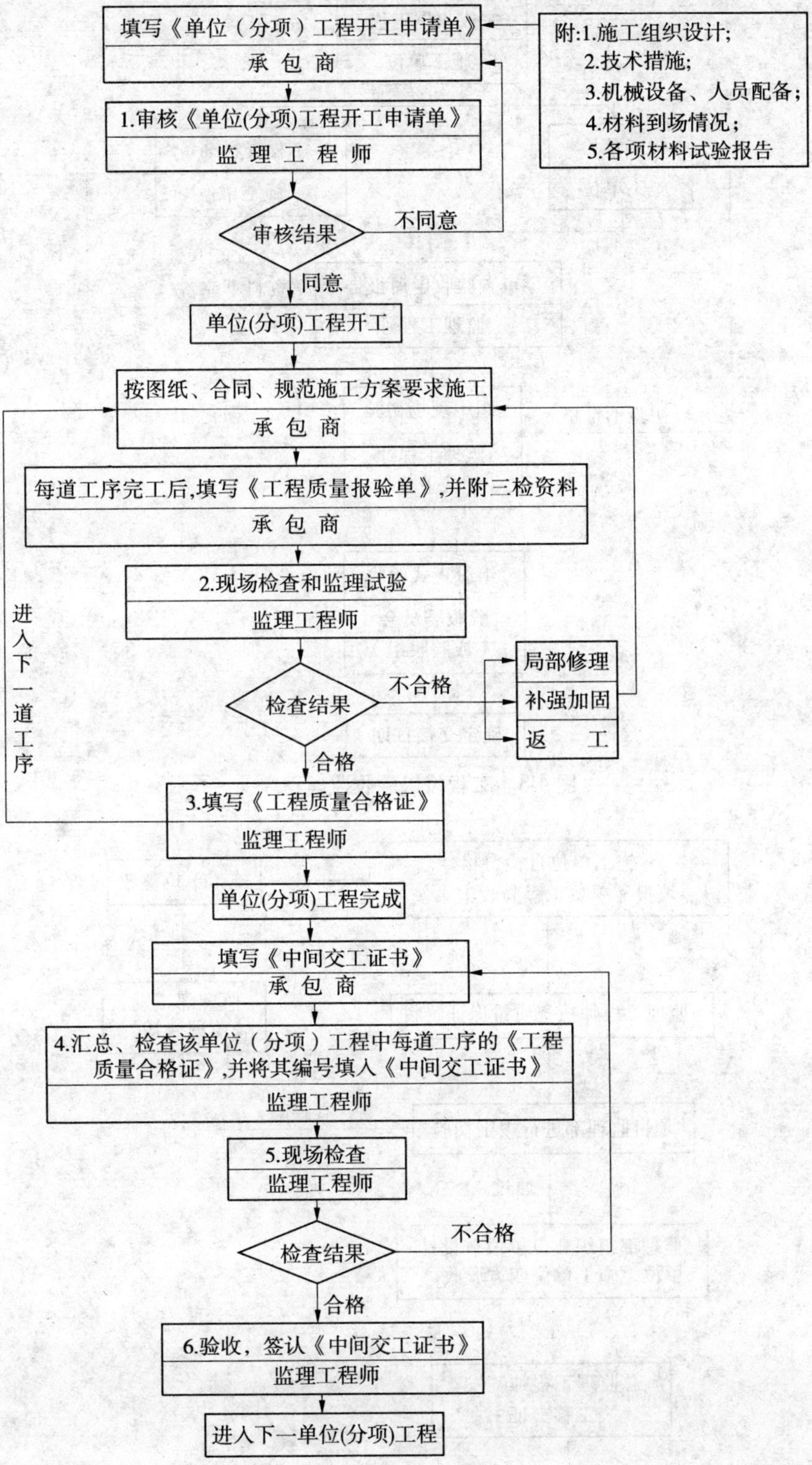

图 4-2 单位(分项)工程监理程序

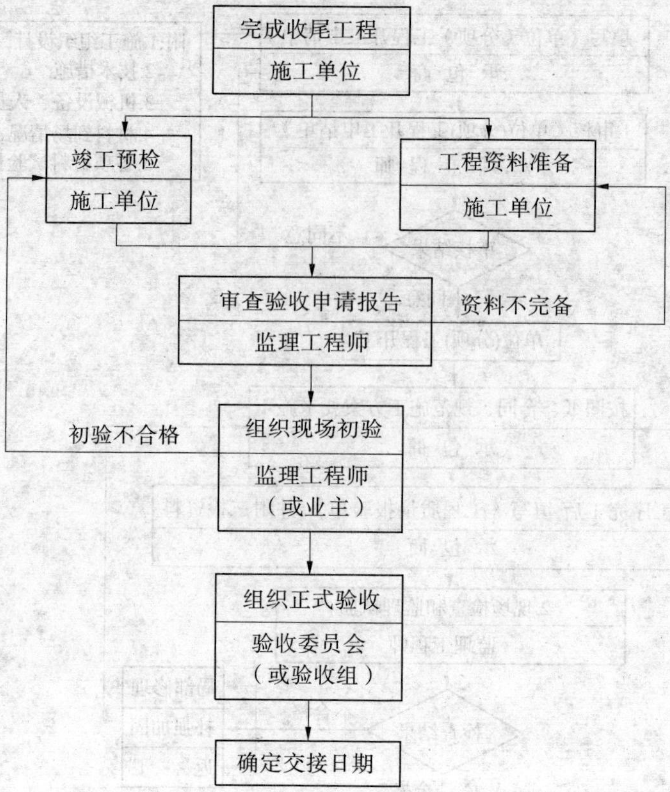

图 4-3　工程竣工验收监理程序

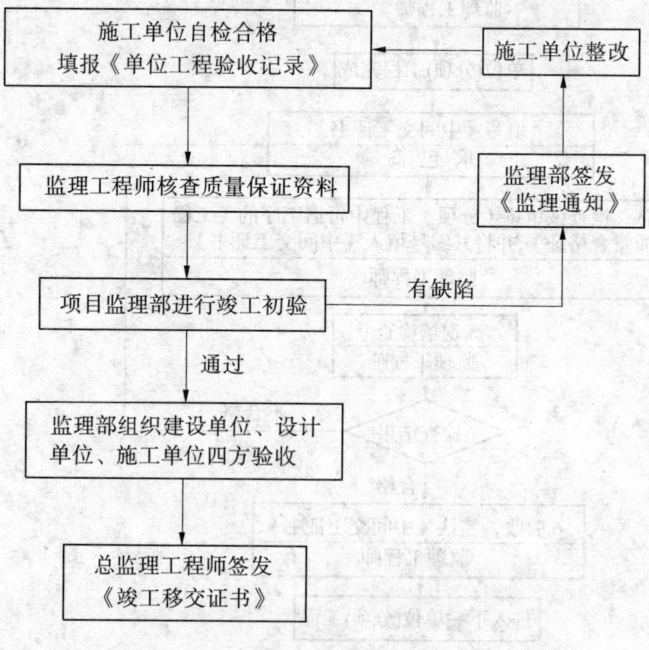

图 4-4　单位工程验收监理程序

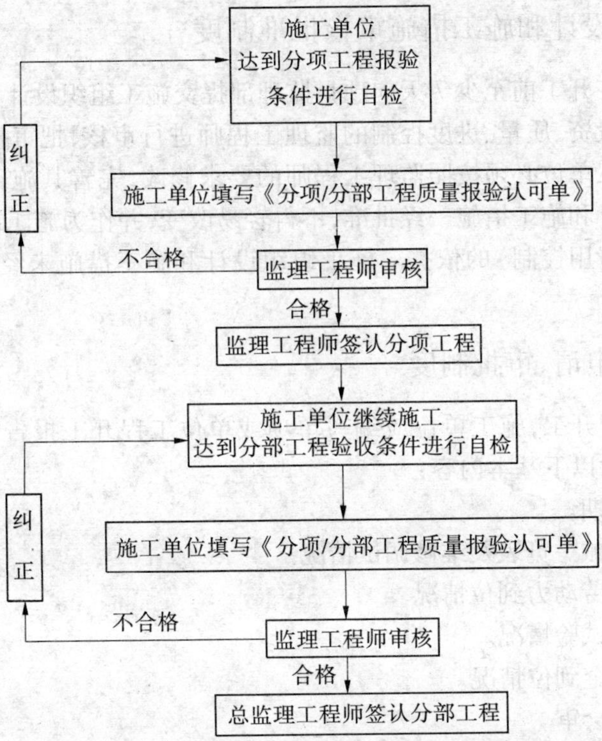

图 4-5　分项、分部工程验收监理程序

建设单位不得明示或暗示施工单位使用不合格的建筑材料、建筑构配件和设备，不得明示或暗示设计单位或者施工单位违反工程建设强制性标准，降低工程质量。

施工单位违反工程建设强制性标准的责令改正，造成工程质量不符合规定的质量标准的，负责返工、修理，并赔偿因此造成的损失；情节严重的，应停业整顿，降低资质等级或者吊销资质证书。

工程监理单位违反强制性标准规定，将不合格的建设工程以及建筑材料、建筑构配件和设备按照合格签字的责令改正，情节严重的，降低资质等级或者吊销资质证书；有违法所得的，予以没收；造成损失的，承担连带赔偿责任。

二、设计文件、图纸审查制度

图纸会审由总监理工程师主持，监理单位、设计单位、施工单位参加，有时建设单位也参加。未经图纸会审，工程不得开工。

施工过程中由施工单位负责设计的图纸，必须经过监理工程师审查批准，未经监理工程师批准的图纸不得用于工程。

三、设计技术交底制度

监理工程师督促、协助、组织设计单位向施工单位进行设计图纸的全面技术交底。不进行设计技术交底，工程不得开工。

四、施工组织设计和施工措施审核批准制度

施工单位必须在开工前至少 7 天向项目监理部提交施工组织设计和施工措施。项目监理部分别由负责投资、质量、进度控制的监理工程师进行审核,把审核意见提交总监理工程师。必要时施工单位必须按照监理工程师的要求修改,完善其施工组织设计和施工措施。施工组织设计和施工措施一经批准,不得轻易改变,并作为施工阶段"三控制"(质量控制、进度控制、费用控制)的依据。施工组织设计和施工措施未经批准,工程不得开工。

五、工程开工申请、审批制度

单项或单位工程开工,施工单位应编写单项或单位工程开工报告书,报送监理部审批。开工报告应包含以下基本内容:

(1)申请开工日期。

(2)进场施工机械一览表及维修调试情况。

(3)管理人员及劳动力到位情况。

(4)材料采购及试验情况。

(5)合同要求资金到位情况。

(6)施工图已经会审。

(7)施工组织设计已批准。

(8)工程定位及施工测量放线已报验。

以上内容由现场监理员逐项核实并提出审核意见,由监理工程师签批开工报告书和下达开工指令。

监理工程师未下达开工令的单项工程或单位工程不得开工。

六、设计图纸的变更处理制度

不论是建设单位、设计单位、监理单位、施工单位提出的设计变更,一般由设计单位完成,监理工程师审批,最后由监理工程师发布变更指令。未经监理工程师批准的图纸不得用于工程,监理工程师未发出工程变更指令,工程不得进行变更。

七、隐蔽工程检查制度

隐蔽工程一般应确定为质量控制点的停止点。隐蔽以前,施工单位应根据《工程质量评定验收标准》进行自检,并将评定资料报监理工程师。施工单位应将需检查的隐蔽工程在隐蔽前 3 日提出计划报监理工程师,监理工程师应排出计划,通知施工单位。监理工程师应按约定的时间派监理人员到现场进行检查,确定质量符合合同技术条款要求,并在检查记录上签字后,施工单位才能进行覆盖。

如果监理人员未及时到现场检查,施工单位不得将隐蔽工程进行覆盖。但由此造成的损失,可向业主提出索赔。

八、工程竣工验收制度

竣工验收的依据是批准的设计文件(包括变更设计)、有关设计施工规范、工程质量验收标准以及合同及协议文件等。施工单位按规定编写和提出验收交接文件是申请竣工验收的必要条件,竣工文件不齐全、不正确、不清晰,不能验收交接。

施工单位应在验收前将编好的全部竣工文件及绘制的竣工图提供给监理工程师一份,审查确认完整无误后,报建设单位,其余分发有关接管、使用单位。

工程没有进行竣工验收,不得签发移交证书,不得交付使用,不支付保留金,不进行完工结算。

九、监理月报制度

监理月报由项目监理部总监理工程师组织编制,经总监理工程师签发后,报送建设单位和监理单位。编制监理月报的主要目的是使建设单位了解工程的全面状况,及时作出有关决策和计划。监理月报的编制周期宜为上月的26日到本月的25日,在下月的5日前发出。监理月报应真实反映工程现状和监理工作情况,做到数据准确、重点突出、语言简练,并附有必要的图表和照片。

监理月报的基本内容包括本月工程概况、本月工程形象进度、工程进度、工程质量、工程计量与支付、合同及其他事项的处理情况、本月监理工作小结。

第六节　质量事故的分析与处理

一、质量事故的特点和分类

(一)质量事故的特点

工程质量事故具有复杂性、严重性、可变性和多发性的特点。

1. 复杂性

影响工程质量的因素繁多,造成质量事故的原因错综复杂,即使是同一类质量事故,而原因却可能多种多样,所以使得对质量事故进行分析,判断其性质、原因及发展,确定处理方案与措施等都增加了难度。

2. 严重性

工程项目一旦出现质量事故,其影响较大。轻者影响施工顺利进行、拖延工期、增加工程费用,重者则会留下隐患,成为危险建筑物,影响使用功能或不能使用,更严重的还会引起建筑物的失稳、倒塌,造成人民生命、财产的巨大损失。

3. 可变性

许多建筑工程的质量问题出现后,其质量状态并非稳定于发现的初始状态,而是有可能随着时间进程而不断地发展、变化。因此,有些在初始阶段并不严重的质量问题,如不能及时处理和纠正,有可能发展成严重的质量事故。所以,在分析、处理工程质量事故时,一定要注意质量事故的可变性,并及时采取可靠的措施,防止事故进一步恶化,或加强观测与试验，取得数据，预测未来发展的趋向。

4. 多发性

建筑工程中有些质量事故在各项工程中经常发生，而成为多发性的质量通病。因此，应采取有效的预防措施。

(二) 质量事故的分类

工程质量事故的分类方式很多，各部门、各专业工程，各地区、不同时期界定建设工程质量事故的标准尺度不一，通常按损失严重程度可分为一般质量事故、严重质量事故和重大质量事故。

1. 一般质量事故

一般质量事故是指由于质量低劣或达不到合格标准，需加固补强，且直接经济损失在 5 000 元以上(含 5 000 元)、5 万元以下的事故。

2. 严重质量事故

严重质量事故是指建筑物明显倾斜、偏移；结构主要部位发生超过规范规定的裂缝，强度不足，超过设计规定的不均匀沉降，影响结构安全和使用寿命；工程建筑物外形尺寸已造成永久性缺陷，且直接经济损失在 5 万元以上、10 万元以下的质量事故。

3. 重大质量事故

具备下列条件之一时，即为重大质量事故：

(1) 工程倒塌或报废。

(2) 质量事故造成人员伤亡。

(3) 直接经济损失 10 万元以上。

按 2007 年《生产安全事故报告和调查处理条例》，根据生产安全事故造成的人员伤亡或者直接经济损失，事故一般分为以下等级：

①特别重大事故，是指造成 30 人以上死亡，或者 100 人以上重伤(包括急性工业中毒，下同)，或者 1 亿元以上直接经济损失的事故；

②重大事故，是指造成 10 人以上 30 人以下死亡，或者 50 人以上 100 人以下重伤，或者 5 000 万元以上 1 亿元以下直接经济损失的事故；

③较大事故，是指造成 3 人以上 10 人以下死亡，或者 10 人以上 50 人以下重伤，或者 1 000 万元以上 5 000 万元以下直接经济损失的事故；

④一般事故，是指造成 3 人以下死亡，或者 10 人以下重伤，或者 1 000 万元以下直接经济损失的事故。

二、质量事故的原因分析

工程质量事故的表现形式千差万别，类型多种多样，例如结构倒塌、倾斜、错位、不均匀或超量沉陷、变形、开裂、渗漏、破坏、强度不足、尺寸偏差过大等，但究其原因，归纳起来主要有以下几方面。

(一) 违背基本建设法规

1. 违背基本建设程序

基本建设程序是工程项目建设过程及其客观规律的反映，但有些工程不按基建程序办事,例如,未做好调查分析就拍板定案,未搞清地质情况就仓促开工,边设计、边施工,无图施工,不经竣工验收就交付使用等,常是导致重大工程质量事故的重要原因。

2. 违反有关法规和工程合同的规定

例如,无证设计,无证施工,越级设计,越级施工,工程招、投标中的不公平竞争,超常的低价中标,擅自转包或分包,多次转包,擅自修改设计等。

(二)地质勘察原因

诸如未认真进行地质勘察或勘探时钻孔深度、间距、范围不符合规定要求,地质勘察报告不详细、不准确、不能全面反映实际的地基情况等,从而使得地下情况不清,或对基岩起伏、土层分布误判,或未能查清地下软土层、墓穴、孔洞等,它们均会导致采用不恰当或错误的基础方案,造成地基不均匀沉降、失稳,使上部结构或墙体开裂、破坏,或引发建筑物倾斜、倒塌等质量事故。

(三)对不均匀地基处理不当

对软弱土、杂填土、冲填土、大孔性土或湿陷性黄土、膨胀土、红黏土、溶岩、土洞、岩层出露等不均匀地基未进行处理或处理不当也是导致重大事故的原因。必须根据不同地基的特点,从地基处理、结构措施、防水措施、施工措施等方面综合考虑,加以治理。

(四)设计计算问题

诸如盲目套用图纸,采用不正确的结构方案,计算简图与实际受力情况不符,荷载取值过小,内力分析有误,沉降缝或变形缝设置不当,悬挑结构未进行抗倾覆验算以及计算错误等,都是引发质量事故的隐患。

(五)建筑材料及制品不合格

诸如钢筋物理力学性能不良会导致钢筋混凝土结构产生裂缝或脆性破坏;骨料中活性氧化硅会导致碱骨料反应使混凝土产生裂缝;水泥安定性不良会造成混凝土爆裂;水泥受潮、过期、结块,砂石含泥量及有害物含量超标,外加剂掺量不符合要求,会影响混凝土强度、和易性、密实性、抗渗性,从而导致混凝土结构强度不足、裂缝、渗漏、蜂窝等质量事故。此外,预制构件断面尺寸不足、支承锚固长度不足、未可靠地建立预应力值、漏放或少放钢筋、板面开裂等,均可能出现断裂、坍塌事故。

(六)施工与管理问题

(1)未经设计部门同意擅自修改设计,或不按图施工。例如:将铰接做成刚接、将简支梁做成连续梁、用光圆钢筋代替异形钢筋等,导致结构破坏;挡土墙不按图设滤水层、排水孔,导致压力增大,墙体破坏或倾覆。

(2)图纸未经会审即仓促施工,或不熟悉图纸,盲目施工。

(3)不按有关的施工规范和操作规程施工。例如浇筑混凝土时振捣不良造成薄弱部位。

(4)不懂装懂,蛮干施工。例如将钢筋混凝土预制梁倒置吊装、将悬挑结构钢筋放在受压区等均将导致结构破坏,造成严重后果。

(5)管理紊乱,施工方案考虑不周,施工顺序错误,技术交底不清,违章作业,疏于检查、验收等,均可能导致质量事故。

(6)自然条件影响。空气温度、湿度、暴雨、风、浪、洪水、雷电、日晒等均可能成为质量事故的诱因,施工中应特别注意并采取有效的措施预防。

(7)建筑结构或设施的使用不当。对建筑物或设施使用不当也易造成质量事故。例如,未经校核验算就任意对建筑物加层,任意拆除承重结构部位,任意在结构物上开槽、打洞,削弱承重结构截面等。

三、质量事故分析处理的基本程序

质量事故分析处理可分为下达工程施工暂停令、质量事故调查、分析事故原因、制订事故处理方案、质量事故处理和检查验收、下达复工令等基本步骤。如图4-6所示。

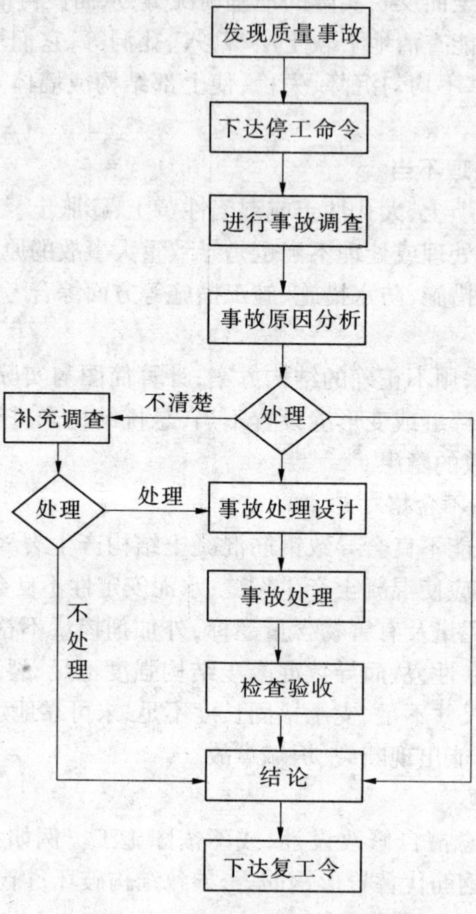

图4-6 工程质量事故处理监理程序

(一)下达工程施工暂停令

监理工程师在发现质量事故后,应当依据事故的实际情况,首先向施工中的施工单位下达工程施工暂停令,通知施工单位立即停止有质量事故的工程施工;与质量事故有关的工程部位也要停工,以免造成更大的损失。需要时,还应要求施工单位采取防护措施。同时,要及时上报主管部门。

(二)进行质量事故的调查

施工单位接到施工暂停令后,在监理工程师的参与下,尽快进行质量事故的调查,写出调查报告。

调查的主要目的是要明确事故的范围、缺陷程度、性质、影响和原因，为事故的分析处理提供依据。调查应力求全面、准确、客观。

调查报告的内容主要包括：

(1)与事故有关的工程情况。

(2)质量事故的详细情况，诸如质量事故发生的时间、地点、部位、性质、现状及发展变化情况等。

(3)事故调查中有关的数据、资料。

(4)质量事故原因分析与判断。

(5)是否需要采取临时防护措施。

(6)事故处理的建议方案与措施。

(7)事故涉及的有关人员和责任者的情况。

事故情况调查是事故原因分析的基础，有些质量事故原因复杂，常涉及勘察、设计、施工、材料、维护管理、工程环境条件等方面，因此调查必须全面、详细、客观、准确。

(三)在事故调查的基础上进行事故原因分析，正确判断事故原因

事故原因分析是确定事故处理措施方案的基础。正确的处理来源于对事故原因的正确判断。只有对调查提供的调查资料、数据进行详细、深入的分析后，才能由表及里、去伪存真，找出造成事故的真正原因。为此，监理工程师应当组织设计、施工、建设单位等各方参加事故原因分析。

(四)在事故原因分析的基础上，研究制订事故处理方案

事故处理方案的制订应以事故原因分析为基础。如果某些事故一时认识不清，而且事故一时不至于产生严重的恶化，可以继续进行调查、观测，以便掌握更充分的资料数据，做进一步分析，找出原因，以利于制订处理方案。切忌急于求成，不能对症下药，采取的处理措施不能达到预期效果，造成反复处理的不良后果。

制订的事故处理方案，应体现安全可靠、不留隐患、满足建筑物的功能和使用要求、技术可行、经济合理等原则。如果一致认为质量缺陷不需专门的处理，必须经过充分的分析、论证。

(五)确定处理方案后，由监理工程师指令施工单位按既定的处理方案实施对质量缺陷的处理

发生的质量事故不论是否由于施工承包单位方面的原因造成，质量缺陷的处理通常都是由施工承包单位负责实施。如果发生的质量事故不是由于施工单位方面的原因造成的，则处理质量缺陷所需的费用或延误的工期，应给予施工单位补偿。

在质量事故处理完毕后，监理工程师应组织有关人员对处理的结果进行严格的检查、鉴定和验收，写出"质量事故处理报告"，提交业主或建设单位，并上报有关主管部门。

四、质量事故处理的原则和方法

(一)质量事故处理的原则

质量事故发生后，应坚持"三不放过"的原则，即事故原因不查清不放过，事故主要责任者和职工未受到教育不放过，补救和防范措施不落实不放过。根据质量事故的严重程度，由施工单位立即召集有关施工队长、班组长和施工人员，共同分析质量事故发生的原因，查明责任，研究防范措施，对责任者按照有关规定进行批评教育或处罚，防止质量事故重复发生。

在施工过程中，如果发现工程质量事故，不管其属于何种类型，施工人员均应立即上报，并进行初步检查。若属于一般质量事故，班组应写出质量事故报告，经专职质检员核实签字后，报施工单位技术负责人及监理工程师。若属于重大或特大质量事故，施工单位应立即向监理工程师、建设单位和质量监督部门提出书面报告，并通知设计单位，同时按规定向上级报告，及时填报《重大质量事故报告(表)》。

对因工程质量问题造成的经济损失，应坚持谁承担事故责任谁负担的原则。若是施工单位的责任，一切经济损失应由施工单位负责。如果质量事故的责任并非施工单位所负，一切经济损失不仅不能由施工单位承担，而且施工单位还有向建设单位提出索赔的权利。

(二)质量事故处理的方法

对施工中出现的工程质量事故，一般有三种处理方法。

1.返工

对于严重未达到规范或标准的质量事故，影响到工程正常使用的安全，且又无法通过修补的方法予以纠正时，必须采取返工的措施。

2.修补

这种方法适用于通过修补可以不影响工程的外观和正常使用的质量事故。它是利用修补的方法对工程质量事故予以补救。这类工程质量事故在工程施工中是经常发生的。

3.不作处理

有些工程质量问题虽超出了有关规范规定，已具有质量事故的性质，但可针对具体情况，通过分析讨论可不需专门处理，这样的情况包括：

(1)不影响结构的安全、生产工艺和使用要求。例如，有的建筑物在施工中发生错位事故，若进行彻底纠正，不仅困难很大，还将会造成重大经济损失，经过分析论证后，只要不影响生产工艺和使用要求，可不作处理。

(2)较轻微的质量缺陷，通过后续工序可以弥补。例如，混凝土墙板出现了轻微的蜂窝、麻面质量问题，该缺陷可通过后续工序抹灰、喷涂进行弥补，则不需要对墙板缺陷作专门的处理。

(3)对出现的某些质量事故，经复核验算后，仍能满足设计要求。例如，结构断面尺寸比设计图纸稍小，经认真验算后，仍能满足设计承载能力，可不作处理。但必须注意，这种方法实际上是挖掘设计的潜力，对此需要格外慎重。

五、质量事故处理的鉴定验收

质量事故的处理是否达到了预期的目的，是否仍留有隐患，应当通过检查鉴定和验收做出确认。

事故处理的质量检查鉴定，应严格按施工验收规范及有关标准的规定进行，必要时还应通过实际量测、试验和仪表检测等方法获取必要的数据，才能对事故的处理结果做出确切的结论。检查和鉴定的结论可能有以下几种：

(1)事故已排除,可继续施工。

(2)隐患已消除,结构安全有保证。

(3)经修补、处理后,完全能够满足使用要求。

(4)基本上满足使用要求,但使用时应有附加的限制条件,例如限制荷载等。

(5)对耐久性的结论。

(6)对建筑物外观影响的结论等。

(7)对短期难以做出结论者,可提出进一步观测检验的意见。

对于处理后符合规定要求和满足使用要求的,监理工程师可予以验收、确认。

事故处理后,监理工程师须提出事故处理报告,其内容包括事故调查报告,事故原因分析,事故处理依据,事故处理方案、方法及技术措施,事故处理过程中的各种原始记录资料,检查验收记录,事故结论等。

复习思考题

1. 试述质量、工程质量和质量控制的概念。
2. 试述工程建设各阶段对质量形成的影响。
3. 质量控制的依据有哪些?
4. 质量控制的主要内容有哪些?
5. 施工阶段事前质量控制包括哪些主要内容?
6. 施工阶段事中质量控制包括哪些主要内容?
7. 施工阶段事后质量控制包括哪些主要内容?
8. 监理工程师在质量控制中应遵循的原则是什么?
9. 影响质量的主要因素有哪些?
10. 人的因素是影响质量的关键,应从哪些方面予以控制?
11. 试述材料质量控制的要点。
12. 材料质量检验的四种方法是什么?
13. 施工方案应满足哪些基本要求?
14. 如何选用施工机械设备?
15. 图纸会审的主要目的及内容是什么?
16. 施工文件的审查应注意哪几方面?
17. 简述施工准备的检查内容。
18. 简述施工过程质量管理的内容。
19. 什么是"见证点"和"停止点"? 在实施质量控制时,它们的主要区别是什么?
20. 简述工程质量检验的作用和方法。
21. 监理工程师进行质量监督控制的主要手段是哪六个方面?
22. 简要说明施工监理的质量控制程序及其要点。
23. 简述质量事故处理的基本程序。
24. 简述质量事故处理的原则和方法。

第五章　工程建设项目的投资控制

第一节　投资控制的作用和任务

一、工程建设项目投资及投资控制的概念

建设项目投资是由设备工器具购置费、建筑安装工程费、工程建设其他费用、预备费(包括基本预备费和涨价预备费)、建设期利息和固定资产投资方向调节税(目前暂不征)组成。

建设项目投资可以分为静态投资部分和动态投资部分。静态投资部分由建筑安装工程费、设备工器具购置费、工程建设其他费用和基本预备费组成。动态投资部分,是指在建设期内,因建设期利息,建设工程需缴纳的固定资产投资方向调节税和国家新批准的税费,汇率、利率变动以及建设期价格变动引起的建设投资增加额,包括涨价预备费、建设期利息和固定资产投资方向调节税等。

建设工程投资控制,就是在投资决策阶段、设计阶段、发包阶段、施工阶段以及竣工阶段,把建设工程投资控制在批准的投资限额以内,随时纠正发生的偏差,以保证项目投资管理目标的实现,以求在建设工程中能合理使用人力、物力、财力,取得较好的投资效益和社会效益。

建设工程投资控制的目标,就是通过有效的投资控制工作和具体的投资控制措施,在满足进度和质量要求的前提下,力求使工程实际投资不超过计划投资。实际投资不超过计划投资可能表现为以下几种情况:

(1)投资目标分解的各个层次上,实际投资均不超过计划投资。这是最理想的情况,是投资控制追求的最高目标。

(2)在投资目标分解的较低层次上,实际投资在有些情况下超过计划投资,在大多数情况下不超过计划投资,因而在投资目标分解的较高层次上,实际投资不超过计划投资。

(3)实际总投资未超过计划总投资,在投资目标分解的各个层次上,都出现实际投资超过计划投资的情况,但在大多数情况下实际投资未超过计划投资。

后两种情况虽然存在局部的超投资现象,但建设工程的实际总投资未超过计划总投资,因而仍然是令人满意的结果。何况,出现这种情况,除投资控制工作和措施存在一定的问题,有待改进和完善外,还可能是投资目标分解不尽合理所造成的,而投资目标分解绝对合理又是很难做到的。

由建设工程投资控制的目标可知,投资控制是与进度控制和质量控制同时进行的,它是针对整个建设工程目标系统所实施控制活动的一个组成部分,在实施投资控制的同时需要满足预定的进度目标和质量目标。因此,在投资控制的过程中,要协调好与进度控制

和质量控制的关系，做到三大目标控制的有机配合和相互平衡，而不能片面强调投资控制。

建设工程投资目标控制又是全过程控制。所谓全过程，主要是指建设工程实施的全过程，也可以是工程建设全过程。建设工程的实施阶段包括设计阶段（含设计准备）、招标阶段、施工阶段以及竣工验收和保修阶段。在这几个阶段中都要进行投资控制，但从投资控制的任务来看，主要集中在前三个阶段。

建设工程投资目标控制还是全方位控制。对投资目标进行全方位控制，包括两种含义：一是对按工程内容分解的各项投资进行控制，即对单项工程、单位工程，乃至分项工程的投资进行控制；二是对按总投资构成内容分解的各项费用进行控制，即对建筑安装工程费用、设备和工器具购置费用以及工程建设其他费用等都要进行控制。通常，投资目标全方位控制是指对建筑安装工程费用、设备和工器具购置费用以及工程建设其他费用等都要进行控制。

二、建设工程投资的特点

（一）建设工程投资数额巨大

建设工程投资数额巨大，动辄上千万，数十亿。建设工程投资数额巨大的特点使它关系到国家、行业或地区的重大经济利益，对国计民生也会产生重大的影响。

（二）建设工程投资差异明显

每个建设工程都有其特定的用途、功能、规模，每项工程的结构、空间分割、设备配置和内外装饰都有不同的要求，工程内容和实物形态都有其差异性。同样的工程处于不同的地区在人工、材料、机械消耗上也有差异。所以，建设工程投资的差异十分明显。

（三）建设工程投资需单独计算

建设工程的实物形态千差万别，再加上不同地区构成投资费用的各种要素的差异，最终导致建设工程投资的千差万别。因此，建设工程只能通过特殊的程序（编制估算、概算、预算、合同价、结算价及最后确定竣工决算等），就每项工程单独计算其投资。

（四）建设工程投资确定依据复杂

建设工程投资的确定依据繁多，关系复杂。在不同的建设阶段有不同的确定依据，且互为基础和指导，互相影响。项目建议书阶段为投资估算；初步设计阶段为设计总概算；技术设计阶段为修正总概算；施工图设计阶段为施工图预算。

（五）建设工程投资确定层次繁多

建设工程投资的确定需分别计算分部（分项）工程投资、单位工程投资、单项工程投资，最后才形成建设工程投资。可见建设工程投资确定层次繁多。

（六）建设工程投资需动态跟踪调整

建设工程投资在整个建设期内都属于不确定的，需随时进行动态跟踪、调整，直至竣工决算后才能真正形成建设工程投资。

三、建设工程投资目标控制的任务

建设工程投资控制是建设工程监理的一项主要任务，投资控制贯穿于工程建设的各个阶段，也贯穿于监理工程的各个环节。在建设工程的实施阶段中，设计阶段、招标阶段、施工阶段的持续时间长，工作内容多，所以在各个阶段投资控制的任务不同。

(1)在建设前期阶段进行工程项目的机会研究、初步可行性研究，编制项目建议书，进行可行性研究，对拟建项目进行市场调查和预测，编制投资估算，进行环境影响评价、财务评价、国民经济评价和社会评价。

(2)设计阶段监理工程师投资控制的主要工作包括：通过收集类似建设工程投资数据和资料，协助业主制定建设工程投资目标规划，对建设工程总投资进行论证，确认其可行性；组织设计方案竞赛或设计招标，开展技术经济分析等活动，协助业主确定对投资控制有利的设计方案；伴随着设计各阶段成果制定建设工程投资目标划分系统，为本阶段和后续阶段投资控制提供依据；在保障设计质量的前提下，协助设计单位开展限额设计工作，力求使设计投资合理化；编制本阶段资金使用计划，并进行付款控制；审查工程概算、预算，提出改进意见，优化设计，在保障建设工程具有安全可靠性、适用性的基础上，概算不超过估算，预算不超过概算；进行设计挖潜，节约投资；对设计进行技术经济分析、比较、论证，寻求一次性投资较少的设计方案，最终满足业主对建设工程投资的经济性要求。

(3)施工阶段。完成施工阶段投资控制的任务，监理工程师应做好以下工作：制定本阶段资金使用计划，并严格进行付款控制，做到不多付、不少付、不重复付；严格控制工程变更，力求减少变更费用；研究确定预防费用索赔的措施，以避免、减少对方的索赔数额；及时处理费用索赔，并协助业主进行反索赔；挖掘节约投资潜力来努力实现实际发生的费用不超过计划投资；根据有关合同的要求，协助做好应由业主方完成的、与工程进展密切相关的各项工作，如按期提交合格施工现场，按质、按量、按期提供材料和设备等工作；做好工程计量工作；审核施工单位提交的工程结算书等。

四、施工阶段工程投资控制目标的确定

(一)资金使用计划的编制

投资控制的目的是确保投资目标的实现。因此，监理工程必须编制资金使用计划，合理地确定投资控制目标值，包括投资的目标值、分目标值、各详细目标值。在确定投资控制目标时，应有科学的依据。如果投资目标值与人工单价、材料预算价格、设备价格及各项有关费用和各种取费标准不相适应，那么投资控制目标便没有实现的可能，则控制也是徒劳的。

编制资金使用计划过程中最重要的步骤，就是项目投资目标的分解。根据投资控制目标和要求的不同，投资目标的分解可分为投资构成分解、按子项目分解、按时间分解三种类型。

1. 按投资构成分解的资金使用计划

工程项目的投资主要分为建筑工程投资、安装工程投资、设备购置投资、工器具购置投资及工程建设其他投资，工程建设其他投资由土地征用费用、建设单位管理费用、勘察设计费用等构成。建筑工程投资、安装工程投资、工器具购置投资可以进一步分解。另外，在按项目投资构成分解时，可以根据以往的经验和建立的数据库来确定适当的比例。

必要时也可以作一些适当的调整。按投资构成来分解的方法比较适合于有大量经验数据的工程项目。

2. 按子项目分解的资金使用计划

大中型的工程项目通常是由若干单项工程构成的,而每个单项工程包括了多个单位工程,每个单位工程又是由若干个分部分项工程构成的。因此,首先要把项目总投资分解到单项工程和单位工程中。对各个单位工程的建筑安装工程投资还需要进一步分解到分部分项工程。

3. 按时间进度分解的资金使用计划

工程项目的投资总是分阶段、分期支出的,资金应用是否合理与资金的时间安排有密切关系。为了编制项目资金使用计划,并据此筹措资金,尽可能减少资金占用和利息支出,有必要将项目总投资按其使用时间进行分解。

编制按时间进度的资金使用计划,通常可利用控制项目进度的网络图进一步扩充而得。在编制网络计划时应在充分考虑进度控制对项目划分要求的同时,还要考虑确定投资预算对项目划分的要求,要二者兼顾。

(二)资金使用计划的形式

1. 按子项目分解得到的资金使用计划表

在完成工程项目投资目标分解之后,接下来就要具体地分配投资,编制工程分项的投资支出计划,从而得到详细的资金使用计划表。其内容一般包括:①工程分项编码;②工程内容;③计量单位;④工程数量;⑤计划综合单价;⑥本分项总计。

在编制投资支出计划时,要在项目总的方面考虑总的预备费,也要在主要的工程分项中安排适当的不可预见费,避免在具体编制资金使用计划时,可能发现个别单位工程或工程量表中某项内容的工程量计算有较大出入,使原来的投资预算失实,并在项目实施过程中对其尽可能地采取一些措施。

2. 时间~投资累计曲线

通过对项目投资目标按时间进行分解,在网络计划基础上,可获得项目进度计划的横道图,并在此基础上编制资金使用计划。其表示方式有两种:一种是在总体控制时标网络图上表示;另一种是利用时间~投资累计曲线(S形曲线)表示(见图5-1)。

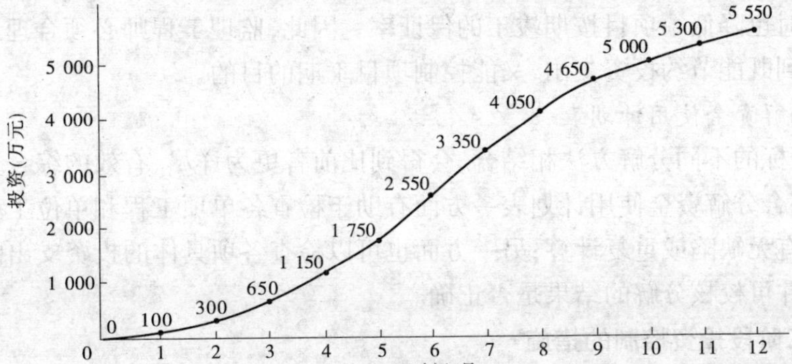

图5-1 时间~投资累计曲线(S形曲线)

时间～投资累计曲线绘制步骤如下：

(1)确定工程项目进度计划,编制进度计划的横道图。

(2)根据每单位时间内完成的实物工程量或投入的人力、物力和财力,计算单位时间(月或旬)的投资,在时标网络图上按时间编制投资支出计划(见图5-2)。

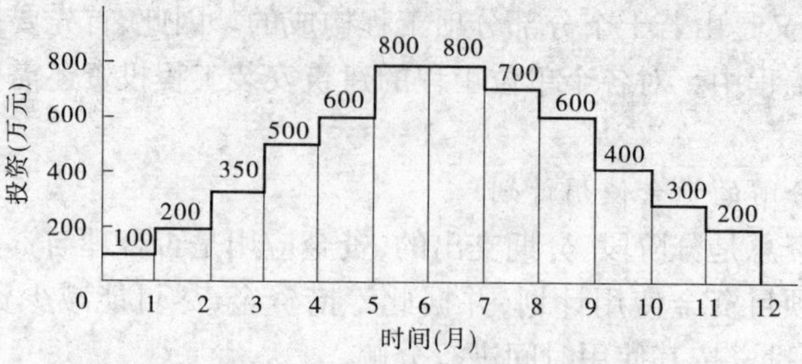

图5-2　时标网络图按月编制的资金使用计划

(3)计算规定时间 t 计划累计完成的投资额。其计算方法为:各单位时间计划完成的投资额累加求和,可按下式计算:

$$Q_t = \sum_{n=1}^{t} q_n$$

式中　Q_t——时间 t 计划累计完成投资额;

q_n——单位时间 n 的计划完成投资额;

t——规定计划时刻。

(4)按各规定时间的 Q_t 值,绘制S形曲线,如图5-1所示。

每一条S形曲线都对应某一特定的工程进度计划。因为在进度计划的非关键路线中存在许多有时差的工序或工作,因而S形曲线(投资计划值曲线)必然包络在由全部工作都按最早开始时间开始和全部工作都按最迟必须开始时间开始的曲线所组成的“香蕉图”内。建设单位可根据编制的投资支出预算来合理安排资金,同时建设单位也可根据筹措的建设资金来调整S形曲线,即通过调整非关键路线上的工作的最早或最迟开工时间,力争将实际的投资支出控制在计划的范围内。

一般而言,所有工作都按最迟开始时间开始,对节约建设单位的建设资金贷款利息是有利的,但同时也降低了项目按期竣工的保证率。因此,监理工程师必须合理地确定投资支出计划,达到既能节约投资支出,又能控制项目工期的目的。

3. 综合分解资金使用计划表

将投资目标的不同分解方法相结合,会得到比前者更为详尽、有效的综合分解资金使用计划表。综合分解资金使用计划表一方面有助于检查各单项工程和单位工程的投资构成是否合理,有无缺陷或重复计算;另一方面也可以检查各项具体的投资支出的对象是否明确和落实,并可校核分解的结果是否正确。

(三)施工阶段投资控制的措施

对施工阶段的投资控制应给予足够的重视,仅仅靠控制工程款的支付是不够的,应从组织、经济、技术、合同等多方面采取措施,控制投资。

1. 组织措施

(1)在项目管理班子中落实从投资控制角度进行施工跟踪的人员及其任务分工和职能分工。积极配合施工单位按合同要求及时对已完工的工程量进行验方,不造成未经监理验方认可就承认其完成工程量的被动局面。

(2)编制本阶段投资控制工作计划和详细的工作流程图。

(3)搞好与建设、设计、施工、材料供应等单位、上级主管部门及其他有关部门的协作关系,做好投资控制。

2. 经济措施

(1)编制资金使用计划,确定、分解投资控制目标。对工程项目造价目标进行风险分析,并制定防范性对策。

(2)进行工程计量。计量要准确,严格执行设计图纸和施工承包合同规定的计量方法。按月对已完成合同内质量合格的工程项目进行准确计量,按工程量清单项目向监理部提交工程量月报表和有关计量资料,现场工程师认真核定签认。

(3)复核工程付款账单,签发付款证书。严格经费签证,凡涉及到经济费用超过监理合同赋予的约定数额,必须与业主协商,取得业主同意后方可行。

(4)在施工过程中进行投资跟踪控制,定期进行投资实际支出值与计划目标值的比较;发现偏差,分析产生偏差的原因,采取纠偏措施。

(5)协商确定工程变更的价款。审核竣工结算。

(6)对工程施工过程中的投资支出做好分析与预测,经常或定期向建设单位提交项目投资控制及其存在问题的报告。

(7)施工单位报送总监的工程进度款申请表应包括:已完成的工程量清单项目的工作量及投标综合单价;经监理签认的本合同工程量清单外的工程量和单价,以及应付的金额;根据承包合同规定得到的金额;依据有关文件由业主扣留的保留金金额和工程款预扣金金额;工程质量月报表。总监理工程师审查施工单位报送的工程计量申报表和工程进度付款申请表,审批后报业主批准执行;定期或不定期进行工程费用超支分析,并提出控制工程费用突破的方案和措施;审核施工单位提交的工程结算书;及时收集、整理有关施工和监理资料,为处理费用索赔提供证据,公正地处理施工单位提出的索赔。

3. 技术措施

(1)对设计变更进行技术经济比较,严格控制设计变更。

(2)继续寻找通过设计挖潜节约投资的可能性。

(3)审核承包商编制的施工组织设计,对主要施工方案进行技术经济分析。优化施工方案,严格设计变更审查程序,为业主积极提供合理化建议;在审核施工设计变更的过程中,以价值工程理论为指导,就变更方案的可行性、经济性、科学性等方面进行充分论证,从而有效地控制投资。

(4)积极推广新技术、新经验、新工艺及最佳的施工方案,鼓励各方合理化建议,节约开支,提高经济效益。

4. 合同措施

(1)做好工程施工记录,保存各种文件图纸,特别是注有实际施工变更情况的图纸,注意积累素材，为正确处理可能发生的索赔提供依据。参与处理索赔事宜。

(2)参与合同修改、补充工作，着重考虑它对投资控制的影响。熟悉设计图纸、设计要求和施工合同，分析合同价构成因素，明确工程费用最容易突破的部分和环节，从而明确投资控制的重点。按合同规定，及时签复施工单位提出的问题及配合要求，避免造成不必要的违约和对方索赔的条件。

第二节　影响投资控制的主要因素

投资控制贯穿于项目建设的全过程。建设工程实施各个阶段影响投资的程度是不同的。总的趋势是，随着各阶段设计工作的进展，建设工程的范围、组成、功能、标准、结构型式等内容一步步明确，可以优化的内容越来越少，优化的限制条件却越来越多，各阶段设计工作对投资的影响程度逐渐下降。其中影响项目投资最大的阶段，是约占工程项目建设周期1/4 的技术设计结束前的工作阶段。在施工图设计阶段，影响项目投资的可能性则为5% ~35%。很显然，项目投资控制的重点在于施工以前的投资决策和设计阶段，而在项目做出投资决策后，控制项目投资的关键就在于设计。设计阶段如能以经济效益为中心，精打细算，则节约投资的潜力要比施工阶段大得多。所以，搞好设计阶段的工程造价控制是有效控制“投资失控”的首要任务。

一、决策对投资控制的影响

建设项目的投资决策是投资行动的准则。项目一经决策就确定了项目的投资规模和建设方案。正确的决策是设计的依据，直接关系到整个建设项目的工程投资和投资效果。因此，正确的决策是控制工程投资的首要前提。决策影响工程投资的主要因素有以下几种：

(1)项目的建设规模。任何一个建设项目都应选择合理的建设规模。规模过小，资源得不到有效配置，建设和生产成本高，经济效益低下；规模过大，超过了产品的市场需求，导致销售不畅，也会使经济效益降低。合理的建设规模是决策阶段控制工程造价的关键。

(2)项目的建设水平。主要指建设规模、建筑标准、技术装备、配套工程等方面的标准。建设标准是编制、评价项目可行性研究和投资估算的重要依据。建设标准是否合理，对控制工程造价有很大影响。建设标准应根据技术进步和投资者的实际情况制定，标准定得过高，只能无谓地增加造价，浪费投资；标准定得过低，达不到先进高效、安全可行的技术标准，不利于技术进步。

(3)建设地点。建设地点的选择要考虑以下几个方面因素：一是国民经济的发展规划和地区经济的发展；二是项目的特点和需要；三是气象、地质、水文等自然条件。

(4)可行性研究及投资估算。项目的决策依据是可行性研究，投资估算是确定可行性研究阶段工程总投资的限额。可行性研究不仅要评价项目是否可行，更重要的是对方案进行优化认证。投资估算必须准确且能满足限额设计和控制概算的要求。初步设计概算必须控制在批准的可行性研究投资估算范围内，设计概算不允许突破可行性研究投资估算。因此，决策阶段保证投资估算的准确性。

二、设计对投资控制的影响

设计是建设项目进行全面规划和具体安排实施意图的过程，是工程建设的灵魂，是处理技术与经济关系的关键环节。设计是否合理对控制工程投资有重要影响。据资料统计，在初步设计阶段，影响项目投资的可能性为75%～95%；在技术设计阶段，影响项目投资的可能性为35%～75%。加强设计阶段的监理，确定合理的设计方案、成熟的工艺，减少在施工阶段重大设计变更和方案变化的发生，对有效控制工程造价将起到重要作用。

项目一经决策，设计就成了工程建设和控制造价的关键。初步设计决定工程建设的规模、方案、结构型式和建筑标准及使用功能，形成设计概算，确定了投资的最高限额；施工图设计完成后，就能准确地计算出工程造价。可见，工程设计是影响工程造价的关键环节。

一个建设项目或一个单项工程，可有多种不同的设计方案，因此在满足使用功能的前提下，要进行方案比较和优化设计，选用适度超前、经济合理、安全可靠的设计思想。设计方案优化可采用价值工程理论，在满足功能或尽量提高功能的前提下降低成本。因此，先进合理的设计是控制工程造价的关键环节。

三、施工阶段对投资控制的影响

(1)建设项目施工费用占整个工程造价的60%左右，因此施工阶段对工程投资的影响很大。据统计资料，在施工图设计阶段，影响项目投资的可能性为5%～35%。施工阶段对项目的管理和工程投资的控制重点应放在招投标活动和施工合同条款的确定上，招标评标实行合理低价中标。随着工程造价体制和管理模式改革，大型建设项目在招投标中采用工程量清单计价，即由招标人按统一的工程量计算规则，计算并提供工程量清单，投标人视自身的技术、管理水平和劳动生产率以及市场价格进行自主报价。为了中标，承包商会自觉提高技术和管理水平，降低工程造价。工程量清单计价对透明招投标活动、减少施工合同纠纷、推行竞争和以市场定价、控制工程造价有着非常积极的作用。因此，施工阶段对工程造价的控制，应重点加强合同管理，规范招投标活动。

(2)设计变更是施工阶段影响工程投资控制的又一个重要因素。设计变更是工程变更的一部分，因而也关系到进度、质量和投资控制。所以，加强设计变更的管理，对确保工程质量、工期和控制造价具有十分重要的意义。

设计变更应尽量提前，变更发生得越早则损失越小。若在设计阶段变更，则只需修改图纸，其他费用尚未发生，损失有限；若在采购阶段变更，不仅需要修改图纸，而且设备、材料还需重新采购；若在施工阶段变更，除上述费用外，已施工的工程还需拆除，势必造成重大变更损失。所以，要严格控制设计变更，尽可能把变更控制在设计阶段的初期，特别是对工程造价影响较大的设计变更，要先算账后变更。严禁通过设计变更扩大建设规模、增加建设内容、提高建设标准。

第三节　投资控制的方法和手段

一、设计阶段投资控制的主要方法

（一）实行设计方案招投标制度

在市场经济的今天，业主在委托设计时应大力引进竞争机制，加强管理工作。通过设计招投标来选择优秀的设计单位，从而保证设计的先进性、合理性、准确性。同时，通过招投标还可能选择到优秀的设计方案，促使设计单位采用先进技术，降低工程造价。

（二）实行限额设计

项目设计的优劣将直接影响建设费用的多少和建设工期的长短，同样也影响建设项目以后的使用价值和经济效益，作为设计单位，在设计中凡是能进行定量分析的设计内容，均要通过计算，要用数据说话，充分考虑施工的可能性和经济性，在设计技术与经济分析上要改变设计完后再算账、功能决定造价的习惯做法。

（三）开展价值工程的应用

价值工程是用来分析产品功能和成本关系的，是力求以最低的产品寿命周期成本实现产品的必要功能的一种管理方法。一般来说，提高产品价值的途径有五种：一是提高功能，降低成本，这是最理想的途径；二是功能不变，降低成本；三是成本不变，提高功能；四是功能略有下降，但带来成本大幅度降低；五是成本略有增加，但带来功能大幅度提高。运用价值工程原理，在科学分析的基础上，对方案实行科学决策，选择技术上可行、经济上合理的建设方案。价值工程的主要特点是以使用者的功能需求为出发点，对所研究对象进行功能分析，使设计工作做到功能与造价统一，在满足功能要求的前提下降低成本，一般成本可降低25%～40%，实现建设项目经济效益、社会效益和环境效益的最佳结合。

（四）加强图纸会审工作

加强图纸会审，将工程变更的发生尽量控制在施工之前。在设计阶段，克服设计方案的不足或缺陷，所花费的代价最小，可取得的效果最好。

（五）实行设计监理

现阶段，我国工程建设监理工作的中心是在施工阶段，而其重点仅局限于施工质量控制，这对于整个工程质量的控制来说是远远不够的。设计是施工的灵魂，是施工的依据。保证施工质量的一个重要前提就是确保设计质量。设计监理可以减少设计阶段工程设计的失误或错误，在施工阶段，施工单位才能更准确地贯彻业主和设计方的意图，保证施工质量。

二、建设工程招投标阶段投资控制

建设工程招标投标定价程序依照《中华人民共和国招标投标法》规定的一种定价方式，是由招标人编制招标文件，投标人进行报价竞争，中标人中标后与招标人通过谈判签订合同，以合同价格为建设工程价格的定价方式。这种定价方式无疑属于市场调节价，也即企业自主定价。

(一)标底价格

标底价格是招标人对拟招标工程事先确定的预期价格,而非交易价格。招标人以此作为衡量投标人的投标价格的一个尺度,也是招标人控制投资的一种手段。标底主要有两个作用:一是招标人发包工程的期望值,即招标人对建设工程价格的期望值;二是评定标价的参考值,设有标底的招标工程,在评标时应作为参考标底。

(二)投标报价

投标人为了得到工程施工承包的资格,按照招标人在招标文件中的要求进行估价,然后根据投标策略确定投标价格,以争取中标并通过工程实施取得经济效益。

(三)评标定价

评标委员会应当按照招标文件确定的评标标准和方法,对投标文件进行评审和比较;设有标底的,应当参考标底。评标的依据一是招标文件,二是标底(如果设有标底)。确定的中标价必须是经评审的最低报价,但不得低于成本。

三、施工阶段投资控制

(一)投资控制流程

投资控制按投资控制流程进行控制,如图5-3所示。

(二)严格现场签证的审查

通过核实工程量,进行实物量签认。当质量评为不合格产品时,视为无效工程量,则不开据支付凭证。当质量评为合格或优良时,首先核实工程量并签发计量证书,再按合同单价或总价核实完成的工程投资额,向承建单位开据支付凭证,建设单位依据监理部的支付凭证向承建单位付款,并作为结算的依据。因此,监理工程师严格现场签证的审查应注意:

(1)监理人员应熟悉和掌握工程造价知识,对不应该签证的项目不应盲目签证。对由施工单位填写的签证,一定要认真核实后方能签字盖章。

(2)对施工单位在签证上巧立名目,弄虚作假,以少报多,蒙哄欺骗,遇到问题不及时办理签证,结算时搞突击,互相扯皮的现象应严格审查。

(3)有的施工单位为了中标,自动压价,为了保住自己的利润对包干工程偷工减料,对非包干工程进行大量的施工现场签证,这类签证应严格审查。

1. 工程计量

1)工程计量的重要性

(1)计量是控制项目投资支出的关键环节。工程计量是指根据设计文件及承包合同中关于工程量计算的规定,项目监理机构对承包商申报的已完成工程的工程量进行的核验。合同条件中明确规定工程量表中开列的工程量是该工程的估算工程量,不能作为承包商应予完成的实际和确切的工程量。因为工程量表中的工程量是在编制招标文件时,在图纸和规范的基础上估算的工作量,不能作为结算工程价款的依据,而必须通过项目监理机构对已完成的工程进行计量。经过项目监理机构计量所确定的数量是向承包商支付任何款项的凭证。

(2)计量是约束承包商履行合同义务的手段。计量不仅是控制项目投资支出的关键

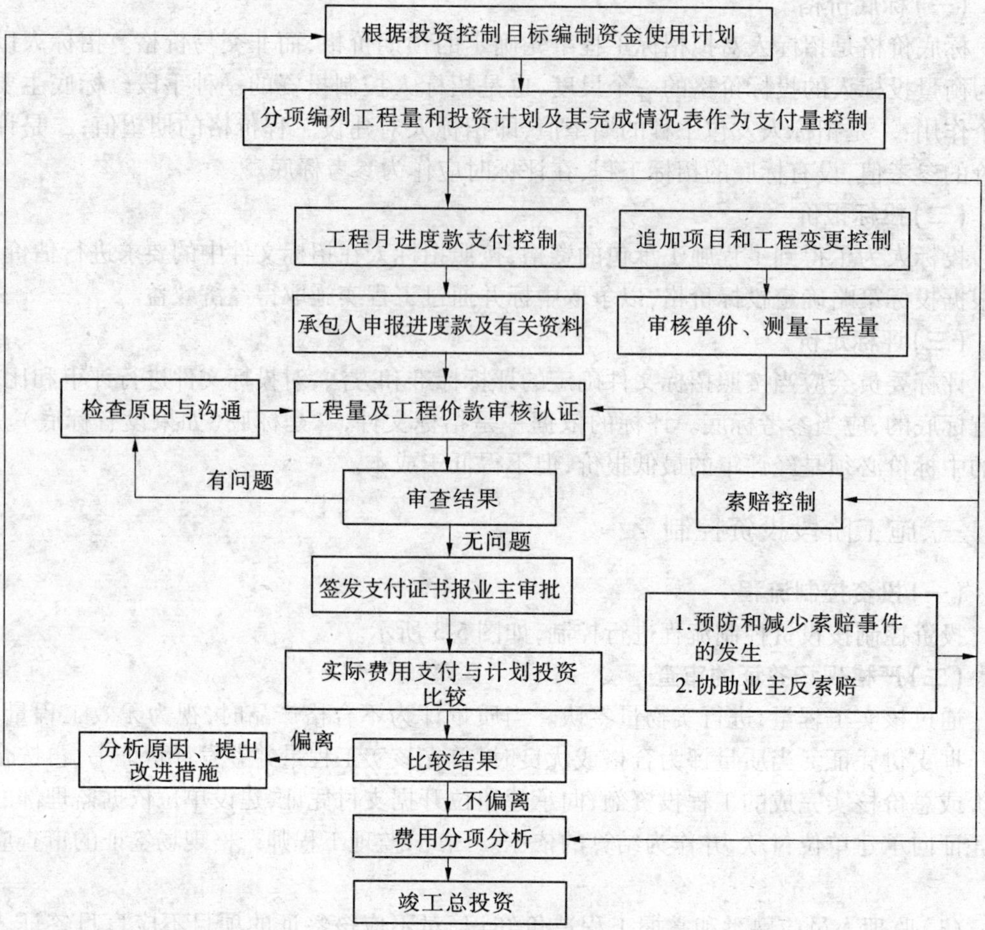

图 5-3　总投资控制流程

环节,同时也是约束承包商履行合同义务、强化承包商合同意识的手段。FIDIC 合同条件规定,业主对承包商的付款,是以工程师批准的付款证书为凭据的,工程师对计量支付有充分的批准权和否决权。对于不合格的工作和工程,工程师可以拒绝计量。同时,工程师通过按时计量,可以及时掌握承包商工作的进展情况和工程进度。当工程师发现工程进度严重偏离计划目标时,可要求承包商及时分析原因、采取措施,加快速度。因此,在施工过程中,项目监理机构可以通过计量支付手段,控制工程按合同进行。

2)工程计量的程序

(1)施工合同(示范文本)约定的程序。承包人应按专用条款约定的时间,向工程师提交已完工程量的报告,工程师接到报告后 7 天内按设计图纸核实已完工程量,并在计量前 24 小时通知承包人,承包人为计量提供便利条件并派人参加。承包人收到通知后不参加计量,计量结果有效,作为工程价款支付的依据。工程师收到承包人报告后 7 天内未进行计量,从第 8 天起,承包人报告中开列的工程量即视为已被确认,作为工程价款支付的依据。工程师不按约定时间通知承包人,使承包人不能参加计量,计量结果无效。对承包人超出设计图纸范围和因承包人原因造成返工的工程量,工程师不予计量。

(2)建设工程监理规范规定的程序。承包单位统计经专业监理工程师质量验收合格的工程量,按施工合同的约定填报工程量清单和工程款支付申请表;专业监理工程师进行现场计量,按施工合同的约定审核工程量清单和工程款支付申请表,并报总监理工程师审定;总监理工程师签署工程款支付证书,并报建设单位。

(3)FIDIC 施工合同约定的工程计量程序。按照 FIDIC 施工合同约定,当工程师要求测量工程的任何部分时,应向承包商代表发出合理通知,承包商代表应及时亲自或另派合格代表协助工程师进行测量,并提供工程师要求的任何具体材料。如果承包商未能到场或派代表,工程师(或其代表)所作测量应作为准确,予以认可。除合同另有规定外,凡需根据记录进行测量的任何永久工程,此类记录应由工程师准备。当承包商被要求时,应到场与工程师对记录进行检查和协商,达成一致后应在记录上签字。如承包商未到场,应认为该记录准确,予以认可。如果承包商检查后不同意该记录,和(或)不签字表示同意,承包商应向工程师发出通知,说明认为该记录不准确的部分。工程师收到通知后,应审查该记录,进行确认或更改。如果承包商被要求检查记录 14 天内没有发出此类通知,该记录应作为准确,予以认可。计量控制是投资控制的基础,在计量过程中首先必须遵守计量原则(合同文件中有关计量条款),其次是按设计图纸完成且施工质量检验合格的,并在工程量清单中列有的项目才予以计量。同时,也要按监理细则规定好的计量程序进行计量。如在土石方开挖完成后,监理工程师应及时到现场进行土石方鉴定和测量,计量资料完善后方可计量。

3)工程计量的依据

计量必须以质量合格证书、工程量清单、技术规范的计量支付条款和设计图纸为依据。

(1)质量合格证书。对于承包商已完的工程,并不是全部进行计量,而只是质量达到合同标准的已完工程才予以计量。所以,工程计量必须与质量监理紧密配合并经专业工程师检验,工程质量达到合同规定的标准后,由专业工程师签署报验申请表(质量合格证书),只有质量合格的工程才予以计量。所以说质量监理是计量监理的基础,计量又是质量监理的保障,通过计量支付,强化承包商的质量意识。

(2)工程量清单前言和技术规范。工程量清单前言和技术规范是确定计量方法的依据。因为工程量清单前言和技术规范的"计量支付"条款规定了清单中每一项工程的计量方法,同时还规定了按规定的计量方法确定的单价所包括的工作内容和范围。

(3)设计图纸。单价合同以实际完成的工程量进行结算,但被工程师计量的工程数量,并不一定是承包商实际施工的数量。计量的几何尺寸要以设计图纸为依据,工程师对承包商超出设计图纸要求增加的工程量和自身原因造成返工的工程量,不予计量。

4)工程计量的方法

一般对以下三方面的工程项目进行计量:①工程量清单中的全部项目;②合同文件中规定的项目;③工程变更项目。根据 FIDIC 合同条件的规定,一般可按照以下方法进行计量:①均摊法,就是对清单中某些项目的合同价款,按合同工期平均计量;②凭据法,就是按照承包商提供的凭据进行计量支付,如建筑工程险保险费、第三方责任险保险费、履约保证金等项目,一般按凭据法进行计量支付;③断面法,主要用于取土坑或填筑路堤土方的计量;④图纸法,在工程量清单中,许多项目采取按照设计图纸所示的尺寸进行计量;⑤分解计量法,就是将一个项目,根据工序或部位分解为若干子项,对完成的各子项进行计量支付;⑥估价法,就是按合同文件的规定,根据工程师估算的已完成的工程价值支付。按照市场的物价情况,对清单中规定购置的仪器设备分别进行估价,按下式计量支付金额:

$$F = A \times (B \div D)$$

式中 F——计算支付的金额;

A——清单所列该项的合同金额;

B——该项实际完成的金额(按估算价格计算);

D——该项全部仪器设备的总估算价格。

从上式可知,该项实际完成金额 B 必须按估算各种设备的价格计算,它与承包商购进的价格无关;估算的总价与合同工程量清单的款额无关。

2. 工程变更价款的审查

在工程项目的实施过程中,由于多方面的情况变更,经常出现工程量变化、施工进度变化,以及发包方与承包方在执行期合同中的争执等许多问题。这些问题的产生,一方面是勘察设计工作不细,以致在施工过程中发现许多招标文件中没有考虑或估算不准确的工程量,因而不得不改变施工项目或增减工程量;另一方面,是由于发生不可预见的事件,如自然或社会原因引起的停工或工期拖延等。由于工程变更所引起的工程量的变化、承包商的索赔等,都有可能使项目投资超出原来的预算投资,监理工程师必须严格予以控制,密切注意其对未完工程支出的影响及对工期的影响。

1)项目监理机构对工程变更的管理

项目监理机构应按下列程序处理工程变更:

(1)设计单位对原设计存在的缺陷提出的工程变更,应编制设计变更文件;建设单位或承包单位提出的变更,应提交总监理工程师,由总监理工程师组织专业监理工程师审查,审查同意后,应由建设单位转交原设计单位编制设计变更文件。当工程变更涉及安全、环保等内容时,应按规定经有关部门审定。

(2)项目监理机构应了解实际情况和收集与工程变更有关的资料。

(3)总监理工程师必须根据实际情况、设计变更文件和其他有关资料,按照施工合同的有关款项,在指定专业监理工程师完成下列工作后,对工程变更的费用和工期做出评估:①确定工程变更项目与原工程项目之间的类似程度和难易程度;②确定工程变更项目的工程量;③确定工程变更的单价或总价。

在建设单位和承包单位未能就工程变更的费用等方面达成协议时,项目监理机构应提出一个暂定的价格,作为临时支付工程款的依据。该工程款最终结算时,应以建设单位与承包单位达成的协议为依据。在总监理工程师签发工程变更之前,承包单位不得实施工程变更。未经总监理工程师审查同意而实施的工程变更,项目监理机构不得予以计量。

2)我国现行工程变更价款的确定方法

《建设工程施工合同》(示范文本)约定的工程变更价款的确定方法如下:①合同中已有适用于变更工程的价格,按合同已有的价格变更合同价款;②合同中只有类似于变更工程的价格,可以参照类似价格变更合同价款;③合同中没有适用或类似于变更工程的价格,由承包人提出适当的变更价格,经工程师确认后执行。

(1)采用合同中工程量清单的单价和价格。合同中工程量清单的单价和价格由承包商投标时提供,用于变更工程,容易被业主、承包商及监理工程师所接受,从合同意义上讲也是比较公平的。采用合同中工程量清单的单价或价格有几种情况:一是直接套用,即从工程量清单上直接拿来使用;二是间接套用,即依据工程量清单,通过换算后采用;三是部分套用,即依据工程量清单,取其价格中的某一部分使用。

(2)采用协商单价和价格。这是基于合同中没有或者有但不合适的情况而采取的一种方法。

3)加强设计变更审查

设计变更发生后,其审查尤为重要。设计变更无论是由哪方提出,均应由监理部门会同建设单位、设计单位、施工单位协商,经确认后由设计部门发出通知,并由监理工程师办理签发后付诸实施。设计变更审查应注意以下几点:①确属原设计不能保证工程质量要求,设计遗漏和确有错误及与现场不符,无法施工,非改不可;②一般情况下,即使变更可能在技术上是合理的,也应全面考虑,将变更后所产生的效益与现场变更增加的费用和可能引起的索赔等所产生的损失加以比较,权衡轻重后再做决定;③工程造价增减幅度是否控制在总概算的范围之内,若确需变更但有可能超概算时,更要慎重并报有关部门同意;④设计变更必须说明变更原因,如工艺改变、设备选型不当、设计漏项、设计失误或其他原因;⑤坚决杜绝内容不明,没有详图或具体使用部位,而只是增加材料用量的变更;⑥坚决杜绝未做好开工准备,设计深度不够,招标文件和承包合同不完善,造成边设计边施工、边施工边更改的变更。

3. 索赔审查与控制

索赔是工程承包合同履行中,当事人一方因对方不履行或不完全履行既定的义务,或者由于对方的行为使权利人受到损失时,要求对方补偿损失的权利。

(1)承包商向业主的索赔。索赔的项目包括:不利的自然条件与人为障碍引起的索赔;工程变更引起的索赔;工期延期的费用索赔;加速施工费用的索赔;业主不正当地终止工程而引起的索赔;物价上涨引起的索赔;法律、货币及汇率变化引起的索赔;拖延支付工程款的索赔;业主的风险;不可抗力。

(2)业主向承包商的索赔。由于承包商不履行或不完全履行约定的义务,或者由于承包商的行为使业主受到损失时,业主可向承包商提出索赔。索赔的项目包括:工期延误索赔;质量不满足合同要求索赔;承包商不履行的保险费用索赔;对超额利润的索赔;对指定分包商的付款索赔;业主合理终止合同或承包商不正当地放弃工程的索赔。

工程索赔是施工中常出现的风险合理分配形式,索赔处理是合同投资控制管理中较为复杂的一个问题,监理工程师和承建合同双方在这个问题上需要花费较多的时间和精力。公正合理地处理好索赔问题必须做好以下几点:一是日常监理记录全面细致;二是吃透合同文件,尽量在合同文件中找依据,力求准确界定合同双方在索赔问题中的责任,说服双方放弃不合理的要求;三是遇到合同无法处理的模糊部分,应通过监理协调,创造良好气氛,促使问题友好解决。

4. 工程结算控制

1) 工程价款的结算

按现行规定,工程价款结算可以根据不同情况采取多种方式。

(1) 按月结算。即先预付工程备料款,在施工过程中按月结算工程进度款,竣工后进行竣工结算。我国现行建筑安装工程价款结算中,相当一部分是实行这种按月结算方式。

(2) 竣工后一次结算。建设项目或单项工程全部建筑安装工程建设期在12个月以内,或者工程承包合同价值在100万元以下的,可以实行工程价款每月月中预支,竣工后一次结算。

(3) 分段结算。即当年开工,当年不能竣工的单项工程按照工程形象进度,划分不同阶段进行结算。分段结算可以按月预支工程款。实行竣工后一次结算和分段结算的工程,当年结算的工程款应与分年度的工作量一致,年终不另清算。

(4) 结算双方约定的其他结算方式。

2) 工程进度款

(1) 工程进度款的计算。《建设工程施工合同》(示范文本)关于工程款的支付也作出了相应的约定:"在确认计量结果后14天内,发包人应向承包人支付工程款(进度款)。""发包人超过约定的支付时间不支付工程款(进度款),承包人可向发包人发出要求付款的通知,发包人接到承包人通知后仍不能按要求付款,可与承包人协商签订延期付款协议,经承包人同意后可延期支付。协议应明确延期支付的时间和从计量结果确认后第15天起计算应付款的贷款利息。""发包人不按合同约定支付工程款(进度款),双方未达成延期付款协议,导致施工无法进行,承包人可停止施工,由发包人承担违约责任。"

工程进度款的计算,主要涉及两个方面:一是工程量的计量;二是单价的计算方法。目前,我国工程价格的计价方法可以分为工料单价法和综合单价法两种。所谓工料单价法是指单位工程分部分项的单价为直接成本单价,按现行计价定额的人工、材料、机械的消耗量及其预算价格确定,其他直接成本、间接成本、利润、税金等按现行计算方法计算。所谓综合单价法是指单位工程分部分项工程量的单价是全部费用单价,既包括直接成本,也包括间接成本、利润、税金等一切费用。二者在选择时,既可采取可调价格的方式,即工程价格在实施期间可随价格变化而调整,也可采取固定价格的方式,即工程价格在实施期间不因价格变化而调整,在工程价格中已考虑价格风险因素并在合同中明确了固定价格所包括的内容和范围。

(2) 工程进度款的支付。工程进度款的支付,一般按当月实际完成工程量进行结算,工程竣工后办理竣工结算。在工程竣工前,承包商收取的工程预付款和进度款的总额一般不超过合同总额(包括工程合同签订后经发包人签证认可的增减工程款)的95%,其余5%尾款在工程竣工结算时除保修金外一并清算。

(3) 工程进度款的审核。一般要求承建单位在每个月月底(一般规定25日),将当月的施工进度款申请表按监理部的格式要求报送到监理部,监理部按三级进行校审(即监理人员复核、专业监理工程师审核和总监审定),把校审后的施工进度款审核表上报业主。

工程费用支付的程序:承包商提出付款申请→工程师审核→编制期中付款证书→业

主支付。

工程支付的报表与证书有月报表、竣工报表、最终报表和结算清单、最终付款证书、履约证书。

3)竣工结算控制

工程竣工验收报告经发包人认可后28天内,承包人向发包人递交竣工结算报告及完整的结算资料,双方按照协议书约定的合同价款及专用条款约定的合同价款调整内容,进行工程竣工结算。结算程序是:专业监理工程师审核承包人报送的竣工结算报表→总监理工程师审定竣工结算报表→与发包人承包人协商一致后签发竣工结算文件和最终的工程款支付证书。

发包人收到承包人递交的竣工结算报告结算资料后28天内进行核实,给予确认或者提出修改意见。发包人确认竣工结算报告后通知经办银行向承包人支付竣工结算价款。承包人收到竣工结算价款后14天内将竣工工程交付发包人。

发包人收到竣工结算报告及结算资料后28天内无正当理由不支付工程竣工结算价款,从第29天起按承包人同期银行贷款利率支付拖欠工程价款的利息,并承担违约责任。

发包人收到竣工结算报告及结算资料后28天内无正当理由不支付工程竣工结算价款,承包人可以催告发包人支付结算价款。发包人在收到竣工结算报告及结算资料后56天内仍不支付的,承包人可以与发包人协议将该工程折价,也可以由承包人申请法院将该工程依法拍卖,承包人就工程折价或者拍卖的价款优先受偿。

工程竣工验收报告经发包人认可后28天,承包人未能向发包人递交竣工结算报告及完整的结算资料,造成工程竣工结算不能正常进行或工程竣工结算价款不能及时支付,发包人要求交付工程的,承包人应当交付;发包人不要求交付工程的,承包人应承担保管责任。

竣工结算要有严格的审查,一般从以下几个方面入手:

(1)核对合同条款。首先,应核对竣工工程内容是否符合合同条件要求,工程是否竣工验收合格,只有按合同要求完成全部工程并验收合格后才能竣工结算;其次,应按合同规定的结算方法、计价定额、取费标准、主材价格和优惠条款等,对工程竣工结算进行审核,若发现合同有漏洞,应请建设单位与施工单位认真研究,明确结算要求。

(2)检查隐蔽工程验收纪录。所有隐蔽工程均须进行验收,并且由两人以上签证;实行工程监理的项目应经监理工程师签证确认。审核竣工结算时应该对隐蔽工程施工记录和验收签证,手续完整、工程量与竣工图一致方可列入结算。

(3)落实设计变更签证。设计变更应有原设计单位出具设计变更通知单和修改的设计图纸、校审人员签字并加盖公章,经建设单位和监理工程师审查同意、签证;重大设计变更应经原审批部门审批,否则不应列入结算。

(4)按图核实工程数量。竣工结算的工程量应依据竣工图、设计变更单和现场签证等进行核算,并按国家统一规定的计算规划计算工程量。

(5)执行定额单价。结算单价应按合同约定或招标规定的计价定额与计价原则执行。

(6)防止各种计算误差。工程竣工结算子目多、篇幅大,往往有计算误差,应认真核算，防止因计算误差多计或少算。

4）保修金的返还

工程保修金一般为施工合同款的3%～5%，在专用条款中具体规定。发包人在质量保修期后14天内，应将剩余保修金和利息返还承包商。

四、投资控制的偏差分析

（一）投资偏差的概念

在投资控制中，把投资的实际值与计划值的差异叫做投资偏差，即：

$$投资偏差=已完工程实际投资-已完工程计划投资$$

结果为正，表示投资超支；结果为负，表示投资节约。

$$进度偏差=已完工程实际时间-已完工程计划时间$$

为了与投资偏差联系起来，进度偏差也可表示为：

$$进度偏差=拟完工程计划投资-已完工程计划投资$$

所谓拟完工程计划投资，是指根据进度计划安排在某一确定时间内所应完成的工程内容的计划投资。即：

$$拟完工程计划投资=拟完工程量(计划工程量)\times 计划单价$$

在工程建设中为了对投资进行控制，常运用以下投资偏差的概念。

1.局部偏差和累计偏差

所谓局部偏差，有两层含义：一是对于整个项目而言，指各单项工程、单位工程及分部分项工程的投资偏差；二是对于整个项目已经实施的时间而言，是指每一控制周期所发生的投资偏差。累计偏差是一个动态的概念，其数值总是与具体的时间联系在一起的，第一个累计偏差在数值上等于局部偏差，最终的累计偏差就是整个项目的投资偏差。

局部偏差的引入，可使项目投资管理人员清楚地了解偏差发生的时间、所在的单项工程，这有利于分析其发生的原因。而累计偏差所涉及的工程内容较多、范围较大，且原因也较复杂，因而累计偏差分析必须以局部偏差为基础。从另一方面来看，因为累计偏差分析是建立在对局部偏差进行综合分析的基础上，所以其结果更能显示出代表性和规律性，对投资控制工作在较大范围内具有指导作用。

2. 绝对偏差和相对偏差

绝对偏差是指投资实际值与计划值比较所得到的差额。绝对偏差的结果很直观，有助于投资管理人员了解项目投资出现偏差的绝对数额，并依此采取一定措施，制定或调整投资支付计划和资金筹措计划。但是，绝对偏差有其不容忽视的局限性。如同样是1万元的投资偏差，对于总投资1 000万元的项目和总投资10万元的项目而言，其严重性显然是不同的，因此又引入相对偏差这一参数。

$$相对偏差=\frac{绝对偏差}{投资计划值}=\frac{投资实际值-投资计划值}{投资计划值}$$

与绝对偏差一样，相对偏差可正可负，且二者同号。正值表示投资超支，负值表示投资节约。二者都只涉及投资的计划值和实际值，既不受项目层次的限制，也不受项目实施时间的限制，因而在各种投资比较中均可采用。

3. 偏差程度

偏差程度是指投资实际值对投资计划值的偏离程度,其表达式为:

投资偏差程度 = 投资实际值/投资计划值

偏差程度可参照局部偏差和累计偏差分为局部偏差程度和累计偏差程度。注意累计偏差程度并不等于局部偏差程度的简单相加。以月为一控制周期,则二者公式为:

投资局部偏差程度 = 当月投资实际值/当月投资计划值

投资累计偏差程度 = 累计投资实际值/累计投资计划值

将偏差程度与进度结合起来,引入进度偏差程度的概念,则可得到以下公式:

进度偏差程度 = 已完工程实际时间/已完工程计划时间

或

进度偏差程度 = 拟完工程计划投资/已完工程计划投资

(二)偏差分析的方法

偏差分析可采用不同的方法,常用的有横道图法、表格法和曲线法。

1. 横道图法

用横道图法进行投资偏差分析,是用不同的横道标识已完工程计划投资、已完工程实际投资和拟完工程计划投资,横道的长度与其金额成正比。横道图法具有形象、直观、一目了然等优点,它能够准确表达出投资的绝对偏差,而且能一眼感受到偏差的严重性。但是,这种方法反映的信息量少,一般在项目的较高管理层应用。

2. 表格法

表格法是进行偏差分析最常用的一种方法。它将项目编号、名称、各投资参数以及投资偏差数综合归纳入一张表格中,并且直接在表格中进行比较。由于各偏差参数都在表中列出,投资管理者能够综合地了解并处理这些数据。用表格法进行偏差分析具有如下优点:灵活、适用性强,可根据实际需要设计表格,进行增减项;信息量大,可以反映偏差分析所需的资料,从而有利于投资控制人员及时采取针对性措施,加强控制;表格处理可借助于计算机,从而节约大量数据处理所需的人力,并大大提高速度。

3. 曲线法

曲线法是用投资累计曲线(S 形曲线)来进行投资偏差分析的一种方法,如图 5-4 所示。在用曲线法进行投资偏差分析时,首先要确定投资计划值曲线。投资计划值曲线是与施工进度计划联系在一起的。同时,也应考虑实际进度的影响,引入三条投资参数曲线,即已完工程实际投资曲线 a、已完工程计划投资曲线 b 和拟完工程计划投资曲线 p,如图 5-5 所示。图中曲线 a 与曲线 b 的竖向距离表示投资偏差,曲线 b 与曲线 p 的水平距离表示进度偏差。

图 5-5 反映的偏差为累计偏差。用曲线法进行偏差分析同样具有形象、直观的特点,但这种方法很难直接用于定量分析,只能对定量分析起一定的指导作用。

(三)偏差原因分析

偏差分析的一个重要目的就是要找出引起偏差的原因,从而有可能采取有针对性的措施,减少或避免相同原因引起偏差的再次发生。在进行偏差原因分析时,首先应当将已导致和可能导致偏差的各种原因逐一列举出来。导致不同工程项目产生偏差具有一定共

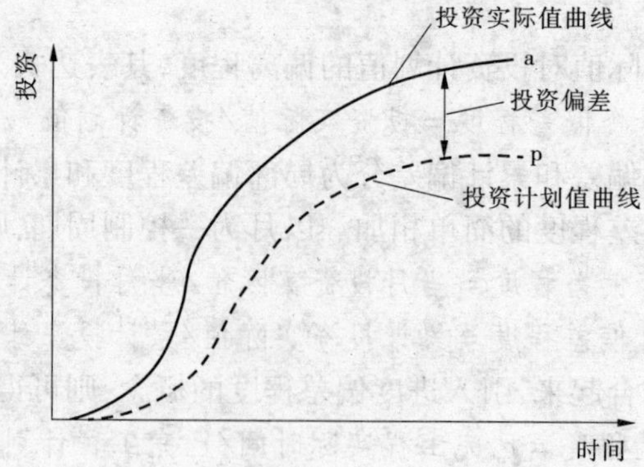

图 5-4　投资计划值与投资实际值曲线

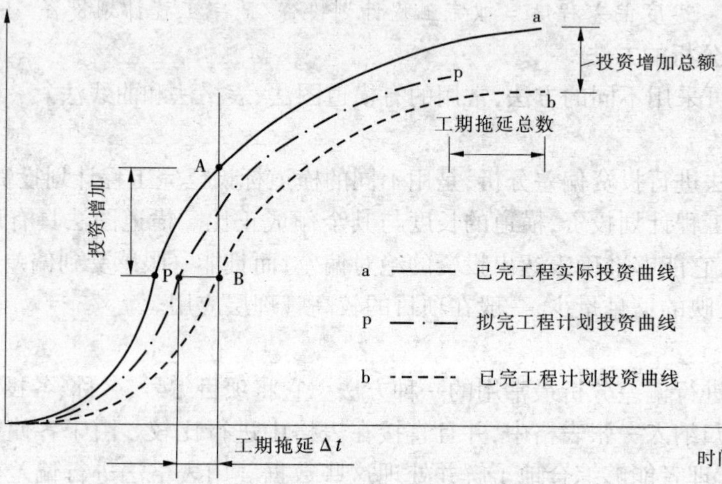

图 5-5　三条投资参数曲线

性，因而可以通过对已建项目的投资偏差原因进行归纳、总结，为该项目采取预防措施提供依据。

产生投资偏差的原因主要包括物价上涨、设计原因、业主原因、施工原因、法律法规变化等。

（四）把好结算审查关

1. 工程量的审查

采用工程量清单计价的工程，结算时应重点审查工程量。结算的工程量应以招标文件和承包合同中的工程量为依据，考虑变更工程量。审查时要熟悉图纸、掌握工程量计算规则，并对整个工程的设计和施工有系统的认识。

2. 单价审查

对于仍用定额计价的工程还必须对定额的套用和取费进行审查。

复习思考题

1. 试解释工程建设投资与工程建设投资控制的概念。

2. 如何进行施工阶段投资控制目标的确定？
3. 建设工程投资目标控制的任务是什么？
4. 施工阶段投资控制的措施有哪些？
5. 投资控制的影响因素有哪些？
6. 设计阶段、施工招标阶段投资控制的主要方法是什么？
7. 施工阶段如何进行投资控制？
8. 施工阶段工程计量的依据是什么？
9. 我国现行工程变更价格确定的方法是什么？
10. 监理工程师如何处理工程中的索赔？
11. 什么叫工程预付款？
12. 如何计算工程进度款？
13. 工程进度款支付的条件是什么？
14. 工程竣工结算的程序是什么？
15. 投资控制偏差的概念是什么？

第六章　工程建设项目的合同管理

第一节　工程勘察设计合同管理

一、签约前对当事人资格和资信的审查

在合同签订前对合同双方当事人的资格和资信进行审查，不仅是为了保证合同有效和受到法律保护，而且是保证合同得到有效实施的必不可少的工作。

（一）资格审查

资格审查主要审查承包人是否按法律规定成立法人组织，有无法人章程和营业执照，承担的勘察、设计任务是否在其证书批准内容的范围内。同时，还要审查签订合同的有关人员是否是法定代表人或法定代表人的委托代理人，以及代理人的活动是否在代理权限范围内。

（二）资信审查

资信审查主要审查建设单位的生产经营状况和银行信用情况等。

（三）履约能力审查

履约能力审查主要审查发包人建设资金的到位情况和支付能力。同时，通过审查承包人的勘察、设计许可证，了解其资质等级、业务范围，以此来确定承包人的专业能力。

二、工程勘察、设计合同订立的形式和程序

工程勘察、设计合同订立的形式和程序如下：

（1）承包人审查工程项目的批准文件。承包人在接受委托勘察或设计任务前，必须对发包人所委托的工程项目的批准文件进行全面审查。这些文件是工程项目实施的前提条件。

（2）发包人提出勘察、设计的要求。主要包括勘察设计的期限、进度、质量等方面的要求。勘察工作有效期限以发包人下达的开工通知书或合同规定的时间为准，如遇特殊情况（设计变更，工作量变化，不可抗力影响以及非勘察人原因造成的停工、窝工等），工期相应顺延。

（3）承包人确定取费标准和进度。承包人根据发包人的勘察、设计要求和发包人提供的工程项目资料，研究并确定收费标准和费用，提出付费方法和进度。

（4）合同双方当事人就合同的各项条款协商并取得一致意见。

三、勘察合同中双方的义务和责任

（一）双方的义务

1. 发包人的义务

发包人应负责提供工程项目的资料或文件、技术要求、期限，以及合同中规定的共同

协作应承担的有关准备工作和其他服务项目。

(1)向承包人提供开展勘察设计所必需的有关基础资料，并对提供的时间与资料的可靠性负责。

(2)在勘察人员进入现场作业时，发包人应负责提供必要的工作条件和生活条件。发包人应及时为勘察人提供勘察现场的工作条件，并解决工作中出现的问题。如落实土地征用、青苗树木赔偿、拆除地上地下障碍物、处理施工扰民及影响施工正常进行的有关问题、平整施工现场、修通道路、接通电源水源、挖好排水沟等，并承担其费用。

(3)发包人应保护勘察人的投标书、勘察方案、报告书、文件、资料图纸、数据、特殊工艺(方法)、专利技术和合理化建议，未经勘察人同意，发包人不得复制、泄露、擅自修改、传送、向第三人转让或用于本合同外的项目。

2. 承包人的义务

(1)勘察单位应按照现行的标准、规范、规程和技术条例，进行工程测量和工程地质、水文地质等方面的勘察工作，并按规定的进度、质量要求提供勘测成果，且对提交的勘察成果负责。

(2)在工程勘察前，提出勘察纲要或勘察组织设计，派人与发包人一起验收发包人提供的资料。

(3)在现场工作的勘察人员，应遵守发包人的安全保卫及其他有关的规章制度，承担其有关的资料保密义务。

在勘察过程中，承包人有权根据技术规范要求及该项目的岩土工程条件，向发包人提出增减工程量或修改勘察的意见，并办理正式变更手续。

(二)双方的责任

1. 发包人的责任

(1)发包人应负责勘察现场的水电供应、道路平整、现场清理等工作，以保证勘察工作顺利进行。

(2)若勘察现场需要看守，特别是在有毒、有害等危险现场作业时，发包人应派人负责安全保卫工作。按国家有关规定，对从事危险作业的现场人员进行保健防护，并承担费用。

(3)工程勘察前，若发包人负责提供材料，应根据勘察人提出的工程用料计划，按时提供各种材料及其产品合格证明，承担费用和运到现场，并与勘察人一起验收。

(4)勘察过程中的任务变更，经办理正式手续后，发包人应按实际发生的工作量支付勘察费。

(5)由于发包人原因造成勘察人停工、窝工，除工期顺延外，发包人应支付停工、窝工费；发包人若要求在合同规定时间内提前完工，发包人应向勘察人支付经双方协商的加班费。

(6)按照国家有关规定和合同的约定支付勘察费用。按规定收取费用的勘察合同生效后，发包人应向承包人支付定金。提交勘察成果资料后，发包人应在合同规定时间内一次性付清全部工程勘察费用。

(7)发包人应承担合同有关条款规定和补充协议中发包人应负的其他责任。

2. 承包人的责任

(1)由于勘察人提供的勘察成果资料质量不合格,勘察人应负责无偿给予补充完善使其达到质量合格;若勘察人无力补充完善,须另委托其他单位,勘察人应承担全部勘察费用;当因勘察质量造成重大经济损失或工程事故时,勘察人除应负法律责任,退回直接受损失部分的勘察费外,并根据损失程度向发包人支付赔偿金。

(2)勘察人承担合同有关条款规定和补充协议中勘察人应负的其他责任。

四、设计合同中双方的义务和责任

(一)双方的义务

1. 发包人的义务

(1)委托初步设计的,在初步设计前,发包人在规定的日期内应向承包人提供经过批准的设计任务书,选择建设地址的报告,原料、燃料、水、电、运输等方面的协议文件和能满足初步设计要求的勘察资料,以及需要经过科研取得的技术资料等。超过规定期限时,设计单位有权重新确定提交设计文件的时间。

(2)委托施工图设计的,在施工图设计前,发包人应在规定日期内提供经过批准的初步设计文件和能满足施工图设计要求的勘察资料、施工条件,以及有关设备的技术资料等。

(3)发包人变更委托设计项目、规模、条件或因提交的资料错误,或所提交资料做较大修改,以致造成设计人设计需返工时,双方除须另行协商签订补充协议(或另订合同)、重新明确有关条款外,发包人应按设计人所耗工作量向设计人增付设计费。

(4)发包人应保护设计人的投标书、设计方案、文件、资料图纸、数据、计算软件和专利技术。未经设计人同意,发包人对设计人交付的设计资料及文件不得擅自修改、复制、向第三人转让或用于本合同外的项目。如发生以上情况,发包人应负法律责任,设计人有权向发包人提出索赔。

2. 承包人的义务

(1)设计单位要根据已批准的设计任务书或之前阶段设计的批准文件,以及有关设计的经济技术文件、设计标准、技术规范、规程、定额等提出勘察技术要求,并进行设计,按合同规定的进度和质量提交设计文件,并对其负责。

(2)初步设计经上级主管部门审查后,在原定任务书范围内的必须修改,由设计单位负责。如果原来设计任务书有重大变更而重做修改设计时,需具有审批机关或设计任务书批准机关的议定书,经双方协商后另订合同。

(3)设计单位应配合所承担设计任务的建设项目施工,施工前进行设计技术交底,解决工程施工过程中有关设计的问题,负责设计变更和修改预算,参加试车考核及工程竣工验收。对大中型工程项目和复杂的民用工程应派现场设计代表,参加隐蔽工程验收。

设计人交付设计文件后,按规定参加有关上级的设计审查,并根据审查结论负责对不超出原定范围的内容做必要的调整补充。设计人按照规定时限交付设计文件一年内项目开始施工,负责向发包人及施工单位进行设计交底、处理有关设计问题和参加竣工验收。在一年内项目尚未开始施工,设计人仍负责上述工作,可按所需工作量向发包人适当收取咨询服务费，收费额由双方商定。

（二）双方的责任

1. 发包人的责任

（1）在未签合同前发包人已同意并确认设计人为发包人所做的各项设计工作，应按收费标准支付相应设计费。

（2）发包人要求设计人比合同规定时间提前交付设计资料及文件时，如果设计人能够做到，发包人应根据设计人提前投入的工作量，向设计人支付赶工费。

（3）在设计人员进入现场指导和配合施工时，发包人应负责提供必要的工作、生活及交通等方便条件。

（4）发包人应向承包人明确设计的范围和深度。

（5）负责及时向有关部门办理各设计阶段设计文件的审批工作。

（6）按照国家有关规定和合同的约定支付设计费用，按规定收取费用的设计合同生效后，发包人向承包人支付定金。设计任务的定金约为预计设计费的20%。设计工作的取费，一般应根据工程种类、建设规模和工程的繁简程度确定。

（7）发包人应承担承包人规定的设计文件中保密条款的保密责任。

2. 承包人的责任

（1）如果建设项目的设计任务由两个以上的设计单位配合设计，如委托其中一个设计单位为总承包，则签订总承包合同，总承包单位对发包人负责。总承包单位和各分包单位签订分包合同，分包单位对总承包单位负责。

（2）发包人或承包人不履行合同造成违约行为，应承担违约责任。

五、发包人（监理工程师）对勘察设计合同的管理

（一）设计阶段监理工作职责范围

设计阶段的监理，一般指由建设项目已经取得立项批准文件以及必需的有关批文后，从编制设计任务书开始，直到完成施工图设计的全过程监理。上述阶段应由委托监理合同确定。

设计阶段监理工作包括如下内容：

（1）根据设计任务书等有关批示和资料编制设计要求文件。采用招标方式委托的项目监理人应编制设计招标文件。

（2）组织设计方案招投标，并参与评选设计方案。

（3）协助选择勘察、设计单位，或提出评标意见及建议中标单位名单。

（4）协助起草勘察、设计合同条款及协议书。

（5）监督勘察、设计合同的履行情况。

（6）审查勘察、设计阶段的方案和勘察设计结果。

（7）向建设单位提出支付合同价款的意见。

（8）审查项目概、预算。

（二）发包人对勘察、设计合同管理的重要依据

（1）建设项目设计阶段委托监理合同。

(2)批准的可行性研究报告及设计任务书。

(3)建设工程勘察、设计合同。

(4)经批准的选址报告及规划部门批文。

(5)工程地质、水文地质资料及地形图。

(6)其他资料。

六、承包人对勘察设计合同的管理

(一)建立专门的合同管理机构

建设工程勘察、设计单位应当设立专门的合同管理机构,对合同实施的各个步骤进行监督、控制,不断完善建设工程勘察、设计合同自身管理机制。

(二)承包人对合同的管理

1. 合同订立时的管理

承包人设立的专门的合同管理机构对建设工程勘察、设计合同的订立全面负责,实施监管、控制。特别是在合同订立前要深入了解发包人的资信、经营作风及订立合同应当具备的相应条件。规范合同双方当事人权利、义务的条款要全面、明确。

2. 合同履行时的管理

合同开始履行,即意味着合同双方当事人的权利、义务开始享有和承担。为保证勘察、设计合同能够正确、全面履行,专门的合同管理机构需要经常检查合同履行情况,发现问题及时协调解决,避免不必要的损失。

3. 建立健全合同管理档案

合同订立的资料,以及合同履行中形成的所有资料,承包人要有专人负责,随时注意收集和保存,及时归档。健全的合同档案是解决合同争议和提出索赔的依据。

4. 抓好合同人员素质培训

参与合同的所有人员,必须具有良好的合同意识,承包人应配合有关部门搞好合同培训等工作,提高合同人员素质,保证实现合同订立要达到的目的。

七、国家有关行政部门对勘察设计合同的管理

建设工程勘察、设计合同的管理除承包人、发包人自身管理外,政府有关部门,如工商行政管理部门、金融机构、公证机关、主管部门等依据职权划分,应当加强对建设工程勘察设计合同的监督管理。

(1)国家有关行政部门的主要职能:①贯彻国家和地方的有关法律、法规和规章;②制定和推荐使用建设工程勘察设计合同文本;③审查和鉴证建设工程勘察设计合同,监督合同履行,调解合同协议,依法查处违法行为;④指导勘察设计单位的合同管理工作,培训勘察设计单位的合同管理人员,总结交流经验,表彰先进的合同管理单位。

(2)签订勘察设计合同的双方,应该将合同文本送所在地省级建设行政主管部门或其授权结构备案,也可以到工商行政管理部门办理合同签证。

(3)在签订、履行合同的过程中,有违反法律、法规,扰乱建设市场秩序行为的,建设行政主管部门和工商行政管理部门要依照各自职责,依法给予行政处罚。构成犯罪的,提

请司法机关追究其刑事责任。

第二节　建设监理合同管理

建设单位与监理单位签订的建设工程委托监理合同,与其在工程建设实施阶段所签订的其他合同的最大区别表现在实施内容的不同。勘察合同、设计合同、施工合同的实施内容是通过实际工作或施工产生新的物质成果或信息成果,而委托监理合同的实施内容是技术服务,即监理工程师凭借自己的知识、经验、技能,受建设单位委托为其所签订的其他合同的履行实施监督和管理的职能。

一、双方的权利

(一)委托人的权利

(1)委托人有选定工程总承包人以及与其订立合同的权利。

(2)委托人有权要求监理人提交监理工作月报及监理业务范围内的专项报告。

(3)委托人有对工程规模、设计标准、规划生产、生产工艺设计和设计使用功能要求的认定权,以及对工程设计变更的审批权。

(4)监理人调换总监理工程师必须事先经委托人同意。

(5)当委托人发现监理人员不按监理合同履行监理职责,或与承包人串通给委托人或工程造成损失的,委托人有权要求监理人更换监理人员,直到终止合同并要求监理人承担相应的赔偿责任或连带赔偿责任。

(二)监理人的权利

监理人在委托人委托的工程范围内,享有以下权利:

(1)选择工程总承包人的建议权。

(2)选择工程分包人的认可权。

(3)审批工程施工组织设计和设计方案,按照保质量、保工期和降低成本的原则,向承包人提出建议,并向委托人提出书面报告。

(4)对工程设计中的技术问题,按照安全和优化的原则,向设计人提出建议。如果拟提出的建议会提高工程造价或延长工期,应当事先征得委托人的同意。当发现工程设计不符合国家颁布的建设工程质量标准或设计约定的质量标准时,监理人应当书面报告委托人并要求设计人更正。

(5)征得委托人同意,监理人发布开工令、停工令、复工令,但应当事先向委托人报告。如在紧急情况下未能事先报告,则应在24小时内向委托人做出书面报告。

(6)主持工程建设有关协作单位的组织协调,重要协调事项应当事先向委托人报告。

(7)工程上使用的材料和施工质量的检验权。对于不符合设计要求和合同约定及国家质量标准的材料、构配件、设备,有权通知承包人停止使用;对不符合规范和质量标准的工序及分部、分项工程和不安全施工作业,有权通知承包人停工整改、返工。承包人得到监理机构复工令后才能复工。

(8)在工程施工合同约定的工程造价范围内,工程款支付的审核和签认权,以及工程结算的确认权和否决权。未经总监理工程师签字确认，委托人不支付工程款。

(9)工程施工进度的检查、监督权，以及工程实际竣工日期提前或超过工程施工合同规定的竣工期限的签认权。

(10)监理人在委托人授权下，可对任何承包人合同规定的义务提出变更。如果由此严重影响了工程费用、质量或进度，则这种变更须经委托人事先批准。在紧急情况下未能事先报委托人批准时，监理人所做的变更也应尽快通知委托人。在监理过程中发现工程承包人的人员工作不力，监理机构可要求承包人调换有关人员。

在委托的工程范围内，委托人或承包人对对方的任何意见和要求，均必须首先向监理机构提出，由监理机构研究处理意见，再同双方协商确定。当委托人和承包人发生争议时，监理机构应根据自己的职能，以独立的身份判断，公正地进行调解。当双方的争议由政府行政主管部门调解或仲裁机构仲裁时，应当提供作证的事实材料。

二、双方的义务

(一)委托人的义务

(1)委托人在监理人开展监理业务之前应向监理人支付预付款。

(2)委托人应当在专用条款约定的时间内就监理人书面提交并要求做出决定的一切事宜做出书面决定。

(3)委托人应当将授予监理人的监理权利，以及监理人主要成员的职能分工、监理权限及时书面通知已选定的承包人，并在与第三人签订的合同中予以明确。

(4)委托人应当负责工程建设的所有外部关系的协调，为监理工作提供外部条件。根据需要，如将部分或全部协调工作委托监理人承担，则应在专用条款中明确委托的工作和相应的报酬。

(5)委托人应当授权一名熟悉工程情况、能在规定时间内做出决定的常驻代表，负责与监理人联系。更换常驻代表，要提前通知监理人。

(6)委托人应当在双方约定的时间内免费向监理人提供与工程有关的、为监理工作所需要的工程资料。

(7)委托人应免费向监理人提供办公用房、通信设施、监理人员工地住房及合同专用条件约定的设施，对监理人自备的设施给予合理的经济补偿。

(8)委托人应在不影响监理人开展监理工作的时间内提供如下资料：与本工程合作的原材料、构配件、设备等生产厂家名录；与本工程有关的协作单位、配合单位的名录。

(9)根据情况需要，如果双方约定由委托人免费向监理人提供其他人员，应在监理合同专用条件中予以明确。

(二)监理人的义务

(1)监理人按合同约定派出监理工作需要的监理机构及监理人员，向委托人报送委派的总监理工程师及其监理机构主要成员名单、监理规划，完成监理合同专用条件中约定的监理工作范围内的监理业务。在履行合同义务期间，应按合同约定定期向委托人报告监理工作。

(2)监理人在履行合同的义务期间，应认真、勤奋地工作，为委托人提供与其水平相适应的咨询意见，公正地维护各方的合法权益。

(3)监理人使用委托人提供的设施和物品属委托人的财产，在监理工作完成或中止时，应将其设施和剩余的物品按合同约定时间和方式移交给委托人。

(4)在合同期内或合同终止后，未征得有关方同意，不得泄露与本工程、本合同业务有关的保密资料。

三、双方的责任

(一)委托人的责任

(1)委托人应履行合同约定的义务，如有违反，则应承担违约责任，赔偿监理人造成的经济损失。

(2)监理人处理委托业务时，因非监理人原因而受到损失的，可以向委托人要求补偿。

(3)委托人向监理人提出赔偿的要求不能成立时，委托人应当补偿由该索赔所引起的监理人的各种费用支出。

(二)监理人的责任

(1)监理人的责任期即委托监理合同有效期。在监理过程中，如果因工程建设进度的推迟或延误而超过书面约定的日期，双方应进一步约定相应延长的合同期。

(2)监理人在责任期内，应当履行约定的义务。如果因监理人过失而造成委托人经济损失的，应当向委托人赔偿。累积赔偿总额不应超过监理报酬总额。

(3)监理人对承包人违反合同规定的质量要求和完工时限，不承担责任。因不可抗力导致委托监理合同不能全部或部分履行，监理人不承担责任。但因监理人未尽其自身的义务而引起委托人的损失，应向委托人承担赔偿责任。

(4)监理人向委托人提出赔偿要求不能成立时，监理人应当补偿由于该索赔所导致的委托人的各种费用支出。

四、监理单位对委托监理合同的履行

监理合同一经生效，监理单位就要按合同规定，行使权利，履行应尽义务。

(一)确定项目总监理工程师，成立项目监理组织

对每一个承揽到的监理项目，监理单位都应根据工程项目规模、性质，业主对监理的要求，委派称职的人员担任项目的总监理工程师，代表监理单位全面负责该项目的监理工作，总监理工程师对内向监理单位负责，对外向业主负责。

在总监理工程师的具体领导下，组建项目的监理班子，并根据签订的监理委托合同，制定监理规划和具体的实施计划，开展监理工作。

一般情况下，监理单位在参与项目监理投标、拟订监理方案(大纲)以及与业主商签委托监理合同时，即应选派称职的人员主持该项工作。在监理任务确定并签订委托监理合同后，该主持人可作为项目总监理工程师，这样，项目总监理工程师在承接任务阶段就早期介入，从而更能了解业主的建设意图和对监理工作的要求，并能更好地与后续工作相衔接。

(二)进一步熟悉情况,收集有关资料,为开展建设监理工作做准备

(1)收集反映工程所在地区技术经济状况及建设条件的资料,如气象资料,工程地质及水文地质资料,交通运输有关的可提供的能力、时间及价格等资料,供水、供电、供燃气、电信有关的可提供的容(用)量、价格等资料,勘测设计、土建施工、设备安装单位状况,建筑材料及构件、半成品的生产、供应情况等。

(2)收集反映工程项目特征的有关资料,如工程项目的批文,规划部门关于规划范围和设计条件的通知,土地管理部门关于准予用地的批文,批准的工程项目可行性研究报告或设计任务书,工程项目地形图,工程项目勘测、设计图纸及有关说明等。

(3)收集反映当地工程建设报建程序的有关规定,当地关于拆迁工作的有关规定,当地关于工程项目建设应缴纳有关税、费的规定,当地关于工程项目建设管理机构资质管理的有关规定,当地关于工程项目建设实行建设监理的有关规定,当地关于工程项目建设招标投标的有关规定,当地关于工程造价管理的有关规定等。

(4)收集类似工程项目建设的有关资料,如类似工程项目投资方面的有关资料,类似工程项目建设工期方面的有关资料,类似工程项目其他技术经济指标等。

(三)制定工程项目监理规划

工程项目的监理规划,是开展项目监理活动的纲领性文件,它是根据业主委托监理的要求,在已有监理项目有关资料的基础上,结合监理的具体条件编制的开展监理工作的指导性文件。工程项目监理规划应由项目总监理工程师主持编写。

(四)制定各专业监理工作计划或实施细则

在监理规划的指导下,为具体指导投资控制、质量控制、进度控制的进行,还需要结合工程项目实际情况,制定相应的实施性计划或细则。

(五)根据制定的监理工作计划和运行制度,规范化地开展监理工作

(1)监理工作的规范化要求工作应有顺序性,即监理的各项工作都是按一定逻辑顺序开展的,从而使监理工作能有效地达到目标而不致造成工作状态的无序和混乱。

(2)监理工作的规范化要求建设监理工作职责要明确。监理工作是由不同专业、不同层次的专家群体共同完成的,他们之间有明确的职责分工,是协调监理工作的前提和实现监理目标的重要保证。

(3)监理工作的规范化要求监理工作应有明确的工作目标。在职责分工的基础上,每一项监理工作应达到的具体目标都应是确定的,完成的时间也应有时限规定,从而能通过报表资料对监理工作及其效果进行检查和考核。

(六)监理工作总结

监理工作总结应包括以下三部分内容:

(1)向业主提交监理工作总结。其内容包括委托监理合同履行情况概述,监理任务或监理目标完成情况评价,由业主提供的供监理活动使用的办公用房、车辆、试验设备等清单,表明监理工作终结的说明等。

(2)向监理单位提交的监理总结。其内容包括监理工作的经验,采用监理技术、方法的经验,采用某种经济措施、组织措施的经验,签订委托监理合同方面的经验,处理好业主、承包单位关系的经验等。

(3)监理工作中存在的问题及改进的建议,以指导今后的监理工作,并向政府有关部门提出政策建议,不断提高我国工程建设监理水平。

此外,在全部监理工作完成后,监理单位应注意做好监理合同的归档工作。主要包括两方面内容:一是向业主移交档案;二是监理单位内部归档。监理合同归档资料应包括监理合同、监理大纲、监理规划、在监理工作中的程序性文件等。

第三节 建设工程施工合同管理

建设工程施工合同是工程建设合同的主要合同,是工程建设质量控制、进度控制、投资控制的主要依据。通过合同关系,可以确定建设市场主体之间的相互权利义务关系,这对规范建筑市场有重要作用。1999 年 3 月 15 日通过、1999 年 10 月 1 日开始实施的《中华人民共和国合同法》对建设工程合同做了专章规定。《中华人民共和国建筑法》、《中华人民共和国招标投标法》也有许多涉及建设工程施工合同的规定。这些法律是我国建设工程施工合同管理的依据。

施工合同的当事人是发包人和承包人,双方是平等的民事主体。承发包双方签订施工合同,必须具备相应的资质条件和履行施工合同的能力。对合同范围内的工程实施建设时,发包人必须具备组织协调能力,承包人必须具备有关部门核定的资质等级并持有营业执照等证明文件。

建设工程施工合同管理中,双方的权利、义务与 FIDIC 条款中的有关规定大致相似,这里不再叙述,下面介绍工程施工合同中的工程延期管理、工程变更管理、工程违约管理等内容。

一、工程延期管理

(一)延期开工

(1)承包人应当按照协议书约定的开工日期开工。承包人不能按时开工,应当不迟于协议书约定的开工日期前 7 天,以书面形式向工程师提出延期开工的理由和要求。工程师应当在接到延期开工申请后的 48 小时内以书面形式答复承包人。工程师在接到延期开工申请后 48 小时内不答复的,视为同意承包人的要求,工期相应顺延。工程师如果不同意延期开工要求,或承包人未在规定的时间内提出延期开工要求,工期不予顺延。

(2)因发包人原因不能按照协议书约定的开工日期开工,工程师应以书面形式通知承包人,推迟开工日期。同时发包人应赔偿承包人因延期开工造成的损失,并相应顺延工期。

(二)工期延误

1. 工期可以顺延的情况

因以下原因造成的工期延误,经工程师确认,工期相应顺延:①发包人未能按专用条款的约定提供图纸及开工条件;②发包人未能按约定日期支付工程预付款、进度款,致使施工不能正常进行;③工程师未按合同约定提供所需指令、批准等,致使施工不能正常进行;④设计变更和工程量增加;⑤一周内非承包人原因停水、停电、停气造成停工累计超过 8 小时;⑥不可抗力;⑦专用条款中约定或工程师同意工期顺延的其他情况。

2. 办理工期顺延的程序

承包人在上述情况发生后14天内,就延误的工期以书面形式向工程师提出报告。工程师在收到报告后14天内予以确认,逾期不予确认也不提出修改意见,视为同意顺延工期。

二、工程变更管理

(一)工程设计变更

1. 发包人对原设计进行变更

施工中发包人需对原设计进行变更,应提前14天以书面形式向承包人发出变更通知。变更超过原设计标准或批准的建设规模时,发包人应报规划管理部门和其他有关部门重新审查批准,并由原设计单位提供变更的相应图纸和说明。合同履行中发包人要求变更工程质量标准及发生其他实质性变更,由双方协商解决。

2. 承包人要求对原设计进行变更

施工中承包人不得对原工程设计进行变更。因承包人擅自变更设计发生的费用及对材料、设备的换用,须经工程师同意。未经工程师同意擅自更改或换用时,承包人承担由此发生的费用,并赔偿发包人的有关损失,延误的工期不予顺延。

工程师同意采用承包人合理化建议,所发生的费用和获得的收益,发包人和承包人另行约定分担或分享。

3. 设计变更事项

能够构成设计变更的事项包括:①更改工程有关部分的标高、基线、位置和尺寸;②增减合同中约定的工程量;③改变有关工程的施工时间和顺序;④其他有关工程变更需要的附加工作。

由于发包人对原设计进行变更,以及经工程师同意的承包人要求进行的设计变更,导致合同价款的增减及造成的承包人损失,由发包人承担,延误的工期相应顺延。

(二)确定变更价款

1. 确定变更价款的方法

承包人在工程变更确定后14天内,提出变更工程价款的报告,经工程师确认后调整合同价款。变更合同价款按以下方法进行:①合同中已有适用于变更工程的价格,按合同已有的价格变更合同价款;②合同中只有类似于变更工程的价格,可以参照类似价格变更合同价款;③合同中没有适用或类似于变更工程的价格,由承包人提出适当的变更价格,经工程师确认后执行。

2. 确定变更价款的程序及注意问题

(1)承包人在双方确定变更后14天内不向工程师提交变更工程价款报告时,视为该项变更不涉及合同价款的变更。

(2)工程师应在收到变更工程价款报告之日起14天内予以确认,工程师无正当理由不确认时,自变更工程价款报告送达之日起14天后视变更工程价款报告已被确认。

(3)工程师不同意承包人提出的变更价款,按合同规定的有关争议的约定处理。

(4)工程师确认增加的工程变更价款作为追加合同价款,与工程款同期支付。因承包人自身原因导致的工程变更，承包人无权要求追加合同价款。

三、工程违约管理

(一)发包人的违约行为

发包人应当完成合同中约定的义务。如果发包人不履行合同义务或不按合同约定履行义务，则应承担相应的民事责任。发包人的违约行为包括：①发包人不按时支付工程预付款；②发包人不按合同约定支付工程进度款；③发包人无正当理由不支付工程竣工结算价款；④发包人其他不履行合同义务或者不按合同约定履行义务的情况。

同时，合同约定应当由监理工程师完成的工作，监理工程师没有完成或者没有按照约定完成，给承包人造成损失的，也应当由发包人承担违约责任。发包人承担违约责任后，可根据委托监理合同或者监理的管理制度追究监理工程师的相应责任。

(二)发包人承担违约责任的方式

发包人承担违约责任的方式有以下几种：

(1)赔偿损失。赔偿损失是发包人承担违约责任的主要方式，其目的是补偿因违约给承包人造成的经济损失。承包人、发包人双方应当在合同专用条款内约定发包人赔偿承包人损失的计算方法。损失赔偿额应相当于因违约所造成的损失，包括合同履行后可以获得的利益，但不得超过发包人在订立合同时预见或者应当预见到的违约可能造成的损失。

(2)支付违约金。支付违约金的目的是补偿承包人的损失，双方可在专用条款中约定违约金的数额或计算方法，并随当月工程款予以支付。

(3)顺延工期。对于因为发包人违约而延误的工期，应当相应顺延。

(4)继续履行。承包人要求继续履行合同的，发包人应当在承担上述违约责任后继续履行合同。

(三)承包人的违约行为

承包人的违约行为主要包括以下几个方面：

(1)因承包人原因工程质量达不到协议书约定的质量标准。

(2)因承包人原因不能按照协议书约定的竣工日期或者工程师同意顺延后的工期竣工。

(3)其他承包人不履行合同义务或不按约定履行义务的情况。

(四)承包人承担违约责任的方式

(1)赔偿损失。承包人、发包人双方应当在合同专用条款内约定承包人赔偿发包人损失的计算方法。损失赔偿额应相当于违约所造成的损失，包括合同履行后发包人可以获得的利益，但不得超过承包人在订立合同时预见或者应当预见到的违约可能造成的损失。

(2)支付违约金。承包人、发包双方可以在专用条款内约定承包人应当支付违约金的数额或计算方法，并随当月工程款予以支付。

(3)采取补救措施。对于施工质量不符合要求的违约，发包人有权要求承包人采取返工、修理、更换等补救措施。

(4)继续履行。如果发包人要求继续履行合同的，承包人应当在承担上述违约责任后继续履行施工合同。

(五)担保方承担责任

在施工合同中，一方违约后，另一方可按双方约定的担保条款，要求提供担保的第三方承担相应责任。

四、工程索赔管理

(一)索赔要求

向对方提出索赔时，要有正当的索赔理由，且有索赔事件发生的有效证据。

(二)承包人的索赔

发包人未能按合同约定履行自己的各项义务或发生错误，以及应由发包人承担责任的其他情况，造成工期延误或承包人不能及时得到合同价款、承包人的其他经济损失，承包人可按下列程序以书面形式向发包人索赔：索赔事件发生后28天内，向工程师发出索赔意向通知；发出索赔意向通知后28天内，向工程师提出延长工期和补偿经济损失的报告及有关资料；工程师在收到承包人送交的索赔报告和有关资料后，于28天内未予答复或未对承包人做进一步要求，视为该项索赔已经认可；当该索赔事件持续进行时，承包人应当向工程师发出阶段性索赔意向，在索赔事件终了后28天内，向工程师送交索赔的有关资料和最终索赔报告。索赔答复程序与上述一次性事件答复程序规定相同。

(三)发包人的索赔

承包人未能按合同约定履行自己的各项义务或发生错误，给发包人造成经济损失的，发包人可参考上述承包人索赔规定的时限向承包人提出索赔。

五、争议

(一)争议解决的方法

合同当事人在履行施工合同时发生争议，可以和解或者要求合同管理及其他有关主管部门调解。和解或调解不成的，双方可以在专用条款内约定采用以下一种方式解决争议：①双方达成仲裁协议，向约定的仲裁委员会申请仲裁；②向有管辖权的人民法院起诉。

如果当事人选择仲裁，应当在专用条款中明确请求仲裁的意思表示、仲裁事项和选定的仲裁委员会。当事人选择仲裁的，仲裁机构做出的裁决是终局的，具有法律效力，当事人必须执行。如果一方不执行，另一方可向有管辖权的人民法院申请强制执行。

如果当事人选择诉讼，则施工合同的纠纷一般应当由工程所在地的人民法院管辖，当事人只能向有管辖权的人民法院起诉作为解决争议的最终方式。

(二)争议发生后允许停止履行合同的情况

发生争议后，在一般情况下，双方都应继续履行合同保持施工连续，保护好已完工程。只有出现下列情况时，当事人可停止履行合同：①单方违约导致合同确已无法履行，双方协议停止施工；②调解要求停止施工，且为双方接受；③仲裁机关要求停止施工；④法院要求停止施工。

六、工程分包管理

承包人按专用条款约定分包所承担的部分工程，并与分包单位签订分包合同。未经发包人同意，承包人不得将所承包工程的任何部分分包。

承包人不得将其承包的全部工程转包给他人，也不得将其承包的全部工程肢解以后以分包的名义分别转包给他人。下列行为均属于转包：

(1)承包人将承包的工程全部包给其他施工单位，从中提取回扣。

(2)承包人将工程的主要部分或群体工程中半数以上的单位工程分包给其他施工单位。

(3)分包单位将承包的工程再次分包给其他施工单位。

工程分包不能解除承包人的任何责任与义务。承包人应在分包场地派驻相应的管理人员，保证本合同的履行。分包单位的任何违约行为或疏忽导致工程损害或给发包人造成其他损失的，承包人承担连带责任。

分包工程价款由承包人与分包单位结算。发包人未经承包人同意，不得以任何形式向分包单位支付任何工程款项。

七、工程保险

工程保险是指业主或承包商向专门的保险机构(保险公司)缴纳一定的保险费，由专门的保险机构建立保险基金，一旦发生所投保的风险事故造成财产损失或人身伤亡，即由保险公司用保险基金予以补偿的一种制度。保险的实质是一种风险转移，即业主和承包商通过投保，将原应承担的风险责任转移给保险公司承担。大型工程一般规模较大、工期较长、涉及面广、潜伏的风险因素多。因此，着眼于可能发生的不利情况和意外不测，业主和承包商参加工程保险，付出少量的保险费，就可换得遭受重大损失时得到补偿的保障，从而增强抵御风险的能力。

工程保险可分为两大类，凡合同规定必须投保的险种，称为合同规定的保险或强制性保险，其他的保险均称为非合同规定的保险或选择性保险。建设工程施工合同对保险事项规定如下：

(1)工程开工前，发包人为建设工程和施工场地内的自有人员及第三方人员生命财产办理保险，支付保险费用。

(2)运至施工场地内用于工程的材料和待安装设备，由发包人办理保险，并支付保险费用。

(3)发包人可以将有关保险事项委托承包人办理，费用由发包人支付。

(4)承包人必须为从事危险作业的职工办理意外伤害保险，并为施工场地内自有人员生命财产和施工机械设备办理保险，支付保险费用。

(5)保险事件发生时，发包人和承包人有责任尽力采取必要的措施，防止或者减少损失。

具体投保内容和相应责任，发包人和承包人在专用条款中约定。

复习思考题

1. 简述勘察合同中发包人和承包人的权利、义务和责任。
2. 简述设计合同中发包人和承包人的权利、义务和责任。
3. 简述监理合同中发包人和承包人的权利、义务和责任。
4. 什么情况下,工期可以顺延而承包人不承担责任?
5. 简述确定工程变更价款的程序及注意事项。
6. 简述发包人和承包人违约情况及如何承担责任。
7. 简述索赔的程序。
8. 简述合同执行中争议的解决方法。
9. 简述合同的分包管理。
10. 建设工程施工合同中对工程保险有何规定?

第七章　工程建设项目的安全管理

第一节　安全管理概述

一、建设工程安全控制工作的重要性

建设工程安全控制工作的重要性不言而喻，一旦发主安全事故，就会直接导致单位以及个人的利益受损，严重的还会面对法律的制裁。但在安全控制工作的实施中，可能很多人会有一个误区，那就是把建设工程安全控制工作当成一个孤立的工作，认为安全控制工作就是安全控制工作，把它放在其他工作的一个附带面，而事实上建设工程安全控制工作不是一项孤立的工作，它与质量、进度、投资控制的各个环节是相辅相成的。

首先，安全控制是质量控制的基础。一项工程的施工质量越好，其产生的安全效应就越高。同样，只有在良好的安全措施保证之下，施工人员才能较好地发挥技术水平。举例来讲，要求承包方在现浇楼面混凝土浇筑前提供楼板支撑方案进行监理预控。在验收时检查模板的尺寸、大小、拼缝是否严密等属于质量预控，而对支撑系统、立柱稳定等的检查又是《建筑施工安全检查标准》(JGJS 59—99)中的保证内容。可以说质量是“本”，安全是“标”，两者密不可分。只有标本兼治，才能使工程项目达到设计标准要求。

其次，安全控制是进度控制的前提。工期过紧是埋下安全隐患的原因之一。由于建设项目的最大特点是工期较长，业主总是希望其投入资金能尽快产生效益，对工期提出不合理的要求。由于目前建筑市场为买方市场，承包方为承揽到工程，只能答应其不合理要求。长时间的加班加点，造成的结果往往是人员和设备的疲劳及施工安全条件无法保证，安全事故也多发生在工作日上、下班及加班时间内。

二、建设工程施工安全监理责任

2003 年 11 月 24 日，国务院颁布了《建设工程安全生产管理条例》，并于 2004 年 2 月 1 日起实行，正式提出了监理单位在工程建设中应承担的安全监理责任以及相关法则。明确了监理单位对建设工程安全生产承担三大职责：审核查验职责、安全检查职责和督促整改职责。建设工程安全监理是建设工程监理的重要组成部分，也是建设工程安全生产管理的重要保障。建设工程安全监理的实施是提高施工现场管理水平的有效方法，也是建设管理体制改革中加强安全管理、控制重大伤亡事故的一种有效手段。

第二节 安全管理工作内容

一、安全监理的具体工作

安全监理的具体工作如下:

(1)严格执行《建筑工程安全生产管理条例》,贯彻执行国家现行的安全生产的法律、法规,建设行政主管部门的安全生产的规章制度和建设工程强制性标准。

(2)督促施工单位落实安全生产的组织保证体系,建立健全安全生产责任制。

(3)督促施工单位对工人进行安全生产教育及分部、分项工程的安全技术交底。

(4)审核施工方案及安全技术措施。

(5)检查并督促施工单位按照建筑施工安全技术标准和规范要求,落实分部、分项工程或各工序的安全防护措施。

(6)监督检查施工现场的消防、冬季防寒、夏季防暑、文明施工、卫生防疫等各项工作。

(7)进行质量安全综合检查。发现违章冒险作业的要责令其停止作业,发现安全隐患的应要求施工单位整改,情况严重的,应责令停工整改并及时报告建设单位。

(8)施工单位拒不整改或者不停止施工的,监理人员应及时向建设行政主管部门报告。

二、施工阶段安全监理的程序

(1)审查施工单位的有关安全生产的文件:

①营业执照。

②施工许可证。

③安全资质证书。

④建筑施工安全监督书。

⑤安全生产管理机构的设置及安全专业人员的配备等。

⑥安全生产责任制及管理体系。

⑦安全生产规章制度。

⑧特种作业人员的上岗证及管理情况。

⑨各工种的安全生产操作规程。

⑩主要施工机械、设备的技术性能及安全条件。

(2)审核施工单位的安全资质和证明文件(总承包单位要统一管理分包单位的安全生产工作)。

(3)审查施工单位的施工组织设计中的安全技术措施或者专项施工方案:

①审核施工组织设计中安全技术措施的编写、审批:

- 安全技术措施应由施工企业工程技术人员编写;
- 安全技术措施应由施工企业技术、质量、安全、工会、设备等有关部门进行联合会审；

• 安全技术措施应由具有法人资格的施工企业技术负责人批准；

• 安全技术措施应由施工企业报建设单位审批认可；

• 安全技术措施变更或修改时，应按原程序由原编制、审批人员批准。

②审核施工组织设计中安全技术措施或专项施工方案是否符合工程建设强制性标准：

• 土方工程：地上障碍物的防护措施是否齐全完整；地下隐蔽物的保护措施是否齐全完整；相邻建筑物的保护措施是否齐全完整；场区的排水防洪措施是否齐全完整；土方开挖时的施工组织及施工机械的安全生产措施是否齐全完整；基坑边坡的稳定支护措施和计算书是否齐全完整；基坑四周的安全防护措施是否齐全完整。

• 脚手架：脚手架设计方案（图）是否齐全完整可行；脚手架设计验算书是否正确齐全完整；脚手架施工方案及验收方案是否齐全完整；脚手架使用安全措施是否齐全完整；脚手架拆除方案是否齐全完整。

• 模板施工：模板结构设计计算书的荷载取值是否符合工程实际，计算方法是否正确；模板设计应包括支撑系统自身及支撑模板的楼、地面承受能力的强度等；模板设计图包括结构构件大样及支撑系统体系、连接件等的设计是否安全合理，图纸是否齐全；模板设计中安全措施是否周全。

• 高处作业：临边作业的防护措施是否齐全完整；洞口作业的防护措施是否齐全完整；悬空作业的安全防护措施是否齐全完整。

• 交叉作业：交叉作业时的安全防护措施是否齐全完整；安全防护棚的设置是否满足安全要求；安全防护棚的搭设方案是否齐全完整。

• 塔式起重机：地基与基础工程施工是否能满足使用安全和设计需要；起重机拆装的安全措施是否齐全完整；起重机使用过程中的检查维修方案是否齐全完整；起重机驾驶员的安全教育计划和班前检查制度是否齐全；起重机的安全使用制度是否健全。

• 临时用电：电源的进线、总配电箱的装设位置和线路走向是否合理；负荷计算是否正确完整；选择的导线截面和电气设备的类型规格是否正确；电气平面图、接线系统图是否正确完整；施工用电是否采用 TN-S 接零保护系统；是否实行“一机一闸”制，是否满足分级分段漏电保护；照明用电措施是否满足安全要求。

• 安全文明管理：检查现场挂牌制度、封闭管理制度、现场围挡措施、总平面布置、现场宿舍、生活设施、保健急救、垃圾污水、防火、宣传等安全文明施工措施是否符合安全文明施工的要求。

(4) 审核安全管理体系和安全专业管理人员资格。

(5) 审核新工艺、新技术、新材料、新结构的使用安全技术方案及安全措施。

(6) 审核安全设施和施工机械、设备的安全控制措施；施工单位应提供安全设施的产地、厂址以及出厂合格证书。

(7) 严格依照法律、法规和工程建设强制性标准实施监理。

(8) 现场监督与检查，发现安全事故隐患时及时下达监理通知，要求施工单位整改或暂停施工：

①日常现场跟踪监理,根据工程进展情况,监理人员对各工序安全情况进行跟踪监督、现场检查、验证施工人员是否按照安全技术防范措施和操作规程操作施工,发现安全隐患,及时下达监理通知,责令施工企业整改。

②对主要结构、关键部位的安全状况,除日常跟踪检查外,视施工情况,必要时可做抽检和检测工作。

③每日将安全检查情况记录在《监理日记》中。

④及时与建设行政主管部门进行沟通,汇报施工现场安全情况,必要时,以书面形式汇报,并做好汇报记录。

(9)施工单位拒不整改或者不停止施工,及时向建设单位和建设行政主管部门报告。

第三节　安全管理工作方法

一、施工安全危险源的分析和预控

建筑施工业是一个事故多发的行业,在《中华人民共和国安全生产法》中,将建筑、矿山、化学危险品列为“三大高危”行业。

在整个生产安全事故统计中,建筑施工业占有相当高的比例,主要因为建设工程具有以下特点:作业环境的局限性、作业条件的恶劣性、施工作业的高空性、安全管理的难度性、个体劳动保护的艰巨性、安全技术措施和安全管理措施的保证性、多工种立体交叉性、拆除作业的不安全性、装修材料的有毒性等。施工安全生产的上述特点,决定了施工生产的不安全隐患多存在于高空作业、交叉作业、垂直运输、个体劳动保护以及使用电气工具上,伤亡事故也多发生在高处坠落、物体打击、机械伤害、起重伤害、触电、坍塌及拆除工程坍塌等方面。

针对上述施工安全生产的特点,监理人员应做好施工安全危险源的分析和预控。危险源既存在于施工活动场所,也存在于施工场所周围区域。其形成原因包括施工前期的勘察设计不符合的结果和施工过程的各种不符合的活动、物质条件(人、物、环境)。分析施工现场危险源的方法有以下几种:

(1)现场调查。通过询问交谈、现场观察、查阅有关记录来获取外部信息,并加以分析研究,可识别有关的危险源。

(2)工作任务分析。通过分析施工现场人员工作任务中所涉及的危害,可识别有关的危险源。

(3)安全检查表。运用编制好的安全检查表,对施工现场和工作人员进行系统的安全检查,可识别出存在的危险源。

(4)危险与操作性研究。它是一种对工艺过程中的危险源实行严格审查和控制的技术,通过指导语句和标准格式寻找工艺偏差,以识别系统存在的危险源,并确定控制危险源的对策。

(5)事件树分析。即时序逻辑分析判断方法,它是一种从初始原因事件开始,分析各环节事件正常或不正常的发展变化过程,并预测各种可能结果的方法。应用这种方法,通过对系统各环节事件的分析，可识别出系统的危险源。

(6)故障树分析。是根据系统可能发生的或已经发生的事故结果，去寻找与事故发生有关的原因、条件和规律。通过这样一个过程分析，可识别出系统中导致事故的有关危险源。

上述几种危险源识别方法都有各自的特点，也有各自的适用范围和局限性。所以，在识别危险源的过程中，往往使用一种方法还不足以全面地分析到其所存在的危险源，必须综合运用两种和两种以上的方法。

根据国务院《建设工程安全生产管理条例》相关规定和参照《重大危险源辨识》(GB 18218—2000)的有关原理，进行施工安全重大危险源的辨识，是加强施工安全生产管理，预防重大事故发生的基础性的、迫在眉睫的工作。而这方面的工作在一些工程建设管理中尚未引起人们足够的重视。笔者认为对建设施工有关重大危险源进行辨识分析，应考虑从工程组成、工序、施工设施、施工机械和物质及其影响范围来进行。建设施工安全重大危险源初步可分为施工场所重大危险源、施工场所及周围地段重大危险源两类，其意外危害发生后，可造成人员死亡或重伤或重大物质损失。

存在于施工场所的可能造成危害的活动，主要与施工分部、分项(工序)工程，施工装置(设施、机械)及物质有关。

(1)脚手架(包括落地架、悬挑架、爬架等)、模板和支撑、起重塔吊、物料提升机、施工电梯安装与运行，人工挖孔桩(井)、基坑(槽)施工，局部结构工程或临时建筑(工棚、围墙等)失稳，造成坍塌、倒塌意外。

(2)高度大于 2 m 的作业面(包括高空、洞口、临边作业)，因安全防护设施不符合或无防护设施、人员未配系防护绳(带)等造成人员踏空、滑倒、失稳等意外。

(3)焊接、金属切割、冲击钻孔(凿岩)等施工及各种施工电器设备的安全保护(如漏电、绝缘、接地保护、一机一闸)不符合，造成人员触电、局部火灾等意外。

(4)工程材料、构件及设备的堆放与搬(吊)运等发生高空坠落、堆放散落、撞击人员等意外。

(5)工程拆除、人工挖孔(井)、浅岩基及隧道凿进等爆破，因误操作、防护不足等，发生人员伤亡、建筑及设施损坏等意外。

(6)人工挖孔桩(井)、隧道凿进、室内涂料(油漆)及粘贴等因通风排气不畅造成人员窒息或气体中毒意外。

(7)施工用易燃易爆化学物品临时存放或使用不符合、防护不到位，造成火灾或人员中毒意外；工地饮食卫生不符合，造成集体中毒或疾病。

存在于施工场所及周围地段可能危害周围社区的活动，主要与工程项目所在地区地址、工程类型、工序、施工装置及物质有关。

(1)邻街或居民聚集、居住区的工程深基坑、隧道、地铁、竖井、大型管沟的施工，因为支护、顶撑等设施失稳，坍塌，不但造成施工场所破坏，往往引起地面、周边建筑的坍塌、坍陷、爆炸与火灾等意外。

(2)基坑开挖、人工挖孔桩等施工降水，造成周围建筑物因地基不均匀沉降而倾斜、开裂、倒塌等意外。

(3)邻街施工高层建筑或高度大于 2 m 的临空(街)作业面，因无安全防护设施或不符合，造成外脚手架、滑模失稳等坠落物体(件)打击人员等意外。

(4)工程拆除、人工挖孔(井)、浅岩基及隧道凿进等爆破，因设计方案、误操作、防护不足等造成发生施工场所及周围已有建筑及设施损坏、人员伤亡等意外。

分析识别了工程项目的危险源后，即可对危险源进行安全风险评价，评价围绕可能性和后果两个方面综合进行，一般通过定量和定性相结合的方法进行危险源的评价，让每个监理人员充分参与，详细了解一般危险源和重大危险源的分布范围和存在时段，以便能有针对性采取有效措施予以防范。对危险源的预控，应按危险源的评价分级分别对待。一般危险源可督促施工单位按现有的安全控制措施，加强安全管理。对于重大危险源，监理工程师应要求施工单位具体制定相应的安全技术和安全管理控制措施，改善相应的计划。其后进行控制措施计划，其结果应形成书面记录，一般可与危险源识别、评价结果合并列表记录。在控制措施计划实施前还应进行充分性评审，其主要内容是计划的控制措施是否能使施工安全风险降低到可接受或可容许的水平，是否会产生新的危险源，安全防范资金是否能够保证，是否具有可操作性等。

二、监理人员控制施工安全的方法和手段

我国现行的安全生产方针是“安全第一、预防为主”；安全生产的基本原则是管生产必须管安全、安全一票否决权、职业安全卫生“三同时”、事故处理“四不放过”。

施工过程体现在一系列的现场施工作业和管理活动中，作业和管理活动的效果将直接影响到施工过程的安全，监理工程师对施工过程的安全监理应着重体现在对作业和管理活动的控制上。为确保建设工程施工安全，监理工程师要对施工过程进行全过程、全方位的控制，对整个施工过程要按事前、事中及事后进行控制，重点要突出事前和事中控制，这与安全生产方针所凸显的“预防”相符合。同时要采取组织措施、技术措施、经济措施、合同措施等，加强对施工安全的控制，确保安全控制横向到边、纵向到底，贯穿、覆盖于整个工程项目。

监理人员对施工安全的控制主要体现在监理人员对施工安全所承担的三大监理职责：审核查验职责、安全检查职责和督促整改职责，即施工过程安全监理的方法和手段，具体阐述如下。

(一)审核技术文件、报告和报表

对技术文件、报告和报表的审核，是监理工程师对建设工程施工安全进行全面监督检查和控制的重要手段。审核内容包括有关技术证明文件、专项施工方案、有关安全物资的检验报告、反映工序施工安全的图表、有关安全设施和施工机械验收核查资料等。

(二)现场安全检查和监督

1.现场安全检查的内容

(1)监督、检查在施工作业和管理过程中，施工人员、机械设备、材料、施工方法、施工工艺、施工操作以及施工环境条件等是否均处于良好的状态，是否符合保证工程施工安全的要求，若发现有问题要及时纠偏和加以控制。

(2)对于重要的和对工程施工安全有重大影响的工序、工程部位、作业活动，监理人员还应在现场对施工过程进行监控。

(3)对安全记录资料进行检查,确保各项安全管理制度的有效落实。

2. 现场安全检查的类型

现场安全检查的类型有日常安全检查、定期安全检查、专业性安全检查、季节性及节假日后安全检查等。

3. 现场安全检查的方式

(1)旁站。旁站是指在关键部位或关键工序施工过程中,由监理人员在现场进行的监督活动。在施工阶段,许多建设工程安全事故隐患是现场施工或操作不当或不符合标准、规范、规程所致,违章操作或违章指挥往往带来安全事故的发生。一旦安全事故发生,就会造成人员伤亡或直接经济损失。通过监理人员有效的现场旁站监督和检查,及时发现存在的安全问题并及时解决,能有效地避免安全事故的发生。旁站的工程部位、工艺和作业活动,应根据每个建设工程的特点、重大危险源部位、施工单位安全管理水平等确定。一般而言,高空作业、爆破作业、深基础工程、地下暗挖工程、起重吊装工程、起重机械安装拆卸施工等高危作业应进行旁站监控。

(2)巡视。巡视是监理人员对正在施工的部位及工序现场进行的定期或不定期的监督活动。巡视不限于某一部位及工艺过程,其检查范围是施工现场的所有生产安全状况。

(3)平行检验。平行检验是监理人员利用一定的检查检测手段,在施工单位自检的基础上,按照一定的比例独立进行检查和检测的活动。平行检验在安全技术复核及复验工作中采用较多,是监理人员对安全设施、施工机械等进行安全验收核查,做出独立判断的重要依据之一。

(三)安全隐患的处理

监理人员应按下列规定对安全事故隐患进行处理:

(1)监理人员应区别"通病"、"顽症"、首次出现、不可抗力等类型,要求施工单位修订和完善安全隐患整改措施。

(2)监理人员对检查发现的安全事故隐患应立即发出安全隐患整改通知单,督促施工单位对安全隐患原因进行分析,制定纠正和预防措施。安全隐患整改措施经监理人员确认后实施。

(3)监理人员对检查发现的违章指挥和违章作业行为应立即向责任人当场指出,督促其立即纠正。

(4)监理人员对安全隐患整改措施的实施过程和实施效果进行跟踪检查,保存检查记录。

(四)工地例会和安全专题会议

(1)工地例会是施工过程中参加建设工程各方沟通情况,解决分歧,形成共识,做出决定的主要渠道。通过工地例会,监理人员分析施工过程的安全状况,指出存在的安全问题,提出整改意见,要求施工单位限期整改完成。

(2)针对某些专门安全问题,监理人员还应组织专题会议,集中解决较重大或普遍存在的安全问题。

(五)规定安全监理工作程序

规定双方必须遵守的安全监理工作程序,这也是监理人员按规定的程序进行安全控制的必要手段。

(六)安全生产奖惩制

执行安全生产协议书中安全生产奖惩制，确保施工过程中的安全，促使施工生产顺利进行。

第四节　现场安全控制

一、做好现场安全控制的宣传工作

想要做好工地现场安全的控制工作，首先要有一个良好的工作条件和氛围。在这方面，现场的监理人员要通过主动、积极的工作来创造和争取。首先，监理应该向施工单位宣传《中华人民共和国建筑法》、《建设工程安全生产管理条例》等国家法规，包括很多地方政府制定的安全生产法规，宣传施工安全的有关规定和重要性，说明施工安全与单位以及个人的关系，引起工程项目建设参与者的高度重视。

建设单位作为工程款的支付方，它在工地安全问题上是最具有权利及影响力的，监理单位必须要争取业主对安全工作的支持。现在有不少项目业主想要工程以最低价格及在最快的时间内完工，这直接影响施工单位安全施工的开支和导致削减安全基本要求，甚至有些时候业主的要求是不利于工地施工的安全的。在这种情况下，监理人员应该及时、耐心地和业主说明当中的利弊，争取建设单位创造和提供施工安全的环境条件，如设立安全生产奖罚制度，对施工单位安全工作表现佳的予以一定的奖励，相反就给予处罚等。

在进行施工安全控制工作时，要注意形成书面文件。如召开安全生产专题会议形成的会议纪要、工程业务联系单、监理工作联系单、建设单位与总承包单位的安全生产协议书、总承包单位和分包单位的安全生产协议书等。

二、安全隐患的整改控制

《建设工程安全生产管理条例》规定：在实施监理过程中，监理单位发现存在安全事故隐患的，应当要求施工单位整改；情况严重的，应当要求施工单位暂时停止施工，并及时报告建设单位。

上述规定在具体操作时存在诸多不定性。因为如果施工现场真的出现安全事故，就涉及到这样的问题：监理单位是否发现过事故隐患？对该事故隐患是否提出过整改要求？如果在没有发出过整改通知的情况下出现安全事故，对于监理单位在事故发生前是否发现过事故隐患的判断是很困难的，因为这涉及到事故责任。此时，判断的准则很可能会变成监理单位是否应该发现这些事故隐患，这就涉及到监理单位安全控制的标准问题。《建设工程安全生产管理条例》第 14 条要求监理单位按照法律、法规和工程建设强制性标准进行监理，这实际上就是条例规定的监理单位安全控制标准。应当认为，凡是条例及强制性标准规定的事项，都应随时处在监理单位的控制范围之内。所以，监理单位要想真正地回避该风险，必须熟悉条例及工程建设强制性标准关于安全施工的所有相关规定，并按照这些规定进行经常性的安全检查，对所发现的安全隐患及时发出书面整改通知。

三、安全检查的方法

(一)资料性审核

(1)施工单位资质和管理层人员资质、特殊工种人员上岗审核。

(2)各种重要施工机械安装及整体提升脚手架、模板等自升式架设设施的合格性审核(施工单位应出具检测部门的合格性检测证明)。

(3)重要的施工安全制度及安全技术交底。

(4)施工单位安全管理、责任、检查、教育制度等。

(二)验收性检查

(1)各种施工质量验收规范明文规定需要验收的事项,如模板工程、土方开挖工程等一些既涉及施工质量又涉及施工安全的项目。

(2)某些分项工程开工前的开工条件验收。

(3)为迎接政府或建设单位上级主管部门各种检查验收而由监理单位提前组织进行的内部验收等。

一般情况下,验收性检查后都会有书面验收意见或验收总结会议,对于发现的安全隐患可以通过验收记录或验收会议纪要的形式要求施工单位整改。

(三)定期检查

定期检查一般由建设单位、施工单位、监理单位三方共同参加,监理机构应规定定期现场检查的周期,通常有:季节转换时的现场准备检查、每月评比检查、每周例行检查等。季节转换检查主要检查因季节转换可能导致的不安全因素的预防情况,如冬雨季的现场防滑设施检查、夏季预防高温措施检查等;每月评比检查适合于多施工单位的施工现场,通过评比能起到表扬先进、督促落后的作用;每周例行检查一般安排在周例会前进行,对检查中发现的问题便于及时在例会上提出改进要求。所有定期检查都应召开总结会议,并编制会议纪要。

(四)日常检查

日常检查通常与监理机构的现场日常巡查相结合,安全检查作为其中的一项内容。对日常检查中发现的安全隐患,及时填写《建筑工程施工安全自查表》(见表7-1),并及时报告总监理工程师,由总监理工程师及时发出整改通知。

如遇到下列情况,监理人员要直接下达暂停施工令,并及时向项目总监和建设单位汇报:

(1)施工中出现安全异常,经提出后,施工单位未采取改进措施或改进措施不符合要求。

(2)对已发生的工程事故未进行有效处理而继续作业。

(3)安全措施未经自检而擅自使用。

(4)擅自变更设计图纸进行施工。

(5)使用没有合格证明的材料或擅自替换、变更工程材料。

(6)未经安全资质审查的分包单位的施工人员进入施工现场施工。

(7)出现安全事故。

表 7-1　建筑工程施工安全自查表(监理单位用表)

检查时间:

<table>
<tr><td colspan="2">建设项目名称</td><td colspan="3"></td></tr>
<tr><td colspan="2">监理单位</td><td></td><td>项目总监</td><td></td></tr>
<tr><td colspan="2">施工单位</td><td></td><td>项目经理</td><td></td></tr>
<tr><td colspan="2">质监部门</td><td></td><td>监 督 员</td><td></td></tr>
<tr><td>序号</td><td colspan="2">检 查 内 容</td><td>检查情况</td><td>检查人</td></tr>
<tr><td>1</td><td colspan="2">项目总监是否具有资格证书</td><td></td><td></td></tr>
<tr><td>2</td><td colspan="2">项目监理人员是否具有资格证书</td><td></td><td></td></tr>
<tr><td>3</td><td colspan="2">对施工企业的施工组织设计及专项方案是否进行审核批准</td><td></td><td></td></tr>
<tr><td>4</td><td colspan="2">对工程现场的安全生产检查记录</td><td></td><td></td></tr>
<tr><td>5</td><td colspan="2">对存在的安全隐患是否提出整改或停工的要求</td><td></td><td></td></tr>
<tr><td>6</td><td colspan="2">对施工单位提出整改后拒不整改或不停止施工时,是否及时向建设行政主管部门报告</td><td></td><td></td></tr>
<tr><td>整改情况</td><td colspan="4">监理员(签名):________　现场监理工程师(签名):________</td></tr>
<tr><td>监理单位意见</td><td colspan="4">总监理工程师(签名):________
单位负责人(签名):________</td></tr>
</table>

四、施工单位拒不整改时及时向政府有关部门报告

在施工单位拒不整改或不停止施工时,监理单位应及时向有关部门报告。为此,监理机构应与各级质量安全监督站建立良好的工作关系和通畅的联系机制,这在实际操作中是不存在问题的。关键的问题是在必要时如何真正使用好这条沟通渠道。对一些理解上有争议的问题,还可以通过咨询他们来解决。

五、确立监理机构内部的安全控制责任制度

监理机构中各监理人员的工作将直接决定安全控制的效果。由于专业知识的限制，任何监理人员不可能样样精通，因此有必要进行安全控制的职责分工，建立监理机构内部的安全控制责任制度。

在确立安全控制责任制度时，可以由各专业监理工程师负责本专业施工范围内的安全控制工作，包括日常检查、定期检查、登记备案制度等，并及时向总监理工程师汇报检查结果。对所发现的问题应及时提醒总监理工程师注意。总监理工程师则负责全面的组织、协调及内部工作检查。对各专业所发生的安全事故，在监理机构内部，各专业监理工程师应负直接监理责任，总监理工程师负管理责任。对一些大型群体项目，总监理工程师应做好监理人员分工安排；而对某些可能同时涉及多个专业的检查项目，总监理工程师应明确其中的分工协作方法和相应的责任划分。

最后，针对现实中工程质量与施工安全事故时有发生，给国家和人民生命财产造成重大损失的状况，《建设工程安全生产管理条例》赋予了广大监理人员施工安全控制的责任和义务。为防止和减少工程质量、安全事故和维护好自身的合法权益，广大监理人员要努力完成好这项工作，有经验的多交流经验，取长补短；有些地方没有经验的，完全可以创造性地开展工作，积累工程安全控制监理经验，共同促进监理水平的提高。

复习思考题

1. 建设工程安全控制工作的重要性有哪些？
2. 建设工程施工安全监理的责任有哪些？
3. 安全监理的具体工作有哪些？
4. 试述施工阶段安全监理的程序。
5. 试述施工安全危险源的分析和预控方法。
6. 监理人员控制施工安全的方法和手段有哪些？
7. 安全检查的方法有哪些？

第八章 工程建设项目的信息管理

第一节 工程建设项目信息管理概述

工程建设项目的信息管理,是指以工程建设项目作为目标系统的管理信息系统。它通过对工程建设项目建设监理过程的信息的采集、加工和处理为监理工程师的决策提供依据,对工程的投资、进度、质量进行控制,同时也作为确定索赔的内容、金额和反索赔提供确凿的事实依据。因此,信息管理是监理工作的一项重要内容。

一、工程建设项目信息管理的任务

信息管理是指信息的收集、加工整理、传递、存储、应用等工作的总称。根据工程建设投资大、工期长、工艺复杂、质量要求高、各分部分项工程合同多,以及使用机械设备、材料数量大、要求高的特点,信息管理采取人工决策和计算机辅助管理相结合的手段,特别是利用先进的信息存储、处理设备及时准确地收集、处理、传递和存储大量的数据,并进行工程进度、质量、投资的动态分析,达到工程监理的高效、迅速、准确。

二、监理信息的类型

建设监理过程中涉及到大量的信息,依据不同的标准可作如下分类。

(一)按照建设监理的目的划分

1. 投资控制信息

投资控制信息是指与投资控制直接有关的信息,如各种估算指标、类似工程的造价、物价指数、概算定额、工程项目投资估算、设计概算、合同价、工程报价表、币种汇率、利率、保险、施工阶段的支付账单、原材料价格、机械设备台班费、人工费、运杂费等。

2. 质量控制信息

质量控制信息,如国家有关的质量政策及质量标准、项目建设标准、质量目标的分解结果、质量控制工作流程、质量控制的工作制度、质量控制的风险分析、质量抽样检查的数据等。

3. 进度控制信息

进度控制信息,如施工定额、项目总进度计划、关键路线和关键工作、进度目标分解、里程碑路标、进度控制的工作流程、进度控制的工作制度、进度控制的风险分析、某段时间的进度记录等。

(二)按照建设监理信息的来源划分

1. 项目内部信息

内部信息取自建设项目本身,如工程概况、设计文件、施工方案、合同文件、合同管理制度、信息资料的编码系统、信息目录表、会议制度、监理班子的组织,以及项目的投资目标、质量目标、进度目标、施工现场管理、交通管理等。

2. 项目外部信息

来自项目外部环境的信息称为外部信息,如国家有关的政策、法规及规章,国内及国际市场上原材料及设备价格、物价指数,以及类似工程造价,类似工程进度,投标单位的实力,投标单位的信誉,毗邻单位情况与主管部门、当地政府的有关信息等。

(三)按照信息的稳定程度划分

1. 固定信息

固定信息是指在一定时间内相对稳定不变的信息。这类信息又可分为以下三种:

(1)标准信息。这主要是指各种定额和标准,如施工定额、原材料消耗定额、生产作业计划标准、设备和工具的耗损程度等。

(2)计划信息。这是反映在计划期内拟定的各项指标情况。

(3)查询信息。这是指在一个较长的时期内很少发生变更的信息,如国家和专业部门颁发的技术标准、不变价格、监理工作制度、监理实施细则等。

2. 流动信息

流动信息是指在不断地变化着的信息。如项目实施阶段的质量、投资及进度的统计信息,它反映在某一时刻项目建设的实际进度及计划完成情况。再如,项目实施阶段的原材料消耗量、机械台班数、人工工日数等,都属于流动信息。

(四)按照信息的层次划分

1. 战略性信息

战略性信息是指有关项目建设过程的战略决策所需的信息,如项目规模、项目投资总额、建设总工期、承包商的选定、合同价的确定等信息。

2. 策略性信息

策略性信息是指供有关人员或机构进行短期决策用的信息,如项目年度计划、财务计划等。

3. 业务性信息

业务性信息是指各业务部门的日常信息,如日进度、月支付额等。这类信息是经常性的,也是大量的。

三、监理信息的特点

建设工程监理信息除具有信息的一般特征外,还具有一些自身的特点。

(一)信息来源的广泛性

建设工程监理信息来自工程业主(建设单位)、设计单位、施工承包单位、材料供应单位及监理组织内部各个部门;来自可行性研究、设计、招标、施工及保修等各个阶段中的各个单位乃至各个专业;来自质量控制、投资控制、进度控制、合同管理等各个方面。由于监理信息来源的广泛性,往往给信息的收集工作造成很大困难。如果信息收集得不完整、不准确、不及时,必然会影响到监理工程师判断和决策的正确性、及时性。

（二）信息量大

由于工程建设规模大、牵涉面广、协作关系复杂，因而建设工程监理工作涉及大量的信息。监理工程师不仅要了解国家及地方有关的政策、法规、技术标准、规范，而且要掌握工程建设各个方面的信息。既要掌握计划的信息，又要掌握实际进度的信息，还要对它们进行对比分析。因此，监理工程师每天都要处理成千上万的数据，而这样大的数据量单靠人手工操作处理是极困难的，只有使用电子计算机才能及时、准确地进行处理，才能为监理工程师的正确决策提供及时、可靠的支持。

（三）动态性强

工程建设的过程是一个动态过程，监理工程师实施的控制也是动态控制，因而大量的监理信息都是动态的，这就需要及时地收集和处理。

（四）有一定的范围和层次

业主委托监理的范围不一样，监理信息也不一样。监理信息不等同于工程建设信息。工程建设过程中会产生很多信息，这些信息并非都是监理信息，只有那些与监理工作有关的信息才是监理信息。不同的工程建设项目，所需的信息既有共性，又有个性。另外，不同的监理组织和监理组织的不同部门，所需的信息也不同。

（五）信息的系统性

建设工程监理信息是在一定时空内形成的，与建设工程监理活动密切相关。而且，建设工程监理信息的收集、加工、传递及反馈是一个连续的闭合环路，具有明显的系统性。

四、建设项目信息的作用

建设项目信息资源对工程建设的监理活动产生巨大影响，其主要作用主要有以下几个方面。

（一）信息是建设项目管理不可缺少的资源

工程建设项目的建设过程，实际上是人、财、物、技术、设备等资源投入的过程，而要高效、优质、低耗地完成工程建设任务，必须通过信息的收集、加工、处理和应用实现对上述资源的规划和控制。项目管理的主要功能就是通过信息的作用来规划、调节上述资源的数量、方向、速度和目标，使上述资源按照一定的规划运动，实现工程建设的投资、进度和质量目标。

（二）信息是监理人员实施控制的基础

控制是建设项目管理的主要手段。控制的主要任务是将计划目标与实际目标进行分析比较，找出差异和产生问题的原因，采取措施排除和预防偏差，保证项目建设目标的实现。

为有效地控制项目的三大目标，监理工程师应当掌握项目建设的投资、进度和质量目标的计划值和实际值。只有掌握了这两方面的信息，监理工程师才能实施控制工作。因此，从控制角度讲，如果没有信息，监理工程师就无法实施正确的监督。

（三）信息是进行项目决策的依据

建设项目管理决策正确与否，直接影响工程建设项目建设总目标的实现，而影响决策正确与否的主要因素之一就是信息。如果没有可靠、正确的信息作依据，监理工程师就不能做出正确的决策。如施工阶段对工程进度款的支付,监理工程师只有在掌握有关合同规定及实际施工状况等信息后,才能决定是否支付或支付多少等。因此,信息是项目正确决策的依据。

(四)信息是监理工程师协调工程建设项目各参与单位之间关系的纽带

工程建设项目涉及到众多的单位,如上级主管政府部门、建设单位、监理单位、设计单位、施工单位、材料设备供应单位,以及交通运输、保险、外围工程单位(水、电、通信等)和税务部门等,这些单位都会对工程建设项目目标的实现带来一定影响。要使这些单位协调一致,就必须通过信息将它们组织起来,处理好各方面的关系,协调好它们之间的活动,从而实现建设目标。

总之,信息渗透到建设监理工作的各个方面,是建设监理活动不可缺少的要素。同其他资源一样,信息是十分重要和宝贵的资源,必须充分地开发和利用。

第二节　工程建设信息管理的内容

建设项目信息管理主要包括以下四项内容:明确项目信息流程;建立项目信息编码系统;建立健全项目信息收集制度;利用高效的信息处理手段处理项目信息。

一、明确建设项目监理工作信息流程

建设项目监理工作信息流程反映了工程建设项目建设过程中,各参与单位、部门之间的关系。为保证建设项目管理工作的顺利进行,监理人员应首先明确建设项目信息流程,使项目信息在建设项目管理机构内部上下级之间及项目管理组织与外部环境之间的流动畅通无阻。

建设项目信息流结构如图 8-1 所示,它反映了工程建设项目建设设计单位、物资供应单位、施工单位、建设单位和工程监理组织之间的关系。

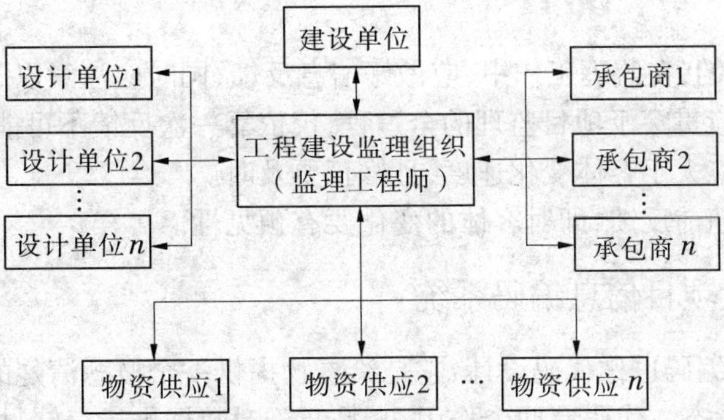

图 8-1　建设项目信息流结构

建设项目管理组织内部存在着三种信息流,如图 8-2 所示。这三种信息流要畅通无阻,以保证项目管理工作的顺利实施。

(1)自上而下的信息流。这类信息流主要指从项目(总)经理开始,流向中层项目管理人员和基层项目管理人员的信息。信息接收者是下级。这些信息主要包括项目建设管

理目标、管理任务、管理制度、规范规定、指令、办法和业务指导意见等。

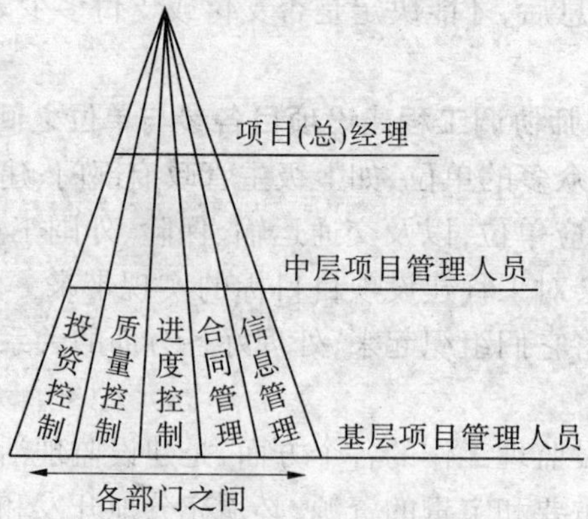

图 8-2　建设项目管理组织流示意图

(2)自下而上的信息流。这类信息流是指从基层项目管理人员开始,流向中层项目管理人员及项目(总)经理的信息。信息接受者是上级。这些信息主要是建设项目实施情况和项目管理工作完成情况,包括进度控制、质量控制、投资控制和安全生产及管理工作人员的工作情况等,还包括基层项目管理人员对上级有关部门对工程管理和控制情况的意见和建议等。

(3)横向的信息流。这类信息流主要是指在建设项目管理工作中,处在同一层次上的职能部门和管理人员之间相互提供和接收的信息。这些信息是由于各部门之间,为了实现管理的共同目标,在同一层次上相互协作、互相配合、互通有无或补充而产生的信息。在一些特殊情况下,为节省信息流通时间,有时各部门之间也需要横向提供信息。

上述三种信息流都有明晰的流线,并都要畅通。但在实际工作中,往往是自下而上的信息流比较畅通,而自上而下的信息流流量不够。信息流不畅通,监理工程师将无法收集必要的信息,将会失去控制的基础、决策的依据和协调的媒介,监理工程师将无所作为。

信息流是双向的,在监理工作中,应做好信息反馈,同时应注意以下几点:

(1)信息反馈应贯穿于项目监理的全过程,仅依靠一次反馈不可能解决所有问题。

(2)反馈速度应大于客体变化速度,且修正要及时。

(3)力争做到超前反馈,即对客体的变化要有预见性。

二、建立建设项目信息编码系统

建设项目信息编码也称代码设计,它是给事物提供一个概念清楚的标识,用以代表事物的名称、属性和状态。代码有两个作用:一是便于对数据进行存储、加工和检索;二是可以提高数据的处理效率和精度。此外,对信息进行编码,还可以大大节省存储空间。

在建设项目管理工作中,会涉及到大量的信息,如文字、报表、图纸、声像等,在对数据进行处理时,都需要建立数据编码系统。这不仅在一定程度上减少项目管理工作的工作量,而且大大提高建设项目管理工作的效率。对于大中型建设项目,没有计算机辅助管理是难以想象的,而没有适当的信息系统,计算机的辅助管理的作用也难以发挥。

(一)信息编码原则

信息编码是管理工作的基础,进行信息编码时要遵循以下原则:

(1)唯一确定性。每一个编码代表一个实体的属性和状态。

(2)可扩充性和稳定性。代码设计应留出适当的扩充位置,当增加新的内容时,便于直接利用源代码进行扩充,无须更改代码系统。

(3)标准化和通用性。国家有关编码标准是代码设计的重要依据,要严格执行国家标准以及行业编码标准,以便于系统扩展。

(4)逻辑性和直观性。代码不仅具有一定的逻辑含义,以便于数据的统计汇总,而且要简明直观,便于识别和记忆。

(5)精炼性。代码的长度不仅影响所占据的空间和处理速度,而且也会影响代码输入时出错的概率及输入、输出速度,因而要适当压缩代码的长度。

(二)信息编码方法

1. 顺序编码法

顺序编码法是一种按对象出现的顺序进行排列编码的方法,例如土方工程 01、基础工程 02、外墙工程 03、内墙与柱 04、楼板与楼梯 05、屋面工程 06 等。

顺序编码法简单易懂,用途广泛。但这种代码缺乏逻辑性,不宜分类。而且当增加新数据时,只能在最后进行排列,删除数据时又会出现空码。所以,此方法一般不单独使用,只用来作为其他分类编码后进行细分类的一种手段。

2. 分组编码法

分组编码法是在顺序编码法的基础上发展起来的,它是先将数据信息进行分组,然后对每组的信息进行顺序编码。每个组内留有后备编码,便于增加新的数据。

3. 十进制编码法

这种编码方法是先将数据对象分成十大类,编以 0 ~ 9 的号码,每类中再分成十小类,给以第二个 0 ~ 9 的号码,依次类推。这种方法可以无限地扩充下去,直观性能较好。国家目前要求执行的“设备材料标准编码”基本上是采用这种方法,不过是百进制的,而不是十进制,即整个编码 8 位,分成 4 段,前两位代表大类,次两位代表中类,再次两位代表小类,最后两位代表品种。当然,每一品种还有不同的规格,还可以通过附加顺序号码的方法加以区别。

4. 文字数字码

这种方法是用文字表明数字属性,而文字一般用英文缩写或汉语拼音的声母。这种编码直观性好,记忆、使用方便,但数据较多时,单靠字母很容易使含义模糊,造成错误的理解。

5. 多面码

一个事物可能有多个属性,如果在编码中能为这些属性各规定一个位置,就形成了多面码。例如,对于金属材料可作表 8-1 的规定。

这样,11202 编码就代表了国产热轧平板,规格为 02 – 1/4″ × 20′。这种方法的优点是逻辑性能好,便于扩充。但这种代码位数较多,会有较多的空码。

上述几种编码方法各有其优缺点,在实际工作中,要针对具体情况灵活应用,也可以

表 8-1 金属材料编码规定示例

来源	生产方式	种类	规格
1－国产 2－进口	1－热轧 2－冷拉 3－铸造	1－角铁 2－平板 3－铁丝 4－管子	00－1/16″×20′ 01－1/18″×20′ 02－1/4″×20′

结合具体情况结合使用。

(三)建设监理信息的编码

以民用建筑投资为例说明编码方法。首先对总投资进行分块,本例先将其分成 8 块,即(1)建筑基地费、(2)建筑基地外围(红线内)开拓费、(3)建筑物造价、(4)设备费、(5)建筑物外围(红线内)设施费、(6)附加设施费、(7)建设单位管理费、(8)建设单位专项预留费。然后对子系统的每一块进行切块,以建筑物造价为例,将其分成 5 块,即(31)建筑工程造价、(32)设备安装工程造价、(33)预留费、(34)建筑设施费、(35)特殊施工费。这 5 块则称为投资子系统的组成项,如图 8-3 所示。

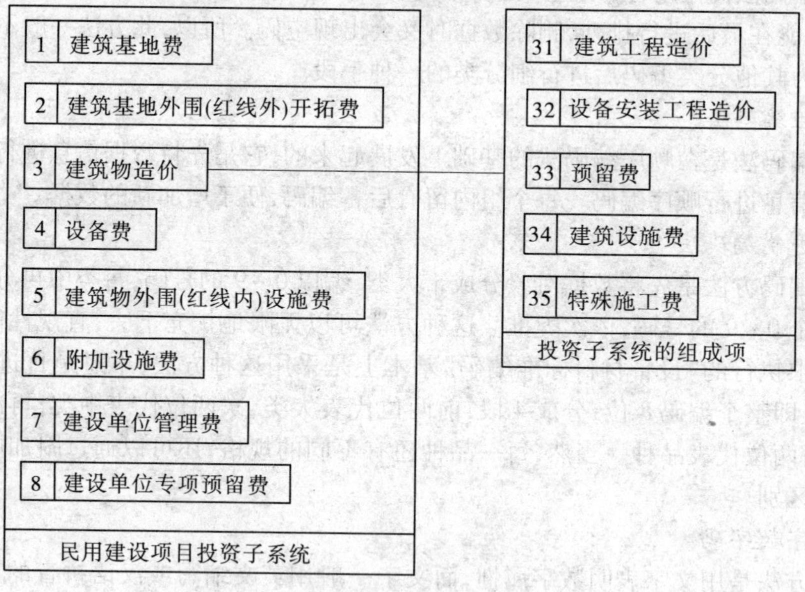

图 8-3 民用建筑项目投资分解(1)

对子系统组成项的每一块还可以继续往下分。如建筑工程造价可分成如下 8 条,即(311)土方工程、(312)基础工程、(313) ±0.00 以下外墙工程、(314)外墙工程、(315)内墙与柱、(316)楼板与楼梯工程、(317)屋面工程、(318)大型临时设施。又如设备安装工程造价分成如下 9 条,即(321)排水工程、(322)上水工程、(323)供暖工程、(324)煤气工程、(325)供电工程、(326)通信工程、(327)通风工程、(328)运输工程、(329)其他工程。上述 8 条、9 条可称投资的大类项,如图 8-4 所示。

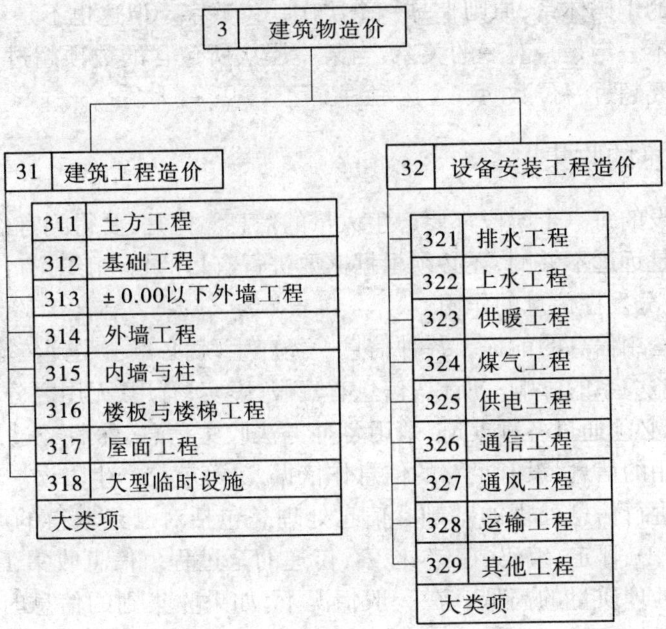

图 8-4 民用建筑项目投资分解(2)

对大类项继续往下分。以内墙为例,可将其分成 8 个功能项,即(3151)承重墙、(3152)框架、(3153)轻质隔墙、(3154)墙体抹灰粉刷(墙纸)、(3155)内部窗、(3156)内部门、(3157)内墙防护设施、(3158)其他内墙构造。功能项还可再往下分解,如框架可以分解成(315210)柱、(315220)柱子装饰、(315230)柱子悬挂构造等构造分项。如图 8-5 所示。

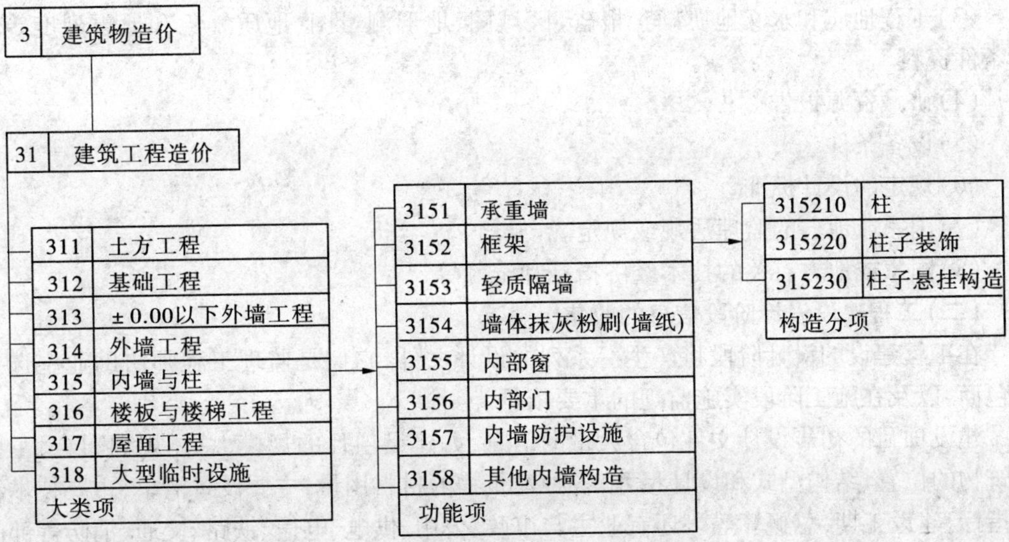

图 8-5 民用建筑项目投资分解(3)

本投资结构的编码体系,原则上是一个层次一位数字。但这也不是绝对的,也就是说层次数与编码数不一定是一对一的关系,当某一层次所包含的数项超过10时,该层所对应的编码位数就要超过一位数。

三、监理信息的收集

工程项目建设的每一个阶段都要产生大量的信息。但是,要得到有价值的信息,只靠自发产生的信息是远远不够的,还必须根据需要进行有目的、有组织、有计划地收集,才能提高信息质量,充分发挥信息的作用。

收集信息是运用信息的前提。各种信息一经产生,就必然会受到传输条件、人们的思想意识及各种利益关系的影响。所以,信息有真假、虚实,有用、无用之分。监理工程师要取得有用的信息,必须通过各种渠道,采用各种方法收集信息,然后经过加工、筛选,从中选择出对决策有用的信息,没有足够的信息作依据,决策就会产生失误。

收集信息是进行信息处理的基础。信息处理是包括对已经取得的原始信息进行分类、筛选、分析、加工、评定、编码、存储、检索、传递的全过程。信息收集工作的好坏,直接决定着信息加工处理质量的高低。在一般情况下,如果收集到的信息时效性强、真实度高、价值大、全面系统,再经加工处理质量就更高,反之则低。

因此,建立一套完善的信息采集制度收集建设工程监理的各阶段、各类信息是监理工作所必需的。

(一)工程建设前期信息的收集

如果监理工程师未参加工程建设的前期工作,在受业主的委托对工程建设设计阶段实施监理时,应向业主和有关单位收集以下资料,作为设计阶段监理的主要依据:

(1)批准的“项目建议书”、“可行性研究报告”及“设计任务书”。

(2)批准的建设选址报告、城市规划部门的批文、土地使用要求、环保要求。

(3)工程地质和水文地质勘察报告、区域图、地形测量图、地质气象和地震烈度等自然条件资料。

(4)矿藏资源报告。

(5)设备条件。

(6)规定的设计标准。

(7)国家或地方的监理法规或规定。

(8)国家或地方有关的技术经济指标和定额等。

(二)工程建设设计阶段信息的收集

在工程建设的设计阶段将产生一系列的设计文件,它们是监理工程师协助业主选择承包商,以及在施工阶段实施监理的重要依据。

建设项目的初步设计文件包含大量的信息,如建设项目的规模、总体规划布置,主要建筑物的位置、结构型式和设计尺寸,各种建筑物的材料用量,主要设备清单,主要技术经济指标,建设工期,总概算等。还有业主与市政、公用、供电、电信、铁路、交通、消防等部门的协议文件或配合方案。

技术设计是根据初步设计和更详细的调查研究资料进行的,用以进一步解决初步设计中的重大技术问题，如工艺流程、建筑结构、设备选型及数量确定等。技术设计文件与初步设计文件相比，提供了更确切的数据资料，如对建筑物的结构型式和尺寸等进行修正并编制了修正后的总概算。

施工图设计文件则完整地表现建筑物外形、内部空间分割、结构体系、构造状况，以及建筑群的组成和周围环境的配合，具有详细的构造尺寸。它通过图纸反映出大量的信息，如施工总平面图、建筑物的施工平面图和剖面图、设备安装详图、各种专门工程的施工图，以及各种设备和材料的明细表等。

(三)施工招标阶段信息的收集

在工程建设招标阶段，业主或其委托的监理单位要编制招标文件，而投标单位要编制投标文件，在招投标过程中及在决标以后，招标、投标文件及其他一些文件将形成一套对工程建设起制约作用的合同文件，这些合同文件是建设工程监理的具有约束力的法律文件，是监理工程师必须要熟悉和掌握的。这些文件主要包括投标邀请书、投标须知、合同双方签署的合同协议书、履约保函、合同条款、投标书及其附件、标价的工程量清单及其附件、技术规范、招标图纸、发包单位在招标期内发出的所有补充通知、投标单位在投标期内补充的所有书面文件、投标单位在投标时随投标书一起递送的资料与附图、发包单位发出的中标通知书、合同双方在洽商合同时共同签字的补充文件等。除上述各种文件资料外，上级有关部门关于建设项目的批文和有关批示，有关征用土地、迁建赔偿等协议文件，都是十分重要的监理信息。

(四)工程建设施工阶段信息的收集

在工程建设的整个施工阶段，每天都会产生大量的信息，需要及时收集和处理。因此，工程建设的施工阶段，可以说是大量的信息产生、传递和处理的阶段，监理工程师的信息管理工作也就主要集中在这一阶段。

1.收集业主方的信息

业主作为工程建设的组织者，在施工过程中要按照合同文件规定提供相应的条件，并要不时发表对工程建设各方面的意见和看法，下达某些指令。因此，监理工程师应及时收集业主提供的信息。

当业主负责某些设备、材料的供应时，监理工程师需收集业主所提供材料的品种、数量、规格、价格、提货地点、提货方式等信息。例如，有一些项目合同约定业主负责供应钢材、木材、水泥、砂石等主要材料，业主就应及时将这些材料在各个阶段提供的数量、材质证明、检验(试验)资料、运输距离等情况告知有关方面，监理工程师也应及时收集这些信息资料。另外，业主对施工过程中有关进度、质量、投资、合同等方面的看法和意见，监理工程师也应及时收集，同时还应及时收集业主的上级主管部门对工程建设的各种意见和看法。

2.收集承包商提供的信息

在项目的施工过程中，随着工程的进展，承包商一方也会产生大量的信息，除承包商本身必须收集和掌握这些信息外，监理工程师在现场管理中也必须收集和掌握。这类信息主要包括开工报告、施工组织设计、各种计划、施工技术方案、材料报验单、月支付申请表、分包申请、工料价格调整申报表、索赔申报表、竣工报验单、复工申请，以及各种工程项目自检报告、质量问题报告、有关问题的意见等。承包商应向监理单位报送这些信息资料,监理工程师也应全面、系统地收集和掌握这些信息资料。

3. 建设工程监理的现场记录

现场监理人员必须每天利用特定的方式或以日志的形式记录工地上所发生的事情。所有记录应始终保存在工地办公室内,供监理工程师及其他监理人员查阅。这类记录每月由专业监理工程师整理成书面资料上报监理工程师办公室。监理人员在现场遇到的施工中不得不采取紧急措施而对承包商所发出的书面指令,应尽快通报上一级监理组织,以征得其确认或修改指令。

4. 工地会议记录

工地会议是监理工作的一种重要方法,会议中包含着大量的信息。监理工程师必须重视工地会议,并建立一套完善的会议制度,以便于会议信息的收集。会议制度包括会议的名称、主持人、参加人、举行会议的时间及地点等,每次会议都应有专人记录,会后应有正式会议纪要,由与会者签字确认。这些纪要将成为今后解决问题的重要依据。会议纪要应包括以下内容:会议地点及时间;出席者姓名、职务及他们所代表的单位;会议中发言者的姓名及主要内容;形成的决议;决议由何人何时执行;未解决的问题及其原因等。

工地会议一般每月召开一次,会议由监理人员、业主代表及承包商参加。会议主要内容包括确认上次工地会议纪要、当月进度总结、进度预测、技术事宜、变更事宜、财务事宜、管理事宜、索赔和延期、下次工地会议及其他事宜。工地会议确定的事宜被视为合同文件的一部分。

5. 计量与支付记录

计量与支付记录包括所有计量及付款资料。应清楚地记录哪些工程进行过计量,哪些工程没有进行过计量,哪些工程已经进行了支付,已同意或确定的费率和价格变更等。

6. 试验记录

除正常的试验报告外,试验室应由专人每天以日志形式记录试验室工作情况,包括对承包商的试验的监督、数据分析等。

7. 工程照片和录像

工程照片和录像能直观、真实地反映包括试验、质量、隐蔽工程、引起索赔的事件、工程事故现场等信息。

(五)工程建设竣工阶段信息的收集

在工程建设竣工验收阶段,需要大量与竣工验收有关的各种信息资料,这些信息资料一部分是在整个施工过程中长期积累形成的,一部分是在竣工验收期间根据积累的资料整理分析得到的,完整的竣工资料应由承包商收集整理,经监理工程师及有关方面审查后,移交业主。

四、建设项目信息处理

(一)建设项目信息处理的要求

建设项目信息处理必须符合及时、准确、适用、经济的要求。及时,就是信息传递的速度要快;准确,就是信息要真实地反映工程实际情况;适用,就是信息要符合实际需要,具有应用价值;经济,就是在信息处理时以符合经济效果的要求来确定处理方式。

(二)建设项目信息处理的内容

建设项目信息处理一般包括信息的收集、加工整理、传输、存储、检索和输出六项内容。

1. 信息的收集

信息的收集就是收集原始信息,这是信息处理的基础。信息处理质量的好坏直接取决于原始信息资料的准确性、全面性和可靠性。

2. 信息的加工整理

所谓信息的加工整理是对收集来的大量原始信息进行筛选、分类、排序、压缩、分析、比较、计算等的过程。监理工程师为了有效地控制工程建设的投资、进度和质量目标,提高工程建设的投资效益,应在全面、系统收集监理信息的基础上,加工整理收集来的信息资料。

信息的加工整理作用很大。首先,通过加工,将信息分类,使之标准化、系统化。收集到的原始信息只有经过加工,使之成为标准的、系统的信息资料,才能使用、存储,以及提供检索和传递。其次,经过收集的资料,真实程度、准确程度都比较低,甚至还混有一些错误,经过对它们进行分析、比较、鉴别,乃至计算、校正,使获得的信息准确、真实。另外,原始状态的信息一般不便于使用、存储、检索和传递,经加工后,可以使信息压缩,以便于进行以上操作。还有,信息在加工过程中,通过对信息的综合、分解、整理、增补,可以得到更多有价值的新信息。

总之,本着标准化、系统化、准确性、时间性和适用性等原则,通过对信息资料的加工整理,一方面可以掌握工程建设实施过程中各方面的进展情况,另一方面可直接或借助于数学模型来预测工程建设未来的进展状况,从而为监理工程师做出正确的决策提供可靠的依据。

在建设项目的施工过程中,监理工程师加工整理的监理信息主要有以下几个方面:

(1)现场监理日报。由现场监理人员根据每天的现场记录加工整理而成。

(2)现场监理工程师周报。是现场监理工程师根据监理日报加工整理而成的报告,每周向项目总监理工程师汇报一周内发生的所有重大事件。

(3)监理工程师月报。是集中反映工程实况和监理工作的重要文件。一般由项目总监理工程师组织编写,每月一次上报业主。大型项目的监理月报,往往由各合同段或子项目的总监理工程师代表组织编写,上报总监理工程师审阅后报业主。

3. 信息的传输

信息的传输是指信息借助于一定的载体(如纸张、胶片、软盘、电子邮件等)在监理工作的各部门、各参加单位之间进行传播,通过传输,形成各种信息流,成为监理工程师工作和处理工程问题的重要依据。

4. 信息的存储

经收集和整理后的大量信息资料,应当存档以备将来使用。为了便于管理和使用监理信息,必须在监理组织内部建立完善的信息资料存储制度。

信息的存储,可汇集信息,建立信息库,有利于进行检索,可以实现监理信息资源的共享,促进监理信息的重复利用,便于信息的更新和剔除。

监理信息存储的主要载体是文件、报告报表、图纸、音像材料等。监理信息的存储,主要就是将这些材料按不同的类别进行详细的登录、存放,建立资料归档系统。该系统应简单和易于保存,但内容应足够详细,以便很快查出任何已归档的资料。因此,资料的文档管理工作(具体而微小,且烦琐)就显得非常重要。监理资料归档,一般按以下几类进行:

(1)一般函件。与业主、承包商和其他有关部门来往的函件及监理工程师主持或出席的所有会议记录按日期归档。

(2)监理报告。各种监理报告按次序归档。

(3)计量与支付资料。每月计量与支付证书,连同其所附资料每月按编号归档;监理人员每月提供的计量与支付有关的资料按月份归档;物价指数的来源等资料按编号归档。

(4)合同管理资料。承包商对延期、索赔和分包的申请,批准的延期、索赔和分包文件按编号归档;变更的有关资料按编号归档;现场监理人员为应急发出的书面指令及最终指令按项目归档。

(5)图纸。按分类编号归档。

(6)技术资料。现场监理人员每月汇总上报的现场记录及检验报表按月归档;承包商提供的竣工资料分项归档。

(7)试验资料。监理人员所完成的试验资料分类归档;承包商所报试验资料分类归档。

(8)工程照片。各类工程照片,诸如反映工程实际进度的、反映现场监理工作的、反映工程质量事故及处理情况的,以及其他照片,如工地会议和重要的监理活动都要按类别和日期归档。

以上资料在归档的同时,要进行登录,建立详细的目录表,以便随时调用、查询。

目前,信息存储的介质主要有各类纸张、胶卷、录音(像)带和计算机存储器等。用纸张存储信息的主要优点是便宜,永久保存性好,不易涂改;其缺点是占用大量的空间,不便于检索,传递速度慢。因此,应掌握各种存储介质的特点,扬长避短,将纸和计算机及其他存储介质结合起来使用。随着技术的不断发展,计算机的存储量越来越大,且成本越来越低,因此监理信息的存储应尽量采用计算机,以提高检索、传递和使用的效率。

5.信息的检索

监理工作中虽然存储了大量的信息,但为了查找方便,需要拟定一套科学的、迅速的查找方法和手段,称之为信息检索。完善的信息检索系统可以使报表、文件、资料、人事和技术档案既保存完好,又查找方便。

6.信息的输出

处理好的信息,要按照需求编印成各类报表和文件,或通过计算机网络进行传输,以供监理工程师使用。

(三)监理信息处理的方式

监理信息处理的方式一般有三种,即手工处理方式、机械处理方式和计算机处理方式。

(1)手工处理方式。在信息处理过程中,主要依靠人填写、收集原始资料;计算主要靠人工来完成;人工编制报表和文件;人工保存和存储资料;信息的输出主要靠人用电话、信函传输通知、报表和文件。

(2)机械处理方式。指用按键式计算器、穿孔卡数据处理器等进行数据加工。

(3)计算机处理方式。指利用计算机进行数据的处理。在建设监理工作中,不仅需要大量的信息,而且对信息的质量(如信息的正确性、及时性等)提出了更高的要求。要做好监理工作中的信息处理工作,单纯靠手工处理方式或机械处理方式是不能胜任的,必须借助于计算机来完成。运用计算机存储量大的特点,集中存储工程建设项目的有关信息;利用计算机计算速度快的特点,高速、准确地处理工程监理所需要的信息,快捷、方便地形成各种报表;运用计算机局域网络和 Internet 来传递各类信息。

(四)建设项目信息的使用

建设项目信息管理的目的,就是更好地使用信息,为建设项目监理服务。经过加工处理的信息,要按照建设监理工作的要求,以各种形式,如报表、文字、图形、图像、声音等提供给各类项目管理人员。信息的使用效率和使用质量随着计算机的普及而提高。存储于计算机的信息,通过计算机网络技术,实现在各个部门、各个区域、各项工程管理组织中的共享。因此,运用计算机进行信息管理,已成为当前更好地使用建设项目信息的前提条件,同时也成为建设监理组织监理工作水平高低的重要标志。

第三节　建设工程监理信息系统

计算机技术的飞速发展,使得监理工作信息的大量存储、快递处理和传递成为可能。监理信息系统就是管理信息系统(MIS)原理和方法在建设监理工作中的具体应用。

建设监理的信息管理系统一般由投资控制子模块、进度控制子模块、质量控制子模块、合同管理子模块、行政事务子模块等五个子模块和一个数据库管理系统组成。各子模块之间既相互独立,各有其自身目标控制的内容和方法,又相互联系,互为其他子模块提供信息。

一、投资控制子模块

建设项目的投资控制首要问题是对项目的总投资进行分解,也就是说,将项目的总投资按照项目的构成进行分解。例如水电工程,可以分解成若干个单项工程和若干个单位工程,每一个单项工程和单位工程均有投资数额要求,它们的投资数额加在一起构成项目的总投资。在整个控制过程中,要详细掌握每一项投资发生在哪一部位,一旦投资的实际值和计划值发生偏差,就应找出其原因,以便采取措施进行纠偏,使其满足总投资控制的要求。

投资控制子模块(见图 8-6)的主要功能有以下方面:

(1)资金使用计划。

(2)概算和预算的调整。

(3)资金分配、概算的对比分析。

(4)项目概算与项目预算的对比分析。

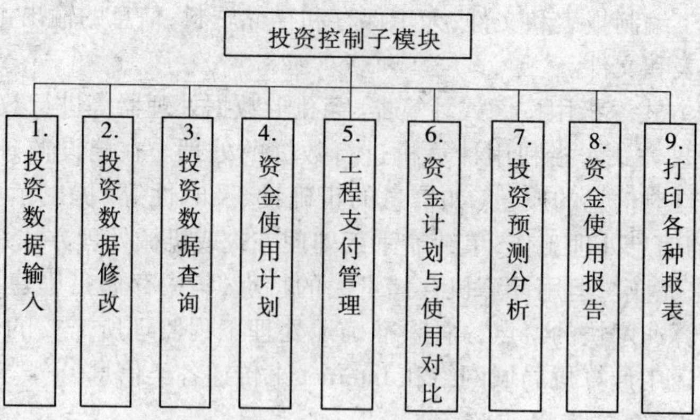

图 8-6　投资控制子模块

(5)合同价格与投资分配、概算、预算的对比分析。

(6)实际费用支出的统计分析。

(7)实际投资与计划投资的动态比较。

(8)项目投资变化趋势预测。

(9)项目计划投资的调整。

(10)项目结算与预算、合同价的对比分析。

(11)项目投资信息查询。

(12)提供各种项目投资的管理报表。

二、进度控制子模块

进行进度控制的方法主要是定期地收集工程项目实际进度的数据,并与工程项目进度计划进行分析比较。如发现进度实际值与进度计划值有偏差,要及时采取措施,调整工程进度计划,才能确保工期目标实现。

进度控制子模块(见图 8-7)的主要功能有以下方面:

(1)进度控制数据的存储、修改、查询。

(2)进度计划的编制与调整,包括横道图计划、网络计划、日历进度计划等不同形式。

(3)工程实际进度的统计分析。

(4)实际进度与计划进度的动态比较。

(5)工程进度变化趋势预测。

(6)计划进度的定期调整。

(7)工程进度的查询。

(8)各种进度控制图表的打印输出。

(9)各种资源的统计分析。

三、质量控制子模块

质量控制子模块(见图 8-8)的主要功能有以下方面:

(1)设计质量控制。包括:存储设计文件;核查记录;技术规范、技术方案;计算机进

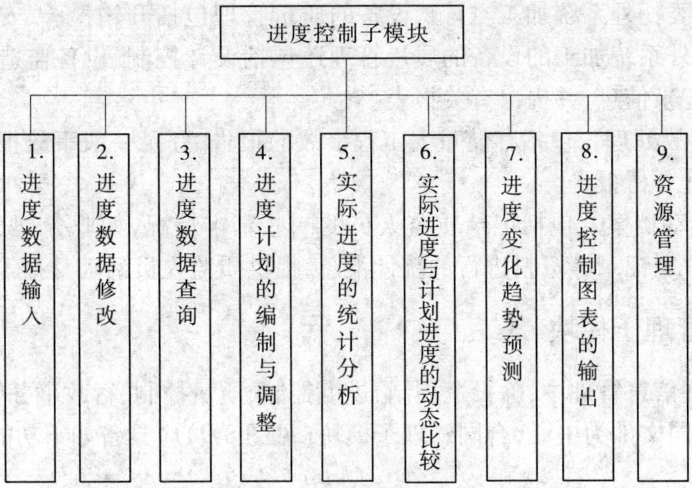

图 8-7　进度控制子模块

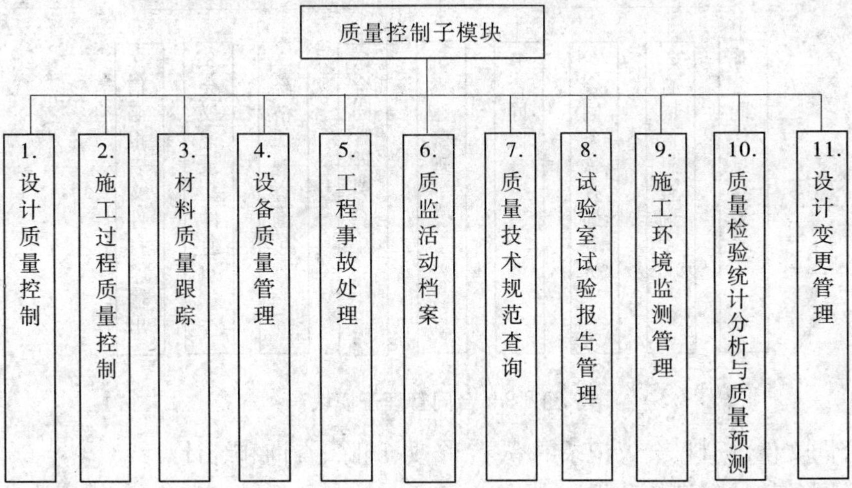

图 8-8　质量控制子模块

行统计分析;提供有关信息;存储设计质量鉴定结果;储存设计文件鉴证记录,包括鉴证项目、鉴证时间、鉴证资料等内容;提供图纸资料交付情况报告;统计图纸资料按时交付率、合格率等指标;择要登录设计变更文件。

(2)施工质量控制。包括:质量检验评定记录;单元工程、分部工程、单位工程的检查评定结果及有关质量保证资料;进行数据的校验和统计分析;根据单元工程评定结果和有关质量检验评定标准,进行分部工程、单位工程质量评定,为建设主管部门进行质量评定提供参考依据;运用数据统计方法,对重点工序和重要质量指标的数据进行统计分析,绘制直方图、控制图等管理图表;根据质量控制的不同要求,提供各种报表。

(3)材料质量跟踪。对主要的建筑材料、成品、半成品及构件进行跟踪管理,处理信息包括材料入库或到货验收记录、材料分配记录、施工现场材料验收记录等。

(4)设备质量管理。指对大型设备及其安装调试的质量管理。大型设备的供应有两种方式:订购和委托外系统加工。订购设备的质量管理包括开箱检验、安装调试、试运行三个环节;委托外系统加工的设备的质量管理还包括设计控制、设备监造等环节,计算机存储各环节的记录信息,并提出有关报表。

(5)工程事故处理。包括存储重大工程事故的报告,登录一般事故报告摘要,提供多种工程事故统计分析报告。

(6)质监活动档案。包括记录质监人员的一些基本情况,如职务、职责等;根据单元工程质量检验评定记录等资料进行的统计汇总,提供质监人员活动月报等报表。

四、合同管理子模块

在施工监理信息管理中,除投资控制、进度控制、质量控制、行政事务管理等信息管理子模块外,以合同文件为中心,合同管理子模块(见图 8-9)应具备如下功能:

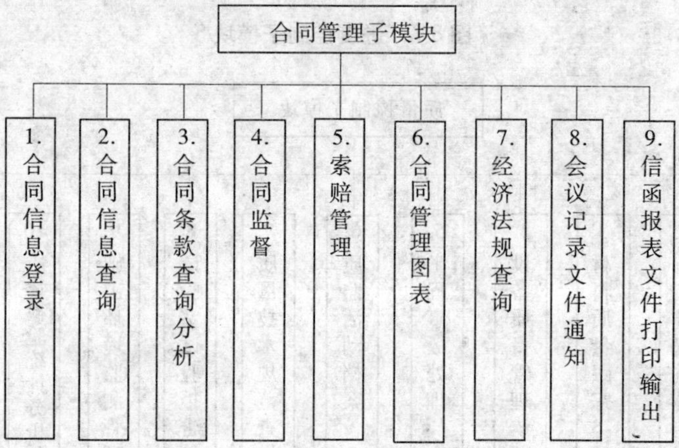

图 8-9　合同管理子模块

(1)合同文件、资料、会议记录的登录、修改、删除、查询和统计。

(2)合同条款的查询与分析。

(3)技术规范的查询。

(4)合同执行情况的跟踪及其管理。

(5)合同管理信息函、报表、文件的打印输出。

(6)法规文件的查询。

五、行政事务管理子模块

行政事务管理是监理工程中不可缺少的一项工作。在监理工作中,应将各类文件分别归类建档,包括对来自政府主管部门、项目法人、施工单位、监理单位等各个部门的文件进行编辑登录整理,并及时进行处理,以便各项工作顺利进行。

行政事务管理子模块(见图 8-10)的功能有以下方面:

(1)公文编辑处理。

(2)排版打印处理。

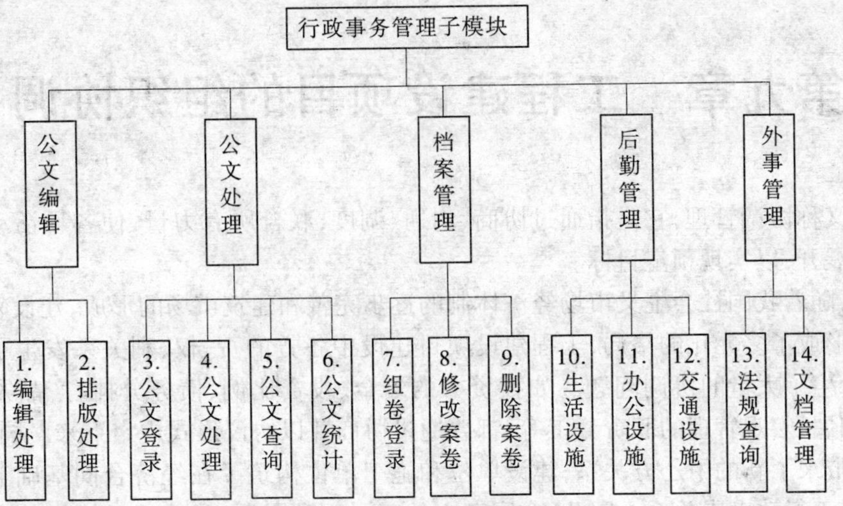

图 8-10　行政事务管理子模块

(3)公文登录。

(4)公文处理。

(5)公文查询。

(6)公文统计。

(7)组卷登录。

(8)修改案卷。

(9)删除案卷。

(10)查询统计。

(11)后勤管理。

复习思考题

1. 建设项目信息有哪些类型？
2. 建设工程监理信息有什么特点？
3. 建设项目信息有什么作用？
4. 建设项目信息管理主要包括哪些内容？
5. 建设监理信息一般是如何编码的？
6. 建设工程监理应收集哪些信息？
7. 建设项目信息处理一般包括哪些内容？
8. 建设监理的信息管理系统一般包括哪些模块？其各自功能是什么？

第九章 工程建设项目的组织协调

协调又称协调管理，它是指通过协商、沟通、调度，联合所有力量，使各项活动衔接有序地正常展开，以实现预定目标。

当前，随着我国社会主义市场经济体制的逐步完善和建筑市场的形成，建设领域建设项目投资形成了多元化的格局，工程建设项目建设中各方的责、权、利关系发生了较大变化，由此产生了大量的协调问题。如投资方的资金、投资比例、债务分摊、产品及利润分配、产权归属、宏观管理的职责分工等，都要通过协商并以协议形式规定下来。同时，由于招投标制带来了新的甲乙方关系，建设单位和施工单位构筑了在经济合同基础上的新型关系，不属于行政隶属关系。因此，合同双方的责、权、利矛盾，只能通过协商的方法来解决。特别是大中型建设项目，涉及面广、周期长、技术复杂、参与单位多，众多的合同本身不可能没有疏漏，合同履行难免不产生偏差，加之工程变更、施工条件变化，以及不可抗力的作用，都会不同程度地制约着合同履行，都要进行大量的协调工作。

在项目建设的不同阶段、不同部位和参加项目建设的不同单位、不同层次之间，存在着大量的界面和结合部，协调的作用就是沟通和理顺这些结合部的关系，化解各种矛盾，排除各种时空上的干扰，组织好各种工艺、工序之间的衔接，使工程总体建设活动能有机地交叉进行，实现质量高、投资省、工期短的建设目标。

第一节 组织协调的作用

一、组织协调可以纠偏和预控错位

在工程施工中，经常出现作业行为偏离合同和规范的标准，如工期超前和滞后、后续工序脱节、由于涉及修改和材料代用给下阶段施工带来影响的变更，以及水文、地质突然变化带来的影响，或人为因素对工期和质量带来的影响等，都会造成计划与实际的偏离。监理协调的重要作用之一就是及时纠偏，或采取预控措施事前调整错位。

二、组织协调是控制进度的关键

在建设工程施工中，有许多单位工程或单项工程是由不同的专业化的施工队伍完成的，这就存在着不同专业施工队伍间的相互衔接和相互协调的问题。无论哪一专业施工队伍出现工期延误，都会直接影响建设总工期，这就需要监理工程师进行组织与协调。由此可以看出，进度控制的关键是协调。

三、组织协调是平衡的手段

在工程施工中，一些大中型的建设项目，往往由许多施工队伍进行施工，加上设计单位、土建单位、安装单位、设备材料供应单位等，既有纵向的串接又有横向的联合，各自又有不同的作业计划、质量目标，这就存在着上述单位之间的协调问题。监理工程师应当从工程内部分析，既要进行各子系统之间的平衡协调，又要进行队伍之间、上下之间和内外之间的协调，发挥监理工程师的核心作用，突出协调功能。

十几年的工程监理实践证明，一个工程建设项目的顺利完成，是多方配合、相互合作的共同成果。参与建设管理的有关部门，包括建设单位、设计单位、施工单位、设备供应单位、材料生产单位、地方政府有关部门、交通运输部门、水电供应单位等，需要多方配合和合作，这就必然要求监理工程师具有良好的人际关系和较强的组织协调能力。

第二节　组织协调的内容

协调工作贯穿于工程建设项目的全过程，渗透到工程建设项目的每一个环节。工程建设的每个过程、每个环节，都存在着不同程度的矛盾和干扰，甚至会产生冲突，需要不同层次的人员去协调。协调的内容小到短时间的停工停电，大到不可抗力的破坏和重大设计变更而引起的资金、施工方案的调整。归纳起来，协调的主要内容有：协调日常施工干扰和相关单位或层次的协作配合；平衡调配资源供给；协调设计变更引起的施工组织、施工方案的调整；协调工程建设外部条件及其他重大问题等。

根据上述内容，协调可分为项目系统内部的协调和项目系统外部的协调。

一、项目系统内部的协调

项目系统内部的协调主要包括项目系统内部人际关系的协调、项目系统内部组织关系的协调、项目系统内部需求关系的协调和建设各方之间关系的协调。

（一）项目系统内部人际关系的协调

工程建设项目系统是由人组成的工作体系。工作效率如何，很大程度上取决于人际关系的协调程度，监理工程师应首先抓好人际关系的协调工作。

(1)人员安排要量才录用。对各种人员，要根据每个人的专长进行安排，做到人尽其才。人员的搭配要注意能力和性格的互补，少而精干。

(2)工作分工要职责分明。对组织内的每一个岗位，都应定立明确的目标和岗位责任，使管理职能不重不漏，做到事事有人管、人人有专责。

(3)效率评价要实事求是。每个人员都希望自己的工作做出成绩，并得到组织肯定。但工作成绩的取得不仅需要主观努力，而且需要有一定的工作条件和相互配合。评价一个人的成绩应实事求是，以免无功自傲或有功受委屈，这样才能使每个人热爱自己的工作，并对工作充满信心和希望。

(4)矛盾调解要恰到好处。人员之间的矛盾是难免的，一旦出现矛盾就应当进行调解。调解要注意工作方法，如果通过及时沟通、个别谈话和必要的批评，还无法解决矛盾，应采取必要的岗位变动措施。对上下级矛盾要区别对待，是上级的问题就作自我批评，是下级的问题应启发引导，对无原则的争论应当批评制止，这样才能使人们处于团结、和谐、热情的气氛中。

（二）项目系统内部组织关系的协调

项目系统内部组织关系的协调主要从以下几个方面入手：

（1）要在职能和分工的基础上设置组织机构。

（2）要明确规定每个机构的目标职责、权限，形成制度。

（3）要事先确定各个机构在工作中的相互关系，防止出现脱节等贻误工作的现象。

（4）建立信息沟通制度，如通过工作例会、业务碰头会、发会议纪要、采用工作流程图、计算机网络信息传递等方式来沟通信息，这样才能使局部了解全局，服从全局的需要。

（5）及时消除工作中的矛盾和冲突，解决矛盾的方法应根据具体情况而定。如配合不佳导致的矛盾和冲突，应从配合关系入手来消除；争功要利导致的矛盾和冲突，应从考核评价标准入手来消除；奖罚不公导致的矛盾和冲突，应从明确奖罚制度入手来解决；过高要求导致的矛盾和冲突，应从领导的思想方法和工作方法入手来消除等。

（三）项目系统内部需求关系的协调

工程建设项目实施中有人员需求、材料需求、能源动力需求等，然而资源是有限的，因此内部需求平衡至关重要。

内部需求关系的协调主要应抓好以下几个关键环节：

（1）抓计划环节，平衡人、财、物的需求。工程建设项目实施的不同阶段，往往有不同的需求，同一工程的不同部位在同一时间往往有相同的需求。这不仅是个供求平衡问题，而且是个均衡配置问题。解决的关键在于计划。抓计划环节，要注意抓住期限上的及时性、规格上的明确性、数量上的准确性、质量上的规定性。这样才能体现计划的严肃性，发挥计划的作用。

（2）对建设力量的平衡，要抓住“瓶颈”环节。施工现场千变万化，有些项目的进度往往受到人力、材料、设备、技术、自然条件的限制或人为因素的影响而成为“卡脖子”的环节。这样“瓶颈”环节就会成为阻碍全局的拦路虎。一旦发生这样的“瓶颈”环节就应通过资源、力量的调整，集中力量攻破“瓶颈”，为整个工程建设项目建设的均衡推进创造条件。抓关键、抓主要矛盾，网络计划技术关键路线法是一种有效的工具。

（3）对专业工种配合，要抓住调度环节。一个工程建设项目施工，往往需要机械化施工、土建、机电安装等专业工种交替配合进行。交替有个衔接问题，配合有个步调问题，这些都需要抓好调度协调工作。

（四）建设各方之间关系的协调

建设项目各方的关系，主要是指建设单位与施工单位、建设单位与设计单位、设计单位与施工单位、各施工单位之间的关系等。这些关系在合同签订和履行过程中，由于各方的理解、认识、做法的不同以及变更和外部环境的影响，会不可避免地产生误解、纠纷、施工干扰以致冲突。监理工程师应站在公正的立场上，本着实事求是的原则，认真细致地处理各种矛盾。

1. 建设单位与施工单位关系的协调

建设单位与施工单位对工程承包合同负有共同履约的责任，工作往来频繁，在往来中对一些具体问题产生某些意见的分歧是常有的事。在这个层次的协调中，由于工程进展的各个阶段的不同，建设单位与施工单位的关系也不尽相同，协调工作随着工程进展阶段的变化而变化。

1)招标阶段的协调

中标后建设单位与施工单位的合同洽谈与签订是协调的主要内容。首先要对双方的法人资格和履约能力进行复核。其次,合同中要明确双方的权、责、利,如建设单位要保证资金,材料,设计,建设场地,外部水、电、通信线路的“五落实”;施工单位要实行“五包”,即包工期、包质量、包单价或总价、包材料和包配套竣工。“五落实”未落实而影响“五包”或“五包”未按合同兑现,均应受到处罚。双方处罚条件应当对等。

2)施工准备阶段的协调

施工准备是顺利组织施工的先决条件。施工准备工作包括必要的劳动力、材料、机具、技术和场地准备,这就需要建设单位和施工单位双方协作,共同完成,为开工和顺利施工创造条件。

开工的条件是:有完整的施工图纸;有政府管理部门签发的施工许可证;资金和材料已经落实,能按工程进度需要拨款、供料;施工组织计划已经批准;加工订货设备已经落实;施工条件已经基本落实,现场已“五通一平”(水、电、路、气、电信通和场地平整)。

建设单位和施工单位双方应有明确的约定和分工。对一些习惯性的做法和问题应事先沟通,以便协调行动。

3)施工阶段的协调

这个阶段的协调工作包括解决进度、质量、中间计量和支付签证、合同纠纷等一系列问题。主要有下列协调问题:

(1)进度问题的协调。影响进度的因素错综复杂,协调工作也十分复杂。实践证明,有两项协调工作很有效:一是建设单位和施工单位双方共同商定一级网络计划,并由双方负责人在一级网络计划上签字,作为工程承包合同的附件;二是设立提前竣工奖。监理按一级网络计划节点考核,让施工单位设立施工进度奖,调动施工单位职工的积极性。

(2)质量问题的协调。实行监理工程师质量签字制度,对没有出厂证明,不符合使用要求的原材料、设备和构件,不准使用;对于不合格的工程部位不予验收签证,也不予工程计量,不予支付进度款。

(3)签证协调。设计变更和工程建设项目的增减是不可避免的,是合同签订时无法预料的。对于这种变更,监理工程师要仔细研究,合理计算价格,与有关方面充分协商,达成一致意见。

(4)合同争议的协调。对合同纠纷,首先应协商解决,协商不成时再向合同管理机关申请调解和仲裁。当合同约定由法院裁决时,应按照《中华人民共和国合同法》和《中华人民共和国民法通则》的有关规定向人民法院提起诉讼。若为国际工程应按 FIDIC 条款执行。一般合同争议切忌诉讼,尽量协商解决,避免伤害感情,贻误工作。只有当对方严重违约而使自己的利益受到重大损失而不能得到补偿时,才用诉讼手段保护自己的利益。如果遇到非常棘手的问题,不妨暂时搁置,等待时机,另谋良策。

4)交工验收阶段的协调

建设单位在交工验收中可能提出这样那样的问题,施工单位应根据技术文件、合同、中间验收签证和验收规范做出详细的解释,对不符合要求的工程要采取补救措施,使其达到设计、合同、规范要求。

2. 建设单位与设计单位关系的协调

建设单位与设计单位关系的协调,主要涉及设计进度、设计质量、工程概算、设计变更、设计标准、技术条件及新技术、新工艺、新材料的采用等方面。

3. 设计单位与施工单位关系的协调

设计单位与施工单位关系的协调主要涉及设计交底、领会设计意图以及设计与施工配合问题,如设计要方便施工,施工必须符合设计要求等。

4. 施工单位之间关系的协调

施工单位之间关系的协调,包括总包与分包之间关系的协调,以及分别直接发包情况下各施工单位之间关系的协调。总包与分包之间关系的协调,主要由总包负责。各施工单位之间关系的协调,主要有施工协作配合、施工干扰、施工安全、工程进度、计划的统筹安排等事项。

二、项目系统外部的协调

参与项目建设的单位和部门,除作为建筑市场主体的建设、设计、施工、制造、供应和监理单位外,还有国家主管部门、各级地方政府、当地有关部门、金融机构、新闻媒体及其他社会团体。协调好项目系统外部的关系,争取各方面的支持,改善建设环境,对于实现项目目标具有十分重要的意义。

争取各级地方政府支持,是改善建设环境的重要环节。征地、拆迁、移民安置是政策性很强、涉及千家万户的利益、实施起来比较困难的工作,只有争取各级地方政府的支持,充分发挥他们的作用,才能做好这项工作。同样,对外交通保障、大构件运输要求的桥梁加固、抗洪救灾、工地治安、建筑材料的调配供应等问题的妥善解决,都离不开地方政府的支持,都需要地方政府做好协调工作。

协调好与金融机构的关系,如与投资公司、银行的关系,及时报告工程进展和资金使用情况,接受金融系统对建设资金的监督,按期归还建设贷款,建立良好的信誉,实事求是地反映资金供应上的困难,对于确保建设资金按时到位,都具有十分重要的意义。

协调好新闻媒体及其他社会团体的关系,争取新闻机构的支持,利用广播、报纸、电视等大众宣传媒介,宣传项目建设的意义、建设进度、取得的成绩、项目建设对地方经济发展的贡献等,有利于得到社会各界的支持,鼓舞建设者的士气,顺利实现建设目标。

第三节　组织协调的方法和方式

一、组织协调的方法

协调作为项目管理的一种重要职能,在项目建设中发挥着重要作用。协调的方法和艺术是协调是否富有成效、发挥作用的关键。在建设项目的实践中,不少建设单位和监理工程师对协调工作进行了有益的探索,逐步形成了条块结合、多层次、全方位、全过程的协调模式和经济调控、思想工作、行政干预相结合的协调方法。这里主要介绍以下三种方法：

(1)坚持以合同契约为依据，以经济调控为手段。建筑业走向市场的一个重要特征是建设领域实行招标承包制。承发包双方通过签署具有法律效力的经济合同，明确各自在建设项目中的责、权、利关系。因此，项目实施中的一些矛盾、干扰和协作配合问题，都必须以合同契约为依据，以经济调控为主要手段，通过平等协商，协调处理好各单位、各部门、各环节之间的关系，以维护合同双方的合法权益，确保项目目标的实现。

(2)坚持思想工作领先原则。在社会主义市场经济条件下，虽然各方都带着自己的利益参加项目建设，但全面完成建设目标是各单位的共同目标。因此，在项目协调中，要坚持讲大局，兼顾国家、集体和个人三者利益的统一。从不同角度把各方的利益和项目建设的总目标结合起来，在履行经济合同的基础上，讲团结、强调协作和风格，把全体建设者的思想统一到建设项目的大局上来，一切以是否有利于建设项目为出发点判断、分析和解决问题。

(3)必要的行政干预。在当前市场经济体制还不完备的情况下，完全依靠经济手段和思想工作，还难以协调所有问题，有些较大的关系调整和工作协作超出了建设、设计、施工和监理单位的权限或能力。在这种情况下，必须采用行政手段，依靠上级政府部门，给予必要的行政干预和协调帮助，以进一步完善经济合同，理顺相互间的关系，促进各方面严格履行合同，保证项目建设快速、高效的完成。

在项目协调中，要将上述三种协调方法有机地结合起来，形成一套以经济调控为主体、思想工作为先导、行政干预为补充的综合协调方法。

二、组织协调的方式

项目协调最常用的方式是召开协调会议，在工程建设项目的施工中，工地会议就成为项目协调的主要方式。

通过工地会议，便于监理工程师对施工进度和质量的矛盾进行协调，同时方便各种信息在建设单位、施工单位之间传递，有利于工程的顺利进行。工地会议可以用来协调建设单位、监理工程师、施工单位之间的矛盾，也可以协调工程施工中的一些矛盾，使矛盾和问题及时得到解决，避免对工程建设项目三大目标产生影响。工地会议是监理工程师对工程施工进度、质量、投资情况进行经常性的检查，通过对执行合同的情况和施工技术问题的讨论，及时发现问题，为监理工程师决策提供依据。工地会议还可以集思广益，对施工中出现的各种问题采取建设性的措施。因此，工地会议是监理工程师的一项重要工作。

第四节　工地会议

一、第一次工地会议

第一次工地会议是施工单位、监理工程师进入工地后的第一次会议，是建设单位、施工单位、监理工程师建立良好合作关系的一次机会。第一次工地会议的目的，在于监理工程师对工程开工前的各项准备工作进行全面检查，确保工程实施有一个良好的开端。第一次工地会议宜在正式开工前召开,并应尽早举行。会议的组织由监理工程师负责,监理工程师应事前将会议议程及有关事项通知建设单位、施工单位和其他有关单位,必要时可以先召开一次预备会议,使参加会议的有关方面做好资料准备。在会议进行中,如果某些问题得不到解决,形不成一致意见,可以暂时休会,待条件具备时再行复会。

(一)第一次工地会议人员的组成

第一次工地会议由监理单位主持,建设单位、施工单位的授权代表必须出席会议,各方将要担任职务的项目负责人及指定的分包人参加会议。会议纪要由项目监理机构负责整理并经与会各方代表签认,监理单位作为资料存档。

(二)会议的主要内容

1. 介绍人员及组织机构

建设单位或其代表应就其实施工程建设项目期间的职能机构、职责、范围及主要人员名单提出书面文件,并就有关细节进行说明。

总监理工程师向总监理工程师代表和专业监理工程师授权,并声明自己保留的权利,书面将授权书、组织机构图、职责范围及全体监理人员名单提交施工单位及建设单位。

施工单位应书面将项目经理或工地代表授权书、主要人员名单、职能机构框图、职责范围及有关人员资质材料提交监理工程师,以取得监理工程师的批准。监理工程师应在本次会议上进行审查并口头批准(或有保留的批准),会后正式予以书面确认。

2. 介绍施工进度计划

施工单位的施工进度计划应在中标通知发出后合同规定的时间内提交监理工程师。在第一次工地会议上,监理工程师就施工进度计划做出如下说明:施工进度计划可于何日批准或哪些分项已获得批准;根据批准或将要批准的施工进度计划,施工单位何日进行哪些施工,有无其他条件限制,有哪些重要的或复杂的分项工程还应单独编制进度计划提交批准。

3. 施工单位介绍施工准备情况

施工单位应就施工准备情况按如下内容提出陈述报告,监理工程师应逐项予以澄清、检查和评述。

(1)主要施工人员,包括项目负责人、主要技术人员、主要机械操作人员,是否进场或将何日进场。

(2)用于工程的进口材料、机械、仪器和设备、设施是否进场或将何日进场,是否会对施工产生影响,并提交进场计划和清单。

(3)用于工程的本地材料来源是否落实,并提交进场计划和清单。

(4)施工驻地及临时工程建设进展情况如何,并提交施工驻地及临时工程建设计划和分布图。

(5)工地试验室、流动试验室及设备是否准备就绪,将于何日安装,并提交试验室布置图、流动试验室分布图及仪器设备清单。

(6)施工测量的基础资料是否已经落实并通过复核,施工测量是否进行或将何日完成,并应提供施工测量计划及有关资料。

(7)履约保函、动员预付款保函和各种保险是否已办理或将何日办理完毕,提交有关已办理的手续副本。

(8)为监理工程师提供的住房、交通、通信、办公等设备和服务设施是否具备或将何日具备,并提交有关安排计划和清单。

(9)其他与开工条件有关的内容和事项。

4. 建设单位说明开工条件

建设单位代表就工程占地、临时用地、临时道路、拆迁以及其他开工条件有关的问题进行说明。监理工程师应根据批准或将要批准的施工进度计划的安排,对上述事项提出建议和要求。

5. 明确施工监理例行程序

监理工程师应疏通与施工单位之间的联系渠道,明确工作例行程序并提出有关表格及说明。一般包括:质量控制的主要程序、表格及说明;进度控制的主要程序、图表及说明;投资控制的主要程序、表格及说明;工程计量的程序、报表及说明;索赔的主要程序、报表及说明;工程变更的主要程序、图表及说明;工程质量事故及安全事故的报告程序、报表及说明;函件的往来传递交接程序、报表及说明;施工过程中工地会议举行的时间、地点及程序;其他有关的制度规定等。

二、工地例会

(一)工地例会的重要性

工地例会也叫例行现场会议,召开例行现场会议的主要目的是对在施工中发现的工程质量问题、工程进度延误以及承包人提出工期延长或费用索赔的申请或与上述有关的一些重要事项进行讨论,并做出决定。

会议每月召开1~2次。例行现场会议必须先准备一个议程,目的是使有关方面尽早准备好会议所需的资料等,以便开会时不会有任何遗漏。例行现场会议由监理工程师主持,并将会议上讨论的事项和决议记录下来,分发给各方。会议记录经监理工程师及承包人认可,就成为正式记录,对双方均具有约束力,并可能成为解决延期索赔的重要证据。会议记录必须记录会议的地点及时间、参加者的姓名及他们所代表的单位、会议的主持人、会议中发言者的姓名及所发表的内容、讨论的事项及决议。

(二)参加工地例会的人员

(1)监理工程师。一般由监理工程师代表及其他有关的监理人员参加。

(2)承包人。一般由承包人的项目经理及其他有关人员参加。

(3)应邀的业主代表及有关人员。

(4)根据会议内容的需要,可另外邀请其他人士参加。

(三)工地例会的议程

1. 检查上次会议决议的执行情况

出席会议的人员应汇报执行上次会议决议情况,如哪项未执行或认为记录中有不正确或不清楚的问题,应对提出的问题进行讨论,必要时修改记录,否则应申明上次会议决议是正确的,已获得所有与会人员的同意。

2. 汇报进度情况

审阅所有进度情况的报告及主要工程细目，特别是处于关键线路上的工程的进度。找出拖延进度的各种因素，提出解决的措施，定出下一阶段进度计划。

3. 承包人的人员、材料和施工机械情况

(1)现场人员是否正如承包人计划所列的一样；工程是否因某种管理人员不足而受到影响；专业技术人员中是否有技术不能胜任的现象；如果发现任何有不称职的承包人的人员，承包人建议如何处理。

(2)工程材料是否已安排如期运送；是否采取措施保证到达工地的材料的质量是合格的。

(3)工地使用的施工机械是否与承包人填列的一样；工程是否受到任何机械不足的影响；机械的技术完好状况是否令人满意；保养及维修设施是否足够；易损配件是否储存充足；机械的利用率如何。

4. 技术和质量方面的问题

凡施工中已经出现的有关技术和质量问题，例如工艺水平、工程缺陷、材料质量、放样误差、补充图纸等，都应分项列出，供会议研究讨论，并提出双方同意的解决方案。

5. 财务方面

计量支付是否及时；价格调整是否合理；期中支付是否按时收到。可根据各财务细目分别进行讨论，并做出决定。

6. 合同管理事项

合同管理事项包括如下方面：

(1)现场的移交情况。

(2)公用设施及附近的房地产主和使用者的干扰问题。

(3)分包与转让问题。

(4)工程变更问题。

(5)工程意外问题。

(6)暂时停工问题。

(7)监理工程师和承包人之间在各层次之间的联系，以及有关要求工程的检验及证书的签发等事项。

(8)其他有关合同管理事项。

7. 延期与索赔要求

对承包人提出的延期和费用索赔问题，应做出详细记录，这些记录将作为以后处理索赔的重要资料。

(1)承包人有没有打算提出延期或索赔的要求。

(2)承包人已经提交的延期与索赔情况。

会议最后应对以上议程中未提到但需讨论的问题进行讨论，并确定下次例行现场会议的地点及时间。

三、现场协调会

在整个建设工程施工期间，应根据具体情况，不定期地召开不同层次的施工现场协调会。现场协调会的目的在于监理工程师对日常或经常性的施工活动进行检查、协调和落实,使监理工作和施工活动密切配合。会议由监理工程师主持,施工单位派代表出席,有关监理工程师及施工技术人员酌情参加。会议只对近期建设工程施工中的问题进行证实、协调和落实,对发现的施工质量问题及时予以纠正,对其他重大问题只提出而不进行讨论,另安排专门会议或在工地例会上进行研究处理。会议的主要内容包括:施工单位报告近期的施工活动,提出近期的施工计划安排,简要陈述发生或存在的问题;监理工程师就施工进度和施工质量予以简要评述,并根据施工单位提出的施工活动计划,安排监理工程师或监理人员进行旁站、巡视、平行检验、抽样试验、检测验收等监理工作,对执行施工合同有关的其他问题交换意见。

现场协调会以协调工作为主,讨论和证实有关问题,及时发现工程施工中的问题,一般对出现的问题不做出决议,重点对日常工作发出指令。监理工程师和施工单位通过现场协调会彼此交换意见,交流信息,促使监理工程师和施工单位双方保持良好的关系,以利于工程建设活动的开展。

复习思考题

1. 简述工程建设项目组织协调的作用。
2. 简述项目系统内部协调的内容。
3. 简述项目系统外部协调的内容。
4. 简述组织协调的方法。
5. 何为第一次工地会议?
6. 简述第一次工地会义的主要内容。
7. 何为工地例会?
8. 简述工地例会的议程。

第十章 工程建设监理系列文件

第一节 监理大纲

一、监理大纲的作用

(一)争取监理业务

监理大纲又称监理方案,它是监理单位投标取得监理业务而编写的监理方案性文件。监理大纲是项目监理规划编写的直接依据。建设单位在进行监理招标时,一般要求投标监理单位提交监理技术标书和监理费用标书两部分,其中监理技术标书即监理大纲。工程监理单位要想在投标中显示自己的技术实力和监理业绩,获得建设单位的信任中标,必须写出自己以往监理的经验和能力,以及对本项目的理解和监理的指导思想,拟派驻现场的主要监理人员的资历、业绩情况等。建设单位通过对所有投标单位的监理大纲和监理费用的评比,最终评出中标监理单位。建设单位评定监理投标书的重点在监理大纲。

(二)为编制监理规划提供依据

工程监理单位一旦中标,在签订建设工程委托监理合同后,监理单位就要求项目总监理工程师着手编制项目监理规划。而监理规划的编制必须依据工程监理单位投标时的监理大纲。因为监理大纲是建设工程委托监理合同的重要组成部分,也是工程监理单位对建设单位所提技术要求的认同和答复,所以工程监理单位必须以此编写监理规划,来进一步指导工程项目的监理工作。

二、监理大纲的编写

监理大纲的编写应表明工程监理单位与监理项目有关的经验和能力,以及对监理范围内提出的任务的理解,特别要提出自己认为能够给建设单位节约投资、缩短工期、保证工程质量的具体建议和自己承担本工程的优势,这些内容往往是工程监理单位长时间监理工作经验积累的具体体现,因此对建设单位往往具有较强的说服力。

(一)监理大纲编写的依据

监理大纲编写的依据如下:

(1)国家有关建设工程方面的法律、法规。

(2)建设单位提供的勘察、设计文件。

(3)建设单位的工程监理招标文件。

(4)工程监理单位监理人员的资历及资质情况。

(5)工程监理单位的质量保证体系认证资料。

(6)工程监理单位的技术装备和经营业绩。

（二）监理大纲的内容

监理大纲的内容一般包括：监理单位根据业主所提供的和自己初步掌握的工程信息制定准备采用的监理方案（监理组织方案、各目标控制方案、合同管理方案、组织协调方案等）；监理单位拟派往项目上的主要监理人员及其资质情况；明确说明将提供给业主的、反映监理阶段性成果的文件。

监理大纲的内容应当根据监理招标文件的具体要求制定，主要内容如下：

（1）项目概况。

（2）监理工作的指导思想和监理目标。

（3）拟派往项目上的主要监理人员及其资质情况。

（4）现场监理组织及其职责。

（5）各阶段监理工作目标及其措施。

（6）合同管理的任务与方法。

（7）组织协调的任务与方法。

（8）拟派驻项目监理部的技术装备。

（9）拟提供给建设单位的监理报告目录及主要监理报表格式。

（10）对本项目建设、设计、施工单位的建议。

（11）投标书要求的其他资料。

第二节　监理规划

监理规划是监理单位签订了项目监理合同之后，由项目总监理工程师主持，根据委托监理合同，在监理大纲的基础上，结合项目的具体情况，制定的指导整个项目监理组织开展监理工作的技术组织文件。监理大纲与监理规划都是围绕着整个项目监理组织所开展的监理工作来编写的，但监理规划的内容要比监理大纲翔实、全面。

一、监理规划编写的作用

（一）指导项目监理组织全面开展工作

工程监理的中心任务是协助建设单位实现项目监理目标。而实现监理目标需要制定计划、建立组织、配备人员并进行有效的指导。在实施项目监理的过程中，监理单位要集中精力做好目标控制工作。但是，若不事先对计划、组织、人员配备、制度建立等项工作进行科学的安排，就无法实现对目标的有效控制。因此，项目监理规划需要对项目监理组织开展的各项监理工作做出全面、系统的组织和安排，包括确定监理目标，制定监理计划，安排目标控制、合同管理、信息管理、组织协调等各项工作，并确定各项工作的方法和手段。

监理规划是在监理大纲的基础上编制的，因此应当更加明确地规定项目监理组织在工程监理实施过程中应当重点做的工作，各部门、各层次的监理人员具体工作分工，各阶段各施工部位具体监理工作等。只有全面确定了这些工作，项目监理组织才能真正开展工作，做到有条有理。

（二）监理规划是建设单位检查监理单位履行监理合同的重要依据

监理单位如何履行建设工程委托监理合同？如何落实建设单位委托工程监理单位所承担的各项监理服务工作？作为监理的委托方，建设单位需要而且有权了解和掌握工程监理单位执行建设工程委托监理合同的情况。而监理规划正是建设单位加以了解和掌握这些问题的第一手资料，也是建设单位确认工程监理单位是否履行工程委托监理合同内容的主要说明性文件。

（三）监理规划是建设行政管理部门对工程监理单位监督管理的主要依据

国家法律规定，建设行政管理部门依法对工程监理单位实施监督、管理和指导，对其管理水平、人员素质、监理业绩、专业配套和技术装备等进行核查和考评，以确认它的资质和资质等级，同时建设行政管理部门还对工程监理单位实行资质年检制度。这些检验、考评都要针对工程监理单位已完和在建监理工程建设项目进行，其中一项重要的内容就是通过对工程监理单位的项目监理规划和它在工程监理过程中的实施效果检查，来核定工程监理单位的监理资质。因此，它是建设行政管理部门监督、管理和指导工程监理单位监理活动的主要内容。

二、监理规划编写的依据

监理规划编写的依据有：工程项目自然条件、社会条件和经济条件等外部环境调查研究资料；工程建设方面的有关法律、法规；政府批准的工程建设文件；建设工程委托监理合同；项目业主的正当要求；项目监理大纲；工程实施过程中输出的有关信息。

三、监理规划编写的要求

（一）监理规划基本内容构成应力求统一

项目监理规划基本内容包括目标规划、项目组织、监理组织、合同管理、信息管理和目标控制。要力求将监理规划的内容统一起来。监理规划统一的内容要求应在建设监理法规文件或建设工程委托监理合同中明确下来。

（二）监理规划的具体内容应具有针对性

监理规划基本构成内容应当统一，但各项内容要有针对性。因为监理规划是指导一个特定工程项目监理工作的技术组织文件，它的具体内容要适用于这个特定的工程项目。每一个监理单位和每一位项目总监理工程师对一个具体项目在监理思想、方法和手段上都应有独到之处。

由于工程项目的实施是一个长期的过程，在这个过程中有许多难以预料的问题，工程项目的动态性要求监理规划与工程的运行相适应，应具有可变性，只有这样才能实施对工程项目的有效监理。

四、监理规划的内容

监理规划通常包括以下 7 个方面的内容：

(1)工程项目概况。应反映工程项目的名称、地点、工程项目组成及建设规模、主要建筑结构类型、预计工程投资总额、工程项目计划工期、工程质量等级、工程项目设计单位及施工承包商的名称。

(2)工程项目建设监理阶段、范围和目标。工程项目建设监理阶段是指监理单位所承担的监理任务的工程项目建设阶段,可按委托监理合同中确定的监理阶段划分。一般可划分为立项阶段的监理、设计阶段的监理、招标阶段的监理、施工阶段的监理和保修阶段的监理。工程项目建设监理的范围是指监理单位承担监理任务的范围。它要根据业主的委托,在监理合同规定的范围内展开监理活动。

工程项目建设监理目标是指监理单位所承担的工程项目的监理目标。通常以工程项目的建设投资、进度、质量三大控制目标来表示。

(3)施工项目建设监理工作内容。包括:①施工阶段进度控制;②施工阶段质量控制;③施工阶段投资控制。

(4)主要的监理控制目标与措施。应重点围绕进度控制、质量控制、投资控制三大目标制定。

(5)监理组织。监理规划要明确监理组织机构的形式、监理人员名单、监理组织职能部门的职责分工及各类监理人员的职责分工。

(6)施工项目监理工作制度。包括:①施工图纸会审及设计交底制度;②施工组织设计审核制度;③工程开工申请制度;④工程材料、半成品质量检验制度;⑤隐蔽工程分项(部)工程质量验收制度;⑥技术复核制度;⑦单位工程、单项工程中间验收制度;⑧技术、经济签证制度;⑨设计变更处理制度;⑩现场协调会及会议纪要签发制度;⑪施工备忘录签发制度;⑫施工现场紧急情况处理制度;⑬工程款支付签审制度;⑭工程索赔签审制度等。

(7)项目监理组织内部工作制度。包括:①监理组织工作会议制度;②对外行文审批制度;③监理工作日志制度;④监理周报、月报制度;⑤技术、经济资料及档案管理制度;⑥监理费用预算制度等。

五、监理规划示例

双滩水电站工程监理规划

1 工程概况

1.1 工程简介

四川省平昌县双滩水电站位于平昌县城上游,枢纽在达县市平昌县境内的荔枝乡与云台乡交界处,是渠江水系巴河支流通江河的下游最末一个梯级电站。电站距平昌县城公路里程 18 km,水路 20 km。目前已修建 4 km 进厂公路与平昌至通江公路相接,电站厂房位于通江河左岸,达县至平昌县城公路里程 117 km。

双滩水电站是一个以发电为主,兼顾灌溉、航运的综合利用水利水电工程。水库正常蓄水位 319.00 m,相应库容 2.08 亿 m^3,总库容达 3.0 亿 m^3,电站为低水头嵌入式电站,具有季调节性能,装机容量 36 MW,设计水头 23 m,引水流量 175.86 m^3/s,年发电量 1.471 8 亿 kWh,保证出力 5.78 MW;年平均利用小时数 4 008 小时,通航建筑物(缓建)为升船机,可通行船只为 30 t。本工程为二等工程,其主要建筑物为2级，次要建筑物为3级。

双滩水电站主要建筑物从左至右依次由左岸非溢流坝、电站主副厂房、泄洪闸、右岸非溢流坝、升船机等组成。

1.2 合同工程基本情况

合同工程基本情况见表1.1。

1.3 工程建设监理的基本依据

(1)国家工程建设法律与行政法规。

(2)国家及国家部门制定颁发的施工技术及工程验收规范、规程、规定和质量检验标准。

(3)工程建设监理合同及受监理项目工程承包合同。

表1.1 合同工程基本情况

工程名称	四川省平昌县双滩水电站工程
工程地址	四川省平昌县荔枝乡与云台乡交界处
工程建设单位	四川巴河水电开发有限公司
工程建设设计单位	四川省水利水电勘测设计研究院
工程建设监理单位	长江水利委员会工程建设监理中心(湖北)双滩水电站工程监理部
工程建设施工承建单位	中国水利水电第八工程局双滩施工局
合同估算主要工程量	枢纽工程各主要建筑物工程量见表1.2
工程总投资(元人民币)	3.5亿
合同总工期	33个月
监理合同编号	ST/JL

表1.2 枢纽工程主要建筑物工程量

工程部位	项目									
	土及砂卵石开挖(m^3)	石方开挖(m^3)	土石回填(m^3)	混凝土及钢筋混凝土(m^3)	预制混凝土(m^3)	M7.5浆(混凝土)砌条块石(m^3)	帷幕/固结灌浆(m)	闸门及启闭机安装(套)	钢筋及金属结构安装(t)	房屋面积(m^2)
左岸非溢流坝	8 691	23 085	4 213	3 087		24 855	847/672		15.54	
进厂交通廊道				523						
主副厂房及尾水渠	10 924	59 240	3 259	75 192		51 499	1 683/0	2	5 127.8	420
升压站			11 390			8 028				
泄洪闸坝段	40 592	27 062		98 243	4 594	59 011	2 772/10 956	9	3 738.1	
右岸非溢流坝	26 208	22 185	25 341	8 274		44 550	847/672		22.89	
总计	86 415	131 572	44 203	185 319	4 594	187 943	6 149/12 300	11	8 904.33	420

2 工程项目建设监理阶段、范围、内容和合同控制目标

2.1 监理工作阶段

监理工作的阶段包括双滩水电站工程的全过程监理(不含船闸部分)。监理时段包括工程准备期、主体工程施工期、完建阶段的施工全过程。

2.2 监理工作范围

监理工作范围主要包括:

(1)协助业主完成本工程的招投标工作。

(2)准备工程。

(3)施工导流工程。

(4)左岸非溢流坝、电站主厂房、泄洪闸、右岸非溢流坝、副厂房、主变场、开关站等的土石方开挖、基础处理、土石方回填、砌石施工、混凝土施工;砂石骨料、拌和等生产辅助系统。

(5)金属结构和机电设备安装。

(6)协助业主参与主要机电设备生产过程中的质量监督。

2.3 监理服务内容

2.3.1 设计方面

(1)协助业主与勘察设计单位(以下简称“设计单位”)签订勘察设计、科学试验合同及施工图供应协议。

(2)管理业主与设计单位签订的有关合同、协议,督促设计单位按合同和协议要求及时供应合格的设计文件。

(3)熟悉设计文件内容,检查设计文件(包括设计说明、施工范围、技术要求、操作规程、设计修改通知等)是否符合批准的设计任务和初设审批意见,以及是否符合勘察设计合同规定。

(4)代表业主核查设计文件和各项设计变更,提出意见与优化建议。

(5)及时向本工程承建单位签发设计文件,发现问题及时与设计单位联系,重大问题向业主报告。

(6)组织设计单位进行现场设计交底。

(7)协助业主会同设计单位对重大技术问题和优化设计进行专题讨论。

(8)审核承建单位对设计文件的意见和建议,会同设计单位进行研究并督促设计单位尽快给予答复。

(9)代表业主审核按工程承建合同文件规定应由承建单位提交的设计文件。

(10)保管所有设计文件及过程资料。

(11)其他相关业务。

2.3.2 采购方面

(1)协助业主进行采购招标与发包工作。

(2)管理采购合同,并对采购计划进度进行监督与控制。

(3)及时提请业主按期供应主要永久工程设备(设备监造合同另行议定)。

(4)协助或代表业主对进场永久工程设备进行质量检查与到货验收。

(5)审定承建单位提交的“三材”及其他材料的采购计划。

(6)其他相关业务。

2.3.3 施工方面

(1)协助业主进行工程招标发包和签订工程承建合同。

(2)全面管理工程承建合同,就承建单位选择的分包单位资格及分包项目进行审查批准。

(3)检查并督促业主按本工程合同的规定，落实必须提供的施工条件，检查工程承建单位的开工准备工作，并在检查与审查合格后签发合同工程开工令。

(4)审批承建单位提交的施工组织设计、施工技术措施计划、作业规程、工艺试验成果、临建工程设计以及使用的原材料等。

(5)签发补充的设计文件、技术规范等，答复工程承建单位提出的建议和意见。

(6)工程进度控制。协助业主编制工程控制性进度计划，提出工程控制性进度目标，并按此审查批准承建单位提出的进度计划，检查其落实情况，督促承建单位采取切实有效措施实现合同目标要求。当由于各种原因已致使实施进度发生较大偏差时，及时向业主提出调整控制性进度计划的建议，并在通过业主批准后完成其调整。

(7)施工质量控制。审查承建单位的质量控制体系和措施，核实质量文件；依据工程承建合同、设计文件、技术规范与质量检验标准，对施工前准备工作进行检查，对施工工序与资源投入进行监督；以单元工程为基础对基础工程、隐蔽工程、分项分部工程的质量进行检查、签证和施工质量评价。

(8)工程造价控制。协助业主编制投资控制目标和分年度投资计划；审查承建单位提交的资金流动计划，审核承建单位的收方计量及单价费用等，签发付款凭证；受理索赔申请，进行索赔调查与谈判，并提出处理意见；依据业主授权处理合同与工程变更，下达变更指令。

(9)施工安全与保护监督。检查施工安全措施、劳动防护和环境保护设施，督促检查汛期防洪度汛措施等；参加重大安全事故调查，整理调查报告并提出事故处理意见。

(10)主持并进行监理合同授权范围内工程建设各方协调工作，编发施工协调会议纪要。

(11)协助业主按国家规定进行工程各阶段验收，审查设计单位和工程承建单位编制的竣工图纸和资料。

(12)信息管理。做好现场监理记录与信息反馈；按监理合同协议附件要求编制监理月报、年报；对工程资料及档案按期进行整编与管理，并在工程竣工验收或监理服务期结束后移交业主。

(13)其他相关工作。

2.3.4 咨询方面

(1)配合委托人聘请的咨询专家工作并提供有关资料与文件。

(2)对监理合同项目有关的咨询专家建议、意见进行分析研究，并提出相应的书面意见。

2.4 监理人应向委托人提供的信息文件

2.4.1 定期信息文件

根据监理工程项目、范围及内容，随工程施工进展向委托人报送监理周报、月报、年报，主要包括如下内容：

(1)施工质量情况。

(2)工程进度情况。

(3)进场施工机械设备及劳动力情况。

(4)合同变更与工程变更情况。

(5)工程支付情况。

(6)施工进展情况。

(7)其他。

2.4.2 根据监理工程进展情况的不定期报告

(1)关于工程优化设计或变更或施工进展的建议。

(2)资金、资源投入及合理配置的建议。

(3)工程进展预测分析报告。

(4)业主合理要求提交的其他报告。

2.4.3 监理过程文件

(1)施工措施计划批复文件。

(2)施工进度调整批复文件。

(3)监理协调会议纪要文件。

(4)其他监理业务文件。

2.4.4 监理机构提交的监理文件份数及时间要求

文件报送份数为4份,其中1份归档。周报为每周一,月报为每月末,年报为每年1月20日。

另外,竣工决算后,监理部应提供工程全过程监理的文件资料。

3 合同控制目标

3.1 监理的宗旨和模式

为适应工程建设监理高起点、科学、规范、高效的要求,监理工作要坚持以"科学态度、严谨作风、求实精神、服务观念"为监理宗旨,监理过程中始终坚持"公正、独立、自主"的监理原则。

工程监理活动遵循"守法、诚信、公正、科学"的职业准则和"公正、独立、自主"的监理工作原则,努力促使工程承包人与监理机构"约束、控制、反馈、完善"机制的形成,采用主动控制为主、被动控制为辅,两种控制相结合的动态控制方法实施工程建设监理,对合同目标进行控制。主要步骤如图3.1所示。

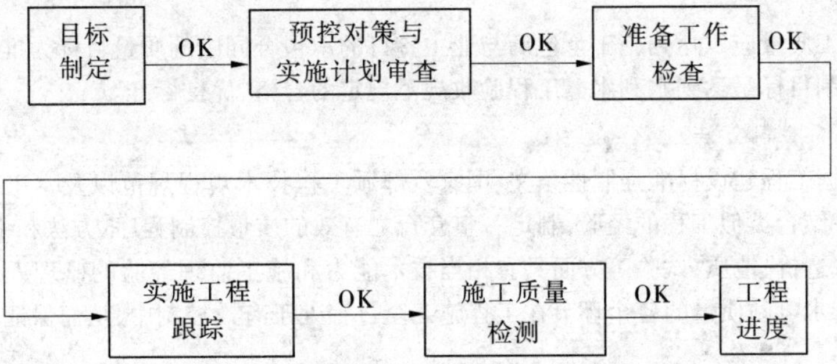

图3.1 监理主要控制步骤(控制环展图)

3.2 合同控制目标

在发包人组织下,在设计及有关方配合下,监理机构将以合同为基础,通过科学、认真、勤奋、高效的工作和职责发挥,尽力协调投资、质量和进度的关系,对工程建设进行监督和管理,促使工程施工承建合同的全面履行和工程建设目标得到有效的控制并实现,并力求使所监理的工程总目标达到整体最优,使发包人满意。

3.2.1 总投资目标控制

3.2.1.1 总投资目标

双滩水电站工程建设以设计(含工程变更)工程量、国家审定的概算和施工承建合同价为总投资控制目标,力求优化设计施工,节约工程投资。

3.2.1.2 总投资目标控制方法

我单位通过40余项大、中型水利水电工程的建设监理实践,已形成了一整套规范化、程序化、标准化的控制型建设监理体系,主要通过工程计量与支付控制,同时利用我单位雄厚的技术力量,推动工程设计和施工方案的优化,预防及合理规避业主风险,促进工程投资目标的顺利实现。

我们将在充分研究施工承建合同和建设资金供应计划的基础上,通过科学、严谨地审批承包人的施工计划、施工方案,预见性地提出影响投资目标实现的控制点及控制措施,以管理(包括配备得力的造价工程师)和技术的手段,来达到总投资目标。

3.2.2 总进度目标控制

3.2.2.1 总进度目标

双滩水电站以施工承建合同控制性工期为工程建设总进度目标。确保工程施工的开、竣工时间和工程阶段性里程碑进度计划的按时完成。

在确保工程质量及投资目标的前提下,通过对工程建设内、外部环境对施工各工序的实际施工影响的科学分析,合理指导施工计划安排和施工方案的实施,以尽可能地优化施工程序,最有效地利用施工有效时间,来达到合同控制性工期的实现,并努力争取提前工期。

3.2.2.2 总进度目标控制方法

双滩水电站的施工项目较多,施工工序间的合理衔接以及原材料的材质保证和单元工程施工质量与施工进度控制情况,都将对总进度目标的按期实现构成直接影响。

我们将在充分分析承包人的施工资源(包括人力与设备资源)的基础上,认真审核承包人的施工计划,优化工序关系,合理制定施工材料的供应与储备计划,采取切实可行的施工方案,针对性地提出影响总进度目标实现的控制点及控制措施,从工序质量保证与进度落实入手,切实保障施工工序间的合理衔接和单元工程的施工进度,从而有效保证分部工程、单位工程和工程项目工期目标的实现。

3.2.3 施工质量目标控制

3.2.3.1 质量目标

工程项目施工质量应以达到施工承包商与业主签订的承包合同中的质量目标为准,争创优良工程。具体工程质量控制目标是达到水利水电工程验收规范规定的合格、优良标准。

3.2.3.2 质量目标控制方法

我单位将依据工程建设标准强制性条文、国家及部颁工程技术规程规范以及本工程相应的技术规范或技术要求,并结合类似工程的经验,制定一整套行之有效的质量控制程序、方法和手段,并选派包括土工、水工、施工、造价、地质、试验等方面具有相当技术能力和施工监理经验的监理人员组成现场监理机构,使影响双滩水电站质量的各个环节在工程施工全过程处于有效控制中,从而保证本工程质量目标的全面实现。

我们将预见性地提出影响工程建设质量的控制点及控制措施,制定切实可行的监理实施细则,从管理和技术上完善质量保证体系,规范监理行为,以此来达到质量目标的实现。

3.2.4 安全目标控制

3.2.4.1 安全目标

杜绝重大人身伤亡事故、重大设备质量事故和其他重大事故。

3.2.4.2 安全目标控制方法

工程施工安全监督坚持“安全第一、预防为主”的方针,实行承包人施工安全保证与监理机构检查监督的管理机制。监理机构执行“安全监督与施工监督相结合、安全预控与过程监督相结合、安全监理工程师巡查与现场监理人员检查相结合”的施工安全监督工作制度,加强现场施工安全的预控、检查和监督,督促承包人按章作业、文明施工,促进各项施工安全制度及安全保护措施的落实,以实现工程安全目标。

4 目标控制的关键点、难点及对策

4.1 招标工程项目合同目标控制的关键点和难点

双滩水电站工程监理项目主要包括:施工导流工程、左岸非溢流坝、电站主厂房、泄洪闸、右岸非溢流坝、副厂房、主变场、开关站等的土石方开挖、基础处理、土石方回填、砌石施工、混凝土施工;砂石骨料、拌和等生产辅助系统;金属结构和机电设备安装;协助业主参与主要机电设备生产过程中的质量监督等。

双滩水电站工程监理合同目标控制的关键点和难点可简要地归纳为以下几点:

(1)左、右坝肩基础较差,岩体被裂隙切割成块状,完整性较差,同时岩层中局部水平泥质层纹发育,加之粉砂质泥岩坚固性较差,因此坝肩岩体的均一性、完整性较差。对坝基进行固结灌浆、泥岩类岩石开挖后应及时封闭或预留保护层是保证左、右坝肩基础工程质量的关键。

(2)坝基的开挖、坝基的地质缺陷处理及坝基的防渗处理的质量控制是本工程施工质量控制的关键之一。

(3)工程区河谷深切,两岸集雨面积较大,两岸砂岩因被裂隙切割及下刻部掏空形成崩塌、滑坡,因此工程区崩塌、滑坡的处理是影响工程进度和工程安全的重要因素之一。

(4)通江河洪、枯流量倍比大,洪水来得早、退得晚,坝址处洪、枯水位变幅达 25 m,而本工程主体工程混凝土与钢筋混凝土浇筑量 22.84 万 m^3,其中一期基坑混凝土 9.2 万 m^3,二期基坑混凝土 7.4 万 m^3,三期基坑混凝土 6.24 万 m^3。混凝土浇筑高峰强度 2.39 万 m^3/月。砌条、块石量较大,分别为 18.79 万 m^3、43 万 m^3,砌筑施工时间长,施工强度大,砌条石施工强度达 2.50 万 m^3/月。而水文枯期有效时间短,且混凝土浇筑质量、块石砌筑质量要求高,因此合理安排混凝土浇筑、砌条块石的砌筑工期,保证工程进度是双滩水电站工程施工的难点和重点之一。

(5)对浆砌块石重力坝,我们注意到平昌县有丰富的劳动力,能为砌条、块石施工提拱可靠的劳动力,但选择对条块石开采、砌筑有施工经验、懂施工技术的熟练劳动力,严格控制条块石的开采和砌筑质量,是大坝工程质量控制的重点和难点。

(6)混凝土与钢筋混凝土浇筑达 22.84 万 m^3,在高温和低温季节进行混凝土施工,采取一定的温控措施,减少混凝土裂缝是保证本工程闸坝与厂房施工质量的关键。

(7)金属结构与机电设备的安装是本工程施工的重点和难点之一。

(8)本工程施工项目较多,包括左、右岸非溢流浆砌石重力坝、坝后石渣碾压回填、电站主厂房、副厂房、主变场、开关站、泄洪闸、消力池等,且工程施工面狭窄,各施工项目之间的施工衔接等工作量较大,对监理工程师的协调能力提出了更高的要求。

(9)本工程有较多的滑坡体以及蠕变体边坡,设计和施工技术难度大,必须加强安全监测。安全监测系统由巡视检查系统、仪器观测和自动采集系统、资料管理和分析处理系统三部分组成。仪器观测及自动采集系统包括变形监测、渗流监测、应力应变及温度监测、强震反应及震动监测、水力学监测、多媒体可视化监测、库区地壳形变监测、坝前淤积及下游冲淤监测,以及水文、气象、泥沙、波浪监测等子系统。

4.2 合同目标控制的难点和重点的对策

4.2.1 投资控制方面的对策

本工程设计与施工方案的优化、工程变更、合同索赔和计量支付的控制是投资控制的主要控制环节。

首先我们将依照监理合同和工程承建合同的规定,制定内容详尽的《合同计量支付监理工作规程》、《合同索赔监理工作规程》和《工程变更监理实施细则》,明确工程计量支付、合同索赔和工程变更的工作程序、签字认可原则与手续、签字人的权限范围与责任等内容,从制度上避免人为因素左右计量支付现象的产生。另外,根据合同进度目标要求,做好承包人施工计划的审批工作,协助发包人控制建设资金使用计划,也是把握投资控制的重要环节。

4.2.2 施工进度控制方面的对策

本工程施工控制性进度为:左岸基坑主厂房开挖和基础浇筑,并砌筑部分条石,完成泄洪闸导墙,形成高程 289 m 平底泄洪闸，并形成高程 315 m 闸墩；2004 年 11 月 ~2005 年 4 月，左岸基坑继续厂房土建施工，枯水期末达到主厂房进口门、尾水门下闸，右岸防洪墙达高程 317 m，右岸 6 孔泄洪闸完成溢流面 303 m 以下的混凝土及条石工程，闸墩达到高程 310 m，同时在右岸挡水坝段完成三期导流底孔；左岸完成厂房小基坑，进行混凝土浇筑，开始机组安装；右岸泄洪闸、挡水坝段利用洪水间隙期继续施工，而河床坝段的开挖、基础处理、混凝土施工、金属结构安装等直接影响施工工期。

我们将按照进度目标控制的一般性措施，并针对本工程研究更具体的措施，采取全方位的控制措施及手段，确保工期目标的顺利实现。配备足够的施工设备，确保非溢流坝高强度砌筑，是非溢流坝施工进度控制的关键所在。为此，我们拟采取以下控制对策：

(1)在审查施工组织阶段，对承包商的施工方案、措施进行认真分析、研究，对组织机构、人员配备、施工方案、措施、质量、安全保证体系进行认真分析，控制好施工准备阶段。

(2)加强砂石料生产系统、混凝土生产系统、混凝土运输、混凝土浇筑(平仓或摊铺、振捣)及砌块石的开采、运输等大型专用设备的保养维护，保证各类设备正常运行和投入数量。

(3)进行非溢流坝石渣碾压回填及现场生产性试验，确保填筑施工质量的工艺过程及施工参数。

(4)严格控制混凝土原材料、混凝土配合设计、混凝土浇筑(混凝土拌和、运输、入仓、摊铺、振捣、层面处理、养护与保护)等影响混凝土质量的各个施工环节质量；严格控制砌块石原材料开采质量。

(5)保证安全监测仪器、金属结构机电等埋件及时埋设，避免因预埋件安装影响大坝、厂房的上升。

(6)严格控制大坝、厂房基坑开挖质量及进度，保证按时提供满足设计要求的建基面，确保混凝土浇筑如期开工。

(7)协调混凝土施工与基础灌浆、安全监测仪器埋设、金属结构机电仪器埋设、施工准备、维护保养的施工，避免各施工项目相互干扰，或次要从属施工项目(工序)影响重要关键项目(工序)的施工。

(8)协调施工场地、交通道路公用设施、设备的调整和使用，促使资源的优化配置及充分利用。

(9)控制各闸坝、厂房的浇筑程序和进度，保证各浇筑段在满足设计规定的相邻坝块允许高差的前提下快速、均衡施工。

(10)采取相应的措施解决左、右岸非溢流坝坝体各种填筑材料的开采、加工、运输、储存，坝面填筑作业等众多环节的协调问题。

4.2.3 质量控制方面的对策与措施

根据以往对同类工程的监理工作经验，我们认为本工程质量控制的重点在于基础处理施工、浆砌条石开采与砌筑，混凝土浇筑施工、坝基的开挖、坝基的地质缺陷处理及坝基的防渗处理、安全监测、项目施工中的协调等。

我们将具体区分与细化“人、材料、机械、方法和环境”等方面影响施工质量的因素，在建立监理质量控制体系的情况下，严格要求承包人落实施工质量保证体系，做好事前、过程和事后质量控制，采用跟踪、巡察和平行检测等方式，将质量控制贯彻监理全过程。为此，我们拟采取以下控制对策。

4.2.3.1 坝基的开挖、坝基的地质缺陷处理质量控制对策及措施

(1)施工放样。开挖施工过程中，监理机构将督促承建单位做好开挖边线的施工放样工作，以确保建筑物基础的轮廓体形符合设计要求。

(2)基础开挖应自上而下进行。当岸坡和河床底部同时施工时，应确保安全。

(3)为保证基础岩体不受开挖区爆破的破坏，应按留足保护层的方式进行开挖。在有条件的情况下，则应先采取预裂防震，再进行开挖区的松动爆破。当开挖深度较大时，可分层开挖。分层厚度可根据爆破方式、挖掘机械的性能等因素确定。

(4)基础开挖中，对设计开口线外坡面、岸坡和坑槽开挖壁面等，若有不安全的因素，均必须进行处理，并采取相应的防护措施。随着开挖高程下降，对坡(壁)面应及时测量检查，防止欠挖。避免在形成

高边坡后再进行坡面处理。

(5)遇有不良的地质条件时,为了防止因爆破造成过大震裂或滑坡等,对爆破孔的深度和最大一段起爆药量,应根据具体条件由施工、地质和设计单位共同研究,另行确定,实施之前必须报监理工程师审批。

(6)爆破施工前,应根据爆破对周围岩体的破坏范围及水工建筑物对基础的要求,确定垂直和水平向保护层的厚度。爆破破坏范围应根据地质条件、爆破方式和规模以及药卷直径诸因素,至少用两种方法通过现场对比试验综合分析确定。

(7)保护层的开挖是控制基础质量的关键。其垂直向保护层的开挖爆破应符合规范要求并注意以下几点:①用大孔径、大直径药卷爆破留下的较厚保护层,距建基面1.5 m以上部分仍可采用中(小)孔径及相应直径的药卷进行梯段毫秒爆破;②对于中(小)直径药卷爆破剩下的保护层厚度,仍应不小于规定的相应药卷直径的倍数,并不得小于1.5 m;③紧靠建基面1.5 m以上的一层,采用手风钻钻孔,仍可用毫秒分段起爆,其最大一段起爆药量应不大于300 kg。

(8)建基面上1.5 m以内的垂直向保护层,其钻孔爆破应遵守下列规定:①采用手风钻逐层钻孔(打斜孔)装药,火花起爆,其药卷直径不得大于32 mm(散装炸药加工的药卷直径,不得大于36 mm);②最后一层炮孔孔底高程的确定,对于坚硬、完整的岩基,可以钻至建基面终孔,但孔深不得超过50 cm,对于软弱、破碎的岩基,则应留足20~30 cm的撬挖层。

(9)预裂缝可一次爆到设计高程。预裂爆破可以采用连续装药或间隔装药结构。爆破后,地表缝宽一般不宜小于1 cm;预裂面不平整度不宜大于15 cm;孔壁表层不应产生严重的爆破裂隙。

(10)廊道、截水墙的基础和齿槽等开挖,应做专题爆破设计。尤其对基础防渗、抗滑稳定起控制作用的沟槽,更应慎重地确定其爆破参数。

(11)边坡支护。在开挖过程中,应及时将已揭露出来的地质条件反馈给发包人和设计单位,以便及时调整支护措施,确保开挖过程中的边坡稳定和施工安全。

(12)锚杆质量。保证锚杆长度和灌注砂浆的质量才能保证锚杆质量。

(13)地质缺陷处理。对岩石开挖后暴露的地质缺陷,必须认真处理。

4.2.3.2 防渗灌浆施工质量控制对策及措施

(1)基础处理包括帷幕灌浆、固结灌浆以及断层开挖回填等。施工项目较多,工程量大,工期紧,与其他工程相互干扰多,为保证各项目的施工质量和进度,监理工程师应加强监督管理和协调工作,特别是控制好关键项目和重点工序的质量监督和检查,严格按设计要求控制各灌浆工程之间的施工顺序。

(2)施工工作面较小,工期紧迫,特别是固结灌浆与混凝土浇筑、条石砌筑存在矛盾,监理工程师必须督促承包人在保证施工质量的前提下合理安排施工程序,采取有效措施保证施工进度。

(3)灌浆施工中要密切监控现场的压水、冲洗及灌浆压力,防止压力过大使灌浆廊道和混凝土盖重产生不利的抬动。

(4)两坝肩防渗采用了帷幕衔接,应严格控制帷幕钻孔深度和斜度,保证各高程帷幕紧密衔接,严防漏灌区。

(5)根据以往工程的经验,基础施工机械化程度较高,设备较多,特别是坡面清基设备容易对管路产生极大破坏,要注重在帷幕和固结灌浆过程中对预埋通水管的保护。

(6)废浆及污水排放的现场管理是重点。

4.2.3.3 砌条块石施工质量控制对策及措施

1)原材料的监测

(1)料场(备料场)。料场(备料场)选择由承包人按指定的区域或料场(备料场)中选择取料或购买,各种材料均应满足粒径级配和物理力学指标要求,并应同施工进度及施工程序相结合,确定供料规模。承包人应按经审定的料源取料，不得擅自改变料源。否则，拒绝计量。

（2）料场（备料场）复查。对料场（备料场）进行复查的目的是落实料场（备料场）的开采条件、材料数量及质量。复查发现由于客观的原因需要改变料场（备料场）开采区，或需要改选、增设新料场（备料场）时，应报送审批。除应按施工规划进行开采外，不得混入石渣料、风化软弱的岩块料等。

（3）料场（备料场）规划。检查料场（备料场）地形、地质、水文、气象、交通道路、开采条件和各个时期的需要量等因素，划定开采区，分期使用。

料场（备料场）规划应包括开采工作面的划分和运输线路，以及水电系统、排水系统、堆料场、装料站和渣场等的布置。承包人应根据料场（备料场）规划和用料进度安排得出分期分批的用地计划。

块石料不得与其他各种无用料混合堆放，并应设立标记、注明数量等。

运输道路应满足设计要求。施工期应安排专门人员负责养护，保证道路畅通。

规划中应考虑到留有备用开采工作面，以供调节使用。

（4）现场生产性试验。料场（备料场）开采前，在规定的料场（备料场）选取有代表性开采区的石料进行与实际施工条件相仿的现场生产性试验，以便取得最终的施工参数。在试验前14天，承包人应向监理人递交一份现场生产性试验方案和计划，经批准后方可实施。

现场生产性试验结束后，承包人应将全部成果整理编写成正式报告（包括提出建议采用的施工方法和施工参数），递交监理人批准后才能进行正式施工。

（5）块石料的技术规格要求。块石料质量要求：块石要求石质坚硬，遇水不易破碎或水解，硬度、表观密度满足设计要求。不允许使用薄片、条状、尖角等形状的块石。风化石、泥岩等亦不得用做砌筑料。石料必须选用质地坚硬、不易风化、没有裂缝的岩石，不允许使用薄片状石料，其抗水性、抗冻性、抗压强度等均应符合施工详图或有关技术要求的规定。用于砌体表面的石料必须有用做砌体表面的平整面，尺寸较大时，应稍作修整。其性能指标应符合设计要求。

（6）砂浆必须拌和均匀。一次拌料应在其初凝之前使用完成。砂浆的配合比须经试验确定，并须征得监理单位的同意。

2）砌筑

（1）砌筑前须完成清基整平工作，浆砌块石体必须采用铺浆法砌筑。砌筑时，应先铺砂浆后砌筑，石块应分层卧砌，上、下错缝，内、外搭砌，砌立稳定。相邻工作段的砌筑高差应满足设计要求，每层应大体找平，分段位置应尽量设在沉降缝或伸缩缝处。

（2）在铺砂浆之前，石料应洒水湿润，使其表面充分吸水，但不得有残留积水。灰缝厚度满足设计要求。

（3）砌体基础的第一层石块应将大面向下。砌体的第一层及其转角、交叉与洞穴、孔口等处，均应选用较大的平整条石。

（4）所有的石块均应放在新拌的砂浆上，砂浆缝必须饱满，石缝间不得直接紧靠，不允许采用外面侧立石块、中间填心的方法砌石。

（5）砌缝要求做到饱满、勾缝自然、匀称美观，块石形态突出、表面平整。砌体外露面溅染的砂浆应清除干净。

（6）砌体的结构尺寸和位置必须符合施工详图规定，表面偏差、砌缝宽度、平缝、竖缝均应满足设计要求。

（7）砌体外露面宜在砌筑后12～18小时之内及时养护，养护时间14天，并经常保持外露面的湿润。

4.2.3.4 混凝土浇筑施工质量控制对策及措施

1）常态混凝土浇筑施工质量控制对策

（1）做好混凝土配合比设计和使用的控制。混凝土的原材料，包括水泥、粉煤灰、外加剂和骨料应严格按照发包人指定的要求选用。监理机构将要求承建单位根据混凝土的技术指标经室内试验和规模性生产试验确定配合比。监理机构还将对承建单位报送的配合比进行复核试验,以确定在满足设计要求后批准执行。

在混凝土料的生产过程中,监理机构将加强对混凝土生产料的质量检验与质量控制。

(2)控制骨料含水量。混凝土拌和料应要求承建单位采取有效措施确保拌制均匀。细骨料含水量的变化是影响混凝土拌和料性能稳定的重要因素,因此监理机构将要求承建单位配置骨料特别是细骨料含水量自动测量装置,以适时调整加水量,保证混凝土拌和料的质量。

(3)制定合理的混凝土浇筑措施。混凝土浇筑作业过程中,监理机构将督促承建单位根据不同的施工部位、不同的施工季节、不同的施工环境和施工条件而采取相应的混凝土浇筑措施和施工工艺,以确保混凝土的施工质量符合设计要求。

(4)加强混凝土养护。经验表明,混凝土的保温、保湿和边角部位保护是防止混凝土产生裂缝最重要的措施。因此,监理机构将督促承建单位及时维护和加强保护。

2)混凝土浇筑过程中的异常处理对策

(1)混凝土浇筑过程中,应注意对模板的位移、变形和支撑的检查,如发生模板的位移或变形,应立即要求承包人进行处理并进行模板的复测,情况严重时指令停工处理。

(2)混凝土浇筑时,应检查钢筋是否会因卸料引起变形或位移,或溅起的水泥浆在钢筋被覆盖前已初凝或假凝;对于仪器、电缆、埋设件和接缝灌浆系统,如果发生变形、移位或损坏,应立即指令承包人停止该部位的浇筑,并进行修复。

(3)每层混凝土在初凝前应及时覆盖,避免出现冷缝。如果因任何原因出现混凝土在覆盖前初凝,应按照施工的要求进行处理。

(4)在浇筑过程中还要特别注意观察混凝土料的颜色与和易性,如有异常,即要查原因,及时处理不合格的料。

(5)如发生骨料分离,及时督促承包人进行分散处理。

3)养护和表面处理对策

(1)混凝土的养护。监督承包人按照技术规范的要求和批准的方法对混凝土进行养护,在养护时应注意避免养护工作给相邻结构物混凝土造成的干扰及为消除这一干扰而停止养护洒水等对已浇筑混凝土表面养护的影响,尤其在干燥炎热的季节,应保持龄期小于28天的混凝土的流水养护,防止太阳暴晒或表面温度过高产生裂缝。还应特别注意对碾压混凝土的表面养护。

(2)混凝土表面的保护。在模板拆除时应提醒承包人避免损坏混凝土表面,监督承包人采用正确的工具和方法拆除模板;模板拆除后的混凝土养护期内,严格督促承包人及时采取必要的保护措施,防止由于温度骤降引起混凝土裂缝。

(3)混凝土表面的修补和缺陷修复。混凝土脱模后或无模混凝土浇筑完成并达到要求的强度后,监理工程师在现场检查并记录混凝土表面突变、渐变、蜂窝、麻面、洞穴等缺陷,并指令和监督承包人在规定的时间内采用批准的方法修复缺陷;混凝土表面缺陷修补后,应按修补部位混凝土同等的要求和方式进行养护。对重大缺陷,应按事故进行处理。

4)低温和雨季的混凝土施工对策

本工程夏季高温多雨,监理工程师应重点从如下几方面进行控制:

(1)在烈日的暴晒下混凝土容易失去水分变干,监理工程师应监督承包人尽快对振捣完毕的混凝土予以覆盖;在必要的情况下采用台阶法铺料,缩短暴露时间,减小暴露面积;对于个别已经晒干的大骨料,在振捣时监督承包人予以清除。

(2)在夏季或雨季施工时,监督承包人在浇筑的仓面上准备数量足够的塑料薄膜或彩条布,一旦平仓振捣作业完成就迅速覆盖,防止太阳暴晒;当暴雨来临造成混凝土停止浇筑时,应迅速对已经入仓的混凝土平仓振捣后用塑料薄膜或彩条布覆盖,防止其受到冲刷。

(3)若难以避免要在小雨中进行混凝土浇筑时,应及时排除仓面上的雨水或泌水,当雨量大得影响混凝土水灰比或已经引起大骨料上的水泥砂浆受到明显的冲刷时,应停止混凝土的入仓作业,迅速平仓振捣后覆盖;在暴雨停止后,如果浇筑仓面尚未凝固,监督承包人排除仓面的积水并进行必要的清理和处理(如铺一层细骨料混凝土或水泥砂浆)后恢复混凝土浇筑作业。

(4)监理工程师将与承包人密切配合,避免在冬季寒冷季节的低温下浇筑露天的混凝土,如果无法调整施工时间导致混凝土必须在寒冷的12~2月浇筑,应采取下列措施:使用保温模板对混凝土进行侧向保温,顶面用保温材料覆盖,适当推迟拆模时间;混凝土浇筑应安排在白天气温较高时进行,当气温下降到5℃以下时,应停止混凝土的浇筑作业;采用热水(水温不高于60℃)拌和的方式提高混凝土的浇筑温度。

4.2.3.5 金属结构、机电设备安装的控制重点和对策

(略)

4.2.3.6 施工监测监理的控制对策及措施

本工程较多的滑坡体以及蠕变体边坡,设计和施工技术难度大,必须加强安全监测。施工监测是掌握蠕变体变形发展情况,选择合理的支护时机,判断支护的实际效果,检验已施工支护的工作状况,积累资料为坡体设计、修改提供依据,确保工程安全的重要环节,同时也是判断边坡是否处于稳定状态的最直观、最主要、最有效的方法和手段。强化施工监测监理是监理工作的关键环节之一。项目监理机构将选派富有工程安全监测经验的安全监测监理工程师负责相关监理工作。安全监测监理工程师将在督促施工单位按预定断面位置进行系统的监测,对断层、节理破碎带及其他不良地质地段等特殊部位进行局部监测的同时,在整理、分析施工单位观测资料的基础上,还将对工程关键部位的薄弱处进行监理监测,并将分析的成果及时反馈到设计单位,作为设计和施工的依据之一,以利不断优化设计,最终确保边坡施工的安全。

4.2.3.7 项目施工中的协调措施及对策

本工程施工项目较多,施工项目在时间上、空间上会产生干扰,如土建施工与安全监测仪器埋设的相互干扰、围堰施工与大坝施工的干扰、厂房施工与左岸非溢流坝段的干扰等,现场协调工作量较大。对此,我们采取的协调措施及对策如下:

(1)对于合同范围外的协调,建议由业主组织,监理配合,定期、不定期地召开协调会,及时解决施工中出现的外部环境问题。

(2)对于合同范围内的协调,我们将在满足整个工程施工总目标的原则下,抓重点,以促关键项目的顺利进展带动整个工程施工的顺利进展。每周召开由发包人、承包人的主要领导及其现场调度、技术合同负责人参加的协调例会,解决现场施工项目间出现的问题。

(3)对施工区域内的危岩、崩塌、滑坡,根据施工合同应由相应承包人负责处理,在适当的位置设置护拦,标明危险区域,避免影响整个工程的施工。

(4)对施工区域内的施工道路,根据施工合同应由承包商经常维护,特别是基坑上部的施工道路,应经常清理道路上的危石及边坡上的松动岩石,以免对基坑内的人员、机械产生危害。

5 项目监理的组织

监理部由总监理工程师,监理工程师,其他监理人员和监理部管理、服务与辅助人员组成,是监理单位派驻工程施工现场直接承担合同监理业务实施责任的组织。

工程项目建设监理实行总监理工程师负责制,总监理工程师行使工程建设合同文件赋予监理单位的权限,全面负责受委托的监理工作。

总监理工程师(包括副总监理工程师及总监助理)人选由监理单位提出,报请业主单位确认后委任。

依据监理合同和工程项目特点，监理部设下列二级监理机构：

(1)临建及辅助工程监理组。

(2)闸坝及非溢流坝监理组。

(3)厂房工程监理组。

(4)金属结构及机电设备工程监理组。

(5)综合技术监理组。

(6)检测(检验、测量)监理组。

监理组长由监理部直接聘任。

5.1 监理岗位设置与岗位职责

5.1.1 监理岗位设置

双滩水电站工程监理部监理岗位设置为：总监理工程师1人、副总监理工程师2人、项目专责监理工程师6~10人、监理员及辅助人员若干人等。

5.1.2 监理岗位职责

5.1.2.1 总监理工程师岗位职责

(略)

5.1.2.2 副总监理工程师岗位职责

(略)

5.1.2.3 工程检验与测量监理工程师岗位职责

(略)

5.1.2.4 安全监理工程师岗位职责

(略)

5.1.2.5 现场监理工程师岗位职责

现场监理工程师负责处理监理部、室依据工程建设合同文件和业主授权的涉及工程施工质量检验和现场施工过程管理的具体专业、项目任务范围的工作，是相应工程技术专业和现场施工过程管理的业务或技术负责人。其主要职责包括：

(1)对工程实施进行现场检查和监督，促使施工单位全面履行工程承建合同中应由工程承建单位履行的责任与义务。

(2)主持或直接参与单元工程检查、检验、质量等级评定和开工、开仓证的签署。

(3)审查和认证施工单位报送的现场施工过程控制记录、材料质量检验记录、施工测量成果报告等施工文件。

(4)参与有关工程项目开工申请、各阶段验收申请、施工措施计划和验收文件的审议，并提出审议意见。

(5)处理工程现场施工过程中施工工艺、施工程序、作业方法、建筑材料使用以及不对施工进度和施工质量控制造成重要影响的局部施工措施计划变更等一般技术和监理事项，并为此签署有关签证或认证文件。

(6)根据现场工程进展与实施情况，签发单元工程返工指令单、施工单位违归警告通知单等一般监理书面指令。

(7)合同文件以及业主单位授予的其他职责和权限。

5.1.2.6 现场监理员职责

按照监理机构职级权限承担现场施工监理工作。监理员的主要职责如下：

(1)对施工现场情况进行监督检查，督促承包单位全面履行相关合同责任和义务。

(2)依据职级权限主持或参与单元工程的检查、检验、质量评定工作,签署相关原始记录。签发单元工程开工、停工和复工令等一般监理指令。

(3)签署现场施工过程控制记录、材料质量检验记录和施工测量成果报告等原始记录。

(4)提出对有关工程项目开工申请、验收报告、施工措施计划的初审意见。

(5)处理现场施工工艺、程序、使用材料以及不对进度、质量及投资造成重要影响的局部施工措施计划变更等一般监理事项。

(6)负责核实工程计量,并签署原始记录。

(7)负责施工现场的安全检查与监督。

(8)及时向监理工程师报告现场发生的质量、安全事故和其他异常情况。

(9)检查承包单位的施工日志和试验室记录。

(10)统计和检查计日工情况。

(11)提供索赔争议的现场证明材料。

(12)认真完成监理日志工作。

监理工程师按国家监理行政法规和工程建设合同文件规定实行分级管理。监理工程师职级按五级划分,职级考核、评聘,职责与授权,依据建设监理合同文件和工程承建合同文件规定与要求另行指定。

监理机构的组织结构必须具备约束、控制、高效、反馈和完善功能,并与所承担建设监理项目和任务相适应。

为适应本工程控制性监理要求,长江委工程建设监理中心(湖北)双滩水电站工程监理部采用矩阵结构组织模式。组织结构图见图5.1。

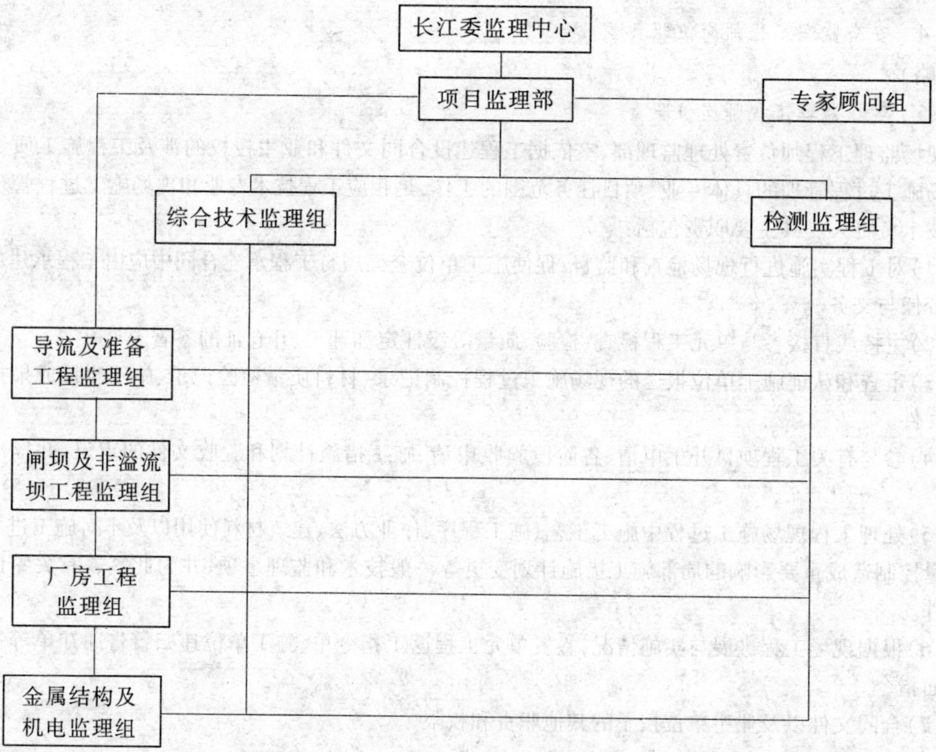

图5.1 长江委工程建设监理中心(湖北)双滩水电站工程监理部组织结构

6 监理部的主要工作方法与职责

6.1 监理的主要工作方法

努力促使工程承建单位与监理机构“约束、控制、反馈、完善”机制的形成，采用主动控制为主、被动控制为辅，两种手段相结合的动态控制方法实施工程建设监理。

6.2 业主单位授予监理单位的基本职责和权限

为促使工程建设目标的实现，业主单位通过工程建设监理合同与各工程项目承建合同文件，授予监理单位：设计文件核查确认，施工措施计划审批，工程开工（停工、返工、复工）与完工指示，分包资格审查，施工质量认证，工程承建合同文件解释与合同争端调解，有限施工变更，合同支付签证，安全生产与施工环境保护监督，施工关系协调，撤换承建单位不称职的现场人员直至撤换施工队伍的建议权等各项必须的职责与权限。

监理单位在监理业务进行过程中应准确地运用业主单位授予的职责与权限。如这种职责与权限的运用会提高工程造价或延长建设工期或对业主单位到期支付能力产生不利影响，则应事先向业主单位作出书面报告。如在紧急情况下未能事先报告，则应在事项发生后的 24 小时内向业主单位作出书面报告。

6.3 各级监理机构关系与职责

在目标控制过程中，实行综合技术组控制、项目组展开，对施工过程每一管理点实施双向控制的管理格局。

(1)综合技术组承担工程进度、施工质量、合同支付三项目标控制，以及工程信息处理、专业技术管理与合同商务管理等监理业务。通过伸展到各项目组的工程进度、施工质量、合同支付控制网络与信息管理网络，负责工程施工控制目标与对策措施的制定、进展跟踪、过程分析与目标调整，对各项目组合同赶工指令、施工质量签证以及合同支付计量认证等负有监督、协调和管理责任。综合技术组在做好上述工作的同时，承担监理人员上岗培训、业务考核、岗位管理、监理人员行为规范和协助总监承担内部协调和对外公共关系处理等项工作。

(2)检测监理组的职责包括对承建单位检验和测量机构的资质、手段、方法与成果的监理（简称检测监理），以及监理自身为施工质量与合同支付控制所进行的对照检测（简称监理检测）两方面。

(3)项目监理组直接负责相应工程项目现场施工中从施工准备、资源投入、工序作业、目标实施到合同履行等全过程的跟踪监理和信息处理。

6.4 监理过程中工作协调与争议处理

(1)监理员、专责监理工程师授权范围内的一般问题争议，由监理组长或由监理组长指定本组监理工程师负责协调和处理，并向监理组长报告。

(2)二级监理职级授权范围内或跨技术专业问题争议，由监理组长报请监理部召开专题会议研究或协调处理，并向总监理工程师报告。

(3)一级监理职级授权范围内的或涉及专业技术的重大问题，由分管副总监或总监助理提出，由总监理工程师主持召开专题会议研究与协调处理。必要时，由总监理工程师报请业主单位或上级单位研究解决。

除工程承建合同有明确规定者外，监理单位无权免除工程承建合同中规定的工程承建单位或业主单位的责任与义务。

监理工程师对工程承建单位施工组织设计、施工措施计划等的审议与批准，对施工过程的监理与对工程项目的检查、质量检验和验收，并不意味着可以变更或减轻工程承建单位应负的全部合同义务和责任。

7　监理质量过程控制

7.1　文件和资料控制

7.1.1　监理机构文件资料的批准与发放

发包人和承包人的文件与资料均由总监理工程师批转至各项目监理组，由监理机构资料归档保存。

监理机构发给承包人的各类文件和资料由项目组长审核、总监理工程师批准签发，总监理工程师离开施工工地时由其委托的监理负责人批准签发，监理机构资料室负责分类编号，加盖公章后发给有关的承包人，并负责归档保存。

7.1.2　监理机构文件的控制

（1）监理机构资料室负责对监理机构文件的控制。

（2）监理机构文件由监理机构资料室按制定的控制程序做好登记和发放签收工作。

（3）监理机构文件和资料的更改必须经过监理工程师申请、项目组长审核和总监理工程师批准后执行。

7.2　施工准备过程控制

在每项工程开工前，应对施工准备情况进行检查。检查内容包括前道工序或项目验收完成情况、施工措施计划和施工方案是否已获批准、设计文件及施工技术交底、施工组织及人员到位情况、施工设备数量及工况、建筑材料或产品报验合格、施工辅助设施是否就绪以及承包人质量保证体系是否落实到位等。

在上述内容都满足要求的情况下，单位工程由总监理工程师或分管副总监理工程师签发开工令。分部工程、分项工程可由总监理工程师授权项目组组长签发开工令。

7.3　施工进度过程控制

（1）控制性施工进度计划编制。监理机构在进场后，分管副总监理工程师应根据承建合同工期目标，结合承包人施工条件，组织编制控制性施工进度计划，并以此作为审批施工计划、供图计划和资料计划的依据。

（2）施工过程中的进度控制。监理工程师与项目组组长应全面和准确地掌握工程的施工进度与计划控制，并根据实际施工情况，对施工进度计划进行检查、跟踪、控制、协调和调整，同时，根据进度计划调整的结果，还应对设计供图计划、材料设备和人力资料供应计划以及资金供应计划做出相应的调整。

7.4　施工质量过程控制

7.4.1　施工图纸控制

（1）监理机构通过对施工图纸的审核与签发，实现对施工图纸质量的控制。

（2）控制内容。监理机构应做好施工图纸提供的协调工作，督促设计单位或承包人按时提供合格施工图纸并做好施工图纸的审核和批准。其主要工作包括：审核施工图纸是否符合招标设计要求；审核施工图纸是否符合合同技术规范的规定；审核施工图纸是否符合质量标准；审核施工图纸变更的合理性；审核施工图纸是否满足施工要求；对图纸提出优化建议。

7.4.2　施工工序控制

现场监理工程师督促承包人依据工程承建合同文件、技术规范规定和设计文件要求，按章作业、文明施工。

施工过程中，做好每道工序的质量检查，坚持承包人单位初检、复检、终检“三检制”和现场监理工程师确认双控制度。

对分工序施工的单元工程，上一道工序未经验收合格，不得进行下一道工序的施工。

7.4.3 工程变更控制

在施工过程中,需要变更设计或施工方案时,应由承包人填写变更申请,综合技术组、合同商务组和项目组对变更进行技术经济分析,提出审核意见,报总监理工程师审批或按合同规定程序处理。

7.5 检验与试验

7.5.1 施工测量控制

检测组应向承包人转送测量控制网基准数据资料,并督促承包人对该数据进行复核;检测组督促承包人在工程项目开工前的测量工作完成之后,按规定的时间间隔向监理机构报送测量成果资料,并对成果资料进行审查。

7.5.2 进场材料及设备的检验

检测组在相关项目组协助下负责对承包人进场的材料和设备按质量要求进行验证或抽检。凡未经检验、检测或经检验认为不符合规定要求的进场材料和设备,不得在工程中使用,由总监理工程师通知承包人将这些不符合要求的材料、设备清理出工地。

所有用于工程的材料或设备,均应具有明确标识,并由检测监理工程师检验确认。

7.5.3 过程检测和试验

检测组组长按计划组织对工程施工过程质量进行检验和试验,并做好记录,对取样、送检、试验全过程实行控制。

7.6 工程验收与工程保修期服务

(1)单元工程质量验收。对分工序施工的单元工程,上一道工序未经终检合格,不得进行下一道工序的施工。各工序施工必须在质量检查合格的基础上进行衔接。项目组现场监理工程师负责单元工程质量检验与验收。

(2)不合格控制。

(3)竣工验收。

(4)工程保修期服务。

监理机构根据合同要求参与工程保修期内对工程质量问题的处理工作。这些工作包括:工程质量问题的责任界定;保修后对工程质量的签认;工程质量纠纷的协调与处理;施工方工程款结算的签认等项目。

7.7 工程计量与支付控制

工程计量应严格按照施工承建合同的规定进行。

工程支付根据施工承建合同规定的时间支付,由承包人根据规定的时间向监理机构申报,按工程项目分别由项目组对申报量进行审核,签署审核意见,由分管副总监理工程师审批。

合同支付程序、方法执行制定的《合同支付监理工作规程》。

7.8 施工过程的反馈与协调

在建设监理的全过程中,总监理工程师建立并保持有效的信息反馈系统,确保监理机构与承包人和发包人之间的联系畅通。

总监理工程师定期或不定期地组织监理协调会议,及时发现和解决施工过程中出现的问题,确保施工过程与工程质量处于受控状态。

7.9 采购过程控制

采购监理由综合技术组负责,检测组协助实施。

(1)材料监理。监理机构做好材料供应商的资质审查、产品验证资料审核以及采购批准工作;监理机构对用于工程的材料包括水泥、钢筋、钢材以及用于主体工程的地材等材料或中间产品进行质量检验和品质控制。

(2)设备监理。依据发包人委托监理服务合同规定进行。

7.10 施工安全与施工环境保护监督过程控制

(1)文明施工。监理机构对承包人的文明施工状况进行监控,保证施工现场处于紧张、有序、安全的状态,尽量减少安全事故的发生。

(2)安全事故处理。对施工工地发生的安全事故,安全监理工程师督促承包人进行事故调查和提出书面调查报告。安全监理工程师将做好调查取证工作,并协助发包人判定事故的性质、确定事故的责任和处理办法。

(3)水情预报与防汛。布置度汛安全计划,审批承包人的度汛安全措施;检查度汛设施,并督促度汛措施的落实;检查施工承包人的水情预报咨询服务;在必须防范或发生意外事件时,提出处理预案,协助发包人作出决策并监督实施。

(4)施工环境保护。监理机构督促施工承包人执行国家及国家有关部门发布的环境保护法律、行政法规和工程承建合同文件规定的施工环境保护工作。

监理机构按监理合同文件规定,做好施工环境保护的现场记录,并定期向发包人报告施工环境保护情况。

7.11 不合格品的控制

7.11.1 发现不合格品时采取的措施

发现不合格品时,不合格品责任部门立即组织查清不合格品的发放范围、数量以及对工程的影响和影响程度,对已发出的不合格监理文件及时收回。上述活动过程和内容均由相关项目组组长在监理大事记和监理日志中予以记录。

7.11.2 不合格品的评价与处理

在施工过程中,监理检查结果为不合格,由相关项目组组织调查、分析不合格原因、不合格品的性质,对工程影响进行评价,并将评价结果做记录。

一般由不合格品直接责任人的上一级监理人员对不合格品进行处置,处置采用监理文件的形式。

现场监理工程师在施工过程中对施工单元、工序、材料、设备或产品错误地接收或未经证明签收,相关项目组组长应按规定要求对其进行重新确认,并签署相应工程监理文件单,执行《工程管理常用表报、表式及其管理办法》。

监理文函内容不合格,由总监理工程师根据具体情况责成项目组或分管副总监理工程师重新拟文统一纠正,经总监理工程师审批签发。

发包人对不合格服务的监理人员提出处理要求时,总监理工程师组织对其鉴别和纠正,确认事实后,按规定处理。

监理活动不合格,给工程造成影响工期和严重经济损失,应由分管副总监理工程师向业主说明原因、影响程度和协商补救处置方式。

7.12 纠正和预防措施

对监理服务不合格所采取的纠正和预防措施按照制定的《纠正和预防措施程序》执行,其中"各专业设计组"类同各项目监理机构,监理中心负责质量信息的传递并会同全面质量管理办公室监督检查纠正和预防措施实施及效果。

各项目监理机构可根据本项目监理服务工作的特点制定纠正和预防措施的实施细则。

对过失、失职、渎职的监理人员,总监理工程师应鉴别因此而发生不合格的原因、性质及后果,分别采取不同处置方式。

7.13 质量记录的控制

(1)记录的管理。监理机构资料室负责监理现场质量记录收集、整理、编目(标识)、保管、查阅。以上过程按监理机构的有关档案管理规定执行。项目监理活动结束时,按合同要求由资料室将监理现场的质量记录移交给发包人。

(2)记录的内容。包括:施工组织及施工措施计划的审批函;施工图纸的审签记录;承包人申请开工报告批准与工程开工、停(复)工指令;构成质量记录有关的业主对项目监理机构的函;现场监理指令;工程质量事故处理报告;会议记录;试验报告、报表的批准与现场测试记录;各工程验收、质量评定记录;质量体系文件所要求的有关质量记录。

7.14 培训

(1)监理人员的培训分岗前培训和岗位业务培训。

(2)业务培训由项目监理机构办公室负责。按制定的《监理工程师职级评定和委聘办法》和《监理培训及监理工程师资格管理办法》执行。定期举办专题培训讲座和业务考核,以进一步提高监理人员的工程知识、合同知识和监理知识水平。

7.15 服务

监理合同中对项目实施完成后的特定服务要求,如必要的咨询服务;工程进入保修期定期回访,征求对监理服务质量的意见,并加以分析改进,对发现的质量问题有责任协助进行处理;保存描述服务情况的报告,对派出的服务人员的服务质量进行有效的验证。

7.16 统计技术

(1)统计的方法。在监理质量活动中采用分层法、调查表法、排列图法、因果分析图法、直方图法、控制图法等常用统计方法,同时按照业主要求、合同规定或国家标准应用统计方法。

(2)统计的应用。综合技术组对应用统计技术在技术上进行指导并组织交流推广,定期举办统计技术方法讨论和培训,不断扩大应用范围,通过对监理质量活动监理记录统计技术的应用,加强对管理点的控制和对监理控制目标的跟踪分析,不断提高服务质量和委托合同目标的控制水平。

8 监理措施

我们承接本工程项目的监理工作,将根据合同赋予监理单位的监理义务、责任和具体监理工作内容以及本《投标文件》中的监理大纲,结合工程的实际情况,制定详细的监理规划,并依据监理规划制定一系列的规章制度和实施细则,来规范和约束现场监理人员的行为,以确保监理工作的各项措施得到贯彻落实,从而保证工程建设目标的顺利实现。初步计划制定的规章制度和实施细则如下(但不限于):

《监理人员职责》

《监理人员行为规范》

《施工测量监理实施细则》

《工程料、渣场监理实施细则》

《施工安全管理办法》

《工程施工进度计划监理实施细则》

《施工质量控制监理实施细则》

《工程合同索赔监理工作规程》

《工程合同计量支付监理工作规程》

《工程变更监理实施细则》

《建筑材料质量监理实施细则》

《工程项目划分及编码系统》

《混凝土工程监理实施细则》

《砌筑工程监理实施细则》

《石方明挖监理实施细则》

《石方洞挖监理实施细则》

《爆破安全规程》

《基础处理施工监理实施细则》

《水泥灌浆监理实施细则》

《闸门、启闭机安装监理实施细则》

《金属结构与机电、电气设备调试监理实施细则》

《监理作业指导书及表格》

《工程验收监理工作规程》

8.1 施工进度控制

从优化施工程序、施工方案入手，合理规划施工计划，并通过采取各种控制方法、手段与合理措施，在确保工程施工质量的基础上，促使合同工程项目按期完建。

8.1.1 施工进度控制流程

施工进度控制流程如图8.1所示。

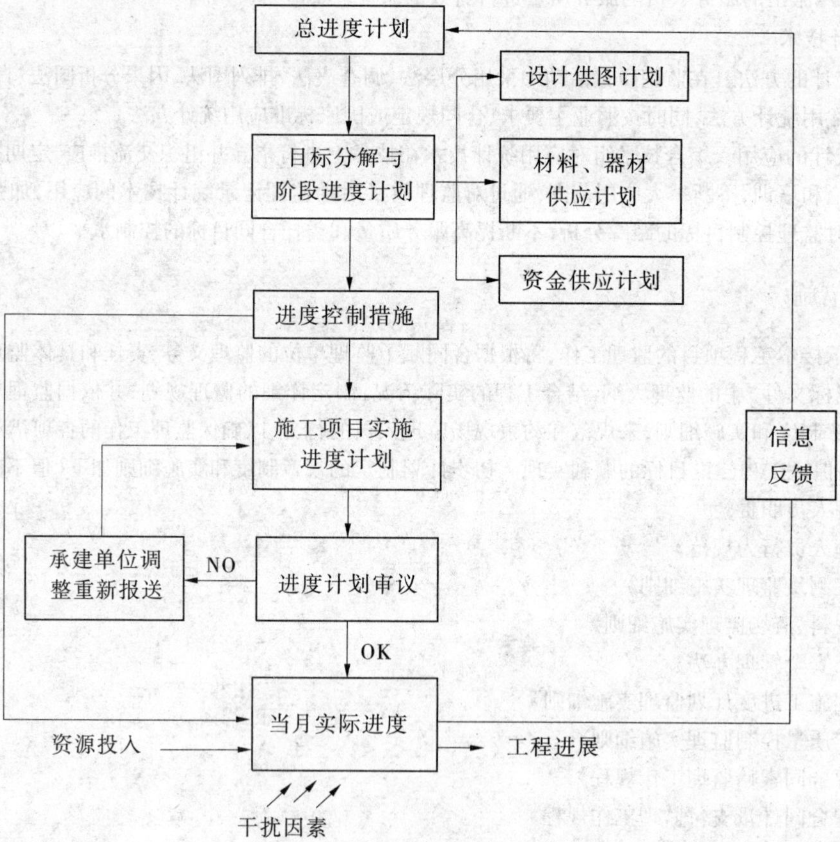

图8.1 施工进度控制流程

8.1.2 进度控制方法

8.1.2.1 编制和适时调整总进度计划

根据工程总进度控制要求、项目以及工序间的关系，编制双滩水电站工程 Microsoft Project 版的工程师影子总进度计划，细化关键线路，对关键线路上的施工项目、施工工序严格控制，并随工程的进展实施动态控制，及时调整影子总进度计划，确保工程按期完建。

8.1.2.2　工序控制

根据工程的施工进展，编制分项工程资源和工序控制计划(包括工程图纸供应计划、施工设备及劳动组织控制计划、材料供应计划、土石方开挖施工计划、混凝土浇筑计划等)，进行进度控制。

8.1.2.3　形象进度控制

编制单位工程施工形象进度图，将工程实际进展(包括工程量和时间)形象表示，对进度偏离情况及时进行对比检查和控制，使工程的形象进度满足控制性总进度计划的要求。

8.1.3　施工进度控制手段

8.1.3.1　施工进度计划审查

监理工程师将采用进度控制软件编制监理施工阶段总进度控制计划。按分项工程对总进度进行分解，对重点、关键部位或项目，制定工序控制计划和控制工作细则。

对承包人报送的实施进度计划(包括总进度计划、分年施工计划、季度施工计划、分月施工计划等)进行认真审批。对进度计划重点审查其逻辑关系、施工程序、资源的均衡投入以及施工进度安排对工程支付、施工质量和合同工期目标的影响等方面。

施工过程中，对照监理机构审批的分月施工计划，督促承包人做好周计划安排，并加以审核，认真落实各项施工措施，保证计划的完成。对实际进度与计划的偏差还要进一步分析其大小、对进度目标影响程度及其产生的原因，以便研究对策，提出纠偏措施，必要时对后期进度计划作出适当的调整。

为了确保工程进度目标的按期实施，监理工程师将密切注意施工进度，随时了解施工进度实施中存在的问题并协助其解决，严格控制关键线路施工工序的施工进展，根据实际情况及时调整施工进度计划、施工资源配备。

监理工程师将每月、每周定期组织不同层级的协调会。在高级协调会上，通报项目建设的重大变更事项，协调其后果处理，解决各个承包人及发包人的协调问题；在周进度会上，通报各自进度状况、存在问题及下周安排，解决施工中相互协调问题等，同时阶段性地向发包人提出优化调整进度计划的建议和分析报告。

8.1.3.2　工期延误补救

施工过程中，监理工程师将认真检查和核实承包人报送的当期实施进度报告。当发现进度拖后时，将督促承包人分析原因并及时采取有效补救措施。若关键线路项目发生开工或完工拖延，将督促承建商增加资源投入，采取赶工措施把延误的工期抢回来，以免拖延总工期。

8.1.3.3　协调并督促承包商建立强有力的现场管理机构

督促承包商建立以进度控制为主线的强有力的现场管理机构，狠抓进度计划的落实，对进度计划的落实情况进行考核，促进施工管理水平的提高，以此促进本工程施工的顺利进展。从我们已监理的工程项目来看，曾出现承包商计划制定部门不合理、两套计划(对内、对外)、计划与实施脱节等现象。在本工程施工中，应采取措施避免此类现象发生：其一是在施工招标文件中对承包商的进度管理提出明确要求，要求计划的制定与实施由技术、调度部门共同完成；其二是在工程实施中要求承包商提交调度部门下发的“任务单”供监理工程师检查；其三是从合同进度款中分化一定比例的费用用于进度落实好坏的奖罚……只要措施得力，精心组织，就能够圆满地实现合同进度控制目标。

8.2　施工质量控制

监理单位受发包人委托，负责监理工程承包合同的实施。监理工程师必须做好工程施工质量的控制，对关键工序和关键工程项目的施工进行旁站监理，通过促使工程承包合同的全面履行，确保生产安全和向发包人交付合格的工程。

8.2.1 施工质量控制流程

施工质量控制基本流程如图 8.2 所示。其主要步骤如下。

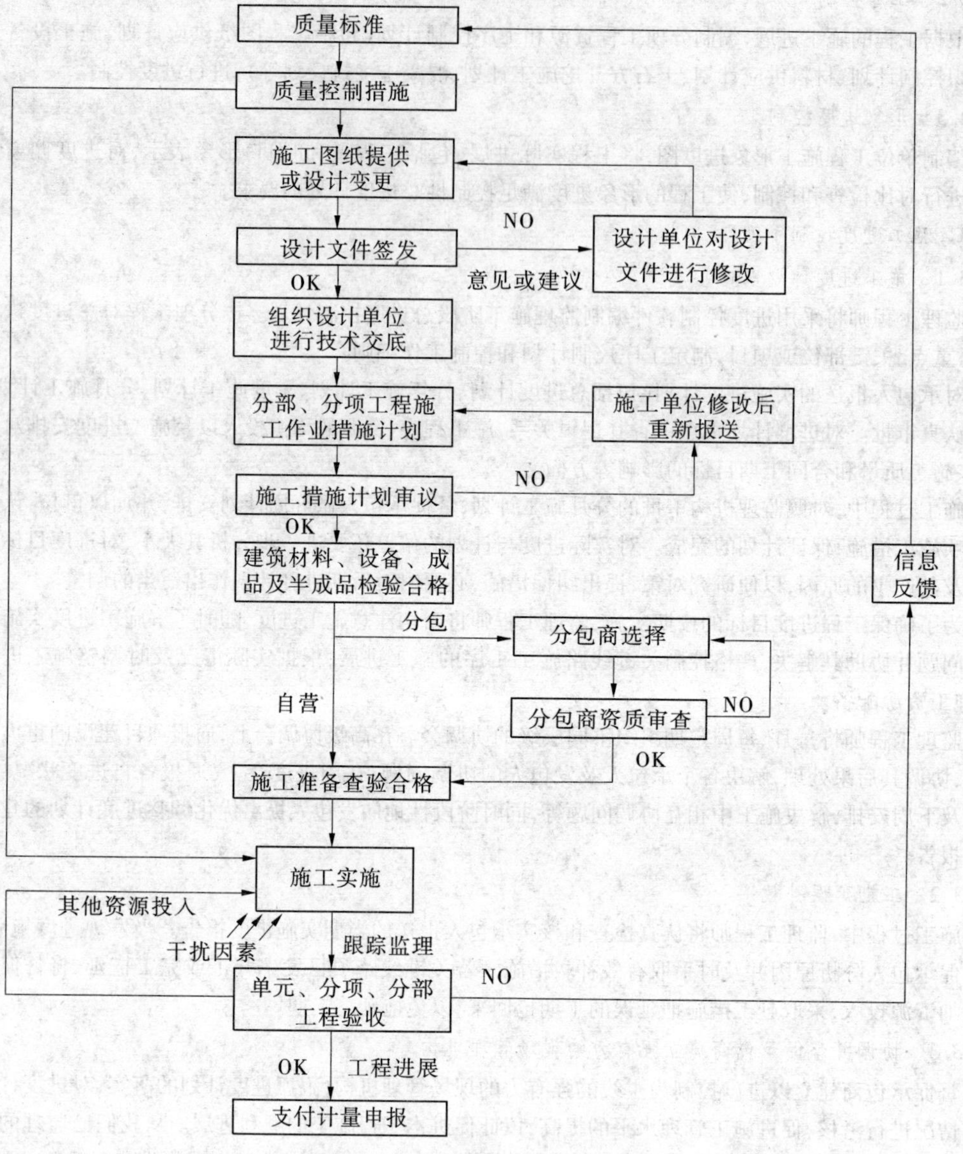

图 8.2 施工质量控制基本流程

8.2.1.1 设计文件审查

设计工作是工程建设的灵魂,把好设计文件质量关是工程质量控制的基础。监理工程师在收到图纸后,由相应专业监理工程师重点审查设计文件是否符合招标设计的原则和是否有重大设计方案变更,并组织设计交底会。如发现问题或对设计意图不明,应及时请现场设计方代表进行设计交底或解释。对设计变更,重点审查其对工期和合同支付(包括合同索赔)的影响。

8.2.1.2 施工文件审查

对承包人报送的施工措施计划,着重审查其施工程序、工艺、方案对工程质量、施工工期和工程支付的影响，督促承包人建立健全质量保证体系并检查其落实措施。

8.2.1.3 施工准备检查

为保证项目施工顺利进展，每个分部工程开工，承包人必须将施工准备工作向监理工程师报检，合格后才允许开工。

对承建单位的施工准备检查主要包括：设计文件、施工技术措施交底；主要施工设备、机具到位；施工安全、工程管理和质量保证措施到位；建筑材料、成品或半成品检验合格；劳动组织及人员安排完成；水、电供应等辅助生产设施就绪；场地平整、交通道路、临时设施等准备就绪等。

8.2.1.4 施工过程管理

施工质量控制实行"以单元工程为基础、工序控制为环节、重点部位旁站、全面全过程标准化、程序化和量化管理"。单元工程质量检测实行承包人自检以及监理抽检双控制度。

8.2.1.5 施工质量检验及验收

每个单元工程或每道重要工序开工前，必须要求承包人首先报送自检报告，包括建筑物测量资料、基础开挖成型和洞室等隐蔽工程自检验收表等承包合同文件要求报送的资料等。

监理机构在收到各种验收资料后，首先按规范和图纸要求进行核对和审查，并在规定时间内赴现场进行复验检查。对隐蔽工程或重要工程项目，由监理工程师报请发包人，组成由发包人、设计方、承包人和监理工程师等参加的现场联合检验组共同检验。对不合格的单元工程须返工处理，直到合格后方能取得确认签证，并准予进行下道工序开工。

施工过程中，监理部通过试验监理和监理试验两方面工作，做好施工质量的有关抽样检测工作，并将其检测成果指导施工。

重要建筑物开工或施工过程中，监理测量工程师对施工控制网、放样成果、完工断面或体形尺寸进行检测和验收，以确保施工质量符合设计和技术规范要求。

协助发包人及时进行分部、单位工程的验收和项目的竣工验收。

8.2.1.6 设计变更

承包人要求对设计方案作局部修改或优化时，须事先书面报监理工程师审查并经发包人批准后，由设计单位发出设计修改通知，再由监理签发承包人执行。

基础灌浆、混凝土浇筑等重要工序，实行旁站监理，通过对施工过程的检查，确保其施工质量符合要求。

8.2.2 施工质量控制方法与手段

在工程施工过程中，监理工程师进行质量控制的方法归纳为试验、测量、巡视及旁站监督、程序管理、利用支付控制手段、指令文件等方法。从工程上分为三个过程：材料的质量控制和具体施工方法的质量控制和工程质量控制。水电工程施工质量检测项目繁多，应尽可能广泛采集质量数据，用数理统计的方法实施动态控制。

8.2.2.1 试验

试验是工程质量控制的重要手段，其数据是评定工程质量的依据。监理机构将指派有经验的试验工程师对承包人的试验进行监理和进行见证试验，对承包人试验室的建立、设备和仪器的率定与使用、试验过程及方法、试验标准、试验人员的资质审核等进行监理。工程施工过程中监理工程师将采取见证取样试验和监理检测试验两种手段控制工程的施工质量。

见证取样试验是监理对承包人试验结论和对工程施工质量进行确认和评价的重要手段。监理过程中在下列情况时须进行见证取样试验：重要的工程部位；对承包人施工材料、产品质量和试验结果有疑问；技术研究需要等。

见证取样试验和监理检测试验均应严格执行合同、国家、行业相应的技术标准。检验和试验中因工作需要送外部单位委托试验时，应选择经国家主管部门认可资格的单位进行。若发现不合格产品，应分析原因，提出处理措施，经会审后实施，对不合格样品应另外存放。所有的检验和试验都必须按照合同和技术规范要求进行记录，建立并保存所有表明产品已经检验或试验的记录。

8.2.2.2 巡视及旁站监督

通过现场观察、监督和检查整个施工过程，注意并及时发现潜在的质量事故和质量隐患、影响质量的不利因素的发展变化以及出现的质量问题等，以便及时进行控制。对于施工正常、不易出现质量事故的中间过程施工，进行巡视监理；工程的重要部位或重要工序、隐蔽工程一类的施工，进行旁站监理，并由监理员对施工过程进行必要的全过程跟踪监理。监理人员应做好检查和巡视的记录和个人日记。

8.2.2.3 质量控制工作程序

工程开工前监理工程师以书面文件的形式向承包人规定双方必须遵守的质量控制工作程序。工序完工后，承包人先进行自检，自检合格，则填报质量验收单，附上自检记录及各种试验和检查表格；监理人员对工序质量进行核查，如合格，则签发质量验收单，方可进行下一道工序施工。

8.2.2.4 支付控制手段

如果承包人的工程质量达不到要求的标准，而又不能按监理工程师的指示予以处理使之达到要求的标准，监理工程师有权采取拒绝开具支付证书的手段，停止支付部分或全部款项。当承包人拒绝或由于其他原因不能及时、有效地处理质量事故或缺陷时，监理工程师将建议发包人委托其他承包人进行处理，其费用将从承包人最近一期的付款中或质量保证金中扣除。

8.2.2.5 指令文件

指令是监理工程师对承包人提出指示和要求的书面文件，用以向承包人指出施工中存在的问题，提请承包人注意，以及向承包人提出要求或指示其应做什么或不做什么等。监理工程师将根据合同规定，结合工程实际情况及时、准确地发出指令。各项指令都应是书面的，若因时间紧迫，来不及做出正式的书面指令，也可以以口头指令的方式下达给承包人，但事后应根据合同规定，对口头指令予以确认。

8.2.3 旁站监理规划

监理机构通过现场观察、监督和检查整个施工过程，及时发现潜在的质量事故和质量隐患、影响质量不利因素和出现的质量问题等，保证对现场施工质量进行控制。实践证明，对于大、中型水利水电工程，旁站监理是控制工程施工质量的有效措施。我们将在承监工程的关键部位、关键点、关键工序落实旁站监理措施，切实履行合同义务，实现合同质量目标。在我们制订的旁站监理方案中，最主要、最重要的是确定旁站监理项目，建立和完善旁站监理组织制度，明确旁站监理要求，同时配备具有丰富现场工作经验的监理人员。

8.2.3.1 旁站监理项目

根据以往江垭水利枢纽工程监理经验，并根据双滩水电站水利枢纽工程招标文件要求，拟对关键部位、关键工序进行旁站监理。包括以下项目：

(1)混凝土浇筑。

(2)灌浆工作中的压水试验、浆液制备、施灌、封孔和记录。

(3)关键部位的爆破作业。

(4)安全监测仪器的安装及埋设。

(5)金属结构与机电设备安装调试。

(6)闸门二期混凝土浇筑。

(7)重要部位的测量放样。

(8)其他隐蔽工程及其他关键部位、关键施工工序、特殊工序、关键施工时段等。

(9)施工中易出现质量问题的施工项目、部位、工序，以及监理机构认为需要旁站监理的项目，如具有施工干扰、存在施工安全的部位等。

8.2.3.2 旁站监理组织

旁站监理组织包括组织机构落实与人员到位两个方面。在双滩水电站工程监理工作中，我们决定采用总监作为旁站监理机构的总负责人；整个机构采用线性控制模式，在现场工程项目监理工程师负责日常现场施工质量的监理与监督工作；由监理工程师和监理员承担旁站监理工作。

要求旁站监理人员熟悉旁站监理工程项目施工作业的具体要求，具有一定的现场管理或施工经验，身体健康。

8.2.3.3 旁站监理工作程序

(1)制定旁站监理大纲，主要明确旁站监理工作的范围、内容、程序和旁站监理人员的职责。

(2)制定旁站监理工序、部位的监理实施细则，主要明确旁站监理工序、部位的具体监理内容、要求及质量目标要求，人员组织等。

(3)旁站监理工序和部位开始施工前，承包人按细则要求的时间通知监理机构派遣旁站监理人员到场。

(4)旁站监理人员按要求对施工工序、部位的施工全过程进行旁站监理，旁站监理期间要求承包人质检人员同时在场。

(5)旁站监理完成后，整理存档旁站监理记录，监理记录应由监理人员及承包人的质检人员签字确认。

8.2.3.4 旁站监理方法

(1)对旁站监理的施工工序、部位及施工时段进行全过程24小时旁站监理。

(2)旁站监理时间超过一个工作时时，严格按制定的旁站监理交接班制度交接班。

(3)旁站监理期间，监理人员须监督承包人严格按报经批准的施工方法施工，并密切注意施工的各个环节，包括材料、设备、工艺，以及施工人员到位情况等。

(4)在监理过程中，及时发现施工中存在的问题，并按监理工作作业指导书要求的程序和要求及时处理。

(5)旁站监理人员应如实、全面、准确记录施工全过程资料，施工结束后，整理存档旁站监理记录，监理记录应由监理人员及承包人的质检人员签字确认。

8.2.3.5 旁站监理要求及现场作业主要技术文件

对旁站监理将从严要求，除要求现场监理人员具有较高的监理职业道德外，还要求他们具有较高的专业技术水平和较丰富的现场工作经验。

根据以往我们在水利水电工程旁站监理经验，结合双滩水电站工程特点，我们将编制旁站监理工程项目的《监理现场作业指导书》或《监理现场质量控制手册》，使每一位监理人员了解、掌握现场监理工作内容、现场检查项目、质量控制标准、检验检测的数量要求及质量评定标准、质量控制程序等。

施工过程应检查钻孔孔位、孔深、孔向、压水试验的压力、制浆配比、浆液的密度、压力表安装部位及读数方法、灌浆的分段、浆液配比、浆液性能、灌浆方式、结束标准等设计和施工控制指标是否满足规范和设计要求。

8.2.4 金属结构安装的质量控制

8.2.4.1 材料质量控制

对承包人用于安装金属结构的所有材料和构配件(包括钢板、型钢、焊条或自动焊丝、水封件、铸件、锻件、紧固件)的采购和验收进行控制，必要时监督承包人按照技术规范的规定进行试验。

8.2.4.2 作业人员的控制

对本工程金属结构安装操作人员的资格进行检查，并监督承包人对焊接操作人员进行焊接资格考试，评价焊工的考核结果，批准焊接人员的操作许可。

8.2.4.3 安装技术措施审查

要求安装单位在施工前提出书面的安装技术措施，说明拟采用的安装工艺、工序以及质量、安全保证措施，对其合理性、科学性进行审查和评价，杜绝不合理、不科学的工艺，确保安装质量。

8.2.4.4 安装质量控制

严格测量控制，确保安装的误差控制在允许范围内；监督承包人按照批准的工艺进行安装，尤其是吊装和拼缝焊接、水封和行走机构安装等，每道工序完成后应进行检验，合格后才允许进行下一个相关部件的安装，对有怀疑的现场拼装焊缝，必要时指令承包人进行探伤检查。对检查发现的任何偏差或质量缺陷指令承包人进行纠正，并监督实施过程，检查实施效果。监督承包人严格按照闸门防腐操作的技术规程进行喷涂作业，并对喷涂的质量进行检查。

对启闭机配电、驱动或控制电气设备的安装，对照设计图纸逐根电缆或电线进行检查，发现问题立即指令承包人纠正；监督承包人对液压设备的油缸、管路进行清洗并经监理工程师检验认可后才能进行组装，在组装后进行气密性试验和耐压试验，满足规定的要求后可允许就位。

8.2.4.5 检验和试验

电气设备安装完成后，监督承包人进行电气测试（包括导通、绝缘、耐压、接地、操作反应等），跟踪测试过程，复核测试结果。只有在电气测试完全合格后，才允许承包人进行通电试验。对机械运动部件或机构监督承包人添加润滑油脂，并进行手动盘车，在确认转动灵活无卡阻后，允许进行电气驱动盘车；启闭机与闸门进行联动调整时，监督承包人调整水封间隙，观察启门力指示表，对发现的任何卡阻或超过设计启门力的现象应予以消除。在进行带电联动试验过程中，检查电气驱动和控制装置的动作和负荷情况并进行记录，对不满足规定要求的数据查找原因，并通过必要的调整解决。

8.2.5 机电设备安装质量控制

（1）水轮发电机组。关键控制机组埋件的安装质量，注意控制二期混凝土或三期混凝土的浇筑质量。

（2）变压器。应仔细对变压器器身进行检查，对潮湿的变压器应进行干燥处理，完成相关试验，试验结果应满足技术要求。

（3）中低压盘、柜及二次接线。盘柜及盘柜内电线安装应满足规范及设计技术要求，检查试验项目齐全，结果符合规范规定。

（4）电力电缆。电缆敷设、电缆终端及接头制作、电缆防火措施应满足技术要求，检查及试验项目齐全，结果满足规范要求。

（5）接地装置。电气设备的金属部分应按规范要求进行可靠的接地，接地装置的敷设满足技术要求，接地电阻测量方法和结果满足规范要求。

（6）自动控制系统。计算机监控系统设备安装时，放置设备的场所包括中央控制室、计算机房、现地监控设备机房，其土建、装饰工程均应完成，环境温度、湿度、防静电等条件均符合技术条件的要求。盘柜安装应按照产品技术条件及盘柜安装规程进行。除技术条件另有规定者外，电气上互相连接的设备，其柜体、交流电源、系统内直流电源、电缆屏蔽层应在柜内一点接地。

此外，还应对自控设备的外观、软硬件配置及技术文件进行检查，对绝缘电阻、介电强度、数据采集、控制功能、通信功能、实时性指标等进行测试，并进行环境、电源适应性、电磁兼容性、抗无线干扰、连续通电等项目进行试验。

8.2.6 质量事故的处理

如果在本工程的施工中发生质量事故，将按如下的程序进行处理：当发现工程出现质量事故后，监理工程师应以正式文函或书面指令的形式通知承包人停止质量缺陷部位以及与其有关联的部位和工序的施工，必要时指令承包人采取紧急措施进行防护，防止事故扩大，同时立即报告发包人。

8.3 施工质量控制制度

在实际监理工作中，我们还将通过设计文件、图纸审查制度、设计技术交底制度、施工组织设计和施工方案审核批准制度等监理工作制度，保证工程和监理工作质量。

8.3.1 《工程建设标准强制性条文》落实制度

《工程建设标准强制性条文》（以下简称《强制性条文》）是摘录现行工程建设国家标准和行业标准中直接涉及人民生命财产安全、人身健康、环境保护和其他公众利益的内容，是从技术上保证水利工程质量的关键，也是水利工程建设全过程中的强制性技术规定。因此，我们将把《强制性条文》贯穿到整个工程建设之中，有计划地对监理人员进行《强制性条文》的培训，使监理人员熟悉并掌握本工程涉及的《强制性条文》；在编制各单项工程监理实施细则时，将涉及到施工安全防护措施，采用的材料、设备、施工技术，工程质量，验收等方面《强制性条文》内容列入，并明确监理控制方法及措施。监理过程中监理工程师将严格执行有关《强制性条文》，依据《监理实施细则》对承包人贯彻执行《强制性条文》的情况进行监督检查，对违反《强制性条文》的，指令其改正。

8.3.2 设计文件、图纸审查制度

为了解工程特点、设计意图和关键部位的质量要求，发现和减少设计差错、遗漏，监理工程师在将施工图设计文件发给承包人之前，若发现存在大的问题，应组织设计单位、发包人代表对施工图设计文件进行会审，对设计文件中存在的问题进行讨论、协商，澄清疑点和解决存在的问题，并形成纪要。设计单位应通过书面形式对图纸会审中提出的问题进行解释或提交设计变更通知书。

8.3.3 设计技术交底制度

设计图纸是监理机构、设计单位、承包人进行质量控制的主要依据。工程开工前，监理工程师应组织设计单位向承包人进行设计交底。对承包人在设计交底中提出的问题应写入会议纪要中。

8.3.4 施工组织设计和施工措施审核批准制度

(1)施工组织设计。承包人应在原投标书施工组织设计的基础上，针对现场具体情况和施工对象特点编制更详细、具体的施工组织设计，经监理工程师审查批准后执行。

(2)施工措施。施工措施是承包人根据设计要求、施工图纸、进度计划、现场调查所得信息、施工及验收规范、质量检查验收标准、安全操作规程以及施工设备性能等情况拟定的。承包人应依工程进展将施工组织设计进一步细化，在各单项工程开工前编报相应的施工措施计划报请监理工程师审批。

8.3.5 工程开工申请、审批制度

承包人在主要施工准备工作完成后，应提出《工程开工申请报告》，经监理工程师现场检查落实，发布书面的开工指令。对于已书面通知停工的工程，则须有监理工程师开出的复工令才能复工。

8.3.6 设计图纸的变更处理制度

无论何种设计图纸修改和变更，在不影响关键工期延长，并不会导致费用增加或增加费用在监理工程师权限范围内时，由监理工程师审核批准，并通知发包人。但发生重大变更或增加费用可能超出监理工程师权限范围时，由监理工程师提出建议，报请发包人批准后实施。

8.3.7 隐蔽工程检查制度

隐蔽工程覆盖以前，承包人应根据合同技术条款的有关要求进行自检，确认具备覆盖条件后，在合同规定的时间内，通知监理工程师进行检查。监理工程师按通知约定的时间派员到现场进行检查，确认签字后，承包人才能进行覆盖。重点部位或重要项目应会同发包人、设计单位共同检查签认。

8.3.8 工程竣工验收制度

工程竣工后，承包人在验收前将编好的全部竣工文件及绘制的竣工图提供监理工程师一份，审查确认完整后，报发包人现场代表，其余根据发包人要求分发有关部门。

8.4 合同支付与合同商务管理

只有已按承包合同要求完成、质量检验合格,并按合同规定必须由发包人支付的项目,才能得到计量支付。

8.4.1 施工阶段监理工程师对工程投资控制主要工作内容

施工阶段监理工程师对工程投资控制主要包括以下工作内容:

(1)协助发包人进行招标文件中关于商务条款的审查。

(2)协助发包人对投标文件中商务文件进行审议,提出审议意见,并参加工程承建合同谈判。

(3)协助发包人编制投资控制目标和分年度投资计划。

(4)审查承包人提交的资金流计划。

(5)按照合同规定进行现场计量和签认。

(6)严格审核承包人的月计量报告,签发工程款支付凭证;建立支付台账,及时与工程量报价单和批准的资金流计划进行对比,发现偏差立即分析原因并报告发包人。

(7)严格审查新增项目和变更项目的单价,做好合同价格调整工作。

(8)依据发包人授权确定并严格控制工程变更的费用。

(9)尽可能向发包人提供节约投资的设计、施工等优化方案。

(10)制定避免或减少费用索赔措施。

(11)受理索赔申请,按照合同文件进行索赔调查和评价,确定进度延期赔偿或应支付给承包人的赶工费用供发包人审批;认真做好“材料差价”和“费用补差”的审核工作。

(12)编制工程完工后的最终计量支付报告,协助发包人编制竣工决算报告。

8.4.2 合同支付原则

合同支付坚持以“承包合同为依据,单元工程为基础,施工质量为保证,量测核定为手段”的原则。

为保证工程建安合同得到切实履行,凡未按设计要求施工完成,或开工、检验等签证手续不全,或施工质量不合格,或合同文件规定发包人不另行予以支付的项目,均暂缓支付或不列入支付。

8.4.3 合同支付结算流程

合同支付结算流程见图8.3。

8.4.4 工程变更控制

尽管变更是难免的,但变更往往是引发施工索赔的主要原因之一,监理工程师必须结合工程施工特点和施工条件,对工程变更的必要性、可行性与合理性进行研究分析,通过技术经济比较后向发包人提出建议,提示其慎重决策。

当工程变更可能对施工进度或合同支付产生重大影响时,在变更实施前向发包人提出变更建议,提请发包人决策。

8.4.5 索赔控制

合同索赔手段的运用,是促使工程承包人切实履行合同,确保进度、施工质量目标得以实现的重要手段。与此同时,监理工程师还必须充分运用自己的技能、谨慎的服务和合理的方法,尽力避免或减少工程承包人向发包人提出的索赔。

在索赔处理中,认真做好索赔调查、认证和费用计算工作,同时也注意做好发包人向承包人的合同索赔工作,以维护发包人的合法权益,促使工程建造合同得到切实履行。

8.4.6 风险控制

对工程施工中高难度、高强度和干扰因素大的部位进行风险分析,提出风险损失预测,制定风险预防措施,尽可能地减小风险对投资及工程施工进度的影响。

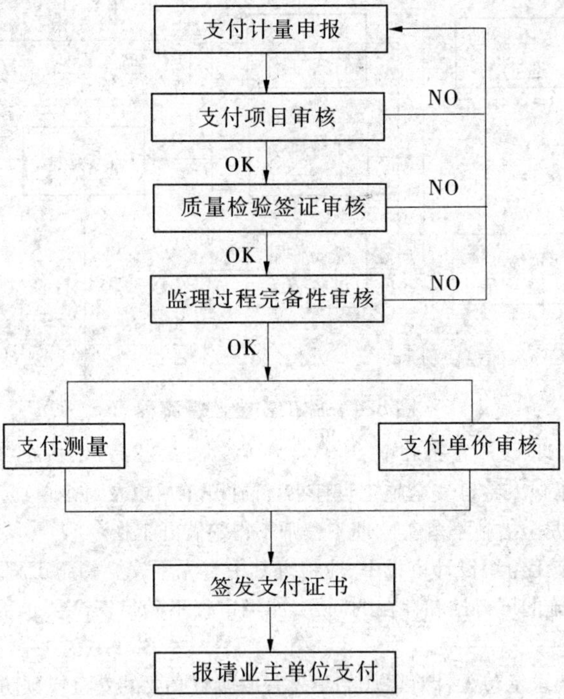

图 8.3　合同支付结算流程

8.5　工程信息管理

(1)信息管理的主要任务和方法。监理工程师将使用计算机进行信息管理,在现场建立监理信息管理系统,对监理过程中产生的信息进行管理,使信息管理做到全面、规范,使用方便快捷,为决策提供依据。对监理过程中的文件实现规范化、制度化管理。

(2)工程信息(文件)划分。工程信息划分为业主指示、设计信息(文件)、监理信息(文件)、施工信息(文件)和设备制造信息(文件)。

(3) 信息管理制度。信息管理制度待监理进场后,依据合同文件规定编报并送发包人审定。

在监理过程中,监理工程师将按照监理报告制度逐月编写《监理月报》,并于年末提出监理范围内的年度报告和总结,报发包人审阅。年度报告和《监理月报》内容应以具体数字说明施工进度,施工质量,资金使用以及重大安全、质量事故,有价值的经验等。

(4)工程信息(文件)的管理和归档。根据信息管理制度,做好工程信息(文件)的管理工作,建设监理任务完成后,向发包人提交工程建设监理工作总结报告和档案资料。

8.6　安全管理及文明施工

文明施工与安全管理经常由于各种原因被参建各方疏忽,从而导致质量和安全事故,对工程建设造成不良影响。为了保证工程顺利完建,我们将对文明施工和安全进行科学、有效的管理。我们将建立文明施工与安全保证体系,在总监理工程师领导下,设立专职人员进行管理。施工安全监督流程如图 8.4 所示。

8.6.1　安全管理

本着“管生产必须管安全”的原则,贯彻“预防为主”的方针,保护工程建设人员人身安全、健康和国家财产。安全管理的主要工作内容如下:

(1)在工程开工前,监理工程师应督促承包人制定并落实施工安全措施,建立安全管理机构,检查安

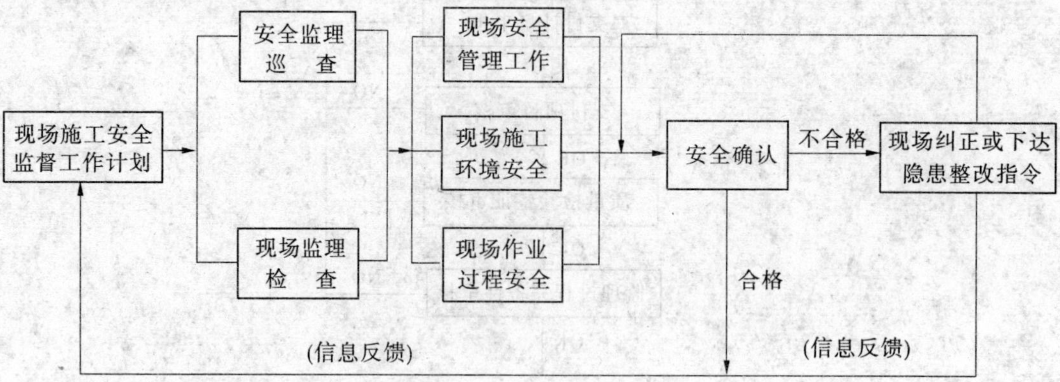

图 8.4　施工安全监督流程

全人员配备是否足够、合理,设施是否齐全。

(2)协助发包人与承包人签订安全施工责任书,并在开工后以及每个单项工程开始前检查施工安全措施的落实情况。施工安全措施不落实监理工程师不得签署开工指令。

(3)在对承包人的施工组织设计审批中,应检查其中有无不安全的施工程序和方法,研究其计划采用的安全设施和安全措施的可行性和存在的问题,如经审查不满足安全要求,不予批准,直至经改进满足要求为止。

(4)监理工程师将要求承包人针对爆炸品事先采取所有必要的安全或预防措施,并应遵守与爆炸品有关的条例、法律和规定,并且将对承包人关于炸药的储存、运输和使用的上述安排和预防措施进行审查。

(5)在工程进展过程中,监理工程师应随时对承包人的安全措施进行检查,发现影响安全施工的违章行为及时口头进行纠正,对屡教不改或情节严重者发出书面警告,直至下达停工令。对检查发现的安全隐患应督促承包人限期整改,否则予以停工或禁止开工。

(6)如果合同文件规定承包人必须对其进入工地的设备和人员进行保险,监理工程师还应对其检查和审核,由于工程进行中不断有设备进入工地,同时劳务人员和职员的人数也在变化,还应经常地、不定期地对承包人的保险工作进行检查,对没有及时保险的项目,应指示承包人及时保险。

(7)承包人必须执行国家有关安全生产和劳动保护的法规,建立安全生产责任制,加强规范化管理,进行安全交底、安全教育和安全宣传,严格执行安全技术方案。施工现场的各种安全设施和劳动保护机具,必须定期检查和维护,及时消除隐患,保证其安全有效。

(8)在施工过程中出现人身伤亡或财产严重损失等重大安全事故时,监理工程师应立即下令停止相关部位的施工活动,书面通知承包人按照事故报告的程序立即通知安全监督主管部门和发包人,并配合有关部门对事故进行调查和处理。只有在获得安全监督主管部门的同意后,监理工程师方可下达复工指令。

(9)监理工程师应与承包人定期或不定期进行会晤,及时对安全工作进行分析和评价,从中发现问题和不足。对承包人的承诺应检查其实施情况,对于玩忽职守、不称职的人员,有权要求承包人予以解雇。

(10)监理工程师应按月或按季度进行安全工作总结,及时向上级部门汇报重大安全事故,并认真传达落实上级部门对安全工作的指示文件和精神,按照内部的劳动保护和安全保障的法规,管理好监理工程师内部的安全工作,组织培训和教育内部人员树立安全观念,增强安全意识,避免监理工程师自身发生安全事故。

(11)承包人应当严格按照《中华人民共和国消防条例》的规定,在施工现场建立和执行防火管理制度，设置符合消防要求的消防设施，并保持完好的备用状态，在容易发生火灾的地区施工或者存储、使用易燃易爆器材时，承包人应当采取特殊的消防安全措施。

8.6.2 文明施工

监理工程师将督促承包人按照合同文件以及国家或地方有关环境管理或保护的要求进行施工，使得施工现场以及周边的环境井然有序，做到文明施工。还将监督承包人对其施工范围内及其受影响的相关区域的粉尘、污水、噪声、施工废渣等进行控制，按照规定的要求进行施工废物的弃置和施工物料的堆放，保持这些区域内的道路、公共场所和施工现场的整洁。监理工程师将按以下文明施工要求监督承包人的施工：

(1)承包人应贯彻文明施工的要求，推行现代化管理方法，科学组织施工，做好施工现场的各项管理工作。

(2)承包人应当按照批准的施工总平面布置图设置各项临时设施。堆放大宗材料、成品、半成品和机具设备，不得侵占场内道路及妨碍安全防护等设施。

(3)施工现场必须设置明显的标牌，标明工程项目名称、建设单位、设计单位、承包人、监理单位、项目经理和施工现场总代表人姓名、开竣工日期等。承包人负责施工现场标牌的保护工作。

(4)进入施工现场的主要施工管理人员、监理人员、设计人员以及发包方人员应当佩戴证明其身份的证卡。

(5)施工现场的用电线路、用电设施的安装和使用必须符合安装规范和安全操作规程，并按照批准的施工组织设计进行架设，严禁任意拉线接电。施工现场必须设有保证施工安全的夜间照明、危险潮湿场所的照明以及手持照明灯具，必须采用符合安全要求的电压。

(6)施工机械应当按照批准的施工总平面布置图规定的位置和线路设置，不得任意侵占场内道路。施工机械进场必须经过安全检查，经检查合格的方能使用。施工机械操作人员必须建立机组责任制，并依照有关规定持证上岗，禁止无证人员操作。

(7)承包人应该保证施工现场道路畅通，排水系统处于良好的使用状态；保持场容场貌的整洁，随时清理建筑垃圾。在车辆、行人通过的地方施工，应当设置沟、井、坎、穴覆盖物和施工标志。

(8)施工现场应当设置各类必要的职工生活设施，并符合卫生、通风、照明等要求。职工的膳宿、饮水供应等应当符合卫生要求。发包人或者承包人应当做好施工现场安全保卫工作，采取必要的防盗措施。在现场周边设立围护设施，非参建人员不得擅自进入施工现场。

8.7 环境保护

建设双滩水电站将为地方经济建设和生态环境建设带来更大的发展，应避免或减免工程建设对环境带来的不利影响，促进生态环境的改善。因此，开展施工期环境监理是一项十分重要的工作。

监理工程师应要求承包人遵守国家有关环境保护和法律规定，文明施工，注重环境保护。施工中采取措施控制施工现场的各种粉尘、废水、废气、固体废弃物以及噪声、振动对环境的污染和危害。施工过程中的环境保护，监理工程师主要采取下列手段：

(1)在审核承包人施工方案的同时，审核环保措施，对无环保措施或达不到环保要求的施工方案，坚决予以否定。

(2)根据国家、地方、施工合同的环保要求，检查承包人的施工情况。对不符合要求的情况立即给予制止和纠正。配合地方环保部门对施工区环保情况进行检查。施工中的开挖、堆渣、弃渣等符合合同规定。

(3)施工现场内的材料分门别类，整齐堆放。

(4)每个单项工程完工后，对现场残存材料进行妥善处理。在完工后现场清除一切残存杂物，妥善处理施工废水、废物。

(5)除设有符合规定的装置外,不得在施工现场熔融沥青或者焚烧油毡、油漆以及其他会产生有毒、有害烟尘和恶臭气体的物质。

(6)采取有效措施控制施工过程中的扬尘。

(7)对产生噪声、振动的施工机械,应当采取有效控制措施,减轻噪声污染。对违反规定的,监理工程师将配合发包人以及有关主管部门,根据有关规定,采取警告、责令改正、下停工令等措施。

(8)施工过程中,不得破坏施工区以外的任何自然状态。施工完成后,根据合同恢复施工区的环境。

(9)施工过程中,禁止向江河中倾倒施工料渣,避免施工料渣落入江河中。

(10)保护好施工区段的树木、草皮和生态环境。

(11)对达不到健康要求的施工场所,指令承包人进行整改,必要时报发包人同意后下达停工令。

针对本工程,我们将督促承包人满足下述要求:

(1)遵守国家和有关部门环境保护规定,对合同规定的施工活动界限之外的植物、树木,必须尽力维护原状。承包人不得随意排放有害物质(如燃料、油料、化学品、酸等),以及尘埃、泥浆、弃渣等污染土地、河流。如因破坏环境而引起的经济赔偿,承包人承担全部责任。

(2)承包人应采取各种有效的保护措施,防止在其利用或占用土地上发生土壤冲蚀,以及对河床、河岸的冲刷,并防止由于工程施工而造成开挖料或其他冲蚀物质在任何河流或支流中淤积。除非得到项目监理工程师的许可,承包人应将工程开挖的弃渣料运至专门指定的弃场堆放。由于承包人违反施工堆料和弃渣规定而招致人身安全事故、环境影响和经济损失,应由承包人承担全部责任。

(3)承包人应在工地现场和生活区设置足够的、符合标准的临时卫生设施,定期清扫处理。

(4)在主体工程完工后,除项目监理工程师另有批示外,承包人必须拆除施工设施,至监理满意为止。

8.8 施工关系协调

监理工作的成效在一定程度上取决于监理工程师的协调能力,监理工程师的组织协调工作在整个监理工作中占有的比重和地位都是很高的。如果本工程有多个承包人在多个施工项目同时施工,对施工场地和施工道路等的使用,必然会有这样或那样的矛盾需要组织和协调。

一般情况下,与工程直接有关的主要有发包人、设计单位、承包人和监理单位,由于各单位所处的位置及其所代表的利益不一致,对工程中有关投资、进度、质量及合同等方面的看法也存在一定的差异。为此,作为监理工程师,将充分利用发包人授予的权限或依据施工承建合同文件规定,正确行使监理工程师的协调权,随工程施工进展及时协调发包人、承包人、设计单位之间以及工程进展中施工质量、工期与支付之间的各种矛盾,及时发现问题、解决问题,以促进施工承建合同的全面履行,促进工程施工的顺利进展,避免可能造成的延误和损失,避免引发合同纠纷。

8.8.1 协调的职责

施工过程中建设各方关系的协调是总监理工程师与各工程项目监理工程师的一项重要工作。监理工程师通过及时协调,维护发包人的利益和权益,同时也实是求事地维护承包人的合法权益。

8.8.2 协调制度

建立例会和专题会等形式的协调会制度。

监理工程师应定期组织由发包人代表、承包人主要负责人和设计单位代表参加的协调会议。协调会议由监理工程师主持召开,主要内容包括对本期工程进展、安全生产、施工质量、资源供应、设计供图、工程支付以及外部条件等各项工作进行检查,对下期工作作出安排。所讨论的问题会议上能定的应当场决定,并以会议纪要的形式分发各方遵照执行,下次会议各方代表签字确认。协调会作出的决定,各方应按工程承包合同文件的有关规定予以执行。

8.8.3 发包人与承包人

施工过程中,发包人与承包人对工程的质量、进度和投资的要求和侧重点客观上存在着一定的差异，对于这种差异，我们将首先按照合同认真分析发包人的要求和承包人的条件，分别与发包人和承包人进行协商，最后以协调会的形式解决彼此间存在的差异，形成会议纪要，使双方都按会议纪要要求履行各自的义务。

8.8.4 承包人与承包人

各家承包人按照监理工程师批准的计划施工并同时使用由发包人提供的一些施工临时设施，如施工道路等，可能会因各种原因出现一些矛盾。为此，监理工程师将根据现场实际情况，及时地召集由有关各方参加的现场协调会议，解决相互之间的施工干扰。

9 监理人员行为规范及奖惩措施

9.1 行为规范

(1)遵守国家和政府法令、法规，尊重地区风俗习惯，遵守各项监理工作制度，服从监理机构的领导和管理，坚持科学、求实、严谨的工作作风，做到遵纪守法、尽职尽责、公正廉洁，热情地为工程建设服务。

(2)监理人员必须努力钻研业务，熟悉工程承建合同文件，熟悉设计文件，熟悉技术规程、规范和质量检验标准，熟悉监理实施细则和监理工作文件，熟悉施工环境和条件，认真履行职责，正确运用权限，促使工作能力和监理水平的不断提高。

(3)监理人员要努力加强与工程建设有关各方的协作，深入施工现场了解和掌握工程施工的第一手资料，在职级授权范围内充分、正确地运用自己的职责和技能，及时发现问题和解决问题。

(4)监理人员无权自行变更和修改设计。发现设计有重大失误或因施工条件变化导致设计文件必须作局部调整、变更与修改时，应立即报告，通过监理组审议后向总监理工程师提出，以便及时与设计单位或设计代表单位会商后作出处理。

(5)监理人员请假、出差、离岗、退场等，应依据监理部有关规定办理相关手续并在安排好工作交接后方可离岗。

(6)在监理实施过程中，监理单位不得泄露业主单位申明的秘密，也不得泄露设计、工程承建等单位提供并申明的技术、经济和合同商务秘密。

(7)监理工程师及其他监理人员，不得参与可能与监理合同规定的与业主的利益相冲突的任何活动，不得在施工、建造及物资供应等单位兼职，不得向承建单位介绍施工队伍，不得收受承建单位礼品，更不得徇私舞弊、收受贿赂和进行其他有损工程建设监理工作或监理部声誉的活动。

9.2 奖惩措施

(1)监理部鼓励各级监理机构、监理工程师及其他监理工作人员努力钻研技术业务和争优创新。对在监理工作中提出合理化建议，明显推进了合同工期、提高了工程质量或取得了明显的经济效益的，监理部将报请业主单位，或通过监理部组长以上干部会议研究后给予表彰与奖励。

(2)监理人员违反监理工作制度和监理人员行为规范，或失职对监理工作造成损失，或玩忽职守，或因其他不良、不当行为对监理部声誉造成不良影响的，监理部将根据有关制度规定经监理部组长以上干部会议研究后作出决定，对责任人员给予批评教育、经济处罚、降职、降级、退岗，直至报请长江委有关部门给予纪律处分。

(3)监理部在各级监理机构中开展社会主义劳动竞赛和监理优胜评比活动。

第三节 监理实施细则

项目监理细则又称项目监理(工作)实施细则。监理细则是在项目监理规划基础上，由项目监理组织的各有关部门，根据监理规划的要求，在部门负责人主持下，针对所分担的具体监理任务和工作,结合项目具体情况和掌握的工程信息制定的指导具体监理业务实施的文件。

项目监理细则在编写时间上总是滞后于项目监理规划。编写主持人一般是项目监理组织的某个部门的负责人。其内容具有局部性,是围绕着某个部门的主要工作来编写的。它的作用是指导具体监理业务的开展。项目监理大纲、监理规划、监理细则是相互关联的,它们都是构成项目监理规划系列文件的组成部分,它们之间存在着明显的依据性关系:在编写项目监理规划时,一定要严格根据监理大纲的有关内容来编写;在制定项目监理细则时,一定要在监理规划的指导下进行。

一、监理实施细则的作用

项目监理实施细则是在监理规划的基础上,根据项目实际情况对各项监理工作的具体实施和操作要求的具体化、详细化。它是根据工程建设项目的特点,由项目总监理工程师组织各专业监理工程师编制,并经总监理工程师批准后执行。监理实施细则一般应重点写明控制目标、关键工序、特殊工序、重点部位、质量控制点及相应的控制措施等。对于技术资料不全或新的施工工艺、新材料应用等,应在充分调查的基础上,单独列出章节予以细化明确。监理实施细则对工程建设项目的监理工作具有如下作用。

(一)项目监理工作实施的技术依据

在项目监理工作实施过程中,由于工程建设项目的单件性和一次性及周围内外环境条件变化,即使同一施工工序在不同的项目上也存在影响工程质量、投资、进度的各种因素。因此,为了做到防患于未然,专业监理工程师必须依据相关的标准、规范、规程及施工检评标准,对可能出现偏差的工序写出监理实施细则,以便做到事前控制,防止可能出现的偏差。

(二)落实实施项目计划,规范项目施工行为

在项目施工过程中,不同专业间有不同的施工方案。作为专业监理工程师,如果没有一个详细的监督实施方案,要想使各项施工工序做到规范化、标准化,要想达到预期的监理规划目标是难以做到的。因此,对于较复杂的和大型工程,专业监理工程师必须编制各专业的监理实施细则,以规范专业施工过程。

(三)明确专业分工和职责,协调各类施工过程中的矛盾

对于专业工种较多的工程建设项目,各个专业间相互影响的问题往往在施工过程中逐渐出现,如施工面相互交叉、施工顺序相互影响等,产生这些问题当然是在所难免的,但若专业监理工程师在编制监理实施细则时就考虑到可能影响不同专业工种间的各种问题,那么在施工中就会尽可能减少或避免,使各项施工活动能够连续不断地进行,减少停工、窝工等事件的发生。

二、监理实施细则的编写依据

监理实施细则的编写有以下依据:

(1)国家有关的法律、法规。

(2)勘察、设计等技术文件。

(3)合同文件。

(4)已批准的监理规划。

(5)施工组织设计。

(6)专业施工验收规范及检验评定标准。

三、监理实施细则编写要求

(一)严格执行国家的标准、规范、规程并考虑项目的自身特点

国家的标准、规范、规程及施工技术文件等,是开展监理工作的主要依据。但是,对于国家非强制性的规范、规程,可以结合项目当地专业施工的自身特点和监理目标,有选择地采纳部分适合项目自身特点的部分,决不能照抄、照搬。

(二)对技术指标量化、细化,使其具可操作性

编写监理实施细则的目的是指导项目实施过程中的各项活动,并对各专业的实施活动进行监督和对结果进行评价。因此,专业监理工程师必须尽可能地依据技术指标来进行检验评定。在监理实施细则编写中,要明确国家规范、规程和规定中的技术指标及要求。只有这样,才能使监理实施细则更具针对性和可操作性。

(三)统筹兼顾,突出本专业特点,但要兼顾其他专业的施工

监理实施细则虽然是具体指导各专业开展监理工作的技术性文件,但一个项目的目标实现,必须靠各专业间相互配合协调。如果各管各的专业特点而不考虑别的专业,那么整个项目的有序实施就会出现混乱,甚至影响到目标的实现。

四、监理实施细则的主要内容

监理实施细则的编写应突出专业监理工作的特点和目标控制的重点,其主要内容包括监理项目的特点、监理工作的流程、监理工作控制的要点及目标值、监理工作的方法及措施。具体到各个阶段的监理实施细则的编写,应有各自的侧重点。

施工阶段监理实施细则的编写主要内容如下。

(一)工程进度控制

(1)要求施工单位根据合同要求提交工程总进度计划,项目总监理工程师提出审查意见,要求施工单位修正。

(2)在总的进度计划前提下,审查施工单位的季、月各工种的具体计划与安排,组织各专业监理工程师就计划能否落实提出意见,经项目总监理工程师审核后督促施工单位调整计划。

(二)工程进度控制

(1)现场监理部应建立工程监理日志制度,详细记录工程进度、质量、设计变更、洽商等问题和有关施工过程中必须记录的问题。

(2)组织工程进度协调会,听取施工单位的问题汇报,对其中有关进度问题提出监理意见。

(3)督促施工单位按月提出施工进度报表,由各专业监理工程师审查认定,最后由项目总监理工程师汇编出监理月报,报送监理单位和建设单位。

(三)工程质量控制

(1)各专业监理工程师应认真熟悉施工图纸及有关设计说明资料,了解设计要求,明确土建与设备、安装相关部位及工序之间的关系,审查图纸有无差错和表达不清楚的地方,对工程关键部位和施工难点做到心中有数,并做好设计图纸会审工作。

(2)图纸会审要求施工单位做好会审纪要的记录、整理及各方的签认工作,经建设单位、设计单位、监理单位、施工单位签字后成为设计文件的补充资料,作为施工单位的施工技术资料。

(3)要求施工单位严格按照施工安装规范、验收标准、设计图纸进行施工,并经常深入现场检查施工质量和保证质量措施的落实情况。

(4)执行国家、部门和地方政府有关施工安装的质量检验报表制度,严格要求施工单位按照施工质量检验程序的规定,认真填报,各专业监理工程师对施工单位交验的有关施工质量报表,应进行核查或认定。对于隐蔽工程,未经总监理工程师核查签字,不能开始施工。

(四)审查设计变更、洽商

(1)对各方提出的设计修改应通过项目总监理工程师,报请建设单位后由设计单位研究确定并提出修改通知,经专业监理工程师会签后交施工单位施工。

(2)对有关设计变更、洽商经监理工程师签字并经建设单位同意后,由施工单位向设计单位办理设计变更、洽商。

(3)监理工程师会签有关各种设计变更时,应侧重审查对工程质量、进度、投资是否有不利影响。如发现影响监理目标的实现,应明确提出监理意见,必要时向建设单位提出书面意见。

(五)监督检查施工安全防护措施

(1)审查施工单位提出的安全防护措施方案,并监督其实现,但施工安全防护的责任仍由施工单位承担。

(2)施工过程中的安全防护措施,应由施工单位负责定期检查,监理部配合监督。如发现施工中存在重大安全隐患,可直接提出停止施工通知,并写出书面监理意见,且向建设单位及政府主管部门反映。

(六)审查主要建筑材料、设备的订货和核定其性能

(1)主要建筑材料、构配件及设备在订货前,施工单位应提供样品(或看样)和有关订货厂家资质证明以及单价等资料,向专业监理工程师申报。经专业监理工程师会同设计、建设单位研究同意后方可订货。

(2)主要设备订货,在订货前施工单位应向监理部提出申请,由专业监理工程师会同设计、建设单位研究同意后方可订货。设备到货后应及时向项目监理部报送出厂合格证及有关设备的技术参数资料,由监理工程师核定是否符合设计要求。

(3)对用于工程的主要材料,进场时必须具备正式的出厂合格证和材质化验单。如不具备或对检验证明有疑问,应向施工单位说明原因并要求施工单位补做检验。所有材料检验合格证必须经专业监理工程师验证，否则一律不准用于工程。

(4)工程中所用各种构配件必须具有生产厂家、批号和出厂合格证。由于运输安装等原因出现的构配件质量问题，应进行分析研究。采取措施处理后经专业监理工程师同意方能使用。

(5)专业监理工程师应检查工程上所采用的主要设备是否符合设计文件或标书所规定的厂家、型号、规格和标准。

(6)对进口设备必须具有海关商检证书。

(七)认定工程数量，签发(或会签)付款凭证

(1)对施工单位工程进度月报所反映的完成工程数量，专业监理工程师应进行认真核实。

(2)按照建设单位与施工单位签订的承包合同规定的工程付款办法，根据核实的完成工程数量，在扣除预付款和保修金等后，签发(或会签)付款凭证。

(3)对超出承包合同外的设计变更、洽商，由施工安装单位做出预算，项目监理部可根据建设单位委托审查预算由此而引起的追加合同价款，并于当月付款时予以调整。

(八)工程验收

(1)现场监理部根据施工单位有关阶段的、分部工程的以及单位工程的竣工验收申请报告，负责组织初验。工程的各阶段、各分部和单位工程的正式验收由建设单位组织完成。

(2)监理部接到施工单位有关竣工验收申请报告后，项目总监理工程师负责组织有关专业监理工程师进行初验，并将初验意见书面提交施工单位。对工程存在的质量问题和漏项工程限定处理期限和再次复验日期。

(3)项目总监理工程师应严格掌握阶段的或部位的工程正式验收，通过正式验收合格后，方可同意继续下阶段施工。单位工程正式竣工验收合格后方可办理移交手续。

(4)经初验全部合格后，由项目总监理工程师在相应的工程竣工验收报告单上签认，然后向建设单位提出竣工验收报告，要求建设单位组织有关部门和人员参加相应阶段的正式验收工作。

(九)整理工程有关文件并归档

(1)督促检查施工单位完成各阶段的竣工图和最后全套竣工图的工作。

(2)检查施工过程中各种设计变更、洽商和监理文件等的整理工作，并交建设单位存档。

(十)组织工程质量事故的处理

(1)监理工程师对工程质量事故，负责组织有关方面进行事故原因分析，并责成事故责任方及时写出事故报告和提出处理方案。

(2)责任方提出的质量事故处理方案，经监理工程师同意后，由责任方提出事故处理文件并对处理技术负责，监理工程师监督检查实施情况。

五、工程监理实施细则示例

吴岭水库除险加固工程钢筋混凝土工程施工监理实施细则

1 总则

根据《吴岭水库除险加固工程监理规划》的要求，结合吴岭水库除险加固工程钢筋混凝土的施工特点，特拟定本细则。

编制依据：

(1)业主与承包商签订的施工合同。

(2)设计文件。

(3)施工组织设计文件。

(4)与本工程相关的规程规范：《水闸施工规范》SL 27—91；《水工混凝土施工规范》SDJ 207—82；《钢筋混凝土施工及验收规范》GBJ 204—83；《混凝土结构工程施工及验收规范》GB 50204—92；《钢筋焊接及验收规范》JGJ 18—96；《水工混凝土试验规程》SD 105—82；《水利水电基本建设工程单元工程质量等级评定标准》SDJ 249—1—88 等。

本细则适用于吴岭水库除险加固工程钢筋混凝土、混凝土工程的施工监理工作。

2 工程特点

2.1 工程概况

湖北省吴岭水库位于京山县钱场镇吴岭，距京山县城 17 km，距钱场镇 5 km。水库大坝控制天门河支流东河上游，流域面积 102 km^2，水库总库容 7 220 万 m^3。该水库于 1958 年 8 月动工兴建，1962 年 4 月竣工并开始蓄水运行，现已运行 40 多年，是一座以灌溉为主，兼有防洪、水产养殖、城镇供水等综合效益的中型水利工程。

吴岭水库为三等工程，主要建筑物为 3 级建筑物，水库枢纽工程主要由大坝、副坝、正常溢洪道、非常溢洪道、东输水管、西输水管及灌区工程等组成。

吴岭水库控制运行以来保护天门市及下游 29.6 万亩耕地、24.7 万人口、老汉宜公路、京天公路等免遭洪水危害，较好地解决了灌区 10 万多亩的农田灌溉用水问题，在水产养殖发展、解决农村人畜饮水等方面均发挥了社会效益和经济效益。由于当时建库受历史条件的限制，水库防洪标准大大低于规范规定的防洪标准，大坝质量不能满足现行规范要求，并存在严重的安全隐患，溢洪道不能满足行洪要求，埋设在坝下的西输水管工程为圬工结构，管壁开裂渗水，盖板断裂错位，输水闸门及埋件锈蚀严重，启闭设备陈旧落后，这些问题严重影响了水库安全运行，吴岭水库除险加固工程已立项进行实施。

2.2 钢筋混凝土工程施工工艺流程

钢筋混凝土工程施工工艺流程如图 2.1 所示。

2.3 钢筋混凝土工程施工工序流程

工序流程：施工放线→基础面清理→模板安装→钢筋架立→止水、埋件安装→清洗→混凝土浇筑→混凝土养护→模板拆除→混凝土表面整理。

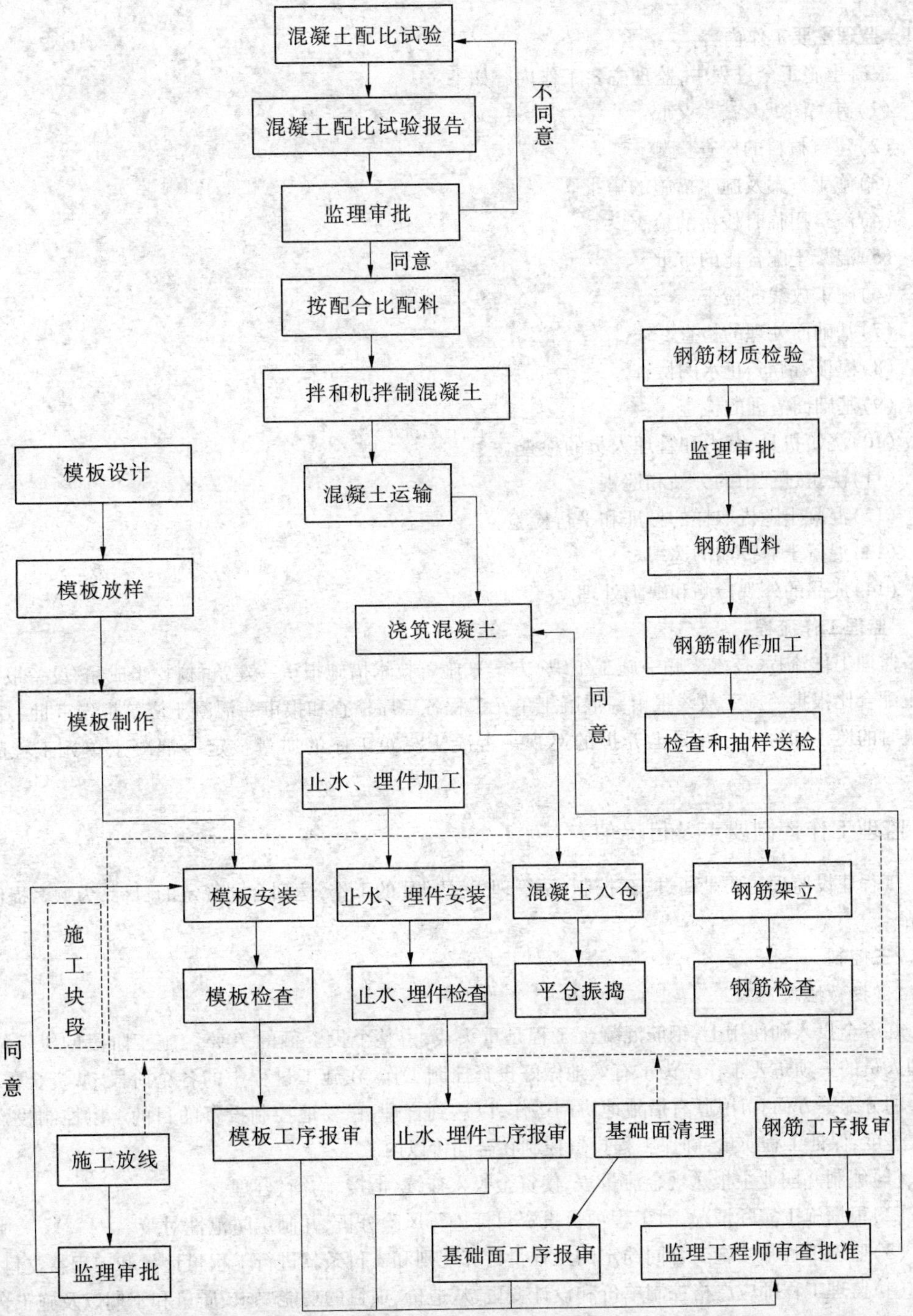

图 2.1　钢筋混凝土工程施工工艺流程

3 监理工作流程

3.1 监理主要工作内容

混凝土施工全过程中，监理主要工作内容如下：

(1)有关图纸及技术交底。

(2)建筑材料的检查检测。

(3)施工方案及施工措施的审批。

(4)浇筑用临时栈桥的检查。

(5)混凝土配合比的审批。

(6)施工放线的检查。

(7)基础面处理的检查。

(8)模板、钢筋、止水的检查。

(9)基础面清理的检查。

(10)浇筑机具、劳力和管理人员的检查。

(11)浇筑过程中的旁站和巡视。

(12)混凝土随机取样的见证和平行检验。

(13)混凝土养护期的巡视。

(14)成品的外观检测和缺陷处理。

3.2 监理工作流程

监理工作流程：技术交底→施工组织(方案)、施工技术措施报审→建筑材料/半成品/设备报审→混凝土配合比报批→施工放线报审→混凝土单元工程各工序检查和报审→混凝土浇筑报告审批→混凝土浇筑时的巡视和旁站→混凝土养护的巡视→混凝土浇筑工序的质量核定→混凝土单元工程的质量评定。

4 监理工作控制要点及目标值

工程建设监理主要是通过“三控制、两管理、一协调”的工作，达到合同规定的目标，为顾客提供合格产品。

4.1 三控制

4.1.1 投资控制

在资金投入和使用上，钢筋混凝土工程是重头戏，占整个投资额的70%。施工阶段的投资控制是监理人员的一项重要工作。为了有效地做好投资控制工作，在施工过程中的各个阶段，从资金需求量、资金的分配等方面有计划、有措施地协调运作，以达到合理、稳妥地控制投资的目的。以控制投资保证工程进度、保证工程质量，确保工程投资控制在合同价以内。

(1)编制并向业主报送现金流量表，使资金投入连续、衔接、均衡、合理。

(2)根据施工实际情况，对工程项目投资目标进行风险分析，并制定防范性对策。

(3)监理工程师按施工合同约定的工程量计算规则和支付条款进行工程量计量和工程款支付。

(4)监理工程师应严格控制单价和设计变更，从造价、项目的功能要求、质量和工期以及施工合同要求等方面审查工程变更的方案，并在工程变更前与发包人和承包人协商确定工程变更的价款。

(5)对于下列情况，监理人员拒绝计量和该部分的工程款支付申请：未经监理人员质量验收合格的工程量；不符合施工合同规定，超出设计及合同外未经发包人或监理人认可的工程量；结算应提交的资料不齐全；合同规定不予结算的项目。

4.1.2　质量控制

工程质量控制是三大控制的核心,监理工程师应始终把“质量第一”作为三大控制的基本原则和工程建设目标控制的最高原则,决不能为了抢进度或节约工程费用而牺牲工程质量或降低基本的质量要求,造成质量缺陷。

人是工程质量的创造者,因此质量控制必须坚持“以人为核心”的原则,把人作为质量控制的动力,充分发挥人的积极性和创造性,增强人的责任感,使所有与本工程项目有关的工作人员树立“质量第一”的观念,提高人的素质,强化人的责任,以人的工作质量来保证工程质量。

(1)监理工程师应以预防为主,做好事前控制和事中控制,认真细致地进行开工前的审查,严格工作质量、工序质量和中间新产品的质量检查,通过控制过程质量和工序质量达到保证工程质量的目的。

(2)质量标准是评价工程质量的尺度,监理人员在进行质量控制时,必须按照国家标准和施工合同文件规定的要求严格检查,绝不能降低质量标准而留下安全隐患,或无原则地提高质量标准而增加工程费用或影响工期。

(3)监理人员在监督、控制和处理问题的过程中,应尊重客观事实,尊重科学,采用科学的检验方法进行质量检验,以检验的数据为依据进行质量评价。通过认真细致的分析,找出质量问题产生的原因,采用科学的手段有针对性地对影响质量的各种因素实施控制。

(4)质量控制目标:加强各方面的工作,本工程钢筋混凝土单元工程质量100%合格,优良率达85%。

4.1.3　进度控制

本工程钢筋混凝土方量大,并且部位多,施工难度大,而且时间紧。所以,工程进度控制主要是混凝土工程的进度控制。

(1)根据工期总目标,混凝土施工期约5个月。2003年2月中旬正式开盘浇筑,2003年7月中旬完成90%以上的工作量。

(2)应根据工期目标,全面、详细地制定混凝土工程施工进度计划,特别要强调连续施工和穿插施工。然后,依据这一施工计划,配备足够的施工设备和施工人员(包括管理人员、技术工人和普通劳力),准备充足的建筑材料,在保证工程质量和安全的基础上加班加点,确保水库安全度汛。

(3)监理工程师应随时跟踪检查施工单位的现场施工进度,监督施工单位按照经批准的进度计划施工。同时对现场施工进度数据进行必要的处理和汇总,对实际进度与计划进度之间的差别进行比较和分析,从而根据当时的施工进度动态预测后继施工进度的动向,采取相应的控制措施。

(4)监理人员应在业主、设计单位和施工单位之间做好协调工作,确保承包商合理的资金供应,不能因资金到位不及时而影响工程进度,同时,要求设计单位及时供应施工图纸,也不能因图纸到位不及时而影响工程进度。监理工程师既要监督施工单位按进度计划进行施工,同时又要积极主动地帮助施工单位进行施工安排和解决施工难题。所有参建方共同努力把工程进度搞上去。

4.2　两管理

4.2.1　合同管理

监理工程师应遵循“守法、诚信、公正、科学”的工作准则,从投资控制、进度控制、质量控制的角度,分析合同执行中可能出现的问题和风险,以便及早预测和采取相应的对策。解决合同执行中的问题,正确处理合同争议,包括索赔,为工程顺利实施做好管理工作。

(1)监理人员应经常地向合同双方宣讲他们的权利和义务,要让他们知道:只有尽了自己的责任和义务,才谈得上可以享受的权利;大家都应该遵守合同条件,哪一方违背了合同条件都是违约行为,都是不允许的,都可能对工程造成不利的影响。

(2)监理工程师应定期召开工地例会,交换和汇报情况,沟通思想,达成共识。通过例会,检查分析工程项目进度计划完成情况,提出下一阶段进度目标及其落实措施;检查分析工程项目质量情况,针对存在的质量问题提出改进措施；检查工程量核定及工程款支付情况；解决需要协调的有关事项。

(3)监理工程师应正确处理工程变更，无论因设计原因提出的变更，因施工原因提出的变更，还是因其他原因提出的变更，监理工程师都应编制变更文件，报业主审查认可，取得业主授权后，按施工合同规定与施工单位协商，达成一致后予以执行。

(4)发生索赔事件后，只要是符合合同规定的，监理工程师都要予以受理，并按合同规定进行妥善处理。

4.2.2 信息管理

信息管理按监理规划 7.5 条执行(略)。

4.3 组织协调

组织协调按监理规划 7.6 条执行(略)。

5 监理工作方法与措施

5.1 开工许可证的申请程序

(1)承包商应在工程开工前到监理单位领取工程开工报审资料表，并根据表中内容和要求完成材料检测、施工方案编制和现场施工放样等工作，办理好开工前的各项手续。

(2)承包商应在现场施工放样前，完成放样测量报告的编制，并报监理人员批准。其内容包括：工程概况及施测范围；施工放样技术说明书(包括施测方案、施测要求、计算方法和测量规程)；测量仪器、设备的配备；测量专业人员的配备。

(3)在钢筋混凝土工程开工前 28 天，承包商应按设计要求完成拟使用的各种强度等级混凝土的配合比试验，并向监理人员提供一式三份至少包括 7 天、14 天、28 天或可能更长龄期的试验成果或试验推算资料，报监理部审批。试验中所使用的原材料来源应符合合同要求，且应与实际施工中使用的材料一致，同时应事先得到监理人员的同意或在监理人员见证取样下进行。

(4)在进行混凝土配合比试验前 3 天，承包商或试验站(单位)应书面通知监理人员，以使得必要时监理人员能从材料取样开始对试验全过程进行检查监督和认证。

(5)钢筋混凝土工程开工前 28 天，承包商必须根据合同技术条款、设计文件(包括施工图纸、设计通知、技术要求、设计变更等)及有关施工规程、规范和单元工程质量评定标准，结合自身的施工水平拟订出切实可行的施工措施计划，并向监理部报送。其主要内容包括：

①申报开工部位、设计工程量、浇筑平面图、浇筑剖面图，以及必要的混凝土浇筑布置与工艺流程图。

②浇筑程序，包括浇筑作业工序、分缝、分段、分层、分块和止水、伸缩缝安装详图；有观测仪器埋设要求的还应包括观测仪器埋设详图。

③浇筑进度，包括浇筑工程量、进度安排、循环作业时间及分月、季浇筑强度。

④原材料品质，包括水泥、砂、卵石和用水、止水材料、钢筋、掺合料与外加剂等。

⑤混凝土生产，包括混凝土级配、配合比、坍落度、入仓温度、浇筑中允许间歇时间、拌和时间及外加剂品质与掺量。

⑥施工作业方法，包括设缝、缝面处理，模板、钢筋、预埋件、止水、伸缩缝安装，混凝土拌和、运输、入仓、平仓振捣手段以及拆模，构件保护与混凝土养护；有观测仪器埋设要求的还应包括仪器、埋件作业内容。

⑦施工设备配置与技术人员(工种)配备。

⑧质量控制和安全措施。

⑨合同支付计划。

⑩对于有温控和防裂、抗冲耐磨、预缩等特殊要求的钢筋混凝土，承包商还应根据设计文件和合同技术条款的规定进行专门设计、试验和研究，并将这部分内容作为专项列入施工措施计划内。

（6）特殊部位（如基础填塘、洞、槽、键等）的钢筋混凝土施工及温控措施或采用钢纤维混凝土、抗冲耐磨混凝土、低热微膨胀混凝土等特种钢筋混凝土施工，或必须在特别的不利自然条件下进行钢筋混凝土作业，或采用掺粉煤灰、掺硅粉等钢筋混凝土，或监理人员认为应特别报告的情况下，承包商均应在该项钢筋混凝土施工作业前21天，制定专项施工措施计划报送监理部批准。

（7）当承包商采用特种模板（如滑模、拉模）或特别的浇筑工序或监理人员认为必要时，可要求承包商进一步提交模板（模具）及其安装支撑详图或进一步的详细设计和说明资料。

（8）钢筋混凝土使用的原材料（包括钢筋、水泥、砂、石料、止水伸缩材料、外加剂及掺合料）均应有产品合格证、试验报告或使用说明书，并按工程施工合同或施工技术规程、规范进行抽样检验（止水材料还应提供样品），所有这些资料和样品必须于施工作业开始前14天报送监理人员审查认可。

（9）上述报送文件连同审签意见单（开工报审资料表）一式三份，经承建单位项目经理（或其授权代表）签署后递交，监理人员审阅后，限期返回审签意见单一份（原件不退回）。审签意见包括"照此执行"、"按此意见修改后执行"、"已审阅"及"修改后重新报送"四种。

（10）除非承建单位接到的批复意见为"修改后重新报送"，否则承建单位可即时向监理人员申请开工许可证，监理人员将于接到承建单位申请后的24小时内开出相应工程项目开工许可证或开工批复文件。

（11）监理人员对施工所进行的任何对照、检查、检验和批准，并不意味着可以减轻承建单位所应负担的合同责任。

（12）如果承建单位未能按期向监理人员报送开工申请、所必须的材料样品、文件和资料，因而造成的施工工期延误和其他损失均由承建单位承担全部合同责任。不管承建单位何时取得施工许可证，施工工期都是从合同生效之日起计算。若承建单位在限期内未收到监理人员应退回的审签意见单或批复文件，可视为已报经审阅。

5.2 施工过程的监理

5.2.1 施工措施计划的变更

承建单位应按照报经批准的施工措施计划按章作业，组织文明施工，同时应加强质量控制和技术管理，做好施工过程中各作业资料的记录、收集和整理，并定期向现场监理人员报送。根据试验或试验性作业成果决定施工实施，或必须调整修订施工作业程序、方法与进度计划，或必须调整混凝土配合比和原材料等，属于对施工措施计划的实质性变更，均应事先报送现场监理人员书面同意后方可实施。

5.2.2 施工测量放线的报审

钢筋混凝土单元工程开仓前48小时，承建单位应对浇筑仓面边线及模板安装等实地放线成果进行复核，并将放样成果报现场监理人员审核。为了保证放样质量，避免造成重大失误和不应有的损失，必要时，现场监理人员可要求承建单位在监理工程师直接监督下进行对照检查。

5.2.3 混凝土单元工程各工序的报审

钢筋混凝土开仓浇筑前，承建单位应按水利水电工程混凝土单元工程质量评定表的具体项目要求进行自检，并在自检合格的基础上，在混凝土浇筑前3～12小时，通知现场监理工程师对各项检查进行确认或复检，确认合格后办理单元工程混凝土开仓浇筑手续。检查的主要内容如下：

（1）基础面、层面或缝面处理。

（2）模板安装。

（3）钢筋布置。

（4）止水安装及伸缩缝处理。

（5）排水系统布置，观测仪器、设备及预埋件安装。

（6）生产与浇筑准备。

（7）须检查、检测的项目。

5.2.4 建筑材料质量的月汇报制度

承建单位应按合同条件,施工技术规程、规范和质量等级评定标准规定的数量和方法对拌和混凝土的各种原材料进行取样检测,并在规定时段(通常为每月)内向现场监理工程师报送一式两份的试验成果报告。其内容应包括如下方面:

(1)所用的各种材料及其试验数据的详细描述。

(2)试验方法、程序及试验仪器设备情况。

(3)试验过程和结果的详细陈述。

(4)结论意见。

5.2.5 施工情况月汇报制度

施工期间,承建单位必须按月向监理工程师报送详细的施工记录或原始施工记录复印件。包括如下内容:

(1)所用原材料的品种、质量、混凝土强度等级、配合比。

(2)施工过程中实际浇筑顺序,起止时间,养护及表面保护时间、方式,各部位模板拆除的日期。

(3)混凝土试件的试验结果及其分析。

(4)混凝土裂缝(如果有)的部位、长度、宽度、深度、条数、发现日期及其发展情况和处理措施、结果等。

(5)施工中发生的质量安全事故、处理措施(如果有)。

(6)按合同文件规定或监理人员要求必须报送的其他资料。

5.2.6 下列情况之一的报审认可

(1)如果因施工方面的原因要求增加或改变施工缝时,必须在浇筑程序详图中标明,并报请设计及监理人员批准后实施。

(2)金属止水片的制造、焊接,金属止水片与塑料止水片的铆接等作业,必须将试焊、试接样品送请监理工程师认可后,方可实施焊接作业。

(3)浇筑二期混凝土或回填预留孔混凝土或砂浆之前,承建单位必须事先报送作业措施计划,并征得现场监理工程师的同意后方可实施。

钢筋混凝土每道工序施工过程中,承建单位应有技术人员、质检人员以及调度员等在施工现场进行技术指导、质量检查和作业调度。

承建单位应严格按批准的混凝土配合比拌制混凝土,对于运送或浇筑不合格混凝土入仓的,监理工程师有权按施工合同及规范要求拒绝入仓或指令返工处理。

预制构件应在指定地点预制和分别堆放,并具有所必需的标志和标记及证明书。预制构件安装校正并完成焊接作业后,必须报经监理工程师检查认可,开出开仓签证后,方可浇筑接头混凝土。

对于施工中发生的质量事故,承建单位应及时查明原因、范围、数量,并填报质量事故报告单,分析产生质量事故的原因,提出处理措施并及时向监理人员报告,经监理人员批准后,方可进行处理。

对于一般性的混凝土缺陷(局部麻面等)应在拆模后 24 小时之内修复、修补完毕,而修复修改措施应报送监理工程师同意后进行。修复、修补过程中均须有详细的记录。

为了确保工程质量,承建单位必须严格按照有关施工规范、设计文件、质量验收规程要求等组织施工。对发生的违规作业行为,监理工程师有权发出违规警告、返工指令,直到指令停工整顿。

5.3 施工质量控制

5.3.1 建筑原材料的质量控制

(1)用于钢筋混凝土浇筑的水泥,必须有产品出厂日期和厂家的品质试验报告,使用前承建单位必须到具有相应资质的质量检验部门按试验规程要求进行复检,必要时还应进行化学分析。试验检查的项目包括水泥强度等级、凝结时间、体积安定性,必要时还要检验稠度、细度(灌浆用时)、密度和水化热。

袋装水泥储存超过 3 个月,罐装水泥超过 6 个月,使用前应重新检查,并按检查的结果使用。

(2)用于拌制钢筋混凝土的粗、细骨料(卵石和砂)的品种也必须符合《水工混凝土试验规程》SD 105—82 的有关要求。在使用前也必须按取样规则和方法(见后),在监理工程师见证下取样进行检验。其中:①细骨料(砂)的必检项目包括颗粒级配、含泥量(包括泥团含量)、有机物含量;②粗骨料(卵石)的检验项目包括颗粒级配、含泥量(包括泥团含量)、针片状含量及压碎指标。

(3)钢筋混凝土中所用的钢筋的品质也要符合有关规程、规范要求。用于主体工程的钢材(筋)必须有出厂证明书、生产日期、炉号(或罐号)、产品合格证及相应的厂家检验报告或使用说明。使用前也要按产品的取样规则和方法进行取样检验。其主要检验项目包括外形尺寸、屈服点、抗拉强度及冷弯。

钢号不明的钢筋,经试验合格后方可使用,并不得用于承重结构的重要部位。

5.3.2 钢筋电弧焊接头的质量控制

钢筋在加工过程中的电弧焊接头是否满足要求,也应进行必要的检验,其检验项目有拉伸和弯曲。试件个数为随机选取 3 个(代表批量 300 个接头以内)。试件长度,双面搭接或帮条焊:$L=13d+200$ mm;单面搭接或帮条焊:$L=15d+200$ mm;坡口焊:$L=8d+200$ mm。d 为钢筋直径。

为了保证电弧焊质量,在开始施焊前,或每次改变钢筋的类别、焊条牌号以及调换焊工之前,特别是在可能干扰焊接操作的不利环境下,现场施焊前,应事先用相同的材料、相同的焊接操作条件和参数制作 3 个抗拉试件,并经上述试验合格后,方可正式施焊。主要材料、中间产品取样规则和方法如表 5.1 所示。

表 5.1　主要材料、中间产品取样规则和方法

材料名称	取样规则		取样方法	必检项目	备注
水泥	散装	批量≤500 t	随机从不少于 3 个车罐中各取等量水泥混拌均匀后,从中称取小于 12 kg 作为试样	强度、安定性、凝结时间、细度(灌浆用者)	以同一水泥厂生产的同期出厂的同品种、同强度等级水泥,以一次进场、同一出厂编号为一批。如进场存放期超过 3 个月,在使用前要进行再复检,并以复检结果为准使用
	袋装	批量≤200 t	随机从不少于 30 袋中,各取等量水泥混拌均匀后,从中称取不少于 12 kg 作为试样		
钢筋	热轧	批量≤60 t	每批各取一组试件:拉伸 2 个,弯曲 2 个。试件长 L:拉伸 $d<20$ mm时,$L=10d+250$ mm;$d\geqslant 20$ mm 时,$L=5d+250$ mm。弯曲 $L=5d+150$ mm。取样时随机选取,在任一端截去 500 mm 后再切取试件。(d 为钢筋直径)	外形尺寸、屈服点、拉伸强度、冷弯	以同一厂家、同一牌号、同一规格、同一炉号(热轧)、同一交货状态、同一进场时间为一批
	冷轧	批量≤50 t			
钢筋电弧焊接头	批量≤300 个接头		每批随机选取 3 个试件,试件长度 L:双面搭接或帮条焊时 $L=13d+200$ mm;单面搭接或帮条焊时 $L=15d+200$ mm;坡口焊时 $L=8d+200$ mm。(d 为钢筋直径)	拉伸、弯曲	以同一级别、同一规格、同一接头形式、同一焊接位置(技术)为准,每 300 个接头为一批,不足 300 个时仍作为一批

续表 5.1

材料名称	取样规则	取样方法	必检项目	备注
粗骨料（砾、卵石）	机械生产：批量≤400～600 t 人工生产：批量≤200～300 t	在料堆的上、中、下三层，每层各等量抽取 5 份，混拌均匀后，从中称取不少于 80 kg 作为试件（取样时应先将取样部位表层铲除）	颗粒级配、含泥量、针片状颗粒含量、压碎指标	以同一产地、同一规格、同一进场时间为一批
细骨料（砂）	机械生产：批量≤400～600 t 人工生产（开采）：批量≤200～300 t	在料堆上选 8 个以上（均匀分布）位置，去掉表层，各取一份混拌均匀后，从中称取不少于 30 kg 作为试样	颗粒级配、含泥量、有机物含量	以同一产地、同一规格、同一进场时间为一批
粉煤灰	批量 100～200 t		细度、三氧化硫含量、烧失量	
外加剂	有产品合格证，可以不检验			

5.3.3　建基面工序的质量控制

钢筋混凝土的基础开挖，在接近设计高程时，必须采用预留保护层的方法进行。在开挖岩基保护层时必须采用浅孔、密孔、少药量（用预裂爆破的药量计算方法决定其装药量）以及火炮爆破，开挖后的建基面不应有松动的岩块和爆破影响裂隙。如果发现断层及裂隙密集带、多组切割的不稳定岩体、岩溶、洞穴、软弱夹层或夹泥裂隙时，要根据设计或规范要求进行处理或根据实际拟订方案，采用挖槽（槽深为槽宽度的 1.5 倍）或直接挖至新鲜岩层等方法，经监理工程师同意后进行处理。基础开挖后，除建基面的高程、结构尺寸符合设计要求外，如发现地表水或地下水时要妥善引排或封堵，岩面要清洗干净。需要说明的是，此工程不属于岩石基础。

如属于软土基础面，挖保护层时要尽量避免扰动。保护层挖掉后，其地质、垫层铺设等必须符合设计要求，基础面上不许有乱石、杂物，坑洞必须填平夯实。如果设计有要求挖至某一类土层时，除已挖到设计高程外，还要进行现场取样做土质的物理力学试验，证明已挖到设计要求土层后才能进入下一道工序的施工。

监理部应组织设计单位、建设单位、质量监督单位、施工单位联合验收，并办理隐蔽工程验收签证。

5.3.4　模板工序质量控制

模板的制作与安装必须符合 SDJ 207—82 规范中有关条款的要求。

安装模板前，必须进行现场放线，用统一误差的钢尺进行结构尺寸施测（其误差必须在允许范围以内），确认无误后才能进行模板安装。安装前还要对模板进行全面检查，首先模板表面必须平整、光洁，无孔洞、污物；相邻两板面高差应在 2～3 mm 以内（用于隐藏内面的也不能超过 5 mm），局部不平整度也不能超过 2～5 mm（隐藏内面的不超过 10 mm），而板面缝隙允许 1～2 mm（钢模板为 1 mm）。安装后结构物边线与设计边线的误差应小于 10～15 mm，预留孔、洞的尺寸及位置误差也不应大于 10 mm，结构物水平断面尺寸误差不能大于 ±20 mm，承重模板的标高误差只能在 ±5 mm 以内。

支撑模板的脚手架必须具有足够的刚度和强度，确保在浇筑混凝土过程中模板不变形。为此，支撑模板的脚手架必须和交通脚手架分别搭设，相互间不得有任何联系，以免行走时牵动支撑模板脚手架而引起模板变位。

模板检测数量:按水平线(或垂直线)布置测点。总测点数,模板面积在 100 m^2 以内不少于 20 个,100 m^2 以上不少于 30 个。

5.3.5 钢筋工序的质量控制

(1)钢筋的制作、焊接和绑扎必须符合 JGJ 18—96 及 GB 50204—92 规范中有关条款的规定,且所使用的钢筋数量、规格、尺寸及安装位置必须符合设计图纸要求。焊缝表面和焊缝中不允许有裂缝,也不允许有脱焊点和漏焊点,当采用点焊及电弧焊时,各项允许偏差如表 5.2 所示。

表 5.2 点焊及电弧焊的各项允许偏差

项目		允许偏差(mm)	项目	允许偏差(mm)
帮条对焊接头中心的纵向偏移		$0.5d$	焊缝长度	$-0.5d$
接头钢筋轴线的曲折		4°	焊缝高度	$-0.05d$
表面气孔、夹渣	在 $2d$ 长度上	不多于 2 个	焊缝宽度	$-0.01d$
	气孔、夹渣直径	不大于 2	咬边深度	$0.5d$ 且不大于 1

当采用对焊及熔槽焊时,其各项允许偏差如表 5.3 所示。

表 5.3 对焊及熔槽焊的各项允许偏差

项目		允许偏差(mm)
焊接接头根部未焊透深度	Φ25~40 钢筋	$0.15d$
	Φ40~70 钢筋	$0.1d$
接头处钢筋中心线的位移		$0.1d$ 且不大于 2
焊缝表面(长为 $2d$)和焊缝截面上蜂窝、气孔、非金属杂质		不大于 $1.5d$,不多于 3 个

采用绑扎工艺施工的钢筋,其允许偏差的情况:缺扣、松扣不大于 20%,且不集中;弯钩朝向符合设计图纸要求;搭接长度不短于设计值的 5%。

绑扎钢筋时各项误差应在允许范围以内:钢筋长度方向的偏差应在 ±1/2 净保护层厚度以内;同一排受力钢筋间距的局部偏差对于柱和梁应在 $\pm 0.5d$ 以内,对于板和墙应在 ±0.1 倍间距以内;同一排中分布钢筋间距的偏差应在 ±0.1 倍间距以内;对于双排钢筋,其排与排间距的局部偏差也应在 ±0.1 倍排距以内;梁和柱中的钢箍间距偏差为 0.1 倍箍筋间距;保护层厚度的局部偏差也应控制在 ±1/4 净保护层厚度以内。

(2)钢筋的表面清理及调直应符合下列要求:①钢筋的表面应洁净,使用前应将表面的油渍、污物、油漆、锈皮等清除干净;钢筋应平直,无局部弯折和表面裂纹,钢筋中心线同直线的偏差不应超过其长度的 1%,成盘的钢筋或弯曲的钢筋均应矫正调直后才允许使用;②钢筋在调直机上调直后,其表面伤痕使钢筋截面面积减少不得大于 5%;如用冷拉法调直钢筋,则其矫直冷拉率不得大于 1%(Ⅰ级钢筋不得大于 2%)。

(3)钢筋代换的规定。以另一种钢号或另一种类的钢筋代替设计文件(图纸)规定的钢筋时,必须征得设计单位或监理工程师的书面同意,并应遵守以下规定:①以另一种钢号或另一种类的钢筋代替设计文件(图纸)规定的钢号或种类的钢筋时,应将两者的计算强度进行换算,并对钢筋截面面积作相应的改变;②以同种钢号钢筋代替时,直径变更范围不宜超过 4 mm,变更后的钢筋总截面面积不得小于设计截面面积的98%或超过其103%;③钢筋等级的变换不能超过一级,也不宜采用改变钢筋根数和的方法来减小钢筋截面面积,必要时应校核构件的裂缝和变形;④以较粗的钢筋代替较细的钢筋时,必要时应校核代替后构件的握裹力。

(4)在钢筋焊接中,钢筋的接头应尽量采用闪光对头焊接。在现场作业或不能进行闪光对头焊时,应采用电弧焊(搭接焊、帮条焊、熔槽焊等)。焊接前,应将施焊范围内的浮锈、油污、油渍等清除干净,直径小于25 mm的钢筋可采用绑扎接头,但轴心受拉、小偏心受拉构件和承受振动荷载的构件,均应采用焊接接头。钢筋接头的布置应符合设计要求和技术规范的有关规定。

(5)为了保证混凝土保护层的必要厚度,在两模板间安装钢筋时,在钢筋与模板间设置强度不低于构件设计强度的埋设有铁丝(扎丝)的混凝土垫板支垫,并与钢筋扎紧。垫块应相互错开,分散布置。各排钢筋之间应用短钢筋支撑;在基础底部等平面位置安装钢筋时,应用垫块或短钢筋支撑,以保证钢筋布置位置准确。

在浇筑混凝土中,应安排专职值班人员经常检查钢筋架立位置,如发现变动应及时矫正,严禁为方便浇筑混凝土而擅自移动或割除钢筋。

5.3.6 止水、伸缩缝和排水管安装工序的质量控制

(1)钢筋混凝土中使用的止水伸缩材料,其品种、生产批号、质量等均应有详细的说明,使用前要认真检查、记录鉴定。采用代用品时须经过试验论证,并征得设计单位的同意,批复文件下达后方可使用。

(2)金属止水片表面应光滑平整,并有光泽,浮皮、锈污、油漆、油渍均应清除干净,如有砂眼、钉孔应予以焊补。金属止水片宜用机械加工,成型的金属止水片,在运输及安装过程中应防止其扭曲和变形。

(3)塑料止水片接头不允许现场烧焊,应采用黏结方法,施工前应做现场试验,并报监理工程师确认。塑料止水片与金属止水片连接,应采用搭接螺栓紧固。接头搭接长度应满足设计和规范要求。

(4)金属止水片的接头数量应按实际需要尽可能少,焊接材料应符合设计和合同技术规范的规定,焊接形式应采取双面搭接焊。搭接长度须符合设计和技术规范的规定或经过监理工程师的批准。焊接作业必须先将试焊样品经过试验证明符合设计和技术规范要求后方可施焊。

(5)伸缩缝制作与安装应符合下列要求:①采用涂敷沥青料作为伸缩缝时,其混凝土表面必须洁净干燥,涂敷要均匀、平整,并与混凝土面黏结紧密,无气孔及隆起现象;②采用粘贴沥青油毛毡作伸缩缝时,伸缩缝表面必须洁净干燥,混凝土中的蜂窝、麻面必须填平,外露的施工埋件必须割除磨平,形成光洁的平面,贴时涂敷沥青厚度要均匀一致,粘贴紧密,搭接平顺紧固;③采用铺设预制油毡板作伸缩缝时,混凝土表面要洁净干燥,混凝土表面的蜂窝、麻面要填平磨光,外露的埋件要割除磨平,铺设厚度要均匀、平整,相邻块安装紧密、平整、无缝;④如采用沥青井、沥青柱作伸缩缝时(这种形式通常用于有电热原件及绝缘材料的情况),要首先把电热原件及绝缘材料置放位置放准确及处理牢固,不能短路,沥青塞紧,安装位置准确、稳固,上、下层衔接好;⑤采用其他填料止水时,对填料的主要技术指标要进行复检认定,符合设计要求时才能使用,且填塞时与填料接触的混凝土表面要进行严格清理,保护填料接触面平整、密实、洁净、干燥,填料填塞后要及时保护。

(6)排水管安装质量要求:要注意其位置的准确性(含倾斜度)和畅通性,不论是拔管排水管还是多孔性排水管,其平面位置误差不能大于10 cm,倾斜度不能大于4%,而且节与节之间的缝必须嵌固,保证管子稳定、畅通。

5.3.7 混凝土浇筑工序的质量控制

(1)浇筑混凝土时,从配料至振捣、养护各工序均应符合SDJ 207—82规范中有关条款的规定。

(2)必须按批准的配合比进行配料,其称料误差,水和水泥为1%,砂石粗骨料为2%。

(3)拌和时间应根据粗骨料最大粒径、搅拌机容积及所要求的坍落度等因素确定。符合SDJ 207—82的规定,一般净拌时间应达到2~3分钟。

(4)混凝土出拌和机后,应迅速(5~10分钟)运达浇筑地点,运输中不应有分离、漏浆和严重泌水现

象。保证入仓温度在5 ℃以上。

(5)运输不同强度等级的混凝土时,应在运输设备上设置明显的标志,以免混仓。

(6)混凝土入仓时,要特别注意防止打坏仓内的埋件、止水片等,严防止水片变形、变位或遭到破坏。当入仓高度大于2 m时,应采取漏斗接料等缓降措施。

(7)为了防止仓内埋件、止水片等的变形、变位或遭受破坏,埋件、止水片等周围的混凝土必须振捣密实。

(8)已安装的暴露时间较长的周边缝止水片,必须及时用钢或木保护罩保护。

(9)在混凝土面上浇筑混凝土时,必须先在岩基表面铺设厚度为2~3 cm的同强度等级(或高一级)的水泥砂浆,而且要铺设均匀、平整,无漏铺现象,然后开始浇筑混凝土。

(10)浇筑时,应从低处开始浇筑,并使浇筑面保持水平和注意保证连续性。当仓面较大(如闸室底板之类大面积、大方量分块混凝土)不能全面平衡上升,只能分条浇筑时,对前进方向左右侧应采用斜层浇筑法,每隔一定时间(混凝土初凝前)对斜层接头覆盖一层新混凝土振捣好后,再往前进方向浇筑。如因故中止浇筑且超过允许间歇时间时,应按施工缝处理;若能重塑的应经监理工程师认定,仍可继续浇筑。

(11)浇入仓内的混凝土应随浇随平仓振捣,不得堆积。仓内若有粗骨料集中时,应均匀地撒铺于砂浆较多处;当发现和易性较差时,应加强振捣,至表面冒浆为止。为了使混凝土振捣成整体,振捣棒棒头应插入下一层5 cm以上。

(12)在浇筑过程中,如发现仓内有积水,或混凝土出现泌水现象时,应适当减少拌和用水量甚至干拌,用干料吸取仓内积水;当外来渗水量较大,单用干料不能吸干时,应在仓外适当位置设置专门的集水坑(井),用机械抽排,保证混凝土在水面以上浇筑。严禁在模板上开孔排水及在流水中浇筑混凝土,也不得在未经振捣的混凝土上覆盖砂浆而不振捣,以免造成内部蜂窝。

(13)混凝土施工缝的处理,应遵守下列规定:①已浇好的混凝土,在强度未达到2.5 MPa之前,不得进行上一层混凝土浇筑的准备工作;②处理时混凝土表面应加工成毛面,并清洗干净,排除积水,然后铺设2~3 cm厚水泥砂浆(砂浆强度等级应与浇筑混凝土同级或高一级)后方可浇筑新的混凝土。

(14)混凝土的养护应在硬化后开始(硬化前严禁水流冲刷)。是保温保湿还是降温保湿,则要视气温而定。冬天当气温低于5 ℃时,应采取保温保湿措施;夏季气温较高时则应采取降温保湿措施。但不管是冬天还是夏天,保养期均为28天,特别是浇筑后的21天内要连续日夜保养,使混凝土表面经常保持湿润状态。

(15)混凝土模板拆除的时间要符合有关施工规范规定,并得到监理工程师的同意。除非设计文件另有规定,否则应遵守下列原则:①不承重的侧面模板,应在混凝土强度达到2.5 MPa以上,并能保证其表面及棱角不因拆模而损坏时才能拆除;②钢筋混凝土结构的承重模板,至少应在混凝土强度达到设计强度的70%以上,对于跨度较大的构件必须达到设计强度的100%时,才能拆除。

5.3.8 钢筋混凝土预制构件制作和安装的要求

5.3.8.1 预制构件的模板的安装要求

预制构件的制作可在工厂或现场预制厂进行,但其质量必须符合设计要求,且吊装转运时必须达到规定强度,以免产生裂隙或断裂。另外,各型号构件要编号分别堆放,以免安装时出现差错造成不良后果。在具体制作中,模板的安装应符合下列要求:

(1)相邻两板面高差应小于2 mm。

(2)局部不平整度应小于3 mm。

(3)模板缝隙应小于1 mm。

(4)预留孔、洞位置误差不应大于10 mm。

(5)梁和桁架的拱度误差应在-2~5 mm范围内。

5.3.8.2 钢筋焊接(点焊及电弧)和安装要求

(1)焊缝的长度偏差应在 -0.5d 以内,高度偏差在 -0.05d 以内,宽度偏差在 -0.1d 以内。咬边深度偏差在 -0.05d 以内且不大于 1 mm。

(2)在 2d 长度上的表面气孔不多于 2 个,夹渣直径不大于 3 mm。

(3)采用帮条对焊焊接接头中心的纵向偏移应小于 0.5d;两根钢筋的轴向曲折应小于 4°。

(4)同一排受力钢筋间距的局部偏差:柱及梁为 ±0.5d,板及墙为 ±0.1 倍间距;同一排分布钢筋间距的偏差为 ±0.1 倍间距。双排钢筋的排间距局部偏差为 ±0.1 倍排距;钢箍间距偏差为 ±0.1 倍箍筋间距。

(5)钢筋保护层厚度偏差应控制在 ±1/4 净保护层厚。

(6)钢筋起重点位移偏差应小于 20 mm。

(7)钢筋骨架高度偏差允许在 ±5 mm 以内,而长度偏差为 ±10 mm。

其他:外形尺寸,中心线偏差,顶、底部平整度等允许偏差情况如表 5.4 所示。

表 5.4 不同构件的制作允许偏差

项目	允许偏差(mm)		
	外形尺寸	中心线偏差	顶、底部平整度
埋入建筑物内的预制廊道、井筒、小构件等	±10	±10	±10
埋入建筑物内的电梯井、垂线井、风道、预制模板	±5	±5	±5
板、梁、柱等装配式构件	±3	±3	±5

预制件纵、横向中心线位移允许偏差为 ±3 mm;起吊环、钩中心线位移允许偏差为 ±10 mm。

5.3.8.3 预制构件的养护及缺陷修补

(1)预制构件的养护要求与现浇混凝土相同,养护时间为 28 天,而采用蒸汽养护时,应符合 GB 50204—92 第 5.1.4 条的规定。

(2)表面修整:预制构件混凝土表面的修整应使其各尺寸符合设计要求及误差在允许范围以内。

(3)经检查合格的预制混凝土构件应标有合格的标志,并应标有构件的编号、制作日期和安装标记,未标有合格标志或损缺的构件不得使用。

5.3.8.4 预制构件的运输、堆放、吊运和安装

(1)预制构件的运输必须待构件的强度达到设计强度的 75% 以后进行,并在装卸车时注意轻放,防止碰损。

(2)吊运构件时,其混凝土强度不应低于施工图纸和监理人对其吊运的强度要求,吊点应按施工图纸的规定设置,起吊绳索与构件水平面的夹角不得小于 45°,起吊大型构件和薄壁构件时应注意避免构件变形,防止发生裂隙和损坏,在起吊前应采取临时加固措施。

(3)构件安装应按施工图纸或监理人的批示进行,安装前应使用仪器校核支承结构的尺寸和高程,并在支承结构上标出中心线和标高。

预制构件的安装位置须经校正无误后,方可焊接或灌注接头混凝土,接头部位的金属件焊接应符合《钢筋焊接及验收规范》JGJ 18—96 中有关条款的要求,并经检查合格后方可浇筑混凝土。灌注接头的混凝土或砂浆不得低于构件混凝土强度等级。预制混凝土构件安装允许偏差如表 5.5 所示。

表 5.5　预制混凝土构件安装允许偏差

项次	项目			允许偏差(mm)
1	杯形基础	中心线和轴线的位移		±10
		杯形基础底部标高		0～10
2	柱	中心线和轴线位移		±5
		垂直度	柱高 10 m 以下时	10
			柱高 10 m 及以上时	20
		牛腿上表面和柱顶标高		±8
3	吊车梁	中心线和轴线位移		±5
		梁顶面标高		±10
4	屋梁	下弦中心线和轴线位移		±5
		垂直度	桁架、拱型屋架	1/250 屋架高
			薄腹梁	5
5	预制廊道、井筒板(埋入建筑物)	中心线和轴线位移		±20
		相邻两构件的表面平整度		10
	建筑物外表面模板	相邻两板面高差		3(局部 5)
		外边线与结构边线		±10

5.3.9　*混凝土试块取样要求及其混凝土试块强度分析*

5.3.9.1　对混凝土试块取样的要求

根据《混凝土强度检验评定标准》GBJ 107—87 规定:混凝土试样应在混凝土浇筑地点随机抽取,取样频率应符合下列规定:

(1)每 100 盘,但不超过 100 m^3 的同配合比的混凝土,取样次数不得少于一次。

(2)每一个工作班(或一次浇筑块体)拌制的同配合比混凝土不足 100 盘(或 100 m^3)时,其取样次数不得少于 1 次。水利行业的《水工混凝土试验规程》SD 105—82 也明确规定:每次浇筑(不论方量多少)必须取样一组(不同强度等级时要分别各取一组);连续浇筑时,每 100 m^3 取样一组,超过 100 m^3 又须另取一组。

为此要求:对于每同一强度等级、同一配合比,每一浇筑仓次、每一施工班组、每一不同部位、每一单元工程且浇筑方量不超过 100 m^3,应分别取混凝土试块一组,浇筑方量超过 100 m^3 的,每 100 m^3 至少取试块一组。每个分部工程,同强度等级混凝土试块组数不应少于 5 组,并应做混凝土试块质量分析。

5.3.9.2　*混凝土试块质量分析*

对于钢筋混凝土工程分部工程完成后对本分部混凝土的质量要做试块质量分析。

根据《水利水电基本建设单元工程质量等级评定标准》SDJ 2491—88 和《水利水电工程施工质量评定规程(试行)》SL 176—1996 之规定,混凝土工程的每个分部均要对混凝土拌和物和试块质量进行分析。目前对混凝土试块质量分析的方法有以下几种:

(1)当试块组数 $n \geqslant 30$ 时,采用《水工混凝土施工规范》SDJ 207—82 中明确的数据统计分析法:

$$\overline{R}_n = \sum_{i=1}^{n} R_i / n$$

$$S_n = \sqrt{\frac{\sum_{i=1}^{n} (R_i - \overline{R}_n)^2}{n-1}}$$

$$C_v = \frac{S_n}{\overline{R}_n}$$

$$t = \frac{R_{标} - \overline{R}_n}{C_v \cdot \overline{R}_n}$$

式中 n——试块组数；

$R_{标}$——混凝土设计强度等级；

$\overline{R}_n$——n 组试块强度的平均值，MPa；

R_i——单组试块强度，MPa；

S_n——n 组试块的标准差，也称样本（总体）均方差；

C_v——离差系数。

根据上述各式算出相关值后，可从有关的 t 与 p 的表（或图）中算出混凝土强度保证率 p 值或根据表5.6查出 p 值。根据离差系数 C_v 判定混凝土质量，如表5.7所示。

表5.6 不同 t 值的强度保证率 $p(t)$ 值

t	+3.00	+2.00	+1.000	0	−0.5	−0.84	−1.00	−1.28	−1.745	−2.00	−3.00
$p(t)$	0.001	0.023	0.159	0.500	0.690	0.800	0.841	0.900	0.950	0.977	0.999

表5.7 现场混凝土抗压强度离差系数 C_v 评定标准

等级		优	良	一般	较差
混凝土强度等级	<C20	<0.15	0.15~0.18	0.18~0.22	>0.22
	≥C20	<0.11	0.11~0.14	0.14~0.18	>0.18

（2）当 $5 \leqslant n < 30$ 时，按《水闸施工规范》SL 27—91 进行分析：

$$\overline{R}_n - 0.7S_n \geqslant R_{标}$$

$$\overline{R}_n - 1.60S_n \geqslant 0.83R_{标}（当 R_{标} \geqslant 20 时）$$

$$\geqslant 0.80R_{标}（当 R_{标} < 20 时）$$

如果统计得到的 S_n 小于2.0或1.5，对于 $R \geqslant 20.0$ MPa 时应取 $S_n = 2.0$ MPa；对于 $R < 20$ MPa 时应取 $S_n = 1.5$ MPa。

计算的结果完全满足上述两式，则该统计单位的混凝土强度合格，若只满足其中一式则为不合格。

（3）当 $n < 5$ 时，用非统计法进行分析：

$$\overline{R}_n \geqslant 1.15R_{标}$$

$$R_{n,\min} \geqslant 0.95R_{标}$$

式中 $\overline{R}_n$——n 组试块强度的平均值；

$R_{标}$——混凝土设计强度等级；

$R_{n,\min}$——n 组试块中强度最小一组的值。

当混凝土试块强度同时满足上述两式时，则该批混凝土为合格，不满足则为不合格，此时应及时进行处理。

混凝土强度保证率、离差系数计算出来后，可结合“水利水电工程混凝土试块质量评定表”中的质量标准进行评定其优良或合格，下最后结论。

5.3.10 对建筑物墙（背）后回填的要求

钢筋混凝土建筑物（如挡土墙、闸室边墙等）混凝土浇筑工序完成并达到一定龄期强度后，在使用前都要对其墙背进行回填料（砂砾石或黏性土料等），并且质量指标要达到设计要求。因此，必须严格按程序进行。

(1)回填前要把回填范围内的废渣、废料、杂物等彻底清理干净，并运到指定地点堆放和不得再用来作为回填料。

(2)如回填范围内有积水、坑洼、沟槽时，应先抽水及回填压实好坑洼、沟槽，经取样检验质量合格后，才能再往上回填料（土）。

(3)回填前要选好取料场。料场中的料质除要符合设计要求外，其储量也应达到用料量的1.5倍以上。

(4)回填过程中要分层铺设和碾压，每层厚度和土粒（块）块径的大小要根据所采用的碾压机械型号来决定。如回填土用东方红等轻型机械碾压，其铺土厚度应控制在25～30 cm以内，而土块粒径的大小以控制在8 cm以内为宜。

为了求得最佳碾压效果，回填前应选择一块长30 m、宽10 m左右较平整的场地做碾压试验，用不同铺土厚度（或不同含水量的土壤）、不同碾压遍数进行对照碾压，从中求出最优工况情况作为碾压参数，然后用于回填施工。

为了验证所用的回填料能否达到设计要求的标准（如干容重等），可采集有代表性的料样到专门的土工试验室做“击实试验”（黏性土）或“相对密度试验”（砂性土）等。通过试验能达到设计要求，所选的料场可以采用；达不到设计要求则须另找料场或采用相应措施补救。

(1)回填碾压后要分层取样做干容重（干密度）试验，取样个数按回填方量100～150 m^3 取一个；如回填面属狭长地带，则每20～30 m^2 取一个，并且在单元工程中取样总数不应少于20个，合格后，才能铺设上一层料（土），直到填到指定高程。

(2)在填土中，对墙内的排水管必须捅通，其后的反滤料必须先填料后，再将料挖开进行有序的铺设，确保反滤料层次分明及结构尺寸符合设计要求。对平面上（如消力池）纵向或斜向的排水孔捅通后，应按设计要求灌入相应的材料（细石等），以防泥浆灌进将其堵死。

(3)填土和混凝土构筑物的结合面要随填筑高程涂刷一层黏土泥浆，以利结合。

5.4 关于工程质量控制点

不同的建筑物有其不同的质量控制点，如何进行认定呢？要从其主要施工工序入手。根据施工工序，对照有关施工规范和质量验收规程裁定哪些内容作为质量控制点。如钢筋混凝土工程不论用于何种建筑物，都有基础开挖（包括岸坡）、墙后回填、钢筋制安、模板制安和混凝土浇筑、混凝土养护等工序，而在这些工序中都有具体的质量标准要求，这些质量标准要求就是我们质量控制点的主要内容。

此外，结构尺寸（特别是涵闸工程中的闸门洞口尺寸）、特殊位置的标高（排架柱中的牛腿高程、吊车梁顶高程等），施工方案、中间产品及原材料检验、混凝土配合比设计、混凝土取样试验、预留孔、埋件安装等也要进行重点控制，在具体工程施工时，要准确地选择。如隧洞（涵洞）开挖工程，对其洞（室）轴线、轮廓尺寸、标高、地质软弱夹层处理等要作为重点质量控制点。要对承包商在这方面的工作进行复核检查，不能盲目地相信他们。在开挖中，断面尺寸够不够、中心线是否有偏移、险石险段的支撑处理也是质量控制点之一，要根据实际情况决定。又如钻孔灌注桩工程，桩孔位置，钻孔深度，灌注高程，钢筋笼制作、安装、固定，混凝土配合比、浇筑、试验等都是质量的主要控制点。如果有采取岩心进行质量鉴定要求，岩心的取样时间、部位等也是质量控制点之一。由于工程类型太多，这里不一一列举。仅就钢筋混凝土施工中常应控制的内容简述如下。

5.4.1 建筑原材料的质量控制点

5.4.1.1 水泥的质量控制要点

水泥的品种强度等级不得混杂，要有出厂合格证，使用前的复检资料、各项性能，如强度、安定性、凝结时间、细度(灌浆用)、铝酸三钙含量、水化热等要符合国家标准。

5.4.1.2　砂的质量控制点

(1)细度模数应在中砂(2.4~2.8)范围内,特粗、特细砂要作专门试验论证后使用。

(2)含泥量(包括泥团)、石粉含量、有机质含量、云母含量、轻物质含量、表观密度、坚固性要符合《水闸施工规范》SL 27—91的质量技术要求。详见《水工混凝土试验规程》SD 105—82。

5.4.1.3　粗骨料的质量控制点

(1)粗骨料的最大粒径不应超过钢筋净间距的2/3及构件断面最小边长的1/4、素混凝土板厚的1/2。

(2)粗骨料的含泥量(包括泥团)、硫化物及硫酸盐含量、有机质含量、含水率,超逊径、针片状含量及其表观密度均应符合《水闸施工规范》SL 27—91的质量技术标准。

5.4.1.4　水的质量控制点

(1)能饮用的水均可用来拌制和养护混凝土。

(2)未经处理的工业废水及沼泽水不得用于拌制和养护混凝土。

(3)天然矿化水,要做化学检测后决定。

(4)对水质有怀疑时,要用饮用水和所怀疑的水分别做砂浆试块检验。若用所怀疑的水制作的砂浆试块28天的抗压强度低于用饮用水制作的砂浆试块28天抗压强度的90%,则这种水不能用。

5.4.1.5　钢筋的质量控制点

(1)进货渠道是否正规,有无出厂质量证明书,产品名称、规格、质量等级、化学成分及机械性能与复检结果是否相符。

(2)各道加工工序是否符合有关规范要求(包括焊接质量)。

(3)安装尺寸是否符合施工图纸要求。

(4)支撑是否牢固和符合保护层厚度要求。

(5)浇筑混凝土中的变位是否进行了复原。

5.4.2　混凝土的质量控制点

5.4.2.1　混凝土配合比

所有项目混凝土的配合比必须通过试验确定,不得随意改变,并用坍落度的数据经常进行对比检查。

5.4.2.2　混凝土拌和

严格按混凝土配合比控制材料称量。各种材料称量误差:水泥、水、掺合物、外加剂为±1%;砂、石为±2%。

拌和时间与坍落度要求、拌和机容积、最大骨料粒径相适应。用计时、肉眼观察和坍落度等进行控制。

水灰比是决定混凝土强度的主要因素之一,当用同一种水泥(品种与强度等级相同)时,混凝土的强度主要决定于水灰比。水灰比在保证水泥水化用水的前提下(一般不小于0.3),其比值越小,混凝土强度越高;反之,其比值越大,则混凝土强度越低。施工中不允许擅自改变混凝土配比中的比例。监理工程师注意的问题是要保证现浇混凝土的水灰比符合混凝土配比通知中的要求,仍通过坍落度试验进行控制。

5.4.2.3　混凝土运输

(1)运输能力与拌和能力是否相适应,运输中有否出现分离、初凝、泌水、漏浆等现象。

(2)运输设备与入仓方式是否相适应。一般不允许中途再转运入仓。

(3)自由下落入仓高度不应大于2 m,超过时要采取接料斗等缓降措施。

5.4.2.4　混凝土浇筑平仓振捣

(1)从低处开始分层平仓,连续浇筑振捣,间歇时间不得超过初凝时间,分层厚度要与所使用的振捣机具相一致,并应随浇随平仓,不得堆积。

(2)不得在水中或流水条件下浇筑混凝土,也不得在模板上开孔赶水带走水泥浆。

(3)不合格的混凝土不得进入仓内。

(4)振捣要有序,振捣器前后两次插入混凝土中的间距不应超过振捣器有效半径的1.5倍;振捣上下两层时,应插入下层5 cm以上。

5.4.2.5 混凝土工作缝处理

(1)已浇混凝土的强度必须达到2.5 MPa后再进行处理。

(2)必须全部去掉已浇混凝土表面的乳皮,打成毛面,并冲刷干净。

(3)重浇新混凝土前必须在毛面上均匀铺设2~3 cm的水泥砂浆,砂浆的水灰比应比混凝土的水灰比减小3%~5%。

5.4.2.6 混凝土养护

(1)一般混凝土浇筑后6~18小时开始养护,天气炎热、干燥气候应提前。

(2)养护天数根据不同水泥品种为14~28天。

(3)养护方法视气温而定:冬天保温保湿;夏天降温保湿。

(4)特殊保养按专门规范进行。

5.4.2.7 混凝土开盘的条件

(1)用于本次现浇混凝土的水泥出厂质量试验报告、水泥进场复试报告、砂石复试报告、钢筋出厂质量证明书、钢筋原材料复试报告、钢筋焊接试验报告。使用外加剂的混凝土还要有外加剂的合格证与复试报告。以上报告要齐全,结论要合格。最后审查混凝土配比申请通知单。

(2)在审查混凝土配比通知单时,要注意申请单上所填使用水泥、砂、石、外加剂的试验号与上述所审各材料复试报告的试验号相同。申请的坍落度与工程使用要求一致。

(3)另外,还要去现场检查砂、石的计量设备是否灵活、准确,搅拌机加水控制装置是否适用与准确。

(4)最后通过开盘鉴定,其结论为合格时,才能批准正式拌和混凝土。

5.4.2.8 试块留置情况

(1)普通混凝土强度试验应以同一混凝土强度等级、同一配合比及相同生产工艺拌制的混凝土进行取样:每拌制100盘但不超过100 m^3、每一工作台班、每一流程段分别为一取样单位。

(2)每一取样单位标准养护试块的留置组数不得少于一组。

(3)在施工现场,为了检查结构拆模、吊装及施工间临时负荷的需要,应留置与结构同条件养护的试块,每项同条件养护试块不得少于一组。

(4)用于检查结构构件混凝土质量的试块,应在混凝土浇筑地点随机取样制作,并以标准养护28天混凝土抗压强度为评定依据。

(5)冬季施工中混凝土试件的留置除应符合第(1)条规定外,尚应增设不少于两组与结构同条件养护的试件,分别用于检验受冻前的混凝土强度和转入常温养护28天的混凝土强度。

(6)试样要有代表性,应在搅拌后第三盘至结束前30分钟之间取样。

(7)每组试件(包括相对应的同条件试块及冬施增设的试块)的试样必须取自同一盘搅拌的混凝土拌和物。

(8)监理工程师对于试件的检查,一定要注意试件的代表性与真实性,绝不允许单做混凝土的试验试件,包括不由现场搅拌机拌料和单为制试件而专盘配料等。

5.4.2.9 抗渗混凝土试件的数量和留置

(1)同一混凝土等级、同一抗渗等级、同一配合比,且生产工艺基本相同的混凝土每单位(项)工程不得少于2组。

(2)试件应在浇筑地点制作,其中至少一组应在标准条件下养护,其余试块应与现场相同条件下养护,试块养护期不得少于28天。

(3)试样应有代表性,应在搅拌后第三盘至搅拌结束前30分钟之间取样。

(4)每组试件包括同条件养护的抗压强度试块、抗渗试块,标准养护的抗压强度试块、抗渗试块必须取自同一次拌制的混凝土。

(5)抗渗性试件以6块为一组,试块成型(圆形试模)后24小时拆模,然后分别进行标准养护和同条件养护。

5.4.3 验证产生怀疑的混凝土质量

(1)在以下情况下应对结构中混凝土强度产生怀疑:试件与结构中混凝土质量不一致;对试件的检验结果有怀疑;供检验用的试件数量不足。

(2)当对结构强度产生怀疑时,可采用回弹法或钻芯法检测。对混凝土强度等级低于C10的结构,不宜采用上述方法。

(3)超声波检测混凝土缺陷。超声波法适用于混凝土和钢筋缺陷的检测,即检测混凝土内部空洞和不密实区的位置及范围、裂缝深度、表面损伤厚度、不同时间浇筑的混凝土结合面的质量和混凝土匀质性等。

5.5 关于单元(含工序)工程验收表格及填写应注意事项

每一单元或工序完工后,承包商要进行自检、复检、终检和填写相关的表格。这些表格水利部已有的,要按规定的表格执行;自行制作的,要经总监理工程师审查后报质量监督站等部门批准后才可应用。

在填表时要用规范的语言。如单元(工序)质量评定表中的"检查项目"通过实物检查后,应对照标准在检查记录栏内进行实事求是的填写,没有质量标准对照时,应填上"基本符合"、"不符合"或"符合质量标准"、"基本符合质量标准"、"不符合质量标准"等规范语言,而不能填"优良"、"合格"、"不合格"等。在检测项目中,对应的检测项目要填实测值,检测几个点,各点数据是多少都要具体填入。填写不下时可设附表记下,不能只填部分数据。

有了具体数据后,可对照工程质量评定标准进行等级评定。如果自评的意见与监理工程师抽检结果不一致,监理工程师应将理由在项目法人(监理单位)复核意见一栏中写出,最终以复评等级为准,如果承包商有意见,可请质量监督部门裁定。

对于钢筋混凝土工程来说,一个单元工程有5道施工工序。其中钢筋和混凝土浇筑是主要工序,只有这两道工序达到优良,其他有一个工序达到优良,这个单元工程才能评为优良,否则只能是合格或不合格。而且浇筑这道工序是拆了模板以后才能进行质量评定的,所以这几道工序与最终检查日期之间应有先后次序之分。因为,混凝土的养护和拆模要有具体的时间,混凝土浇筑后几天能拆模要符合实际。

另外,单元工程名称、部位应与项目划分一致。填写时除将单元编号填在指定位置外,还应将其在表的右上角上重填,以便于检查。

6 工程完工验收

每个单元钢筋混凝土工程的工序施工结束后,承建单位应及时进行质量检查,自检合格后报请现场监理工程师进行抽检,共同评定质量等级,为分部工程、单位工程验收准备资料。

完工验收承包人应向监理人员提供下列(不限于)资料:

(1)各种钢筋混凝土工程建筑的竣工图。

(2)钢筋混凝土工程建筑物成型复测成果(混凝土块体浇筑拆模后的长、宽、高的实测尺寸)。

(3)各钢筋混凝土工程建筑物的隐蔽工程及其部位的质量检查验收报告。

(4)各钢筋混凝土工程建筑物永久观测设施(如果有)的竣工图和施工观测资料。

(5)各钢筋混凝土工程建筑物的缺陷修补和质量事故处理报告。

(6)其他完工资料(含施工大事记等)。

第四节　监理记录

一、监理记录的作用

监理记录是监理工作的各项活动、决定、问题及环境条件的全面记载，是监理过程中的重要基础工作，在很大程度上反映出监理工作的质量。

监理记录可以用来在任何时间对工程进行评估或作为判断依据，解决各种纠纷和索赔，给施工单位定出公平的报酬，还有助于为设计人员及工程验收人员提供翔实的资料。总之，监理记录既是项目监理部门行政管理、内部管理的工具，又是监督施工单位按合同要求施工的重要依据。

如果监理记录不全或不准确，就是监理工程师对总监理工程师和建设单位的失职。

二、监理记录的种类

监理记录可分为四大类：

(1)历史性记录。根据工程计划及实际完成的工程，逐步说明工程的进度及其相关事项，例如：气象记录与天气报告；工程量计划与完成情况；所使用的人力、材料与机械设备；工程事项的讨论与决议记录；影响工程进展的其他事项。

(2)工程计量及工程款支付记录。包括所有计量及付款资料，如计量结果、变更工程的计量、价格调整、索赔、计日工、月付款等方面的表格及基础资料。

(3)质量记录。包括材料检验的记录、施工记录、工序验收记录、试验记录、隐蔽工程检查记录等。

(4)竣工记录。包括工程所有部分的验收资料和竣工图，绘出其完成时的状态，按实际说明其原有状态和有关操作的指示。

三、监理记录的内容

(一)历史性记录

1. 会议记录

会议记录是各类会议的记录，如第一次工地会议、经常工地会议、每日工地协调会、工地碰头会及其他非例行会议的记录。

2. 监理员日报表

监理日报应报告每天的监理情况，包括：当天的施工内容；当天参加施工的人员（工种、数量、施工单位等）；当天施工用的机械的名称和数量等；当天发现的施工质量问题；当天的施工进度和计划进度的比较（若发生进度拖延，应说明原因）；当天天气综合评语；其他说明及应注意的事项等。监理员日报表应采用标准表格进行填写上报，并依次编号。监理员日报表应交给监理工程师一份。

监理员要做好现场记录，现场记录通常记录以下内容：

(1)现场监理人员对所监理工程范围内的机械、劳力的配备和使用情况做详细记录。

如:承包人现场人员和设备的配备是否同计划所列的一致;工程质量和进度是否因人员或设备不足而受到影响,受到影响的程度如何;是否缺乏专业施工人员或专业施工设备,承包商有无替代方案;承包商施工机械完好率和使用率是否令人满意;维修车间及设施如何,是否存储有足够的备件等。

(2)记录气候及水文情况:每天的最高、最低气温,降雨和降雪量,风力,河流水位;有预报的雨、雪、台风及洪水到来之前对永久性或临时性工程所采取的保护措施;气候、水文的变化影响施工及造成损失的细节,如停工时间、救灾的措施和财产的损失等。

(3)记录承包商每天工作的范围,完成工程数量,以及开始和完成工作的时间;记录出现的技术问题,采取了怎样的措施进行处理,效果如何,能否达到技术规范的要求等。

(4)对工程施工中每步工序完成后的情况作简单描述,如此工序是否已被认可,对缺陷的补救措施或变更情况等做详细记录。监理人员在现场对隐蔽工程应特别注意记录。

(5)记录现场材料供应和储备情况:每一批材料的到达时间、来源、数量、质量、存储方式和抽样检查情况等。

(6)对于一些必须在现场进行的试验,现场监理人员进行记录并分类保存。

3. 监理工程师日志

监理工程师日志是监理工程师的个人笔记,应记录每天作业的重大决定、对施工单位的指示、发生的纠纷及解决的办法、与工程有关的特殊问题、参观工地及有关细节、与施工单位的口头协议、工程师的指示或商协、对下级的指示、工程主要进度或问题。

4. 监理日志

监理日志是项目监理部日常记录,动态地反映出监理工程的实际施工全貌和监理部工作成效,监理日志填写前就要做好相关信息的收集工作,将全部工作内容草拟后整理入册。填写时用词要简洁达意,书写清楚工整。监理日志填写时要注意以下几点:

(1)气候方面。主要包括:当日最高、最低气温;当日降雨(雪)量;当天的风力;因气候原因损失的施工工时。在气候方面,既要根据当地气象预报又要做现场测定,如现场设置温度计进行实地测量。气候条件不仅影响工程进度而且也影响工程质量(如同条件养护试块检测评定),因此监理人员一定不要小看气候条件的记录情况。

(2)进度方面。主要包括:当日的施工内容、部位、进度,施工人员工种、数量等,施工投入使用的机械设备名称、数量等,以及当日实际施工进度与计划施工进度的比较。若发生施工延期或暂停施工应说明原因,如停电、停水、不利气候条件等。一般情况下,即使施工单位再有详细的进度计划都是纸上谈兵,因为在每日的施工过程中都存在不同的干扰因素对进度计划的实施造成影响。监理工程师要深入施工现场对每天的进度计划进行跟踪检查,检查施工单位各项资源的投入和施工组织情况,并详细记录进监理日志。

(3)当日进场的原材料名称、数量、产地、拟用部位及见证取样情况。对进场的原材料应根据其外包装标识,对照产品合格证、使用说明书、质保书等核实无误后,登记入监理日志。在数量方面,必要时进行复核;需要进行见证取样的,应及时取样送检,并将取样数量、部位及取样送检人记录清楚。该部分内容应与材料/设备/构配件报验单闭合。

(4)混凝土、砂浆试块的留置、数量、取样部位,配合比检查结果。混凝土的养护情况,混凝土、砂浆试块涉及结构安全性能,因此试块制取工作必须在监理方见证下进行,该部分内容记录务必真实、详细；混凝土试块取样要记录清楚取样部位、组数、取样人；在记录时要强调监理日志中的试块取样日期、部位，必须要做到与旁站记录、平行检测和试验报告单相吻合。

(5)分部、分项检验批验收情况。要记录清楚验收参加人员、验收时间及结果。及时记录验收、巡视中发现的问题，以及处理意见和处理结果。工序验收情况是监理日志中可记载内容最丰富的部分；分部工程记录参验的建设、勘察、设计、施工、监理各方人员到位情况及验收结论；分项检验批工程验收应记录监理方、施工方参加人员及验收中发现的问题。对于发现的问题无论是下达了口头通知或书面通知都应记录进日志，并应与监理通知单（回复单）相闭合。

(6)记录当日签发的工程报验表、监理工作联系单、监理通知等，汇总概括收发文情况。

(7)记录当日处理设计变更、费用索赔、工程款支付内容。设计变更可以由工程参建方任一方提出，经设计方认可后必须由总监理工程师签发至施工方执行；对索赔处理记录索赔事件发生的时间及原因，施工方提出索赔意向和索赔报告的时间与概要内容及监理部作出的答复。

(8)监理例会、专题会议的主要议题摘要。

(9)施工现场安全施工检查情况以及对安全隐患的处理意见。

(10)有关口头洽商、指示，包括监理方与建设单位的洽商意见。对施工方的口头指示，以及项目总监对监理部人员的指示等。

监理日志在记录中要注意时效性，每日完成的监理工作要在当日记录，不能拖延。有些同志把日志变成周记、月记，那样的日志就无法反映实际施工监理情况，更淡不上能全面到位。监理日志记录还要注意不能空洞、泛泛而谈，如记录中有些只记砌筑墙体，而未记录砌筑部位、施工质量、试块制取等。充实日志的内容就要求监理人员不光手勤还要笔勤，把当日实际完成的内容作全面记载。在填写日志时还要注意闭合问题，日志的内容不仅要与监理通知、旁站记录、平行检测记录及相关报验资料等闭合，自身也要闭合。以日志为核心结点可以放射延伸到监理资料的方方面面。

监理日志应力求客观真实，由专人每日填写，总监理工程师每日阅示。应妥善保管日志，待工程竣工后统一装订存档。

5. 监理月（季）报表

监理月（季）报表是监理工程师为总监理工程师（和建设单位）准备的工程报告。应包括工程进度情况、工程价款及支付情况、工程延误及主要原因、遇到的重要问题或困难、重要纠纷和争议、异常天气情况等内容。

6. 监理工程师巡视记录

本表记录工程师巡视工程现场时发现的主要问题及对问题的处理意见。

7. 天气记录

本表记录每天的温度变化、风力、雨雪情况及其他特殊天气情况，还应记录因天气变化而损失的工作时间。

如果工地范围较大，则应多选择几个有代表性的施工单位进行天气观察记录。

8. 对施工单位的指示

监理工程师或总监理工程师对施工单位的指示应以正式函件表达为主。此外,工地指示和口头指示也较为常用,均应做好记录,同时应记录口头指示得到正式确认的方式和时间。还有许多指示体现在各种监理表格中,对此也要留意。

口头指示必须得到书面确认方才有效。

9. 给施工单位的图纸

经审核的图纸和补充图纸的发送均应全面记录,以免遗漏而延误工程和施工单位提出索赔。

10. 施工单位的报告或通知

施工单位除正式例行报告和报表外,日常工作中的各种正式函件、口头通知、报告均应做记录。

(二)工程计量及工程款支付记录

1. 工程量记录

工程量记录是为了核对财务支出数额,因而必须以计量结果为标准,根据计量结果进行统计和分析。

工程量记录往往表现在系列计量表格中,这些表格可以参照标准表格格式。

工程量记录的数值必须是工程师和施工单位双方同意认可的数据。

归档的工程量记录可以另编表格累计,也可以直接复制有关的计量单和计量汇总表。

2. 工程款支付记录

本记录主要记录工程款支付情况,包括每月净支付数额以及各类款项的支出额,这些数据都体现在月付款证书中,当然月付款证书也可以事后由工程师修改,应予注意。计日工、设计变更、洽商、索赔、材料预付款等项目都可以单独编制统计表。

工程款支付记录表可以单独成册归档,有些项目还需编制专门的工程款支付月报。记录与报表,应分类编号后归档。

(三)质量记录

质量记录可分为以下三类:

(1)试件、试样、样品抽样记录。

(2)试验、检验结果与分析记录。

(3)各种质量验收记录。可以集中各种工序验收单,分类归档。

试验、检验结果与分析记录,应对每一工作阶段分别建立档案。在通常情况下应包括土工试验、地下勘探、材料试验、骨料试验及混凝土试验。

应对每一个结构物进行登记,包括下列各项的核对表:规定必须进行的试验;实际已进行的试验;试验已得到认可或被拒绝的记录;遗漏的试验及已采取的措施。

保持完整的试验结果记录,有助于工程师对工程质量做到心中有数。

样品抽样记录,是指对样品、试件与试样所做的检验与试验记录。其目的是保证试验工作能严格进行,并为复验、复核创造有利条件。

工程质量记录具体内容如下:

(1)工作内容的简单叙述。如进行了哪些试验,结果如何等。

(2)承包商试验人员配备情况。如试验人员配备与承包商计划所列是否一致,数量和素质是否满足工作需要,增减或更换试验人员的建议。

(3)对承包商试验仪器、设备配备、使用和调动情况记录,需增加新设备的建议。

(4)监理试验室与承包商试验室所做同一试验,其结果有无重大差异,原因如何。

(四)竣工记录

竣工记录既有助于施工过程的控制,也有利于最后的竣工验收工作。如果验收工作包含在质量控制的每一个环节中,每一个环节都按要求完成了,则竣工验收就有了基本的保障,并且工作量会大为减少。有许多工作必须在施工期间及时把好验收关,如确定埋于地下的管道和基础的位置、高度、几何形状等。

竣工记录应包括施工过程中的验收记录和竣工验收阶段的记录两部分。竣工验收阶段的记录应包括验收检查、验收试验、验收评定及验收资料各方面的内容。

施工单位负责完成竣工图绘制,竣工图应包括修正的施工图及在现场绘制的图。

第五节　监理报告

一、监理报告的内容

监理报告是建设单位、监理工程师、施工单位之间的表格或报告的总称。这是监理工程师执行管理监督工作的主要工具,主要包括下列内容:

(1)监理工程师与施工单位之间的来往表格。这一类监理表格在"三大控制"中用得较多。

(2)每月(季)进度报告。由项目总监理工程师编制,报送建设单位,反映工程状况和监理工程师的工作情况。

(3)内部报告。由项目监理班子内部使用的下级向上级的报告,如监理工程师编制的周报或月报。

(4)特别技术报告。由监理工程师向建设单位就专项技术问题提供的报告。

(5)其他报告。如施工单位的索赔报告、事故报告、监理工程师的财务报告等。这类报告也常列入监理表格系列中。

(6)最后综合报告。在内容上比月报告更全面,但这种报告用于工程完成时,由总监理工程师向建设单位汇报工程的全面情况。

二、监理月报

监理月报由总监理工程师组织编制,送交建设单位,以便建设单位了解工程的全面状况,及时做出有关的决策和计划。

(一)监理月报编制要求

(1)项目监理部总监理工程师组织编制监理月报,经总监理工程师签发后,报送建设单位和监理单位。

(2)监理月报的编制周期宜为上月26日到本月25日,在下月的5日前发出。

(3)监理月报应真实反映工程现状和监理工作情况，做到数据准确、重点突出、语言简炼，并附必要的图表和照片。

(二)监理月报的基本内容

(1)本月工程概况。

(2)本月工程形象进度。

(3)工程进度。描述工程进度情况、工程形象进度和累计完成的比例。若拖延了计划，应分析其原因，以及这种原因是否已经消除，就此问题承包商、监理人员所采取的补救措施等。包括：①本月实际完成情况与计划进度比较；②对进度完成情况及采取措施效果的分析。

(4)工程质量。用具体的测试数据评价工程质量，如实反映工程质量的好坏，并分析原因。承包商和监理人员对质量较差工作的改进意见；如有责令承包商返工的项目，应说明其规模、原因及返工后的质量情况。包括：①本月工程质量情况分析；②本月采取的工程质量措施及效果；③质量事故及处理措施，如质量事故发生的时间、地点、原因、损失估计(经济损失、时间损失、人员伤亡情况)等，事故发生后采取了哪些补救措施，在今后工作中避免类似事故发生的有效措施，由于事故的发生，影响了单项或整体工程进度情况。

三、工程监理月报示例

×××水电站工程监理月报

1 工程概况

1.1 工程概述

1.1.1 工程基本情况

工程基本情况如表1.1所示。

表1.1 工程基本情况

项目名称	施工单位	合同投资	合同工期	要求工程质量等级
左岸土建与机电设备安装和金属结构安装标	中国水利水电第八工程局	×××	从2003年11月23日至2006年8月31日	合格

1.1.2 本月工程施工概述

本月混凝土浇筑较为顺利，1号隔墙、泄洪闸底板、上游右导墙已浇筑完成，达到设计高程，浇筑量12 000 m^3，并继续进行闸墩、左导墙、左岸非溢流坝等部位的仓位准备和浇筑等工作。目前已开始进行一枯土石纵向围堰的拆除和上下游围堰的加固、防渗工作。但由于受洪水影响及围绕防洪度汛工作的开展，各项施工进度有所减缓，厂房部位开挖仅完成5 752 m^3、砂石料15 000 m^3；洪保观料场本月因堆码场地及民房搬迁等问题，开采工作严重滞后，仅生产出成品料1 200 m^3。

1.2 形象进度照片

(略)

2 工程参建各方

工程参建各方如表 2.1 所示。

表 2.1 工程参建各方

项目名称	参建单位	单位名称	负责人	职务	电话
左岸土建与机电设备安装和金属结构安装标	建设单位	四川巴河水电开发有限公司	×××	总经理	
	设计单位	四川省水利水电勘测设计研究院	×××	项目设计总工	
	施工单位	中国水利水电第八工程局	×××	施工局局长	
	监理单位	×××建设监理公司	×××	总监理工程师	

3 施工工程形象部位完成情况

3.1 月度工程形象部位完成情况

月度工程形象部位完成情况如表 3.1。

表 3.1 月度工程形象部位完成情况

项目名称	本月末实际达到部位	完成比例（%）	实际完成情况分析									
			材料	机械	人工	图纸	变更	资金	气候	电力	组织	其他
一般项目		100	充足	正常	充足			短缺	多雨	有保证	有力	
施工导流		38	充足	缺少	充足			短缺	多雨	停电频繁	有力	
左岸三孔闸	开挖至设计高程	100	充足	正常	技术差	齐全	频繁	短缺	多雨	停电频繁	不力	
左岸非溢流坝	开挖完成	100	充足	正常	充足	齐全	无	短缺	多雨	停电频繁	有力	
发电厂房	开挖至280 m高程	80	充足	正常	充足	缺少	无	短缺	多雨	停电频繁	不力	

注：完成情况分析标准用词：①材料：短缺、涨价、不配套、充足、质量问题；②机械：正常、缺少、故障多；③人工：充足、不足、技术差；④图纸：缺少、齐全；⑤变更：无、频繁；⑥资金：短缺、有保证；⑦气候：多雨、严寒、大风、正常；⑧电力：有保证、停电频繁；⑨组织：有力、不力。

3.2 单位工程总进度计划完成情况

1 号隔墙、上游右导墙已达到相应的设计高程；泄洪闸底板混凝土浇筑已完成，达到设计要求；尾水右导墙 3 号、4 号块混凝土浇筑高程已达 290.0 m 以上；左岸非溢流坝（坝 0 + 55 ~ 0 + 71）已进行了垫层混凝土的浇筑。

2 × 1.0 m^3 拌和系统投入正常生产；其他相应配套设施基本落实到位。

石料开采方面，砂石料已达 13 000 m^3，条石料达 2 000 m^3 左右。

4 单元工程完成情况

4.1 单元工程完成情况分析

上游右导墙（坝 0 + 184.5 ~ 0 + 201.5，轴 0 − 8.5 ~ 0 − 66.3）混凝土浇筑已全部完成，达到设计高程 ▽292 m；消力池 1 号隔墙（坝 0 + 187.02 ~ 0 + 198.02，轴 0 + 31.5 ~ 0 + 179）浇筑达到设计高程 ▽294.6 m；左岸三孔泄洪闸底板（坝 0 + 140 ~ 0 + 201，轴 0 − 8.5 ~ 0 + 31.5）混凝土已全部覆盖至 ▽286 m；尾水右导墙（坝 0 + 133 ~ 0 + 140，轴 0 + 98.6 ~ 0 + 155.8）3 号、4 号块混凝土浇至 ▽290 m 以上；左岸

非溢流坝轴 0+55~0+71 垫层混凝土已浇筑完成。如表 4.1 所示。

表 4.1 单元工程完成情况

序号	单元工程名称	完成高程(m)
1	上游导墙 2 号块混凝土	296.0~299.2
2	上游导墙 3 号块混凝土	296.0~299.2
3	泄洪闸 4 号闸墩	287.0~291.6
4	泄洪闸 4 号闸墩	291.6~294.0
5	泄洪闸 4 号闸墩	294.0~297.0
6	左上游导墙 1 号块混凝土	288.0~291.5
7	左上游导墙 1 号块混凝土	291.5~294.5
8	左上游导墙 2 号块混凝土	290.0~291.5
9	左上游导墙 2 号块混凝土	291.5~294.5
10	左上游导墙 2 号块混凝土	294.5~296.9
11	消力池隔墙 1 号块混凝土	293.0~294.6
12	消力池隔墙 2 号块混凝土	290.0~293.0
13	消力池隔墙 2 号块混凝土	293.0~294.6
14	消力池隔墙 3 号块混凝土	290.0~293.0
15	消力池隔墙 3 号块混凝土	293.0~294.6
16	消力池隔墙 4 号块混凝土	290.0~293.0
17	消力池隔墙 4 号块混凝土	293.0~294.6
18	消力池隔墙 5 号块混凝土	290.0~293.0
19	消力池隔墙 5 号块混凝土	293.0~294.6
20	消力池隔墙 6 号块混凝土	290.0~293.0
21	消力池隔墙 6 号块混凝土	293.0~294.6
22	消力池隔墙 7 号块混凝土	293.0~294.6
23	泄洪闸 1 号下块混凝土	建基面~284.0
24	泄洪闸 1 号下块混凝土	284.0~285.0
25	泄洪闸 1 号下块混凝土	285.0~286.0
26	尾水导墙 3 号块混凝土	284.0~285.0
27	尾水导墙 3 号块混凝土	285.0~287.5
28	尾水导墙 3 号块混凝土	287.5~290.0
29	尾水右导墙 3 号块混凝土	290.0~293.0
30	尾水右导墙 3 号块混凝土	293.0~296.0
31	尾水右导墙 4 号块混凝土	285.0~287.5
32	尾水右导墙 4 号块混凝土	287.5~290.0
33	非溢流坝 3 号垫层混凝土	289 建基面~291.0

4.2 工程量完成情况

工程量完成情况如表 4.2 所示。

表 4.2　工程量完成情况

序号	项目名称	本月施工承建单位完成工程量(m^3)
1	泄洪闸混凝土浇筑	5 660.7
2	消力池隔墩混凝土浇筑	2 003.53
3	上游右导墙混凝土浇筑	684
4	左岸非溢流坝土石方开挖	22 520
5	厂房开挖	5 752
6	左岸非溢流坝混凝土浇筑	637.26
7	尾水右导墙混凝土浇筑	1 608.47
8	上游左导墙混凝土浇筑	1 559.2

5　工程材料

工程材料使用情况如表 5.1 所示。

表 5.1　工程材料使用情况

序号	材料名称	型号规格	单位	数量	生产厂家	进场日期(年.月.日)	质量和预控制情况			
							出厂合格证	材质外观	抽检报告	结论
1	袋装水泥	32.5	t	821	川东水泥	2004.5.25 前	有	优	合格	
2	散装水泥	32.5	t	2 152.7	川东水泥	2004.5.25 前	有	优	合格	
3	螺纹钢	Φ12	t	22.354	达钢	2004.4.25 前	有	优	合格	
4	螺纹钢	Φ14	t	10.041	达钢	2004.4.25 前	有	优	合格	

6　工程质量

6.1　分部工程质量验评情况

(无)

6.2　施工试验情况

施工试验情况如表 6.1 所示。

表 6.1　施工试验情况

序号	试验项目	试验组数	合格组数	合格率(%)
1	砂细度模数	10	10	100
2	砂含泥量	10	10	100
3	小石含泥量	9	9	100

续表 6.1

序号	试验项目	试验组数	合格组数	合格率(%)
4	中石含泥量	9	9	100
5	大石含泥量	9	9	100
6	C15 混凝土强度	42	42	100
7	C20 混凝土强度	50	50	100
8	M10 砂浆强度	1	1	100

6.3 监理抽检、试验情况

监理抽检、试验情况如表 6.2 所示。

表 6.2 监理抽检、试验情况

序号	试验项目	试验组数	合格组数	合格率(%)
1	砂细度模数	2	2	100
2	砂含泥量	2	2	100
3	小石含泥量	2	2	100
4	中石含泥量	2	2	100
5	大石含泥量	2	2	100
6	C15 混凝土强度	9	9	100
7	C20 混凝土强度	10	10	100
8	M10 砂浆强度	1	1	100

6.4 质量事故报告

(1)2004 年 5 月 7 日,施工局基础锚杆施工队在进行左岸非溢流坝基础锚杆灌浆时,由于封孔过早造成孔口砂浆灌注不饱满,产生轻微不合格品;经拉拔试验,锚杆抗拉拔力为 24 MPa,能够满足设计要求。作让步接收处置,对灌浆队进行 300 元处罚,并对补灌施工过程进行专人跟踪处理。

(2)2004 年 5 月 15 日,混凝土浇筑三队在进行泄洪闸 1 号块下游段混凝土浇筑施工时,由于施工原因形成了不规则的施工缝,对左边墩结构强度造成一定的影响。为此,施工局对混凝土浇筑三队及相关人员进行处罚,并对混凝土面进行严格的凿毛、冲洗等处理,确保工程质量。

6.5 暂停施工报告

(无)

6.6 本期工程质量分析

(无)

7 工程变更

7.1 各项变更及洽商概述

各项变更及洽商概述如表 7.1 所示。

表 7.1　各项变更及洽商概述

序号	编号	日期(年.月.日)	变更及洽商部位	变更及洽商内容	监理签证情况
1	八双技字(联)(2004)第ST/CI—026号	2004.5.8	左边墩止水	调整止水	认可
2	八双技字(联)(2004)第ST/CI—022号	2004.5.4	Ⅰ号隔墙1号、7号块	钢筋处理	认可
3	八双技字(联)(2004)第ST/CI—025号	2004.5.7	左岸非溢流坝	回填灌浆处理	认可
4	八双技字(变)(2004)第ST/CI—002号	2004.5.18	1号闸墩与尾水渠之间	设置挡水墙	认可
5	八双技字(变)(2004)第ST/CI—003号	2004.5.18	尾水右导墙2号块	调整锚杆	认可
6	八双技字(联)(2004)第ST/CI—027号	2004.5.20	左岸非溢流坝	止水布置形式	认可
7	八双技字(联)(2004)第ST/CI—029号	2004.5.20	泄洪闸	⑥号钢筋变更	认可
8	八双技字(联)(2004)第ST/CI—030号	2004.5.22	尾水右导墙与消力池连接段	基础地质情况	认可

7.2　未经监理工程师认可的变更及洽商

(无)

8　施工现场情况

施工现场情况如表8.1所示。

表 8.1　施工现场情况

序号	项目名称	现场情况概述	存在主要问题	处理情况
1	混凝土浇筑	上游右导墙、泄洪闸底板、消力池1号隔墙已到设计高程;左导墙、左岸非溢流坝、闸墩等在进行之中	仓位准备工序不衔接,毛面处理效果不明显,浇筑过程中振捣不密实,平仓手段不到位	要求施工单位及时整改,并加派质检人员现场值班,加强浇筑过程控制
2	砂石备料	昼夜进行粗、细骨料的开采和成品料转运工作	双滩料场因洪水影响已停止生产;洗滩料场因经费及内部矛盾,开采工作时有间歇	加强洗滩料场的工作协调;必要时自澌滩购买,以保证需求
3	基坑开挖	厂房、安装间部位的开挖工作基本完成	基坑排水工作不及时,钻爆设备不能正常工作,出渣速度慢,影响开挖的进度	要求增加抽水设备,24小时进行钻爆、开挖、出渣工作
4	条石备料	仅有洪保观料场进行条石的开采和成品料的转运,并进行塔机基础的施工	条石开采因场地限制、民房搬迁及基坑堆码场地影响,开采工作严重滞后	加快民房搬迁,加大开采力度,并尽快完成塔机的安装、调试

9 工程款支付情况

第五批进度款业主已经支付;第六批进度款正在审核当中。

10 水文、气象情况

水文、气象情况详见每期监理周报。

11 监理工作情况

11.1 监理人员情况

监理人员情况如表11.1所示。

表11.1 监理人员情况

序号	姓名	专业	职务或职称	持证情况	备注
1	×××	水工	总监理工程师	有	
2	×××	水工	监理工程师	有	
3	×××	水工	监理工程师	有	
4	×××	地质	地质员	有	
5	×××	水工	测量工程师	有	

11.2 监理工作统计月报

监理工作统计月报如表11.2所示。

表11.2 监理工作统计月报

序号	项目名称	单位	本月	开工以来总计
1	监理会议	次	7	41
2	审批施工组织设计(方案)	次	0	3
	提出建议和意见	条	2	8
3	审批施工进度计划(年、季、月)	次	1	8
	提出建议和意见	条	5	15
4	审核施工图纸	张	7	69
	提出建议和意见	条	8	48
5	发出监理通知、指令	个	6	66
6	审定分包单位	家	0	0
7	原材料审批	件	0	13
8	构配件审批	件	0	0
9	设备审批	件	0	0
10	单元工程质量签证	个	0	0

续表 11.2

序号	项目名称	单位	本月	开工以来总计
11	分部工程质量签证	个	0	0
12	发出质量整改通知	个	4	13
	提出建议和意见	条	8	22
13	发出不合格工程项目通知	个	0	0
14	发出部分暂停施工指令	个	0	0
15	监理抽查、复验	次	39	49
16	监理见证取样	次	32	39
17	施工单位试验室、测量队检查	次	5	13
18	考察生产厂家	次	0	0
19	监理专题报告	个	0	0
	提出建议和意见	条	0	0
20	工程计量、支付签证	次	1	6

12 结论

12.1 对本月工程建设情况的总体评价

本月混凝土浇筑完成了 12 000 m^3 左右，3 孔泄洪闸底板已浇至▽286 m，上游右导墙已浇至▽299.2 m，消力池 1 号隔墙已浇至▽294.6 m，均达到设计高程。其他混凝土浇筑工序仍旧进行。砂石料开采进度基本满足本月混凝土生产需求。从总体上来看，施工进度已有滞后，现施工已基本进入汛期阶段，施工的难度将会继续增大。施工局应加强混凝土仓位的准备工作，即时调整，快速恢复生产，继续加强防洪度汛的准备措施。

12.2 本月监理工作小结

本月天气变化无常，给施工带来了诸多的不便。5 月 27 日突如其来的洪峰给各参建单位敲响了防洪度汛的警钟。尽管在各单位人员的紧密配合、极力抢拼下，使得本年度第一次洪峰顺利地通过了双滩水电站，但这标志着施工已基本进入汛期阶段，要把防洪度汛等施工安全当做头等大事。近来，连绵不断的阴雨又给混凝土浇筑带来了极为不利的影响。但监理部的工作仍旧繁忙而有序地正常开展：全体人员积极深入现场，对工程进行监督、管理，对工程质量与进度严加控制，继续进行安全生产大检查；加大了试验抽检的力度，以保证混凝土的质量；及时会同设计、施工单位进行基岩面验收，并进行混凝土浇筑前的验仓工作；加强内业的管理与技术的交流，及时召开监理会议，同各方技术人员对工程中所遇到的技术性问题进行探讨、交底，解决现场问题等。在洪峰来临前后，有效地组织各单位切实做好防洪度汛的准备工作和应急措施，并加派人员进行全天 24 小时轮流值班，对汛情密切监察。汛期过后，与各单位人员积极总结经验，整改方案，加强措施，并督促施工单位迅速恢复生产，向一枯作最后的冲刺！

12.3 存在问题及建议

(1)增加试验人员和试验抽检次数，及时进行各项原材料的抽检，满足规程、规范以及质量评定要求。

(2)本月经历了本年度第一次洪峰。施工单位应针对本次洪峰出现的问题，完善防洪预案，做好上下土石围堰的加固、防渗工作；将一枯纵向围堰彻底拆除，增大河流过水断面，以利安全度汛。结合长双监理[2004]安检004号通报内容进行各项工作的落实,特别是整改措施和防洪度汛物资的落实,做好下步防洪度汛应急工作准备。

(3)尽快落实水泵和排水管等抽水设备,加大厂房部位的抽水力度,保证基坑各项工作尽快恢复正常施工。

(4)双滩料场已停止生产,施工单位应加大洗滩料场的砂石开采力度,必要时自澌滩料场购买,确保砂石骨料满足施工需求。

(5)洪保观料场的条石开采因堆码场地、民房搬迁、运输道路等问题,各方应及时解决,以保证条石开采强度;尽快完成左岸非溢流坝段塔机基础施工,确保塔机尽快进场。

(6)加强混凝土浇筑技术和质量(仓位排水、止水槽的开挖、止水带的埋置、钢筋绑扎焊接、振捣水平、毛面处理、及时养护)的控制,落实原型观测设施,保证各工序顺利进行。

(7)做好防洪度汛安全工作:①尽快完成纵向土石围堰的拆除工作,增加过流断面;②对围堰上下游端头与二期纵向混凝土围堰连接段的土石方填筑一定要碾压密实;③准备好防汛物资及相应措施,做好防洪度汛应急工作准备。

(8)加强施工安全工作:对施工区用电进行整改;混凝土高空作业应做好安全防范工作,并配置安全带和安全网、加设爬梯等;食堂要严格做好卫生工作。

13 附录(大事记)

(1)2004年5月1日,平昌县政协主席×××、副主席×××等领导一行来工地现场慰问战斗在施工一线的劳动者们。

(2)右上游导墙(坝0+184.5~0+200.5,轴0-8.5~0-66.3)混凝土浇筑于2004年5月6日完成。

(3)2004年5月11日,水电八局总局副局长×××来到双滩工地,在监理部总监×××的陪同下到施工现场进行察看,并与巴河公司副总经理×××、双滩施工局局长×××共同商讨现场施工情况。

(4)2004年5月23日,平昌县副县长×××以及农行行长×××一行在巴河公司副总经理×××的陪同下,亲临施工现场察看工程进展情况。

(5)2004年5月26日,业主、监理、施工三方进行安全生产及防洪度汛工作大检查。

(6)2004年5月27日,双滩电站迎来了今年第一次洪峰的到来,在业主、监理、施工三方的共同努力、奋勇拼搏下,洪峰顺利通过。

第六节　监理工作总结

在监理工作结束时,监理单位应向建设单位提交一份反映监理单位履行委托监理合同,反映监理实际效果和业绩的总结性材料——监理工作总结。监理工作总结应包括以下内容:

(1)工程概况。

(2)监理组织机构、监理人员和投入的监理设施。

(3)监理合同履行情况。

(4)监理工作成效。

(5)施工过程中出现的问题及其处理情况和建议。

(6)工程照片。

附:×××工程施工监理工作报告

×××工程施工监理工作报告

1 工程概况

×××工程坐落在未胶结的黄龙一草店大断层破碎带上,同时外侧处在大坝差动式挑流冲刷坑中心的左边沿。经多年运行后,经水下检查发现尾水右导墙护脚外侧被淘空,危及右导墙稳定。加固工程分二期进行施工,一期工程是采用水下不扩散混凝土直接回填冲坑,以满足2001年安全度汛生产,并为二期工程施工创造条件;二期工程采用微差控制爆破技术从高程164.95 m平台刻槽至高程140 m,现浇一道钢筋混凝土防冲墙,与1985年修筑的防渗墙共同组成抗冲体系。二期工程是对右导墙进行彻底处理,确保工程长期稳定安全运行。

尾水渠右导墙冲坑基础处理工程防冲槽工程,时间紧、任务重、地质条件差、技术难度高。设计主要工程量为:防渗灌浆1 360 m,锚桩960 m,防冲槽开挖2 048 m^3,C35混凝土回填2 048 m^3,槽内钢筋制安88 t,以及相应开挖支护、防渗工程。

本工程为1个单位工程,分3个分部工程、16个单元工程,如图1.1所示。

2 监理范围、目标及控制手段

2.1 监理范围

依据监理合同确定的监理范围为中南勘测设计研究院编制的《黄龙滩水电站尾水渠右导墙冲坑基础处理二期工程防冲墙设计报告》和《黄龙滩水电站尾水渠右导墙冲坑基础处理二期工程防冲墙设计说明及工程量表》确定的工程项目施工阶段的监理。

2.2 工程控制目标

工期目标以建设单位与施工单位正式签订的工程施工合同确定的工期为控制目标;工程质量总目标确定为合格;工程投资控制在合同范围内。

2.3 监理机构

结合本工程的特点,我中心研究成立了湖北卓越工程监理有限责任公司黄龙滩电厂工程建设监理处,任命总监理工程师1人,选派施工、水工等专业监理人员3人驻现场监理,负责对本工程的施工质量、进度、投资进行控制,进行合同管理和信息管理并组织协调等,进行全方位、全过程的监控。

2.4 监理制度

监理处制定了图纸会审制度、设计交底制度、施工组织设计审查制度、原材料及中间产品检验制度、隐蔽工程验收制度等。

2.5 控制手段与检测设备

监理对施工质量的控制采取了跟踪巡视及抽检手段,检测使用的主要设备有皮尺、测绳、比重计等。水泥、砂、石及混凝土的配合比、混凝土试块强度等委托具有国家认可检测资质的中铁十一局第三工程处计量测试中心进行检测。

3 监理过程

3.1 准备工作

为了搞好这次监理工作,开工前,我处在熟识设计的基础上,收集了有关混凝土、灌浆方面的施工规范、验收标准等技术资料,编写了《湖北省黄龙滩水电站尾水渠右导墙冲坑基础处理(二期)防冲墙工程监理规划》和《湖北省黄龙滩水电站尾水渠右导墙冲坑基础处理(二期)防冲墙工程监理实施细则》,拟

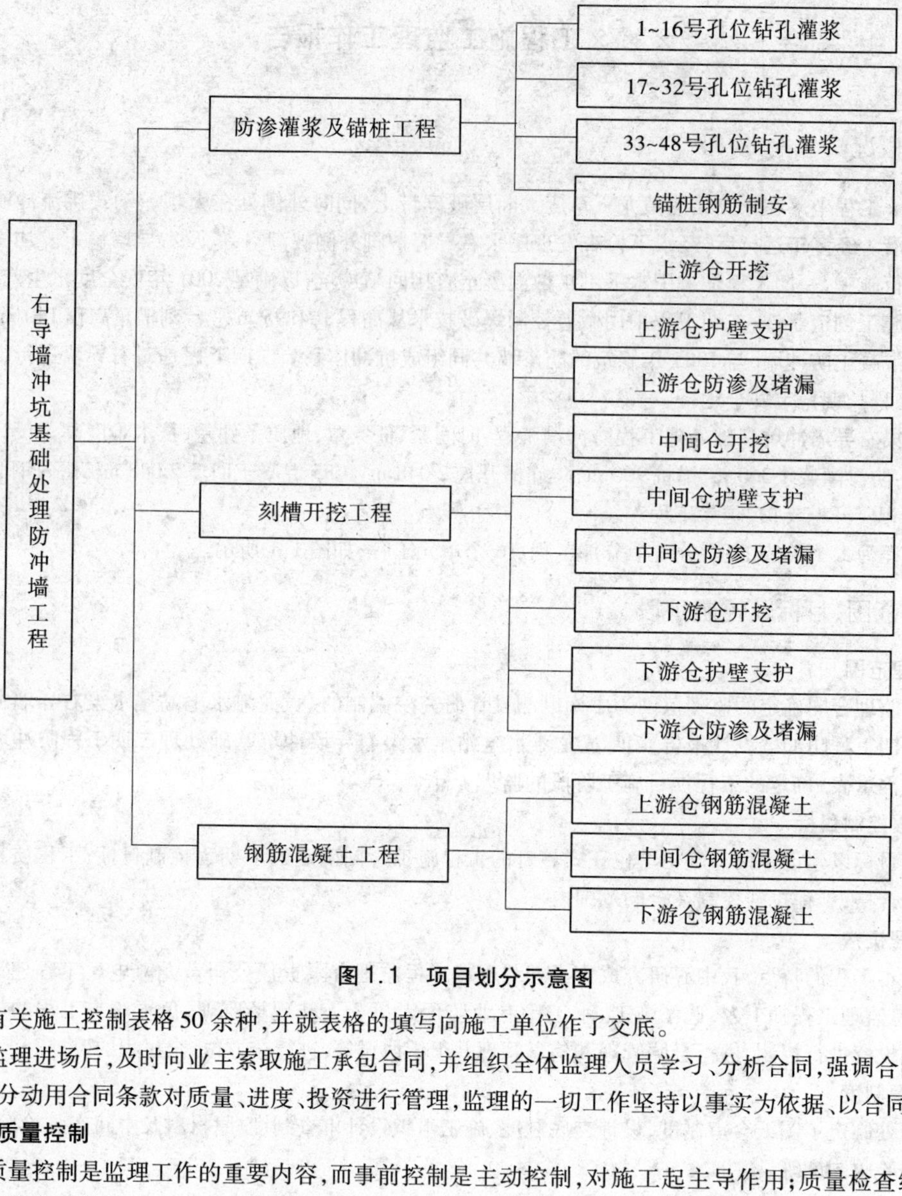

图1.1　项目划分示意图

定了有关施工控制表格50余种,并就表格的填写向施工单位作了交底。

监理进场后,及时向业主索取施工承包合同,并组织全体监理人员学习、分析合同,强调合同管理意识,充分动用合同条款对质量、进度、投资进行管理,监理的一切工作坚持以事实为依据、以合同为准绳。

3.2　质量控制

质量控制是监理工作的重要内容,而事前控制是主动控制,对施工起主导作用;质量检查结果反映了质量控制的效果。监理处着重抓了这两项工作。

3.2.1　事前控制

监理处从控制质量的五要素(人员、机械、材料、方法和环境)入手,搞好施工事前控制。具体工作如下:

第一,督促施工单位建立健全施工质量保证体系,配备专职质检人员,全体施工人员挂牌上岗,落实三检制。

第二,督促施工单位严格按《水工混凝土施工规范》SDJ 207—82、《水利水电工程基本建设单元工程质量评定标准(试行)》SDJ 249—88、《水工建筑物水泥灌浆施工技术规范》SL 62—94、《水利水电土建工程施工合同条件》GF 2000—0208 等有关工程规范及国家电力公司中南勘测设计研究院编制的《黄龙滩水电站尾水渠右导墙冲坑基础处理二期工程防冲墙设计报告》和《黄龙滩水电站尾水渠右导墙冲坑基础处理二期工程防冲墙设计说明及工程量表》的要求编制施工方案，确定施工工艺流程及其质量控制标准。

第三，督促施工单位严格按规范要求及时送检原材料，并进行配合比试验。其中：

(1)水泥采用湖北宝石集团宝石牌42.5级普通硅酸盐水泥，厂方已出具《出厂水泥品质检验报告单》，施工前，已随机取样送中铁十一局第三工程处计量测试中心检验，各批次检测结果均为合格。

(2)粉煤灰采用襄樊电厂一级灰，检测结果为合格。

(3)工程用中粗砂、小石、中石采用丹江产(大石已不生产)，大石就近取自方滩料场。砂、石材料抽样送试验室检验，检测结果为合格。

(4)混凝土减水剂采用中国石油集团工程技术研究院生产的减水剂，厂方已出具产品合格证，送检结果为合格。

(5)钢筋采用武钢本部的优质带肋钢筋，每批钢筋有《产品品质检验报告单》，抽样送试验室检验，其力学性能和焊接性能检测结果为合格。

第四，督促施工单位在每个分部工程施工前，编制详细的施工组织设计报建设单位和我处审核批准，并督促其做好相应的施工准备工作。

3.2.2　施工期质量控制和检查

3.2.2.1　防渗灌浆及锚桩分部工程施工

1. 防渗灌浆

1)孔位布置

按《尾水渠右导墙基础冲坑处理二期工程防冲墙平面布置图》布置灌浆孔。除K47、K48位于右导墙斜坡上无法施钻，其位置作了适当调整外，其余灌浆孔相对位置均保持不变。

2)孔深控制

灌浆孔深按照设计孔深要求，K1～K16均为35 m深，K17～K48均为25 m深。本期共造灌浆孔48个，进尺1 360 m。钻孔经冲洗后，用测绳测量，孔深符合设计要求。

3)造孔、洗孔

采用50型潜孔钻造$\phi 76$灌浆孔至要求孔深，用高压风水枪(1 MPa)冲洗孔内积水、残渣，直至回水变清为止。

4)灌浆

(1)灌浆材料：胶凝材料采用宝石集团42.5级普通硅酸盐水泥；细骨料采用小于2 mm细砂(孔隙较大时采用)。

(2)灌浆方法：地质条件较好时，采用自下而上灌浆；地质条件较差时，采用自上而下分序分段灌浆。

(3)灌浆顺序：灌浆顺序采用间隔跳跃式方法(二序或三序逐渐加密法)连续灌注。

(4)压水试验抽检：整个灌浆工程结束后，由建设单位、施工单位和我方共同进行了压水试验抽检。在1 MPa的压力下，钻孔单位吸水率均小于设计要求值，抽检结果满足设计要求，质量符合优良标准。

经全过程监理，各工序质量优良。由此得出各单元工程质量为优良。

2. 锚桩施工

锚桩采用三根Φ28钢筋搭接焊，接头错开3 m，单根Φ28钢筋加长采用帮条焊焊接，考虑到下锚方便，帮条采用两根Φ20钢筋替代单根Φ28钢筋(长60 cm)，焊口为单面焊。

钻孔经过高压风、水反复洗孔过后，采用台架及钻机卷扬下锚，每下锚3 m后用夹板固定三根锚筋，分别采用帮条焊连接各根Φ28钢筋，直至下锚到设计孔深。

经全过程监理，原材料、锚桩制安质量合格，焊接搭接长度符合施工规范要求，由此得出本单元工程质量为优良。

3 个防渗灌浆单元工程和 1 个锚桩制安工程质量全部为优良，优良率为 100%。由此得出本分部工程质量为优良。

3.2.2.2　爆破刻槽分部工程施工

1. 槽挖方法

根据刻槽爆破的施工特点、要求，采用预裂爆破、微差爆破等先进的爆破技术，深孔爆破与浅孔爆破相结合，严格按设计布置炮孔，控制装药量，确保工程质量、施工进度及安全。

(1)为避免槽顶部约 40 cm 厚的面层钢筋混凝土整块抬起，先用浅孔爆破，沿槽侧开挖 40 ~ 50 cm 深的槽子并切断钢筋。

(2)采取预裂爆破沿两侧开挖线形成贯通裂缝，减弱主爆孔爆破时地震波强度，保证槽壁尽可能平整、光滑，减少了超挖、欠挖。

2. 出渣

槽口段采用人工直接出渣、倾渣河侧方案。随着槽深增加(≥1.5 m)，出渣方式改为人工装渣、人力绞车或卷扬提渣方案；倾渣距离较远时，采用斗车倾渣方案。

3. 临时支护

支护是槽向下延伸的保证，根据掘进过程中的具体情况，采取了合理的临时支护措施。

1)素喷支护

上游仓局部区域槽壁岩石相对完整或断层破碎带胶结较好，槽壁仅因爆破原因形成一些张开并未连通的裂隙，采取素喷支护措施，充填张开裂隙，防止掉块。

2)网喷支护

由于开挖区位于黄龙—草店断层破碎带上，槽壁节理、裂隙较为发育，节理、裂隙相互切割，易组合形成不稳定体。此种情况下，可采取网喷支护措施，即在支护段槽壁按一定排距、行距用手持式风钻打 1 ~ 2.5 m 深的锚杆孔，通过插筋、灌浆固结，挂钢丝网，采用喷射机喷厚 8 ~ 10 cm 混凝土进行护壁。

3)混凝土支护

中游仓断层破碎带较为松散，含泥量高，处于泡水状态，易垮易塌，采用混凝土支护。即清除塌方的松散岩体，将未塌方的岩体用锚杆固定，在槽壁处立模，回填 C20 混凝土，预埋钢支撑，钢管一端套在锚杆上，另一端与 1985 年施工的钢筋笼焊接。

4. 排水堵漏

由于槽挖范围离尾水渠、河边较近，尾水水位相对较高，加之原混凝土质量较差，且下伏断层破碎带，槽内渗水现象不可避免，为了使槽挖顺利进行，采取了一定的排水堵漏措施。

(1)下游仓下端槽壁渗水、滴水较小，采用槽壁彩条布覆盖方法，变槽内水明渗、明滴为彩条布内暗流，为槽内施工人员创造良好的施工环境。对其渗水较大且不集中的区域，采用凿槽嵌缝、堵漏灵封堵等施工方法对其进行堵漏，采用水泵将槽内积水抽出。

(2)相对于下游仓，上游仓的地质条件相对较好，槽内渗水主要为集中渗水，因其节理裂隙相互交错，无法封堵，采取引水措施，集中漏水，然后用水泵排水，保持槽内相对干燥的施工环境。

(3)由于中游仓位于黄龙—草店断层破碎带，槽内渗水非常大，采用凿槽嵌缝，堵漏灵、水玻璃封堵和引水相结合的方法，取得了很好的效果。

上游槽和下游槽开挖断面满足设计要求，即顶宽 1.7 m，底宽 1.5 m。中间槽开挖 10 m 后，刻槽两侧岩体破碎(而施工单位未按设计要求进行补强灌浆)，左侧断层破碎带开始坍塌。发现此情况后，及时用钢板、槽钢和钢套管进行衬护，但实际开挖槽宽最窄处只有 1.3 m，后经设计单位验算，可满足设计要求。

本分部工程上、下游各 2 个刻槽开挖、2 个护壁支护、2 个防渗及堵漏共 6 个单元工程质量为优良，中仓刻槽开挖、护壁支护、防渗及堵漏共 3 个单元工程质量为合格，优良率为 67%，由此得出本分部工程质量为优良。

3.2.2.3 钢筋混凝土分部工程施工

二期防冲墙长45.7 m,宽1.5～1.7 m,槽深24.95 m。墙体C35混凝土分三仓浇筑(先下游仓,后上游仓,再中间仓),每仓长度均为15.23 m。由于槽壁外侧较薄,相应外水水头较高,渗透路径多,水文地质条件较为复杂,加之槽深较大,混凝土连续浇筑,施工较为困难。

1. 钢筋制安

钢筋的绑扎搭接长度大于35倍钢筋直径,钢筋单面焊搭接长度大于10倍钢筋直径。钢筋骨架牢固,钢筋制安尺寸满足设计要求和施工规范要求,各仓钢筋制安工序质量为优良。

2. 模板施工

模板在安装前严格按设计图纸测量放样,测量点的精度高于模板安装的允许偏差,以保证结构尺寸准确。

分仓模板采用一次性立模,结合现场的施工条件和防冲墙特性,模板主要采用加筋组合竹胶模板,对于异形部位采用木模板补缝。按招标文件和规范要求对模板的尺寸,表面平整度、光洁度进行检查,严格控制模板安装质量。模板安装采用人工架立,安装过程中用钢筋丝杆固定、扣件式钢管脚手架支撑,以防倾覆,最后对模板进行校正及加固。

经现场检测,各仓模板拼缝满足设计要求,结构稳定,表面平整度、光洁度满足要求,各仓模板制安工序质量为优良。

3. 塑料止水带施工

将塑料止水带沿中心线变曲成90°,一半固定在模板内侧,并用彩条布包好,另一半用铁丝固定在钢筋笼上,使其垂直于模板。拆模时,将塑料止水带恢复成180°,并用铁丝与临仓钢筋笼连接。

经现场检测,塑料止水带尺寸满足设计要求,安装位置及其安装稳定性满足要求,各仓塑料止水带安装工序质量为优良。

4. C35混凝土浇筑

1)配料

配料前检查称量装置的精确度及灵敏度,检查各种原材料是否满足配料要求。骨料称重后并在斗车上画好刻度以控制配料,在油桶里画好刻度以控制水的用量;水泥和外加剂严格按照配合比要求进行配料。要求施工单位现场质检人员对混凝土拌和物随机抽样,进行混凝土拌和均匀性、坍落度、强度检测。骨料运输过程中,采用清水冲洗干净,确保混凝土良好的黏结性。

本工程混凝土原材料以整袋水泥(2袋)为基数进行控制,砂和卵石通过斗车上设置的刻度控制重量,减水剂用固定容器量取,水通过水箱的刻度控制。对配料的过程我们进行不定期抽查。

2)拌和

拌和站集中拌和,选用两台JZ－350型拌和机拌料,保证混凝土拌和均匀且不产生离析,下料时严格按要求的投料顺序卸料并按规定的时间拌和,拌和过程中,值班人员检查衡量误差及拌和时间。

监控内容:搅拌时间、出料(熟料)搅拌均匀程度、机口取样检查。其中要求熟料均匀一致、无明显的砂团和水泥团、石子完全被砂浆所包裹。如出料水灰比过大,作弃料处理。

3)混凝土运输

受施工场地限制,防冲墙施工混凝土采用斗车运输。

下游仓浇筑混凝土时,在槽口布置2个溜筒。因溜筒浇筑半径过大，平仓速度慢,影响施工质量,总结下游仓施工经验,上游仓和中游仓在槽口布置3个溜筒。

4)平仓振捣

混凝土下料时均匀铺料,仓端、塑料止水带附近、钢筋密集部位使用人工铺料,其余部位采用振捣器平仓。

采用插入式振捣器振捣,在仓面上按一定顺序和间距,逐点插入进行振捣。布置振捣器插点位置时，严格按照施工规范（插点间距不超过振捣器作用半径的1.5倍，不要碰到钢筋和模板，离模板的距离不要大于30 cm）进行，以免因漏振使混凝土表面出现蜂窝麻面。在每个插点进行振捣时，振捣器要垂直插入，快插慢拔。每一插点的振捣时间为30 s，以保证混凝土的密实性。

质量监控：

（1）及时取样检测混凝土坍落度和混凝土试块，并在水下养护，送试验室做抗压试验。本期工程共做混凝土试块22组，经检测，混凝土抗压强度满足设计要求。

（2）浇筑过程中，随时检查模板变形、漏浆以及混凝土平仓、振捣情况，及时反馈浇筑信息，采取相应措施。

拆模检查结果表明，无蜂窝麻面现象，混凝土浇筑外观质量良好。各仓浇筑工序质量为优良。

5）混凝土保护、养护

下游仓混凝土浇筑完毕时，气温在0 ℃左右，采取了双层彩条布包30 cm厚稻草进行保温保护；其他仓混凝土浇完后及时洒水养护，保证混凝土强度的正常增长。

经全过程监理，各仓所用原材料质量合格，各主要工序质量为优良，混凝土试块质量合格、强度满足设计要求。由此得出各仓单元工程质量为优良，合格率和优良率均为100%，本分部工程质量为优良。

3.2.3 施工中存在的问题及处理

刻槽施工前进行预裂爆破试验时，由于考虑的被保护对象是电站厂房，加之尾水渠末端原有施工质量较差，高导墙单薄，一次装药量和单响药量均较大，尾水渠末端和高导墙产生了一些裂缝。针对这些裂缝，省电力公司、电厂、设计院、施工单位和我方在现场确定了处理方案，设计院出具了设计图纸。

采取在裂缝部位采用水平及垂直方向的锚筋、沿尾水渠末端采用流线型钢筋混凝土外包、沿高导墙外侧（靠河侧）外包钢筋混凝土等措施进行加固。一方面改善了尾水渠末端的水流条件，另一方面对薄弱环节进行了处理。

锚筋及外包钢筋施工时，所采用的原材料合格，钻孔位置、孔深、锚筋材质、注浆、老混凝土凿毛、模板及钢筋制安、混凝土浇筑及养护等工序质量优良，各单元工程质量为优良。

3.3 施工进度控制

右导墙基础冲坑处理二期防冲墙工程于2001年10月26日开工，2002年4月24日完工，历时180天，比合同工期提前6天。

3.4 投资控制

本工程为总价承包合同，投资控制目标即为建设单位与承包单位正式签订的工程承包合同中所规定的工程款。

投资控制按投资控制工作流程进行。首先核实工程量，进行实物量签认。当质量被评为不合格产品时，视为无效工程量，不开具支付凭证；当质量被评为合格或优良产品时，先核实工程量并签发计量证书，再按合同单价、总价核实完成的工程投资额，向建设单位开据支付凭证，建设单位依据监理处开据的支付凭证向承包单位付款，并作为工程结算的依据。

4 监理效果

通过业主的大力支持和施工单位的密切配合，三大目标得以实现。

4.1 质量控制效果

本工程为1个单位工程，共3个分部工程、16个单元工程。13个单元工程质量为优良，3个单元工程质量为合格，合格率100%，优良率为81%；3个分部工程质量均为优良，合格率和优良率均为100%。由此可判定单位工程质量为优良。具体情况见附表。

4.2 进度控制效果

本工程施工进度按合同要求提前完成。

4.3 投资控制效果

严格按合同条件开据支付凭证,保证了施工单位的工程资金,对工程质量和进度起到了促进作用,同时也确保了不突破合同总价的总目标。

附表1 单位工程质量评定表 (统计日期:2002年6月20日)

单位工程	质量评定	
	施工单位自评	监理评定
黄龙滩水电站尾水渠右导墙冲坑基础处理工程	优良	优良

附表2 分部工程质量评定表 (统计日期:2002年6月20日)

单位工程	分部工程	质量评定	
		施工单位自评	监理评定
黄龙滩水电站尾水渠右导墙冲坑基础处理工程	防渗灌浆及锚桩工程	优良	优良
	刻槽开挖工程	优良	优良
	钢筋混凝土工程	优良	优良

附表3 单元工程质量评定表 (统计日期:2002年6月20日)

单位工程	分部工程	单元工程	质量评定	
			施工单位自评	监理评定
黄龙滩水电站尾水渠右导墙冲坑基础处理工程	1. 防渗灌浆及锚桩工程	1-1单元:1~16号孔位钻孔灌浆	优良	优良
		1-2单元:17~32号孔位钻孔灌浆	优良	优良
		1-3单元:33~48号孔位钻孔灌浆	优良	优良
		1-4单元:锚桩钢筋制安	优良	优良
	2. 刻槽开挖工程	2-1单元:上游仓开挖	优良	优良
		2-2单元:上游仓护壁支护	优良	优良
		2-3单元:上游仓防渗及堵漏	优良	优良
		2-4单元:中间仓开挖	优良	合格
		2-5单元:中间仓护壁支护	优良	合格
		2-6单元:中间仓防渗及堵漏	优良	合格
		2-7单元:下游仓开挖	优良	优良
		2-8单元:下游仓护壁支护	优良	优良
		2-9单元:下游仓防渗及堵漏	优良	优良
	3. 钢筋混凝土工程	3-1单元:上游仓钢筋混凝土	优良	优良
		3-2单元:中游仓钢筋混凝土	优良	优良
		3-3单元:下游仓钢筋混凝土	优良	优良

复习思考题

1. 工程项目监理的文件一般包括哪些？
2. 监理大纲的作用有哪些？
3. 监理规划的作用有哪些？监理规划包括哪些主要内容？
4. 监理实施细则有何作用？其重点应放在哪些方面？
5. 监理大纲、监理规划、监理实施细则有何联系和区别？
6. 监理月报的主要内容有哪些？

第十一章　工程建设监理招标与投标

第一节　监理招标

一、工程建设监理的范围

建设工程监理范围可以分为实体性的工程范围和程序性的建设阶段范围。

(一)工程实体范围

为了有效发挥建设工程监理的作用,加大推行监理的力度,根据有关法律、法规对实行强制性监理的工程范围做了原则性的规定。

下列建设工程必须实行监理:

(1)国家重点建设工程。依据《国家重点建设项目管理办法》所确定的对国民经济和社会发展有重大影响的骨干项目。

(2)大中型公用事业工程。项目总投资额在3 000万元以上的供水、供电、供气、供热等市政工程项目;科技、教育、文化等项目;体育、旅游、商业等项目;卫生、社会福利等项目;其他公用事业项目。

(3)成片开发建设的住宅小区工程。建筑面积在5万 m^2 以上的住宅建设工程。

(4)利用外国政府或者国际组织贷款、援助资金的工程。包括使用世界银行、亚洲开发银行等国际组织贷款资金的项目;使用国外政府及其机构贷款资金的项目;使用国际组织或者国外政府援助资金的项目。

(5)国家规定必须实行监理的其他工程。项目总投资额在3 000万元以上关系社会公共利益、公众安全的交通运输、水利建设、城市基础设施、生态环境保护、信息产业、能源等基础设施项目,以及学校、影剧院、体育场馆项目。

(二)工程程序范围

根据基本建设程序的各个阶段,建设工程监理可以适用于工程建设投资决策阶段和实施阶段,但目前主要是建设工程施工阶段。

在建设工程施工阶段,建设单位、勘察单位、设计单位、施工单位和工程监理企业等工程建设的各类行为主体均出现在建设工程当中,形成了一个完整的建设工程组织体系。在这个阶段,建筑市场的发包体系、承包体系、管理服务体系的各主体在建设工程中会合,由建设单位、设计单位、施工单位和工程监理企业各自承担工程建设的责任和义务,最终将建设工程建成投入使用。在施工阶段委托监理,其目的是有效地发挥监理的规划、控制、协调作用,为在计划目标内建成工程提供更好的管理。

二、项目监理招标应当具备的条件

项目监理招标应当具备下列条件:

(1)项目可行性研究报告或者初步设计已经批复。

(2)监理所需资金已经落实。

(3)项目已列入年度计划。

三、招标方式

项目监理招标的方式有两种：

(1)公开招标。这是一种无限竞争性招标，招标单位可以通过报刊、网络或其他方式发布招标公告。

(2)邀请招标。这是一种有限竞争性招标，由招标单位发出招标邀请书，邀请三个以上(含三个)有能力承担相应监理业务的单位参加投标。

对监理业务服务费不足50万元人民币、有保密性要求或者有特殊专业性、技术性要求，不宜采用公开招标和邀请招标的工程项目，经管理该工程招标的建设行政主管部门负责人批准，可以进行比选确定。

四、监理的招标、投标程序

招标是招标人选择中标人并与其签订合同的过程，而投标则是投标人力争获得实施合同的竞争过程。招标人和投标人均需遵循招投标法律和法规的规定进行招标投标活动。监理招标应按下列程序进行：

(1)招标单位自行办理招标事宜的，到当地招标办办理备案手续。

(2)编制招标文件。

(3)发布招标公告或发出邀标通知书。

(4)向投标单位发出投标资格预审通知书，对投标单位进行资格预审。

(5)向投标单位发出招标文件。

(6)组织必要的答疑、现场勘察，解答投标单位提出的问题，编写答疑文件或补充投标文件等。

(7)接受投标书。

(8)组织开标、评标、决标。

(9)招标单位自确定中标单位之日起15日内向当地招标办提交招标投标情况的书面报告。

(10)向投标单位发出中标或未中标通知书。

(11)与中标单位订立书面委托监理合同。

第二节　监理招标文件

按《中华人民共和国招标投标法》第十九条的规定，招标人应当根据招标项目的特点和需要编制招标文件。

一、监理的工作范围

(一)监理服务的工作范围

监理委托合同的标的,是监理单位为发包人提供的监理服务。《工程建设监理规定》中明确规定:“工程建设监理的主要内容是控制工程建设的投资、建设工期和工程质量,进行工程建设合同管理,协调有关单位间的工作关系。”

按照这一规定,委托监理业务的范围非常广泛,从工程建设各阶段来说,可以包括项目前期立项咨询、设计阶段监理、施工阶段监理、保修阶段监理。在每一阶段内,又可以进行投资、质量、工期的三大控制,及合同管理和信息管理。

1.按照工作性质划分的委托工作

(1)工程技术咨询服务。如进行可行性研究,各种方案的成本效益分析,编制特殊工程的建筑设计标准,准备技术规范,提出质量保证措施。

(2)协助发包人选择承包商,组织设计、施工、设备采购招标等。

(3)技术监督和检查。检查工程设计、材料和设备质量,对操作或施工质量进行监理和检查等。

(4)施工管理。包括质量控制、成本控制、计划和进度控制、施工安全控制等。

2.项目建设不同阶段的委托监理工作

1)建设前期阶段的工作

(1)对项目的投资机会研究,包括确定投资的优先性和部门方针。

(2)对建设项目的可行性研究,确定项目的基本特征及其可行性。

(3)为了顺利实施开发计划和投资项目,并充分发挥其作用,提出经营管理和机构方面所需的变更和改进意见。

(4)参与设计任务书的编制。

2)设计阶段的工作

(1)提出设计要求,参与评选方案。

(2)参与选择勘察、设计单位,协助发包人签订勘察、设计合同。

(3)监督初步设计和施工图设计工作的执行,控制设计质量,并对设计成果进行审核。

(4)控制设计进度以满足进度要求,并监督设计单位实施。

(5)审核概(预)算,实施或协助实施投资控制。

(6)参与工程主要设备选型。

3.施工招标阶段的工作

(1)编制招标文件和评标文件。

(2)协助评审投标书,提出决标评估意见。

(3)协助发包人与承建单位签订承包合同。

4.施工阶段的工作

(1)协助发包人编写开工报告。

(2)审查承建单位各项施工准备工作,发布开工通知。

(3)督促承建单位建立、健全施工管理制度和质量保证体系,并监督其实施。

(4)审查承建单位提交的施工组织设计、施工技术方案和施工进度计划,并督促其实施。

(5)组织设计交底及图纸会审,审查设计变更。

(6)审核和确认承建单位提出的分包工程项目及选择的分包单位。

(7)复核已完工程量,签署工程付款证书,审核竣工结算报告。

(8)检查工程使用的原材料、半成品、成品、构配件和设备的质量,并进行必要的测试和监控。

(9)监督承建单位严格按技术标准和设计文件施工,控制工程质量。重要工程要督促承建单位实施预控措施。

(10)监督工程施工质量,对隐蔽工程进行检验签证,参与工程质量事故的分析及处理。

(11)分阶段进行进度控制,及时提出调整意见。

(12)调解合同纠纷和处理索赔事宜。

(13)督促检查安全生产、文明施工。

(14)组织工程阶段验收及竣工验收,并对工程施工质量提出评估意见。

5. 保修期阶段的工作

(1)协助组织和参与检查项目正式运行前的各项准备工作。

(2)对保修期间发现的工程质量问题,参与调查研究,弄清情况,鉴定工程质量问题的责任,并监督保修工作。

(二)依据项目的特点委托工作任务

监理招标发包的工作内容和范围,可以是整个工程项目的全过程,也可以只监理招标人与其他人签订的一个或几个合同的履行。划分合同工作范围时,通常考虑的因素包括:

(1)工程规模。中、小型工程项目,有条件时可将全部监理工作委托给一个单位;大型或复杂工程,则应按设计、施工等不同阶段及监理工作的专业性质分别委托给几家单位。

(2)工程项目的专业特点。不同的施工内容对监理人员的素质、专业技能和管理水平的要求不同,应充分考虑专业特点的要求。如将土建和安装工程的监理工作分开招标,甚至有特殊基础处理时可将该将部分从土建中分离出去单独招标。

(3)被监理合同的难易程度。工程项目建设期间,招标人与第三人签订的合同较多,对易于履行合同的监理工作可并入相关工作的委托监理内容之中。如将采购通用建筑材料购销合同的监理工作并入施工监理的范围之内,而设备制造合同的监理工作则需委托专门的监理单位。

二、招标文件的主要内容

招标文件的主要内容包括以下部分:

(1)投标邀请书。投标邀请书的具体格式由招标人确定,内容一般包括:招标单位名称;建设项目资金来源;工程项目概况和本次招标工作范围的简要介绍;购买资格预审文件的地点、时间和价格;投标单位考察现场的时间;投标截止时间;投标文件递送时间;开标时间、开标地点等有关事项。

(2)投标人须知。应当包括招标项目概况,监理范围、内容和监理服务期,招标人提供的现场工作及生活条件(包括交通、通信、住宿等)和试验检测条件,对投标人和现场监理人员的要求,投标人应当提供的有关资格和资信证明文件,投标文件的编制要求,提交投标文件的方式、地点和截止时间,开标日程安排,投标有效期等。

(3)书面合同书格式。大、中型项目的监理合同书应当使用《工程建设监理合同示范文本》,小型项目可参照使用。合同的标准条件部分不得改动,结合委托监理任务的工程特点和项目地域特点,双方可针对标准条件中的要求予以补充、细化或修改。在编制招标文件时,为了能使投标人明确义务和责任,专用条件的相应条款内容均应写明。然而招标文件专用条款的内容只是编写投标书的依据,如果通过投标、评标和合同谈判,发包人同意接受投标书中的某些建议,双方协商达成一致修改专用条款的约定后再签订合同。

(4)投标报价书、投标保证金和授权委托书、协议书和履约保函的格式。

(5)工程技术文件。是投标人完成委托监理任务的依据,应包括以下内容:①工程项目建议书;②工程项目批复文件;③可行性研究报告及审批文件;④应遵守的有关技术规定;⑤必要的设计文件、图纸和有关资料。

(6)投标报价要求及其计算方式。

(7)评标标准与方法。

(8)投标文件格式。包括投标文件格式、监理大纲的主要内容要求、投标单位对投标负责人的授权书格式、履约保函格式。

(9)其他辅助资料。拟用于本工程监理工作的主要人员汇总表,拟用于本工程的主要监理人员简历表,拟用于本工程的办公、检测设备及仪器清单。

第三节　监理投标人的资格审查

国家有关规定对投标人资格条件或者招标文件对投标人资格条件有规定的,投标人应当具备规定的资格条件,对于一些大型建设项目,要求供应商或承包商有一定的资质,如水利、交通等行业主管部门对承揽重大建设项目都有一系列的规定,对于参加国家重点建设项目的投标人,必须达到甲级资质。当投标人参加这类招标时必须满足相应的资质要求。

资格审查应主要审查潜在投标人或者投标人是否符合下列条件:

(1)具有独立合同签署及履行的权利。

(2)具有履行合同的能力,包括专业、技术资格和能力,资金、设备和其他物质设施能力,管理能力,类似工程经验,信誉状况等。

(3)没有处于被责令停业,投标资格被取消,财产被接管、冻结等状态。

(4)在最近三年内没有骗取中标和严重违约及重大质量问题。

资格审查时,招标人不得以不合理的条件限制、排斥潜在投标人或者投标人,不得对潜在投标人或者投标人实行歧视待遇。任何单位和个人不得以行政手段或者其他不合理方式限制投标人的数量。

一、资格审查文件

不论是公开招标还是邀请招标进行资格审查比较，都要考察投标人的资格条件、经验条件、资源条件、公司信誉和承接新项目的监理能力几个方面。

（一）资格条件

（1）资质等级证书。

（2）营业执照、注册范围。

（3）隶属关系。

（4）公司的组成形式，以及总公司和分公司的所在地。

（5）法人条件和公司章程。

（二）经验条件

（1）已监理过的工程项目。

（2）已监理过与招标工程类似的工程项目。

（三）资源条件

（1）公司人员。

（2）开展正常监理工作可采用的检测方法和手段。

（3）使用的计算机软件管理能力。

（四）公司信誉

（1）监理单位在专业方面的名望、地位。

（2）在以往服务的工程项目中的信誉。

（3）是否能全心全意地与发包人和承包人合作。

（五）承接新项目的监理能力

（1）正在进行监理工作工程项目的数量、规模。

（2）正在进行监理工作各项目的开工和预计竣工时间。

二、资格审查的方法和分类

（一）资格审查的方法

监理招标对投标人的资格审查方法与其他招标的资格预审方法是有所区别的，施工和供货招标是发出资格预审表格，由投标人填写后进行审查比较，而监理招标可以首先以会谈的形式对监理单位的主要负责人或拟派驻的总监理工程师进行考察，然后再让其报送相应的资格材料。

招标前，招标人可以分别邀请每一家公司来进行委托监理任务的意向性洽谈。首先向对方介绍拟建项目的简单情况，监理服务的要求、工作范围，拟委托的权限和要求达到的目的等情况，并听取对方就该公司业务情况的介绍，然后针对所提供的该监理公司资质证明文件中的有关内容，请其作进一步的说明。这种做法，一方面是由于初选名单范围较宽，没有必要让监理单位做更多的准备工作，以便节约时间和费用；另一方面，通过当面洽谈，有助于更全面、详细地了解对方的资质情况，以及听取他们对完成该项目监理工作的建议。与初选各家公司会谈后,再对各家的资质进行评审和比较,确定邀请投标的监理公司名单。

初选审查还只限于对邀请对象的资质、能力是否与拟实施项目特点相适应的总体考查,而不是评定他准备实施该项目监理工作的建议是否可行、适用。为了能够对监理单位有较深入、全面的了解,应通过以下方法收集有关信息:索取监理公司的情况介绍资料;向他们已监理过的工程的发包人咨询;考查他们已监理过的工程项目。

(二)资格审查的分类

资格审查分资格预审和资格后审。资格预审是指在投标前对潜在投标人进行的资格审查;资格后审是指在开标后,招标人对投标人进行资格审查,提出资格审查报告,经参审人员签字由招标人存档备查,同时交评标委员会参考。目前采用较多的是资格预审。

资格预审一般按照下列原则进行:

(1)招标人组建的资格预审工作组负责资格预审。

(2)资格预审工作组按照资格预审文件中规定的资格评审条件,对所有潜在投标人提交的资格预审文件进行评审。

(3)资格预审完成后,资格预审工作组应提交由资格预审工作组成员签字的资格预审报告,并由招标人存档备查。

(4)经资格预审后,招标人应当向资格预审合格的潜在投标人发出资格预审合格通知书,告知获取招标文件的时间、地点和方法,并同时向资格预审不合格的潜在投标人告知资格预审结果。

第四节　监理投标文件的编制

一、监理投标文件的组成

监理投标文件一般包括下列内容:

(1)投标报价书。

(2)投标保证金。

(3)委托投标时,法定代表人签署的授权委托书。

(4)投标人营业执照、资质证书以及其他有效证明文件的复印件。

(5)监理大纲。

(6)项目总监理工程师及主要监理人员简历、业绩、学历证书、职称证书以及监理工程师资格证书和岗位证书等证明文件。

(7)拟用于本工程的办公、检测设施、设备、仪器。

(8)近3~5年完成的类似工程、有关方面对投标人的评价意见以及获奖证明。

(9)投标人近3年的财务状况。

(10)投标报价的计算和说明。

(11)招标文件要求的其他内容。

二、监理投标文件的编制

《中华人民共和国招标投标法》第二十七条规定，投标人应当按照招标文件的要求编制投标文件。投标人要到指定的地点购买招标文件，并准备投标文件。投标人在编制投标文件时必须按照招标文件的要求编写。投标人应认真研究、正确理解招标文件的全部内容，并按要求编制投标文件。投标文件应当对招标文件提出的实质性要求和条件作出响应。实质性要求和条件是指招标文件中有关招标项目的价格、项目的计划、技术规范、合同的主要条款等，投标文件必须对这些条款作出响应。这就要求投标人必须严格按照招标文件填报，不得对招标文件进行修改，不得遗漏或者回避招标文件中的问题，更不能提出任何附带条件。投标文件通常可分为技术标（技术建议书）和商务标（财务建议书）两大部分。这两部分可以分别考虑，也可以同时综合考虑，采用哪种方法要根据委托监理工作的项目特点和工作范围要求的内容等因素来决定。技术建议书主要分为监理单位的经验、拟完成委托监理任务的实施方案（监理大纲）和人员配备方案三个主要方面；财务建议书则主要是报价的合理性内容。

监理投标文件的编制内容有以下几个方面。

（一）监理经验

监理经验有以下两个方面：

（1）监理一般经验。投标人提供的最近几年所承担的工作项目一览表，内容包括数量、规模、专业性质、监理工作内容、监理效果等。

（2）特殊工程项目经验。对此应根据工程项目的专业特点，看其是否具有所要求的监理经验。一方面其所监理过的工程是否有与本工程同类的项目；另一方面还要根据本工程特殊要求的专业特点，如复杂地基的处理、特殊施工工艺要求（特殊焊接工艺、大型专业设备安装）等，看其监理经验是否能满足要求。

（二）监理实施方案

监理实施方案（监理大纲）包括以下几个方面内容：

（1）监理工作的指导思想和工作目标。理解发包人对该项目的建设意图，工作目标在内容上包括了全部委托的工作任务，监理目标与投资目标和建设意图一致。

（2）项目监理班子的组织结构。在组织形式、管理模式等方面合理，结合了项目实施的具体特点，与发包人的组织关系和承包人的组织关系相协调等。

（3）工作计划。在工程进展中各个阶段的工作实施计划合理、可行，在每个阶段中如何控制项目目标，以及组织协调的方法。

（4）对工期、质量、投资进行控制的方法。应用经济、合同、技术、组织措施保证目标的实现，方法科学、合理、有效。

（5）计算机的管理软件。所拥有和准备使用的管理软件的类型、功能满足项目监理工作的需要。

（6）提出的管理方案有创造性。监理服务的技术手段独特先进，既有对替代方案有独特实用价值的详细说明，又有技术转让的内容及其采用价值分析等。

(三)派驻人员计划

1. 项目监理机构的人员结构

项目监理机构应具有合理的人员结构,包括以下两方面的内容。

1)合理的专业结构

项目监理机构应由与监理工程的性质(民用项目、专业性强的生产项目)及业主对工程监理的要求(全过程监理或是某一阶段如设计或施工阶段的监理,是投资、质量、进度的多目标控制或某一目标的控制)相适应的各专业人员组成,也就是各专业人员要配套。应根据项目特点和准备委托监理任务的工作范围,考虑包括经济师、土建工程师、机械工程师等是否能够满足开展监理工作的需要,专业是否覆盖了项目实施过程中的各种专业,以及高、中级职称和年龄结构组成的合理性。

一般来说,项目监理机构应具备与所承担的监理任务相适应的专业人员。但是,当监理工程局部有某些特殊性,或业主提出某些特殊的监理要求而需要采用某种特殊的监理手段时,如局部的钢结构、网架、罐体等质量监控需采用无损探伤、X 光及超声探测仪,水下及地下混凝土桩基需要用遥测器探测等,此时,将这些局部的专业性的监控工作另行委托给有相应资质的咨询机构来承担,也应视为保证了人员合理的专业机构。

2)合理的技术职务、职称结构

为了提高管理效率和经济性,项目监理机构的监理人员应根据建设工程的特点和建设工程监理工作的需要确定其技术职务、职称结构。合理的技术职称结构表现在高级职称、中级职称和初级职称有与监理工作要求相称的比例。

(1)总监理工程师人选。工程项目建设监理,我国实行的是总监理工程师负责制。因此,总监理工程师人选合适,是执行监理任务成功的关键。主要根据项目本身的特点,看其学历、专业、现任职务、年龄、健康状况、以往的工作成就等一般条件是否符合要求。此外,要看他在以往所监理工程中担任的职务,与本项目类似工程的工作经验,对项目的理解和熟悉程度,应变与决策能力,对项目实施监理的具体设想,专业水平和管理能力,责任心,以及能否与发包人顺利交流及是否善于与被监理单位交往等。

(2)从事监理工作的其他人员。参与监理工作的人员除总监理工程师外,还包括专业监理工程师和其他监理人员。从投标书中所提供的拟派驻项目人员名单中,看主要监理人员的学历、专业成就、责任职称或职务,参与过哪些工程的监理工作。

2. 项目监理机构监理人员数量的确定

根据工程建设强度、建设工程复杂程度、监理单位的业务水平等配备具体的监理人员。专业类别较多的工程,派驻人员数量可适当增加。项目监理机构的监理人员数量和专业配备应随工程施工进展情况作相应的调整,从而满足不同阶段监理工作的需要。

3. 将提供给业主的监理阶段性文件

在监理大纲中,监理单位还应该明确未来工程监理工作中向业主提供的阶段性的监理文件,这将有助于满足业主掌握工程建设过程的需要,有利于监理单位顺利承揽该建设工程的监理业务。

(四)监理服务费计价方式

监理服务费的计算,按招标文件提供的格式、计算方法确定。

第五节　评标、定标和签订合同

一、评标

（一）评标工作程序

评标工作一般按照以下程序进行：

（1）招标人从评标专家库中抽选评标专家与业主代表组成评标委员会，由评标委员会成员推荐产生评标委员会主任。

（2）在评标委员会主任的主持下，根据需要，讨论通过成立有关专业组和工作组。

（3）熟悉招标文件。

（4）组织评标人员学习评标标准与方法。

（5）评标委员会对投标文件进行符合性和响应性评定。

（6）评标委员会对投标文件中的算术错误进行更正。

（7）评标委员会根据招标文件规定的评标标准与方法对有效投标文件进行评审。

（8）评标委员会听取项目总监理工程师陈述。

（9）经评标委员会讨论，并经二分之一以上成员同意，提出需投标人澄清的问题，并以书面形式送达投标人。

（10）投标人对需书面澄清的问题，经法定代表人或者授权代表人签字后，作为投标文件的组成部分，在规定的时间内送达评标委员会。

（11）评标委员会依据招标文件确定的评标标准与方法，对投标文件进行横向比较，确定中标候选人推荐顺序。

（12）在评标委员会三分之二以上成员同意并在全体成员签字的情况下，通过评标报告。评标委员会成员必须在评标报告上签字。若有不同意见，应明确记载并由其本人签字，方可作为评标报告附件。

（二）评审内容

评标委员会对各投标书进行审查评阅，主要考察以下几方面的合理性：

（1）投标人的资质，包括资质等级、批准的监理业务范围、主管部门或股东单位、人员综合情况等。

（2）监理大纲。

（3）拟派驻项目的主要监理人员（重点审查总监理工程师和主要专业监理工程师）。

（4）人员派驻计划和监理人员的素质（通过人员的学历证书、职称证书和上岗证书反映）。

（5）监理单位提供用于工程的检测设备和仪器，或委托有关单位检测的协议。

（6）近几年监理单位的业绩及奖惩情况。

（7）监理费报价和费用组成。

（8）招标文件要求的其他情况。

在审查过程中对投标书不明确之处可采用澄清问题的方式请投标人予以说明，并可通过与总监理工程师的会谈,考察他的风险意识、对业主建设意图的理解、应变能力、管理目标的设定等的素质高低。

(三)评标标准

监理评标的量化比较通常采用综合评分法对各投标人的综合能力进行对比。依据招标项目的特点设置评分内容和分值的权重。招标文件中说明的评标原则和预先确定的记分标准开标后不得更改,作为评标委员的打分依据。

评标标准包括投标人的业绩和资信、项目总监理工程师的素质和能力、资源配置、监理大纲以及投标报价等五个方面。按其重要程度可分别考虑为20%、25%、25%、20%、10%的权重,也可根据项目具体情况确定。

1. 业绩和资信

(1)有关资质证书、营业执照等情况。

(2)人力、物力与财力资源。

(3)近3~5年完成或者正在实施的项目情况及监理效果。

(4)投标人以往的履约情况。

(5)近5年受到的表彰或者不良业绩记录情况。

(6)有关方面对投标人的评价意见等。

2. 项目总监理工程师的素质和能力

(1)项目总监理工程师的简历、监理资格。

(2)项目总监理工程师主持或者参与监理的类似工程项目及监理业绩。

(3)有关方面对项目总监理工程师的评价意见。

(4)项目总监理工程师月驻现场工作时间。

(5)项目总监理工程师的陈述情况等。

3. 资源配置

(1)项目副总监理工程师、部门负责人的简历及监理资格。

(2)项目相关专业人员和管理人员的数量、来源、职称、监理资格、年龄结构、人员进场计划。

(3)主要监理人员的月驻现场工作时间。

(4)主要监理人员从事类似工程的相关经验。

(5)拟为工程项目配置的检测及办公设备。

(6)随时可调用的后备资源等。

4. 监理大纲

(1)监理范围与目标。

(2)对影响项目工期、质量和投资的关键问题的理解程度。

(3)项目监理组织机构与管理的实效性。

(4)质量、进度、投资控制和合同、信息管理的方法与措施的针对性。

(5)拟定的监理质量体系文件等。

(6)工程安全监督措施的有效性。

5. 投标报价

(1)监理服务范围、时限。

(2)监理服务费用结构、总价及所包含的项目。

(3)人员进场计划。

(4)监理服务费用报价取费原则是否合理。

(四)评标

项目监理评标标准和方法应当体现根据监理服务质量选择中标人的原则。评标标准和方法应当在招标文件中载明,在评标时不得另行制定或者修改、补充任何评标标准和方法。

项目监理招标不宜设置标底。

评标方法主要为综合评分法、两阶段评标法和综合比选法,可根据工程规模和技术难易程度选择采用。大、中型项目或者技术复杂的项目宜采用综合评分法或者两阶段评标法,项目规模小或者技术简单的项目可采用综合比选法。

(1)综合评分法。根据评标标准设置详细的评价指标和评分标准,经评标委员会集体评审后,评标委员会分别对所有投标文件的各项评价指标进行评分,去掉最高分和最低分后,其余评委评分的算术和即为投标人的总得分。评标委员会根据投标人总得分的高低排序选择中标候选人1~3名。若候选人出现分值相同情况,则对分值相同的投标人改为投票法,以少数服从多数的方式,也可根据总监理工程师、监理大纲的得分高低决定次序选择中标候选人。

(2)两阶段评标法。对投标文件的评审分为两阶段进行。首先进行技术评审,然后进行商务评审。有关评审方法可采用综合评分法或综合比选法。评标委员会在技术评审结束之前,不得接触投标文件中商务部分的内容。

评标委员会根据确定的评审标准选出技术评审排序的前几名投标人,而后对其进行商务评审。根据规定的技术和商务权重,对这些投标人进行综合评价和比较,确定中标候选人1~3名。

(3)综合比选法。根据评标标准设置详细的评价指标,评标委员会成员对各个投标人进行定性比较分析,综合评比,采用投票表决的形式,以少数服从多数的方式,排序推荐中标候选人1~3名。

二、定标

获得最佳综合评价的投标人中标,中标人的投标应当符合下列条件之一:

(1)能够最大限度地满足招标文件中规定的各项综合评价标准。

(2)能够满足招标文件的实质性要求,并且投标价格较低。

招标单位根据评标委员会提出的书面评标报告,从推荐的中标候选单位中确定中标单位,招标单位也可以授权评标委员会直接确定中标单位。评标委员会经过评审可以否决所有投标单位,所有投标被否决的,招标单位应当依照本办法重新组织招标。评标决标工作一般应在开标会议后15日内完成。中标单位确定后,招标单位应当向中标单位发出中标通知书,并同时将中标结果通知所有未中标的投标单位。

三、签订合同

招标单位和中标单位应当自中标通知书发出之日起30日内按照招标文件和中标单位的投标文件订立书面委托监理合同(可采用建设工程委托监理合同示范合同文本),招标单位和中标单位不得再行订立背离合同实质性内容的其他协议。

所订立的合同应向当地建设主管部门备案。

建设工程委托监理合同的主要内容:第一部分为建设工程委托监理合同;第二部为标准条件;第三部分为专用条件。

四、监理评标标准及评标方法示例

湖北省水利水电工程监理评标标准及评标办法

为规范我省水利水电建设项目建设监理招标评标工作,保证评标的科学性、公正性,维护招标投标当事人的合法权益,根据《中华人民共和国招标投标法》、《建设工程监理规范》等有关法律、法规,制定本办法。

1　组建评标委员会

1.1　项目评标委员会是在厅招标办的监督下,由招标人委派的代表及评标专家临时组建的评标组织,负责评标工作。评标委员会人数总数为5人及以上单数,其中招标人委派的具有中级及以上水利工程技术或经济方面的代表1人,其余成员为从湖北省评标专家库水利子库中随机抽取的水利工程技术和经济方面的专家。

1.2　项目评标委员会从评标专家库中抽取的评标专家中推举1名主任委员,主持评标工作。

2　评标程序

2.1　先按招标文件要求对投标文件进行符合性初审,然后对通过符合性初审的投标文件进行综合评分。

2.2　项目评标委员会应在评标结束后向招标人提交书面《评标报告》,并按综合评分分数从高到低对推荐的前三名中标候选人进行排序,提出中标候选人推荐意见。

2.3　招标人应根据项目评标委员会提交的《评标报告》,首先确定推荐的第一中标候选人为拟中标人。如第一中标候选人放弃中标、因不可抗力提出不能履行合同,或者招标文件规定应当提交履约保证金而在规定的期限内未能提交的,招标人可以确定第二中标候选人为拟中标人。排名第二的中标候选人因同样原因不能签订合同的,招标人可以确定排名第三的中标候选人为拟中标人。招标人应将招标工作的书面报告按程序报厅招标办备案。拟中标人在湖北水利网公示5天无异议后,厅招标办办理中标人备案手续。

3　评标方法

3.1　综合评分法

综合评分的项目由监理大纲、监理机构及人员、监理业绩、企业信用等级和投标报价5部分组成,满分100分。

3.1.1　监理大纲(满分46分)

3.1.1.1　工程剖析(满分3分)

能抓住工程的重点和难点,项目组成划分清晰的(3分);能抓住工程的重点和难点,项目组成划分基本清晰的(2 分);基本能抓住工程的重点和难点,项目组成划分基本清晰的(1 分);不能抓住工程的重点和难点,项目组成划分混乱的(0 分)。

3.1.1.2　质量控制(满分 15 分)

(1)控制目标明确并满足招标文件要求的(1 分),不明确或不满足招标文件要求的(0 分)。

(2)对主要工序和关键部位的施工方法和工艺控制措施到位的(6 分),基本到位的(3 分),不到位的(0 分)。

(3)旁站监理工作计划具体,部位明确的(1 分),工作计划不具体,部位不明确的(0 分)。

(4)对工程原材料、中间产品质量检测控制措施明确,跟踪检测和平行检测方法具体可行的(5 分),检测措施基本明确,检测方法基本可行的(3 分),无检测措施或检测不到位的(0 分)。

(5)工程质量评定、验收方法和工作流程明确的(2 分),基本明确的(1 分),不明确的(0 分)。

3.1.1.3　进度控制(满分 8 分)

(1)控制目标明确并满足招标文件要求的(1 分),不明确或不满足招标文件要求的(0 分)。

(2)控制方法和措施完善的(3 分),基本完善的(2 分),不完善的(0 分)。

(3)有完善的进度控制检查、协调和调整方法的(4 分),基本完善的(2 分),不完善的(0 分)。

3.1.1.4　投资控制(满分 7 分)

(1)控制目标明确,能满足招标文件要求的(1 分),不明确或不能满足招标文件要求的(0 分)。

(2)有完善的投资控制措施的(4 分),基本完善的(2 分),不完善的(0 分)。

(3)投资控制工作流程清晰的(2 分),基本清晰的(1 分),不清晰的(0 分)。

3.1.1.5　合同信息管理和组织协调(满分 5 分)

(1)有健全的信息管理制度的(1 分),不明确或不满足招标文件要求的(0 分)。

(2)有完善的信息采集制度的(1 分),不明确或不满足招标文件要求的(0 分)。

(3)有完善的合同管理和发生合同纠纷的具体处理措施的(2 分),基本明确的(1 分),不明确或不满足招标文件要求的(0 分)。

(4)有切实可行的协调建设各方关系的措施的(1 分),不明确或不满足招标文件要求的(0 分)。

3.1.1.6　项目监理工作设备配置(满分 1 分)

设备配置满足招标工程监理工作需要的(1 分),不满足的(0 分)。

3.1.1.7　监控难点的针对性(满分 2 分)

监控难点的针对性强,措施具体的(2 分),有针对性,措施不具体的(1 分),针对性不强,措施不得力的(0 分)。

3.1.1.8　合理化建议(满分 3 分)

具有科学、合理、可行及具体措施的合理化建议并经评标委员分析论证为可行的(3 分),基本合理、可行,有相应的具体措施的(2 分),无合理化建议的(0 分)。

3.1.1.9　安全与环境保护、文明施工措施(满分 2 分)

具有可行的安全与环境保护、文明施工措施的(2 分),基本可行的(1 分),不可行或无安全监理措施的(0 分)。

3.1.2　监理机构及人员(满分 12 分)

(1)总监理工程师具有资格证书和注册岗位证书和相应技术职称的(2 分),无总监理工程师资格证书和注册岗位证书的(0 分)。

(2)总监理工程师担任过类似或以上等级工程总监理工程师职务 3 个及以上的(3 分),2 个的(2 分),1 个的(1 分),没有的(0 分)。

(3)总监理工程师所监理的水利工程获省级及以上水行政主管部门(或其委托单位)颁发的优质工程证书的(2 分)。

(4)总监理工程师月驻现场工作时间的承诺(1分)。

(5)专业监理工程师人员配备齐全,能够满足工程建设需要的(2分),不齐全或不满足的(0分)。

(6)监理员配备齐全,能够满足工程建设需要的(1分)。

(7)有详细的监理人员进场工作计划的(1分)。

3.1.3 监理业绩(满分10分)

(1)近两年(从资格审查或开标之日起向前推)完成过类似或以上等级项目监理工作3项及以上的(3分),2项的(2分),1项的(1分),未从事过的(0分)。

(2)近两年(从资格审查或开标之日起向前推)在企业所在地(市、州级)以外从事过类似或以上等级工程监理工作,每1个项目加1分,最多加4分。

(3)近五年(从资格审查或开标之日起向前推)所监理水利项目获得优质工程奖励(满分3分),按以下三项之一评分:评为国家级优质工程的(3分);评为省级优质工程的(2分);没有以上奖励者不得分。

3.1.4 企业信用等级(4分)

(1)湖北省水行政主管部门认定AAA级(4分)。

(2)湖北省水行政主管部门认定AA级(3分)。

(3)湖北省水行政主管部门认定A级(2分)。

(4)湖北省水行政主管部门认定B级(0分)。

3.1.5 投标报价(满分28分)

(1)报价项目组成的完整性和合理性(满分2分):报价项目组成完整、费用构成合理者,得2分;否则酌情扣分。经评标委员会认定,投标报价明显不合理的,其投标文件可视为不响应招标文件要求和条件。

(2)报价得分(满分26分):

投标报价以最高有效投标报价为基数,每低1%扣0.5分(用内插法计算),扣完为止。

投标单位的最终得分为去掉评委评分的最高分和最低分之后,余下评分的算术平均值(精确到小数点后两位,第三位四舍五入)。

如投标企业存在不良行为记录并被省级水行政主管部门处罚过,每出现一次,在最终得分的基础上扣2分(最多扣6分)。

复习思考题

1. 建设工程必须实行监理的项目有哪些?
2. 监理招标的特点有哪些?
3. 监理招投标的程序是什么?
4. 投标人必须满足的资格条件有哪些?
5. 什么是资格预审、资格后审?
6. 监理资格审查有哪些主要内容?
7. 施工阶段监理服务有哪些主要内容?
8. 招标文件的主要内容是什么?
9. 如何编制监理投标文件?
10. 影响项目监理机构人员数量的主要因素有哪些?
11. 监理大纲的作用是什么?

12. 评标的工作程序是什么？

13. 监理评标的特点是什么？

14. 投标文件编制的主要内容是什么？

附录Ⅰ 建设工程监理规范

建设工程监理规范

GB 50319—2000

主编单位:中国工程监理协会

批准部门:中华人民共和国建设部

1 总 则

1.0.1 为了提高建设工程监理水平,规范建设工程监理行为,编制本规范。

1.0.2 本规范适用于新建、扩建、改建建设工程施工,设备采购和制造的监理工作。

1.0.3 实施建设工程监理前,监理单位必须与建设单位签订书面建设工程委托监理合同,合同中应包括监理单位对建设工程质量、造价、进度进行全面控制和管理的条款。建设单位与承包单位之间与建设工程合同有关的联系活动应通过监理单位进行。

1.0.4 建设工程监理应实行总监理工程师负责制。

1.0.5 监理单位应公正、独立、自主地开展监理工作,维护建设单位和承包单位的合法权益。

1.0.6 建设工程监理除应符合本规范外,还应符合国家现行的有关强制性标准、规范的规定。

2 术 语

项目监理机构 监理单位派驻工程项目负责履行委托监理合同的组织机构。

监理工程师 取得国家监理工程师执业资格证书并经注册的监理人员。

总监理工程师 由监理单位法定代表人书面授权,全面负责委托监理合同的履行,主持项目监理机构工作的监理工程师。

总监理工程师代表 经监理单位法定代表人同意,由总监理工程师书面授权,代表总监理工程师行使其部分职责和权力的项目监理机构中的监理工程师。

专业监理工程师 根据项目监理岗位职责分工和总监理工程师的指令,负责实施某一专业或某一方面的监理工作,具有相应监理文件签发权的监理工程师。

监理员 经过监理业务培训,具有同类工程相关专业知识,从事具体监理工作的监理人员。

监理规划 在总监理工程师的主持下编制、经监理单位技术负责人批准,用来指导项目监理机构全面开展监理工作的指导性文件。

监理实施细则 根据监理规划,由专业监理工程师编写,并经总监理工程师批准,针对工程项目中某一专业或某一方面监理工作的操作性文件。

工地例会 由项目监理机构主持的,在工程实施过程中针对工程质量、造价、进度、合同管理等事宜定期召开的、由有关单位参加的会议。

工程变更 在工程项目实施过程中,按照合同约定的程序对部分或全部工程在材料、工艺、功能、构造、尺寸、技术指标、工程数量及施工方法等方面做出的改变。

工程计量 根据设计文件及承包合同中关于工程量计算的规定,项目监理机构对承包单位申报的已完成工程的工程量进行的核验。见证由监理人员现场监督某工序全过程完成情况的活动。

旁站 在关键部位或关键工序施工过程中,由监理人员在现场进行的监督活动。

巡视 监理人员对正在施工的部位或工序在现场进行的定期或不定期的监督活动。

平行检验 项目监理机构利用一定的检查或检测手段,在承包单位自检的基础上,按照一定的比例独立进行检查或检测的活动。

设备监造 监理单位依据委托监理合同和设备订货合同对设备制造过程进行的监督活动。

费用索赔 根据承包合同的约定,合同一方因另一方原因造成本方经济损失,通过监理工程师向对方索取费用的活动。

临时延期批准 当发生非承包单位原因造成的持续性影响工期的事件时,总监理工程师所作出的暂时延长合同工期的批准。

延期批准 当发生非承包单位原因造成的持续性影响工期事件时,总监理工程师所作出的最终延长合同工期的批准。

3 项目监理机构及其设施

3.1 项目监理机构

3.1.1 监理单位履行施工阶段的委托监理合同时,必须在施工现场建立项目监理机构。项目监理机构在完成委托监理合同约定的监理工作后可撤离施工现场。

3.1.2 项目监理机构的组织形式和规模,应根据委托监理合同规定的服务内容、服务期限、工程类别、规模、技术复杂程度、工程环境等因素确定。

3.1.3 监理人员应包括总监理工程师、专业监理工程师和监理员,必要时可配备总监理工程师代表。

总监理工程师应由具有三年以上同类工程监理工作经验的人员担任;总监理工程师代表应由具有二年以上同类工程监理工作经验的人员担任;专业监理工程师应由具有一年以上同类工程监理工作经验的人员担任。

项目监理机构的监理人员应专业配套,数量满足工程项目监理工作的需要。

3.1.4 监理单位应于委托监理合同签订后十天内将项目监理机构的组织形式、人员构成及对总监理工程师的任命书面通知建设单位。当总监理工程师需要调整时,监理单位应征得建设单位同意并书面通知建设单位;当专业监理工程师需要调整时,总监理工程师应书面通知建设单位和承包单位。

3.2 监理人员的职责

3.2.1 一名总监理工程师只宜担任一项委托监理合同的项目总监理工程师工作。当需要同时担任多项委托监理合同的项目总监理工程师工作时,须经建设单位同意,且最多不得超过三项。

3.2.2 总监理工程师应履行以下职责:

1 确定项目监理机构人员的分工和岗位职责;

2 主持编写项目监理规划、审批项目监理实施细则,并负责管理项目监理机构的日常工作;

3 审查分包单位的资质,并提出审查意见;

4 检查和监督监理人员的工作,根据工程项目的进展情况可进行监理人员调配,对不称职的监理人员应调换其工作;

5 主持监理工作会议,签发项目监理机构的文件和指令;

6 审定承包单位提交的开工报告、施工组织设计、技术方案、进度计划;

7 审核签署承包单位的申请、支付证书和竣工结算;

8 审查和处理工程变更;

9 主持或参与工程质量事故的调查;

10 调解建设单位与承包单位的合同争议,处理索赔,审批工程延期;

11 组织编写并签发监理月报、监理工作阶段报告、专题报告和项目监理工作总结;

12 审核签认分部工程和单位工程的质量检验评定资料,审查承包单位的竣工申请,组织监理人员对待验收的工程项目进行质量检查,参与工程项目的竣工验收;

13 主持整理工程项目的监理资料。

3.2.3 总监理工程师代表应履行以下职责:

1 负责总监理工程师指定或交办的监理工作;

2 按总监理工程师的授权,行使总监理工程师的部分职责和权力。

3.2.4 总监理工程师不得将下列工作委托总监理工程师代表:

1 主持编写项目监理规划,审批项目监理实施细则;

2 签发工程开工/复工报审表、工程暂停令、工程款支付证书、工程竣工报验单(工程开工/复工报审表应符合附录 A1 表(略)的格式;工程暂停令应符合附录 B2 表(略)的格式;工程款支付证书应符合附录 B3 表(略)的格式;工程竣工报验单应符合附录 A10 表(略)的格式);

3 审核签认竣工结算;

4 调解建设单位与承包单位的合同争议,处理索赔,审批工程延期;

5 根据工程项目的进展情况进行监理人员的调配,调换不称职的监理人员。

3.2.5 专业监理工程师应履行以下职责:

1 负责编制本专业的监理实施细则;

2 负责本专业监理工作的具体实施;

3 组织、指导、检查和监督本专业监理员的工作,当人员需要调整时,向总监理工程师提出建议;

4 审查承包单位提交的涉及本专业的计划、方案、申请、变更,并向总监理工程师提出报告;

5 负责本专业分项工程验收及隐蔽工程验收;

6 定期向总监理工程师提交本专业监理工作实施情况报告,对重大问题及时向总监理工程师汇报和请示;

7 根据本专业监理工作实施情况做好监理日记;

8 负责本专业监理资料的收集、汇总及整理,参与编写监理月报;

9 核查进场材料、设备、构配件的原始凭证、检测报告等质量证明文件及其质量情况,根据实际情况认为有必要时对进场材料、设备、构配件进行平行检验,合格时予以签认;

10 负责本专业的工程计量工作,审核工程计量的数据和原始凭证。

3.2.6 监理员应履行以下职责:

1 在专业监理工程师的指导下开展现场监理工作;

2 检查承包单位投入工程项目的人力、材料、主要设备及其使用、运行状况,并做好检查记录;

3 复核或从施工现场直接获取工程计量的有关数据并签署原始凭证;

4 按设计图及有关标准,对承包单位的工艺过程或施工工序进行检查和记录,对加工制作及工序施工质量检查结果进行记录;

5 担任旁站工作,发现问题及时指出并向专业监理工程师报告;

6 做好监理日记和有关的监理记录。

3.3 监理设施

3.3.1 建设单位应提供委托监理合同约定的满足监理工作需要的办公、交通、通讯、生活设施。项目监理机构应妥善保管和使用建设单位提供的设施,并应在完成监理工作后移交建设单位。

3.3.2 项目监理机构应根据工程项目类别、规模、技术复杂程度、工程项目所在地的环境条件,按委托监理合同的约定,配备满足监理工作需要的常规检测设备和工具。

3.3.3 在大中型项目的监理工作中,项目监理机构应实施监理工作的计算机辅助管理。

4 监理规划及监理实施细则

4.1 监理规划

4.1.1 监理规划的编制应针对项目的实际情况,明确项目监理机构的工作目标,确定具体的监理工作制度、程序、方法和措施,并应具有可操作性。

4.1.2 监理规划编制的程序与依据应符合下列规定:

1 监理规划应在签订委托监理合同及收到设计文件后开始编制,完成后必须经监理单位技术负责人审核批准,并应在召开第一次工地会议前报送建设单位;

2 监理规划应由总监理工程师主持、专业监理工程师参加编制;

3 编制监理规划应依据:建设工程的相关法律、法规及项目审批文件;与建设工程项目有关的标准、设计文件、技术资料;监理大纲、委托监理合同文件以及与建设工程项目相关的合同文件。

4.1.3 监理规划应包括以下主要内容:

1 工程项目概况;

2 监理工作范围;

3 监理工作内容;

4 监理工作目标;

5 监理工作依据;

6 项目监理机构的组织形式;

7 项目监理机构的人员配备计划;

8 项目监理机构的人员岗位职责;

9 监理工作程序;

10 监理工作方法及措施;

11 监理工作制度;

12 监理设施。

4.1.4 在监理工作实施过程中,如实际情况或条件发生重大变化而需要调整监理规划时,应由总监理工程师组织专业监理工程师研究修改,按原报审程序经过批准后报建设单位。

4.2 监理实施细则

4.2.1 对中型及以上或专业性较强的工程项目,项目监理机构应编制监理实施细则。监理实施细则应符合监理规划的要求,并应结合工程项目的专业特点,做到详细具体、具有可操作性。

4.2.2 监理实施细则的编制程序与依据应符合下列规定:

1 监理实施细则应在相应工程施工开始前编制完成,并必须经总监理工程师批准。

2 监理实施细则应由专业监理工程师编制。

3 编制监理实施细则的依据:已批准的监理规划;与专业工程相关的标准、设计文件和技术资料;施工组织设计。

4.2.3 监理实施细则应包括下列主要内容:

1 专业工程的特点;

2 监理工作的流程;

3 监理工作的控制要点及目标值;

4 监理工作的方法及措施。

4.2.4 在监理工作实施过程中,监理实施细则应根据实际情况进行补充、修改和完善。

5 施工阶段的监理工作

5.1 制定监理工作程序的一般规定

5.1.1 制定监理工作总程序应根据专业工程特点，并按工作内容分别制定具体的监理工作程序。

5.1.2 制定监理工作程序应体现事前控制和主动控制的要求。

5.1.3 制定监理工作程序应结合工程项目的特点，注重监理工作的效果。监理工作程序中应明确工作内容、行为主体、考核标准、工作时限。

5.1.4 当涉及到建设单位和承包单位的工作时，监理工作程序应符合委托监理合同和施工合同的规定。

5.1.5 在监理工作实施过程中，应根据实际情况的变化对监理工作程序进行调整和完善。

5.2 施工准备阶段的监理工作

5.2.1 在设计交底前，总监理工程师应组织监理人员熟悉设计文件，并对图纸中存在的问题通过建设单位向设计单位提出书面意见和建议。

5.2.2 项目监理人员应参加由建设单位组织的设计技术交底会，总监理工程师应对设计技术交底会议纪要进行签认。

5.2.3 工程项目开工前，总监理工程师应组织专业监理工程师审查承包单位报送的施工组织设计(方案)报审表，提出审查意见，并经总监理工程师审核、签认后报建设单位。施工组织设计(方案)报审表应符合附录 A2 表(略)的格式。

5.2.4 工程项目开工前，总监理工程师应审查承包单位现场项目管理机构的质量管理体系、技术管理体系和质量保证体系，确能保证工程项目施工质量时予以确认。对质量管理体系、技术管理体系和质量保证体系应审核以下内容：

1 质量管理、技术管理和质量保证的组织机构；

2 质量管理、技术管理制度；

3 专职管理人员和特种作业人员的资格证、上岗证。

5.2.5 分包工程开工前，专业监理工程师应审查承包单位报送的分包单位资格报审表和分包单位有关资质资料，符合有关规定后，由总监理工程师予以签认。分包单位资格报审表应符合附录 A3 表(略)的格式。

5.2.6 对分包单位资格应审核以下内容：

1 分包单位的营业执照、企业资质等级证书、特殊行业施工许可证、国外(境外)企业在国内承包工程许可证；

2 分包单位的业绩；

3 拟分包工程的内容和范围；

4 专职管理人员和特种作业人员的资格证、上岗证。

5.2.7 专业监理工程师应按以下要求对承包单位报送的测量放线控制成果及保护措施进行检查，符合要求时，专业监理工程师对承包单位报送的施工测量成果报验申请表予以签认：

1 检查承包单位专职测量人员的岗位证书及测量设备检定证书；

2 复核控制桩的校核成果、控制桩的保护措施以及平面控制网、高程控制网和临时水准点的测量成果。

施工测量成果报验申请表应符合附录 A4 表(略)的格式。

5.2.8 专业监理工程师应审查承包单位报送的工程开工报审表及相关资料，具备以下开工条件时，由总监理工程师签发，并报建设单位：

1 施工许可证已获政府主管部门批准；

2　征地拆迁工作能满足工程进度的需要；

3　施工组织设计已获总监理工程师批准；

4　承包单位现场管理人员已到位，机具、施工人员已进场，主要工程材料已落实；

5　进场道路及水、电、通讯等已满足开工要求。

5.2.9　工程项目开工前，监理人员应参加由建设单位主持召开的第一次工地会议。

5.2.10　第一次工地会议应包括以下主要内容：

1　建设单位、承包单位和监理单位分别介绍各自驻现场的组织机构、人员及其分工；

2　建设单位根据委托监理合同宣布对总监理工程师的授权；

3　建设单位介绍工程开工准备情况；

4　承包单位介绍施工准备情况；

5　建设单位和总监理工程师对施工准备情况提出意见和要求；

6　总监理工程师介绍监理规划的主要内容；

7　研究确定各方在施工过程中参加工地例会的主要人员，召开工地例会周期、地点及主要议题。

5.2.11　第一次工地会议纪要应由项目监理机构负责起草，并经与会各方代表会签。

5.3　工地例会

5.3.1　在施工过程中，总监理工程师应定期主持召开工地例会。会议纪要应由项目监理机构负责起草，并经与会各方代表会签。

5.3.2　工地例会应包括以下主要内容：

1　检查上次例会议定事项的落实情况，分析未完事项原因；

2　检查分析工程项目进度计划完成情况，提出下一阶段进度目标及其落实措施；

3　检查分析工程项目质量状况，针对存在的质量问题提出改进措施；

4　检查工程量核定及工程款支付情况；

5　解决需要协调的有关事项；

6　其他有关事宜。

5.3.3　总监理工程师或专业监理工程师应根据需要及时组织专题会议，解决施工过程中的各种专项问题。

5.4　工程质量控制工作

5.4.1　在施工过程中，当承包单位对已批准的施工组织设计进行调整、补充或变动时，应经专业监理工程师审查，并应由总监理工程师签认。

5.4.2　专业监理工程师应要求承包单位报送重点部位、关键工序的施工工艺和确保工程质量的措施，审核同意后予以签认。

5.4.3　当承包单位采用新材料、新工艺、新技术、新设备时，专业监理工程师应要求承包单位报送相应的施工工艺措施和证明材料，组织专题论证，经审定后予以签认。

5.4.4　项目监理机构应对承包单位在施工过程中报送的施工测量放线成果进行复验和确认。

5.4.5　专业监理工程师应从以下五个方面对承包单位的试验室进行考核：

1　试验室的资质等级及其试验范围；

2　法定计量部门对试验设备出具的计量检定证明；

3　试验室的管理制度；

4　试验人员的资格证书；

5　本工程的试验项目及其要求。

5.4.6　专业监理工程师应对承包单位报送的拟进场工程材料、构配件和设备的工程材料/构配件/设备报审表及其质量证明资料进行审核，并对进场的实物按照委托监理合同约定或有关工程质量管理文件规定的比例采用平行检验或见证取样方式进行抽检。

对未经监理人员验收或验收不合格的工程材料、构配件、设备,监理人员应拒绝签认,并应签发监理工程师通知单,书面通知承包单位限期将不合格的工程材料、构配件、设备撤出现场。

工程材料/构配件/设备报审表应符合附录 A9 表(略)的格式;监理工程师通知单应符合附录 B1 表(略)的格式。

5.4.7 项目监理机构应定期检查承包单位的直接影响工程质量的计量设备的技术状况。

5.4.8 总监理工程师应安排监理人员对施工过程进行巡视和检查。对隐蔽工程的隐蔽过程、下道工序施工完成后难以检查的重点部位,专业监理工程师应安排监理员进行旁站。

5.4.9 专业监理工程师应根据承包单位报送的隐蔽工程报验申请表和自检结果进行现场检查,符合要求后予以签认。

对未经监理人员验收或验收不合格的工序,监理人员应拒绝签认,并严禁承包单位进行下一道工序的施工。

隐蔽工程报验申请表应符合附录 A4 表(略)的格式。

5.4.10 专业监理工程师应对承包单位报送的分项工程质量验评资料进行审核,符合要求后予以签认;总监理工程师应组织监理人员对承包单位报送的分部工程和单位工程质量验评资料进行审核和现场检查,符合要求后予以签认。

5.4.11 对施工过程中出现的质量缺陷,专业监理工程师应及时下达监理工程师通知,要求承包单位整改,并检查整改结果。

5.4.12 监理人员发现施工存在重大质量隐患,可能造成质量事故或已经造成质量事故,应通过总监理工程师及时下达工程暂停令,要求承包单位停工整改。整改完毕并经监理人员复查,符合规定要求后,总监理工程师应及时签署工程复工报审表。总监理工程师下达工程暂停令和签署工程复工报审表,宜事先向建设单位报告。

5.4.13 对需要返工处理或加固补强的质量事故,总监理工程师应责令承包单位报送质量事故调查报告和经设计单位等相关单位认可的处理方案,项目监理机构应对质量事故的处理过程和处理结果进行跟踪检查和验收。

总监理工程师应及时向建设单位及本监理单位提交有关质量事故的书面报告,并应将完整的质量事故处理记录整理归档。

5.5 工程造价控制工作

5.5.1 项目监理机构应按下列程序进行工程计量和工程款支付工作:

1 承包单位统计经专业监理工程师质量验收合格的工程量,按施工合同的约定填报工程量清单和工程款支付申请表,工程款支付申请表应符合附录 A5 表(略)的格式;

2 专业监理工程师进行现场计量,按施工合同的约定审核工程量清单和工程款支付申请表,并报总监理工程师审定;

3 总监理工程师签署工程款支付证书,并报建设单位。

5.5.2 项目监理机构应按下列程序进行竣工结算:

1 承包单位按施工合同规定填报竣工结算报表;

2 专业监理工程师审核承包单位报送的竣工结算报表;

3 总监理工程师审定竣工结算报表,与建设单位、承包单位协商一致后,签发竣工结算文件和最终的工程款支付证书报建设单位。

5.5.3 项目监理机构应依据施工合同有关条款、施工图,对工程项目造价目标进行风险分析,并应制定防范性对策。

5.5.4 总监理工程师应从造价、项目的功能要求、质量和工期等方面审查工程变更的方案,并宜在工程变更实施前与建设单位、承包单位协商确定工程变更的价款。

5.5.5　项目监理机构应按施工合同约定的工程量计算规则和支付条款进行工程量计量和工程款支付。

5.5.6　专业监理工程师应及时建立月完成工程量和工作量统计表，对实际完成量与计划完成量进行比较、分析，制定调整措施，并应在监理月报中向建设单位报告。

5.5.7　专业监理工程师应及时收集、整理有关的施工和监理资料，为处理费用索赔提供证据。

5.5.8　项目监理机构应及时按施工合同的有关规定进行竣工结算，并应对竣工结算的价款总额与建设单位和承包单位进行协商。当无法协商一致时，应按本规范第6.5节的规定进行处理。

5.5.9　未经监理人员质量验收合格的工程量，或不符合施工合同规定的工程量，监理人员应拒绝计量和该部分的工程款支付申请。

5.6　工程进度控制工作

5.6.1　项目监理机构应按下列程序进行工程进度控制：

1　总监理工程师审批承包单位报送的施工总进度计划；

2　总监理工程师审批承包单位编制的年、季、月度施工进度计划；

3　专业监理工程师对进度计划实施情况检查、分析；

4　当实际进度符合计划进度时，应要求承包单位编制下一期进度计划；当实际进度滞后于计划进度时，专业监理工程师应书面通知承包单位采取纠偏措施并监督实施。

5.6.2　专业监理工程师应依据施工合同有关条款、施工图及经过批准的施工组织设计制订进度控制方案，对进度目标进行风险分析，制定防范性对策，经总监理工程师审定后报送建设单位。

5.6.3　专业监理工程师应检查进度计划的实施，并记录实际进度及其相关情况，当发现实际进度滞后于计划进度时，应签发监理工程师通知单指令承包单位采取调整措施。当实际进度严重滞后于计划进度时应及时报总监理工程师，由总监理工程师与建设单位商定采取进一步措施。

5.6.4　总监理工程师应在监理月报中向建设单位报告工程进度和所采取进度控制措施的执行情况，并提出合理预防由建设单位原因导致的工程延期及其相关费用索赔的建议。

5.7　竣工验收

5.7.1　总监理工程师应组织专业监理工程师，依据有关法律、法规、工程建设强制性标准、设计文件及施工合同，对承包单位报送的竣工资料进行审查，并对工程质量进行竣工预验收。对存在的问题，应及时要求承包单位整改。整改完毕由总监理工程师签署工程竣工报验单，并应在此基础上提出工程质量评估报告。工程质量评估报告应经总监理工程师和监理单位技术负责人审核签字。

5.7.2　项目监理机构应参加由建设单位组织的竣工验收，并提供相关监理资料。对验收中提出的整改问题，项目监理机构应要求承包单位进行整改。工程质量符合要求，由总监理工程师会同参加验收的各方签署竣工验收报告。

5.8　工程质量保修期的监理工作

5.8.1　监理单位应依据委托监理合同约定的工程质量保修期监理工作的时间、范围和内容开展工作。

5.8.2　承担质量保修期监理工作时，监理单位应安排监理人员对建设单位提出的工程质量缺陷进行检查和记录，对承包单位进行修复的工程质量进行验收，合格后予以签认。

5.8.3　监理人员应对工程质量缺陷原因进行调查分析并确定责任归属，对非承包单位原因造成的工程质量缺陷，监理人员应核实修复工程的费用和签署工程款支付证书，并报建设单位。

6　施工合同管理的其他工作

6.1　工程暂停及复工

6.1.1　总监理工程师在签发工程暂停令时，应根据暂停工程的影响范围和影响程度，按照施工合同和委托监理合同的约定签发。

6.1.2 在发生下列情况之一时，总监理工程师可签发工程暂停令：

1 建设单位要求暂停施工，且工程需要暂停施工；

2 为了保证工程质量而需要进行停工处理；

3 施工出现了安全隐患，总监理工程师认为有必要停工以消除隐患；

4 发生了必须暂时停止施工的紧急事件；

5 承包单位未经许可擅自施工，或拒绝项目监理机构管理。

6.1.3 总监理工程师在签发工程暂停令时，应根据停工原因的影响范围和影响程度，确定工程项目停工范围。

6.1.4 由于非承包单位且非6.1.2条中2、3、4、5款原因时，总监理工程师在签发工程暂停令之前，应就有关工期和费用等事宜与承包单位进行协商。

6.1.5 由于建设单位原因，或其他非承包单位原因导致工程暂停时，项目监理机构应如实记录所发生的实际情况。总监理工程师应在施工暂停原因消失，具备复工条件时，及时签署工程复工报审表，指令承包单位继续施工。

6.1.6 由于承包单位原因导致工程暂停，在具备恢复施工条件时，项目监理机构应审查承包单位报送的复工申请及有关材料，同意后由总监理工程师签署工程复工报审表，指令承包单位继续施工。

6.1.7 总监理工程师在签发工程暂停令到签发工程复工报审表之间的时间内，宜会同有关各方按照施工合同的约定，处理因工程暂停引起的与工期、费用等有关的问题。

6.2 工程变更的管理

6.2.1 项目监理机构应按下列程序处理工程变更：

1 设计单位对原设计存在的缺陷提出的工程变更，应编制设计变更文件；建设单位或承包单位提出的工程变更，应提交总监理工程师，由总监理工程师组织专业监理工程师审查，审查同意后，应由建设单位转交原设计单位编制设计变更文件。当工程变更涉及安全、环保等内容时，应按规定经有关部门审定。

2 项目监理机构应了解实际情况和收集与工程变更有关的资料。

3 总监理工程师必须根据实际情况、设计变更文件和其他有关资料，按照施工合同的有关条款，在指定专业监理工程师完成下列工作后，对工程变更的费用和工期作出评估：

1)确定工程变更项目与原工程项目之间的类似程度和难易程度；

2)确定工程变更项目的工程量；

3)确定工程变更的单价或总价。

4 总监理工程师应就工程变更费用及工期的评估情况与承包单位和建设单位进行协调。

5 总监理工程师签发工程变更单。

工程变更单应符合附录C2表(略)的格式，并应包括工程变更要求、工程变更说明、工程变更费用和工期、必要的附件等内容，有设计变更文件的工程变更应附设计变更文件。

6 项目监理机构应根据工程变更单监督承包单位实施。

6.2.2 项目监理机构处理工程变更应符合下列要求：

1 项目监理机构在工程变更的质量、费用和工期方面取得建设单位授权后，总监理工程师应按施工合同规定与承包单位进行协商，经协商达成一致后，总监理工程师应将协商结果向建设单位通报，并由建设单位与承包单位在变更文件上签字。

2 在项目监理机构未能就工程变更的质量、费用和工期方面取得建设单位授权时，总监理工程师应协助建设单位和承包单位进行协商，并达成一致。

3 在建设单位和承包单位未能就工程变更的费用等方面达成协议时，项目监理机构应提出一个暂定的价格，作为临时支付工程进度款的依据。该项工程款最终结算时，应以建设单位和承包单位达成的协议为依据。

6.2.3　在总监理工程师签发工程变更单之前，承包单位不得实施工程变更。

6.2.4　未经总监理工程师审查同意而实施的工程变更，项目监理机构不得予以计量。

6.3　费用索赔的处理

6.3.1　项目监理机构处理费用索赔应依据下列内容：

1　国家有关的法律、法规和工程项目所在地的地方法规；

2　本工程的施工合同文件；

3　国家、部门和地方有关的标准、规范和定额；

4　施工合同履行过程中与索赔事件有关的凭证。

6.3.2　当承包单位提出费用索赔的理由同时满足以下条件时，项目监理机构应予以受理：

1　索赔事件造成了承包单位直接经济损失；

2　索赔事件是由于非承包单位的责任发生的；

3　承包单位已按照施工合同规定的期限和程序提出费用索赔申请表，并附有索赔凭证材料。

费用索赔申请表应符合附录 A8 表（略）的格式。

6.3.3　承包单位向建设单位提出费用索赔，项目监理机构应按下列程序处理：

1　承包单位在施工合同规定的期限内向项目监理机构提交对建设单位的费用索赔意向通知书；

2　总监理工程师指定专业监理工程师收集与索赔有关的资料；

3　承包单位在承包合同规定的期限内向项目监理机构提交对建设单位的费用索赔申请表；

4　总监理工程师初步审查费用索赔申请表，符合本规范第 6.3.2 条所规定的条件时予以受理；

5　总监理工程师进行费用索赔审查，并在初步确定一个额度后，与承包单位和建设单位进行协商；

6　总监理工程师应在施工合同规定的期限内签署费用索赔审批表，或在施工合同规定的期限内发出要求承包单位提交有关索赔报告的进一步的详细资料的通知，待收到承包单位提交的详细资料后，按本条的第 4、5、6 款的程序进行。

费用索赔审批表应符合附录 B6 表（略）的格式。

6.3.4　当承包单位的费用索赔要求与工程延期要求相关联时，总监理工程师在作出费用索赔的批准决定时，应与工程延期的批准联系起来，综合作出费用索赔和工程延期的决定。

6.3.5　由于承包单位的原因造成建设单位的额外损失，建设单位向承包单位提出费用索赔时，总监理工程师在审查索赔报告后，应公正地与建设单位和承包单位进行协商，并及时作出答复。

6.4　工程延期及工程延误的处理

6.4.1　当承包单位提出的工程延期要求符合施工合同文件的规定条件时，项目监理机构应予以受理。

6.4.2　当影响工期事件具有持续性时，项目监理机构可在收到承包单位提交的阶段性工程延期申请表并经过审查后，先由总监理工程师签署工程临时延期审批表并通报建设单位。当承包单位提交最终的工程延期申请表后，项目监理机构应复查工程延期及临时延期情况，并由总监理工程师签署工程最终延期审批表。

工程临时延期申请表应符合附录 A7 表（略）的格式；工程临时延期审批表应符合附录 B4 表（略）的格式；工程最终延期审批表应符合附录 B5 表（略）的格式。

6.4.3　项目监理机构在作出临时工程延期批准或最终的工程延期批准之前，均应与建设单位和承包单位进行协商。

6.4.4　项目监理机构在审查工程延期时，应依下列情况确定批准工程延期的时间：

1　施工合同中有关工程延期的约定；

2　工期拖延和影响工期事件的事实和程度；

3　影响工期事件对工期影响的量化程度。

6.4.5 工程延期造成承包单位提出费用索赔时，项目监理机构应按本规范第6.3节的规定处理。

6.4.6 当承包单位未能按照施工合同要求的工期竣工交付造成工期延误时，项目监理机构应按施工合同规定从承包单位应得款项中扣除误期损害赔偿费。

6.5 合同争议的调解

6.5.1 项目监理机构接到合同争议的调解要求后应进行以下工作：

1 及时了解合同争议的全部情况，包括进行调查和取证；

2 及时与合同争议的双方进行磋商；

3 在项目监理机构提出调解方案后，由总监理工程师进行争议调解；

4 当调解未能达成一致时，总监理工程师应在施工合同规定的期限内提出处理该合同争议的意见；

5 在争议调解过程中，除已达到了施工合同规定的暂停履行合同的条件外，项目监理机构应要求施工合同的双方继续履行施工合同。

6.5.2 在总监理工程师签发合同争议处理意见后，建设单位或承包单位在施工合同规定的期限内未对合同争议处理决定提出异议，在符合施工合同的前提下，此意见应成为最后的决定，双方必须执行。

6.5.3 在合同争议的仲裁或诉讼过程中，项目监理机构接到仲裁机关或法院要求提供有关证据的通知后，应公正地向仲裁机关或法院提供与争议有关的证据。

6.6 合同的解除

6.6.1 施工合同的解除必须符合法律程序。

6.6.2 当建设单位违约导致施工合同最终解除时，项目监理机构应就承包单位按施工合同规定应得到的款项与建设单位和承包单位进行协商，并应按施工合同的规定从下列应得的款项中确定承包单位应得到的全部款项，并书面通知建设单位和承包单位：

1 承包单位已完成的工程量表中所列的各项工作所应得的款项；

2 按批准的采购计划订购工程材料、设备、构配件的款项；

3 承包单位撤离施工设备至原基地或其他目的地的合理费用；

4 承包单位所有人员的合理遣返费用；

5 合理的利润补偿；

6 施工合同规定的建设单位应支付的违约金。

6.6.3 由于承包单位违约导致施工合同终止后，项目监理机构应按下列程序清理承包单位的应得款项，或偿还建设单位的相关款项，并书面通知建设单位和承包单位：

1 施工合同终止时，清理承包单位已按施工合同规定实际完成的工作所应得的款项和已经得到支付的款项；

2 施工现场余留的材料、设备及临时工程的价值；

3 对已完工程进行检查和验收、移交工程资料、该部分工程的清理、质量缺陷修复等所需的费用；

4 施工合同规定的承包单位应支付的违约金；

5 总监理工程师按照施工合同的规定，在与建设单位和承包单位协商后，书面提交承包单位应得款项或偿还建设单位款项的证明。

6.6.4 由于不可抗力或非建设单位、承包单位原因导致施工合同终止时，项目监理机构应按施工合同规定处理合同解除后的有关事宜。

7 施工阶段监理资料的管理

7.1 监理资料

施工阶段的监理资料应包括下列内容：

1 施工合同文件及委托监理合同；

2　勘察设计文件；
3　监理规划；
4　监理实施细则；
5　分包单位资格报审表；
6　设计交底与图纸会审会议纪要；
7　施工组织设计(方案)报审表；
8　工程开工/复工报审表及工程暂停令；
9　测量核验资料；
10　工程进度计划；
11　工程材料、构配件、设备的质量证明文件；
12　检查试验资料；
13　工程变更资料；
14　隐蔽工程验收资料；
15　工程计量单和工程款支付证书；
16　监理工程师通知单；
17　监理工作联系单；
18　报验申请表；
19　会议纪要；
20　来往函件；
21　监理日记；
22　监理月报；
23　质量缺陷与事故的处理文件；
24　分部工程、单位工程等验收资料；
25　索赔文件资料；
26　竣工结算审核意见书；
27　工程项目施工阶段质量评估报告等专题报告；
28　监理工作总结。

7.2　监理月报

7.2.1　施工阶段的监理月报应包括以下内容：

1　本月工程概况。

2　本月工程形象进度。

3　工程进度：

1)本月实际完成情况与计划进度比较；

2)对进度完成情况及采取措施效果的分析。

4　工程质量：

1)本月工程质量情况分析；

2)本月采取的工程质量措施及效果。

5　工程计量与工程款支付：

1)工程量审核情况；

2)工程款审批情况及月支付情况；

3)工程款支付情况分析；

4)本月采取的措施及效果。

6 合同其他事项的处理情况：

1)工程变更；

2)工程延期；

3)费用索赔。

7 本月监理工作小结：

1)对本月进度、质量、工程款支付等方面情况的综合评价；

2)本月监理工作情况；

3)有关本工程的意见和建议；

4)下月监理工作的重点。

7.2.2 监理月报应由总监理工程师组织编制，签认后报建设单位和本监理单位。

7.3 监理工作总结

7.3.1 监理工作总结应包括以下内容：

1 工程概况；

2 监理组织机构、监理人员和投入的监理设施；

3 监理合同履行情况；

4 监理工作成效；

5 施工过程中出现的问题及其处理情况和建议；

6 工程照片(有必要时)。

7.3.2 施工阶段监理工作结束时，监理单位应向建设单位提交监理工作总结。

7.4 监理资料的管理

7.4.1 监理资料必须及时整理、真实完整、分类有序。

7.4.2 监理资料的管理应由总监理工程师负责，并指定专人具体实施。

7.4.3 监理资料应在各阶段监理工作结束后及时整理归档。

7.4.4 监理档案的编制及保存应按有关规定执行。

8 设备采购监理与设备监造

8.1 设备采购监理

8.1.1 监理单位应依据与建设单位签订的设备采购阶段的委托监理合同，成立由总监理工程师和专业监理工程师组成的项目监理机构。监理人员应专业配套，数量应满足监理工作的需要，并应明确监理人员的分工及岗位职责。

8.1.2 总监理工程师应组织监理人员熟悉和掌握设计文件对拟采购的设备的各项要求、技术说明和有关的标准。

8.1.3 项目监理机构应编制设备采购方案，明确设备采购的原则、范围、内容、程序、方式和方法，并报建设单位批准。

8.1.4 项目监理机构应根据批准的设备采购方案编制设备采购计划，并报建设单位批准。采购计划的主要内容应包括采购设备的明细表、采购的进度安排、估价表、采购的资金使用计划等。

8.1.5 项目监理机构应根据建设单位批准的设备采购计划组织或参加市场调查，并应协助建设单位选择设备供应单位。

8.1.6 当采用招标方式进行设备采购时，项目监理机构应协助建设单位按照有关规定组织设备采购招标。

8.1.7 当采用非招标方式进行设备采购时，项目监理机构应协助建设单位进行设备采购的技术及商务谈判。

8.1.8　项目监理机构应在确定设备供应单位后参与设备采购订货合同的谈判，协助建设单位起草及签订设备采购订货合同。

8.1.9　在设备采购监理工作结束后，总监理工程师应组织编写监理工作总结。

8.2　设备监造

8.2.1　监理单位应依据与建设单位签订的设备监造阶段的委托监理合同，成立由总监理工程师和专业监理工程师组成的项目监理机构。项目监理机构应进驻设备制造现场。

8.2.2　总监理工程师应组织专业监理工程师熟悉设备制造图纸及有关技术说明和标准，掌握设计意图和各项设备制造的工艺规程以及设备采购订货合同中的各项规定，并应组织或参加建设单位组织的设备制造图纸的设计交底。

8.2.3　总监理工程师应组织专业监理工程师编制设备监造规划，经监理单位技术负责人审核批准后，在设备制造开始前十天内报送建设单位。

8.2.4　总监理工程师应审查设备制造单位报送的设备制造生产计划和工艺方案，提出审查意见。符合要求后予以批准，并报建设单位。

8.2.5　总监理工程师应审核设备制造分包单位的资质情况、实际生产能力和质量保证体系，符合要求后予以确认。

8.2.6　专业监理工程师应审查设备制造的检验计划和检验要求，确认各阶段的检验时间、内容、方法、标准以及检测手段、检测设备和仪器。

8.2.7　专业监理工程师必须对设备制造过程中拟采用的新技术、新材料、新工艺的鉴定书和试验报告进行审核，并签署意见。

8.2.8　专业监理工程师应审查主要及关键零件的生产工艺设备、操作规程和相关生产人员的上岗资格，并对设备制造和装配场所的环境进行检查。

8.2.9　专业监理工程师应审查设备制造的原材料、外购配套件、元器件、标准件以及坯料的质量证明文件及检验报告，检查设备制造单位对外购器件、外协作加工件和材料的质量验收，并由专业监理工程师审查设备制造单位提交的报验资料，符合规定要求时予以签认。

8.2.10　专业监理工程师应对设备制造过程进行监督和检查，对主要及关键零部件的制造工序应进行抽检或检验。

8.2.11　专业监理工程师应要求设备制造单位按批准的检验计划和检验要求进行设备制造过程的检验工作，做好检验记录，并对检验结果进行审核。专业监理工程师认为不符合质量要求时，指令设备制造单位进行整改、返修或返工。当发生质量失控或重大质量事故时，必须由总监理工程师下达暂停制造指令，提出处理意见，并及时报告建设单位。

8.2.12　专业监理工程师应检查和监督设备的装配过程，符合要求后予以签认。

8.2.13　在设备制造过程中如需要对设备的原设计进行变更，专业监理工程师应审核设计变更，并审查因变更引起的费用增减和制造工期的变化。

8.2.14　总监理工程师应组织专业监理工程师参加设备制造过程中的调试、整机性能检测和验证，符合要求后予以签认。

8.2.15　在设备运往现场前，专业监理工程师应检查设备制造单位对待运设备采取的防护和包装措施，并应检查是否符合运输、装卸、储存、安装的要求，以及相关的随机文件、装箱单和附件是否齐全。

8.2.16　设备全部运到现场后，总监理工程师应组织专业监理工程师参加由设备制造单位按合同规定与安装单位的交接工作，开箱清点、检查、验收、移交。

8.2.17　专业监理工程师应按设备制造合同的规定审核设备制造单位提交的进度付款单，提出审核意见，由总监理工程师签发支付证书。

8.2.18　专业监理工程师应审查建设单位或设备制造单位提出的索赔文件，提出意见后报总监理工程师，由总监理工程师与建设单位、设备制造单位进行协商，并提出审核报告。

8.2.19 专业监理工程师应审核设备制造单位报送的设备制造结算文件，并提出审核意见，报总监理工程师审核，由总监理工程师与建设单位、设备制造单位进行协商，并提出监理审核报告。

8.2.20 在设备监造工作结束后，总监理工程师应组织编写设备监造工作总结。

8.3 设备采购监理与设备监造的监理资料

8.3.1 设备采购监理的监理资料应包括以下内容：

1 委托监理合同；

2 设备采购方案计划；

3 设计图纸和文件；

4 市场调查、考察报告；

5 设备采购招投标文件；

6 设备采购订货合同；

7 设备采购监理工作总结。

8.3.2 设备采购监理工作结束时，监理单位应向建设单位提交设备采购监理工作总结。

8.3.3 设备监造工作的监理资料应包括以下内容：

1 设备制造合同及委托监理合同；

2 设备监造规划；

3 设备制造的生产计划和工艺方案；

4 设备制造的检验计划和检验要求；

5 分包单位资格报审表；

6 原材料、零配件等的质量证明文件和检验报告；

7 开工/复工报审表、暂停令；

8 检验记录及试验报告；

9 报验申请表；

10 设计变更文件；

11 会议纪要；

12 来往文件；

13 监理日记；

14 监理工程师通知单；

15 监理工作联系单；

16 监理月报；

17 质量事故处理文件；

18 设备制造索赔文件；

19 设备验收文件；

20 设备交接文件；

21 支付证书和设备制造结算审核文件；

22 设备监造工作总结。

8.3.4 设备监造工作结束时，监理单位应向建设单位提交设备监造工作总结。

附录Ⅱ 《中华人民共和国合同法》节录

中华人民共和国合同法

（1999 年 3 月 15 日第九届全国人民代表大会第二次会议通过）

总　则

第一章　一般规定

第一条　为了保护合同当事人的合法权益，维护社会经济秩序，促进社会主义现代化建设，制定本法。

第二条　本法所称合同是平等主体的自然人、法人、其他组织之间设立、变更、终止民事权利义务关系的协议。

婚姻、收养、监护等有关身份关系的协议，适用其他法律的规定。

第三条　合同当事人的法律地位平等，一方不得将自己的意志强加给另一方。

第四条　当事人依法享有自愿订立合同的权利，任何单位和个人不得非法干预。

第五条　当事人应当遵循公平原则确定各方的权利和义务。

第六条　当事人行使权利、履行义务应当遵循诚实信用原则。

第七条　当事人订立、履行合同，应当遵守法律、行政法规，尊重社会公德，不得扰乱社会经济秩序，损害社会公共利益。

第八条　依法成立的合同，对当事人具有法律约束力。当事人应当按照约定履行自己的义务，不得擅自变更或者解除合同。

依法成立的合同，受法律保护。

第二章　合同的订立

第九条　当事人订立合同，应当具有相应的民事权利能力和民事行为能力。

当事人依法可以委托代理人订立合同。

第十条　当事人订立合同，有书面形式、口头形式和其他形式。

法律、行政法规规定采用书面形式的，应当采用书面形式。当事人约定采用书面形式的，应当采用书面形式。

第十一条　书面形式是指合同书、信件和数据电文（包括电报、电传、传真、电子数据交换和电子邮件）等可以有形地表现所载内容的形式。

第十二条　合同的内容由当事人约定，一般包括以下条款：

（一）当事人的名称或者姓名和住所；

（二）标的；

（三）数量；

（四）质量；

（五）价款或者报酬；

（六）履行期限、地点和方式；

（七）违约责任；

（八）解决争议的方法。

当事人可以参照各类合同的示范文本订立合同。

第十三条 当事人订立合同，采取要约、承诺方式。

第十四条 要约是希望和他人订立合同的意思表示，该意思表示应当符合下列规定：

（一）内容具体确定；

（二）表明经受要约人承诺，要约人即受该意思表示约束。

第十五条 要约邀请是希望他人向自己发出要约的意思表示。寄送的价目表、拍卖公告、招标公告、招股说明书、商业广告等为要约邀请。

商业广告的内容符合要约规定的，视为要约。

第十六条 要约到达受要约人时生效。

采用数据电文形式订立合同，收件人指定特定系统接收数据电文的，该数据电文进入该特定系统的时间，视为到达时间；未指定特定系统的，该数据电文进入收件人的任何系统的首次时间，视为到达时间。

第十七条 要约可以撤回。撤回要约的通知应当在要约到达受要约人之前或者与要约同时到达受要约人。

第十八条 要约可以撤销。撤销要约的通知应当在受要约人发出承诺通知之前到达受要约人。

第十九条 有下列情形之一的，要约不得撤销：

（一）要约人确定了承诺期限或者以其他形式明示要约不可撤销；

（二）受要约人有理由认为要约是不可撤销的，并已经为履行合同做了准备工作。

第二十条 有下列情形之一的，要约失效：

（一）拒绝要约的通知到达要约人；

（二）要约人依法撤销要约；

（三）承诺期限届满，受要约人未作出承诺；

（四）受要约人对要约的内容作出实质性变更。

第二十一条 承诺是受要约人同意要约的意思表示。

第二十二条 承诺应当以通知的方式作出，但根据交易习惯或者要约表明可以通过行为作出承诺的除外。

第二十三条 承诺应当在要约确定的期限内到达要约人。

要约没有确定承诺期限的，承诺应当依照下列规定到达：

（一）要约以对话方式作出的，应当即时作出承诺，但当事人另有约定的除外；

（二）要约以非对话方式作出的，承诺应当在合理期限内到达。

第二十四条 要约以信件或者电报作出的，承诺期限自信件载明的日期或者电报交发之日开始计算。信件未载明日期的，自投寄该信件的邮戳日期开始计算。要约以电话、传真等快速通讯方式作出的，承诺期限自要约到达受要约人时开始计算。

第二十五条 承诺生效时合同成立。

第二十六条 承诺通知到达要约人时生效。承诺不需要通知的，根据交易习惯或者要约的要求作出承诺的行为时生效。

采用数据电文形式订立合同的，承诺到达的时间适用本法第十六条第二款的规定。

第二十七条 承诺可以撤回。撤回承诺的通知应当在承诺通知到达要约人之前或者与承诺通知同时到达要约人。

第二十八条 受要约人超过承诺期限发出承诺的，除要约人及时通知受要约人该承诺有效的以外，为新要约。

第二十九条 受要约人在承诺期限内发出承诺，按照通常情形能够及时到达要约人，但因其他原因承诺到达要约人时超过承诺期限的，除要约人及时通知受要约人因承诺超过期限不接受该承诺的以外，该承诺有效。

第三十条 承诺的内容应当与要约的内容一致。受要约人对要约的内容作出实质性变更的，为新要约。有关合同标的、数量、质量、价款或者报酬、履行期限、履行地点和方式、违约责任和解决争议方法等的变更，是对要约内容的实质性变更。

第三十一条 承诺对要约的内容作出非实质性变更的，除要约人及时表示反对或者要约表明承诺不得对要约的内容作出任何变更的以外，该承诺有效，合同的内容以承诺的内容为准。

第三十二条 当事人采用合同书形式订立合同的，自双方当事人签字或者盖章时合同成立。

第三十三条 当事人采用信件、数据电文等形式订立合同的，可以在合同成立之前要求签订确认书。签订确认书时合同成立。

第三十四条 承诺生效的地点为合同成立的地点。

采用数据电文形式订立合同的，收件人的主营业地为合同成立的地点；没有主营业地的，其经常居住地为合同成立的地点。当事人另有约定的，按照其约定。

第三十五条 当事人采用合同书形式订立合同的，双方当事人签字或者盖章的地点为合同成立的地点。

第三十六条 法律、行政法规规定或者当事人约定采用书面形式订立合同，当事人未采用书面形式但一方已经履行主要义务，对方接受的，该合同成立。

第三十七条 采用合同书形式订立合同，在签字或者盖章之前，当事人一方已经履行主要义务，对方接受的，该合同成立。

第三十八条 国家根据需要下达指令性任务或者国家订货任务的，有关法人、其他组织之间应当依照有关法律、行政法规规定的权利和义务订立合同。

第三十九条 采用格式条款订立合同的，提供格式条款的一方应当遵循公平原则确定当事人之间的权利和义务，并采取合理的方式提请对方注意免除或者限制其责任的条款，按照对方的要求，对该条款予以说明。

格式条款是当事人为了重复使用而预先拟定，并在订立合同时未与对方协商的条款。

第四十条 格式条款具有本法第五十二条和第五十三条规定情形的，或者提供格式条款一方免除其责任、加重对方责任、排除对方主要权利的，该条款无效。

第四十一条 对格式条款的理解发生争议的，应当按照通常理解予以解释。对格式条款有两种以上解释的，应当作出不利于提供格式条款一方的解释。格式条款和非格式条款不一致的，应当采用非格式条款。

第四十二条 当事人在订立合同过程中有下列情形之一，给对方造成损失的，应当承担损害赔偿责任：

(一)假借订立合同，恶意进行磋商；

(二)故意隐瞒与订立合同有关的重要事实或者提供虚假情况；

(三)有其他违背诚实信用原则的行为。

第四十三条 当事人在订立合同过程中知悉的商业秘密，无论合同是否成立，不得泄露或者不正当地使用。泄露或者不正当地使用该商业秘密给对方造成损失的，应当承担损害赔偿责任。

第三章 合同的效力

第四十四条 依法成立的合同，自成立时生效。

法律、行政法规规定应当办理批准、登记等手续生效的，依照其规定。

第四十五条 当事人对合同的效力可以约定附条件。附生效条件的合同，自条件成就时生效。附解除条件的合同，自条件成就时失效。

当事人为自己的利益不正当地阻止条件成就的，视为条件已成就；不正当地促成条件成就的，视为条件不成就。

第四十六条 当事人对合同的效力可以约定附期限。附生效期限的合同，自期限届至时生效。附终止期限的合同，自期限届满时失效。

第四十七条 限制民事行为能力人订立的合同，经法定代理人追认后，该合同有效，但纯获利益的合同或者与其年龄、智力、精神健康状况相适应而订立的合同，不必经法定代理人追认。

相对人可以催告法定代理人在一个月内予以追认。法定代理人未作表示的，视为拒绝追认。合同被追认之前，善意相对人有撤销的权利。撤销应当以通知的方式作出。

第四十八条 行为人没有代理权、超越代理权或者代理权终止后以被代理人名义订立的合同，未经被代理人追认，对被代理人不发生效力，由行为人承担责任。

相对人可以催告被代理人在一个月内予以追认。被代理人未作表示的，视为拒绝追认。合同被追认之前，善意相对人有撤销的权利。撤销应当以通知的方式作出。

第四十九条 行为人没有代理权、超越代理权或者代理权终止后以被代理人名义订立合同，相对人有理由相信行为人有代理权的，该代理行为有效。

第五十条 法人或者其他组织的法定代表人、负责人超越权限订立的合同，除相对人知道或者应当知道其超越权限的以外，该代表行为有效。

第五十一条 无处分权的人处分他人财产，经权利人追认或者无处分权的人订立合同后取得处分权的，该合同有效。

第五十二条 有下列情形之一的，合同无效：

(一)一方以欺诈、胁迫的手段订立合同，损害国家利益；

(二)恶意串通，损害国家、集体或者第三人利益；

(三)以合法形式掩盖非法目的；

(四)损害社会公共利益；

(五)违反法律、行政法规的强制性规定。

第五十三条 合同中的下列免责条款无效：

(一)造成对方人身伤害的；

(二)因故意或者重大过失造成对方财产损失的。

第五十四条 下列合同，当事人一方有权请求人民法院或者仲裁机构变更或者撤销：

(一)因重大误解订立的；

(二)在订立合同时显失公平的。

一方以欺诈、胁迫的手段或者乘人之危，使对方在违背真实意思的情况下订立的合同，受损害方有权请求人民法院或者仲裁机构变更或者撤销。

当事人请求变更的，人民法院或者仲裁机构不得撤销。

第五十五条 有下列情形之一的，撤销权消灭：

(一)具有撤销权的当事人自知道或者应当知道撤销事由之日起一年内没有行使撤销权；

(二)具有撤销权的当事人知道撤销事由后明确表示或者以自己的行为放弃撤销权。

第五十六条 无效的合同或者被撤销的合同自始没有法律约束力。合同部分无效，不影响其他部分效力的，其他部分仍然有效。

第五十七条 合同无效、被撤销或者终止的，不影响合同中独立存在的有关解决争议方法的条款的效力。

第五十八条 合同无效或者被撤销后，因该合同取得的财产，应当予以返还；不能返还或者没有必要返还的，应当折价补偿。有过错的一方应当赔偿对方因此所受到的损失，双方都有过错的，应当各自承担相应的责任。

第五十九条 当事人恶意串通，损害国家、集体或者第三人利益的，因此取得的财产收归国家所有或者返还集体、第三人。

第四章 合同的履行

第六十条 当事人应当按照约定全面履行自己的义务。

当事人应当遵循诚实信用原则，根据合同的性质、目的和交易习惯履行通知、协助、保密等义务。

第六十一条 合同生效后，当事人就质量、价款或者报酬、履行地点等内容没有约定或者约定不明确的，可以协议补充；不能达成补充协议的，按照合同有关条款或者交易习惯确定。

第六十二条 当事人就有关合同内容约定不明确，依照本法第六十一条的规定仍不能确定的，适用下列规定：

（一）质量要求不明确的，按照国家标准、行业标准履行；没有国家标准、行业标准的，按照通常标准或者符合合同目的的特定标准履行。

（二）价款或者报酬不明确的，按照订立合同时履行地的市场价格履行；依法应当执行政府定价或者政府指导价的，按照规定履行。

（三）履行地点不明确，给付货币的，在接受货币一方所在地履行；交付不动产的，在不动产所在地履行；其他标的，在履行义务一方所在地履行。

（四）履行期限不明确的，债务人可以随时履行，债权人也可以随时要求履行，但应当给对方必要的准备时间。

（五）履行方式不明确的，按照有利于实现合同目的的方式履行。

（六）履行费用的负担不明确的，由履行义务一方负担。

第六十三条 执行政府定价或者政府指导价的，在合同约定的交付期限内政府价格调整时，按照交付时的价格计价。逾期交付标的物的，遇价格上涨时，按照原价格执行；价格下降时，按照新价格执行。逾期提取标的物或者逾期付款的，遇价格上涨时，按照新价格执行；价格下降时，按照原价格执行。

第六十四条 当事人约定由债务人向第三人履行债务的，债务人未向第三人履行债务或者履行债务不符合约定，应当向债权人承担违约责任。

第六十五条 当事人约定由第三人向债权人履行债务的，第三人不履行债务或者履行债务不符合约定，债务人应当向债权人承担违约责任。

第六十六条 当事人互负债务，没有先后履行顺序的，应当同时履行。一方在对方履行之前有权拒绝其履行要求。一方在对方履行债务不符合约定时，有权拒绝其相应的履行要求。

第六十七条 当事人互负债务，有先后履行顺序，先履行一方未履行的，后履行一方有权拒绝其履行要求。先履行一方履行债务不符合约定的，后履行一方有权拒绝其相应的履行要求。

第六十八条 应当先履行债务的当事人，有确切证据证明对方有下列情形之一的，可以中止履行：

（一）经营状况严重恶化；

（二）转移财产、抽逃资金，以逃避债务；

（三）丧失商业信誉；

（四）有丧失或者可能丧失履行债务能力的其他情形。

当事人没有确切证据中止履行的，应当承担违约责任。

第六十九条 当事人依照本法第六十八条的规定中止履行的，应当及时通知对方。对方提供适当担保时，应当恢复履行。中止履行后，对方在合理期限内未恢复履行能力并且未提供适当担保的，中止履行的一方可以解除合同。

第七十条 债权人分立、合并或者变更住所没有通知债务人，致使履行债务发生困难的，债务人可以中止履行或者将标的物提存。

第七十一条 债权人可以拒绝债务人提前履行债务,但提前履行不损害债权人利益的除外。

债务人提前履行债务给债权人增加的费用,由债务人负担。

第七十二条 债权人可以拒绝债务人部分履行债务,但部分履行不损害债权人利益的除外。

债务人部分履行债务给债权人增加的费用,由债务人负担。

第七十三条 因债务人怠于行使其到期债权,对债权人造成损害的,债权人可以向人民法院请求以自己的名义代位行使债务人的债权,但该债权专属于债务人自身的除外。

代位权的行使范围以债权人的债权为限。债权人行使代位权的必要费用,由债务人负担。

第七十四条 因债务人放弃其到期债权或者无偿转让财产,对债权人造成损害的,债权人可以请求人民法院撤销债务人的行为。债务人以明显不合理的低价转让财产,对债权人造成损害,并且受让人知道该情形的,债权人也可以请求人民法院撤销债务人的行为。

撤销权的行使范围以债权人的债权为限。债权人行使撤销权的必要费用,由债务人负担。

第七十五条 撤销权自债权人知道或者应当知道撤销事由之日起一年内行使。自债务人的行为发生之日起五年内没有行使撤销权的,该撤销权消灭。

第七十六条 合同生效后,当事人不得因姓名、名称的变更或者法定代表人、负责人、承办人的变动而不履行合同义务。

第五章　合同的变更和转让

第七十七条 当事人协商一致,可以变更合同。

法律、行政法规规定变更合同应当办理批准、登记等手续的,依照其规定。

第七十八条 当事人对合同变更的内容约定不明确的,推定为未变更。

第七十九条 债权人可以将合同的权利全部或者部分转让给第三人,但有下列情形之一的除外:

(一)根据合同性质不得转让;

(二)按照当事人约定不得转让;

(三)依照法律规定不得转让。

第八十条 债权人转让权利的,应当通知债务人。未经通知,该转让对债务人不发生效力。

债权人转让权利的通知不得撤销,但经受让人同意的除外。

第八十一条 债权人转让权利的,受让人取得与债权有关的从权利,但该从权利专属于债权人自身的除外。

第八十二条 债务人接到债权转让通知后,债务人对让与人的抗辩,可以向受让人主张。

第八十三条 债务人接到债权转让通知时,债务人对让与人享有债权,并且债务人的债权先于转让的债权到期或者同时到期的,债务人可以向受让人主张抵销。

第八十四条 债务人将合同的义务全部或者部分转移给第三人的,应当经债权人同意。

第八十五条 债务人转移义务的,新债务人可以主张原债务人对债权人的抗辩。

第八十六条 债务人转移义务的,新债务人应当承担与主债务有关的从债务,但该从债务专属于原债务人自身的除外。

第八十七条 法律、行政法规规定转让权利或者转移义务应当办理批准、登记等手续的,依照其规定。

第八十八条 当事人一方经对方同意,可以将自己在合同中的权利和义务一并转让给第三人。

第八十九条 权利和义务一并转让的,适用本法第七十九条、第八十一条至第八十三条、第八十五条至第八十七条的规定。

第九十条 当事人订立合同后合并的,由合并后的法人或者其他组织行使合同权利,履行合同义务。当事人订立合同后分立的,除债权人和债务人另有约定的以外,由分立的法人或者其他组织对合同的权利和义务享有连带债权,承担连带债务。

第六章　合同的权利义务终止

第九十一条　有下列情形之一的，合同的权利义务终止：

（一）债务已经按照约定履行；

（二）合同解除；

（三）债务相互抵销；

（四）债务人依法将标的物提存；

（五）债权人免除债务；

（六）债权债务同归于一人；

（七）法律规定或者当事人约定终止的其他情形。

第九十二条　合同的权利义务终止后，当事人应当遵循诚实信用原则，根据交易习惯履行通知、协助、保密等义务。

第九十三条　当事人协商一致，可以解除合同。

当事人可以约定一方解除合同的条件。解除合同的条件成就时，解除权人可以解除合同。

第九十四条　有下列情形之一的，当事人可以解除合同：

（一）因不可抗力致使不能实现合同目的；

（二）在履行期限届满之前，当事人一方明确表示或者以自己的行为表明不履行主要债务；

（三）当事人一方迟延履行主要债务，经催告后在合理期限内仍未履行；

（四）当事人一方迟延履行债务或者有其他违约行为致使不能实现合同目的；

（五）法律规定的其他情形。

第九十五条　法律规定或者当事人约定解除权行使期限，期限届满当事人不行使的，该权利消灭。

法律没有规定或者当事人没有约定解除权行使期限，经对方催告后在合理期限内不行使的，该权利消灭。

第九十六条　当事人一方依照本法第九十三条第二款、第九十四条的规定主张解除合同的，应当通知对方。合同自通知到达对方时解除。对方有异议的，可以请求人民法院或者仲裁机构确认解除合同的效力。

法律、行政法规规定解除合同应当办理批准、登记等手续的，依照其规定。

第九十七条　合同解除后，尚未履行的，终止履行；已经履行的，根据履行情况和合同性质，当事人可以要求恢复原状、采取其他补救措施，并有权要求赔偿损失。

第九十八条　合同的权利义务终止，不影响合同中结算和清理条款的效力。

第九十九条　当事人互负到期债务，该债务的标的物种类、品质相同的，任何一方可以将自己的债务与对方的债务抵销，但依照法律规定或者按照合同性质不得抵销的除外。

当事人主张抵销的，应当通知对方。通知自到达对方时生效。抵销不得附条件或者附期限。

第一百条　当事人互负债务，标的物种类、品质不相同的，经双方协商一致，也可以抵销。

第一百零一条　有下列情形之一，难以履行债务的，债务人可以将标的物提存：

（一）债权人无正当理由拒绝受领；

（二）债权人下落不明；

（三）债权人死亡未确定继承人或者丧失民事行为能力未确定监护人；

（四）法律规定的其他情形。

标的物不适于提存或者提存费用过高的，债务人依法可以拍卖或者变卖标的物，提存所得的价款。

第一百零二条　标的物提存后，除债权人下落不明的以外，债务人应当及时通知债权人或者债权人的继承人、监护人。

第一百零三条　标的物提存后，毁损、灭失的风险由债权人承担。提存期间，标的物的孳息归债权人所有。提存费用由债权人负担。

第一百零四条 债权人可以随时领取提存物,但债权人对债务人负有到期债务的,在债权人未履行债务或者提供担保之前,提存部门根据债务人的要求应当拒绝其领取提存物。

债权人领取提存物的权利,自提存之日起五年内不行使而消灭,提存物扣除提存费用后归国家所有。

第一百零五条 债权人免除债务人部分或者全部债务的,合同的权利义务部分或者全部终止。

第一百零六条 债权和债务同归于一人的,合同的权利义务终止,但涉及第三人利益的除外。

第七章 违约责任

第一百零七条 当事人一方不履行合同义务或者履行合同义务不符合约定的,应当承担继续履行、采取补救措施或者赔偿损失等违约责任。

第一百零八条 当事人一方明确表示或者以自己的行为表明不履行合同义务的,对方可以在履行期限届满之前要求其承担违约责任。

第一百零九条 当事人一方未支付价款或者报酬的,对方可以要求其支付价款或者报酬。

第一百一十条 当事人一方不履行非金钱债务或者履行非金钱债务不符合约定的,对方可以要求履行,但有下列情形之一的除外:

(一)法律上或者事实上不能履行;

(二)债务的标的不适于强制履行或者履行费用过高;

(三)债权人在合理期限内未要求履行。

第一百一十一条 质量不符合约定的,应当按照当事人的约定承担违约责任。对违约责任没有约定或者约定不明确,依照本法第六十一条的规定仍不能确定的,受损害方根据标的的性质以及损失的大小,可以合理选择要求对方承担修理、更换、重作、退货、减少价款或者报酬等违约责任。

第一百一十二条 当事人一方不履行合同义务或者履行合同义务不符合约定的,在履行义务或者采取补救措施后,对方还有其他损失的,应当赔偿损失。

第一百一十三条 当事人一方不履行合同义务或者履行合同义务不符合约定,给对方造成损失的,损失赔偿额应当相当于因违约所造成的损失,包括合同履行后可以获得的利益,但不得超过违反合同一方订立合同时预见到或者应当预见到的因违反合同可能造成的损失。

经营者对消费者提供商品或者服务有欺诈行为的,依照《中华人民共和国消费者权益保护法》的规定承担损害赔偿责任。

第一百一十四条 当事人可以约定一方违约时应当根据违约情况向对方支付一定数额的违约金,也可以约定因违约产生的损失赔偿额的计算方法。

约定的违约金低于造成的损失的,当事人可以请求人民法院或者仲裁机构予以增加;约定的违约金过分高于造成的损失的,当事人可以请求人民法院或者仲裁机构予以适当减少。

当事人就迟延履行约定违约金的,违约方支付违约金后,还应当履行债务。

第一百一十五条 当事人可以依照《中华人民共和国担保法》约定一方向对方给付定金作为债权的担保。债务人履行债务后,定金应当抵作价款或者收回。给付定金的一方不履行约定的债务的,无权要求返还定金;收受定金的一方不履行约定的债务的,应当双倍返还定金。

第一百一十六条 当事人既约定违约金,又约定定金的,一方违约时,对方可以选择适用违约金或者定金条款。

第一百一十七条 因不可抗力不能履行合同的,根据不可抗力的影响,部分或者全部免除责任,但法律另有规定的除外。当事人迟延履行后发生不可抗力的,不能免除责任。

本法所称不可抗力,是指不能预见、不能避免并不能克服的客观情况。

第一百一十八条 当事人一方因不可抗力不能履行合同的,应当及时通知对方,以减轻可能给对方造成的损失,并应当在合理期限内提供证明。

第一百一十九条 当事人一方违约后,对方应当采取适当措施防止损失的扩大;没有采取适当措施致使损失扩大的,不得就扩大的损失要求赔偿。

当事人因防止损失扩大而支出的合理费用,由违约方承担。

第一百二十条 当事人双方都违反合同的,应当各自承担相应的责任。

第一百二十一条 当事人一方因第三人的原因造成违约的,应当向对方承担违约责任。当事人一方和第三人之间的纠纷,依照法律规定或者按照约定解决。

第一百二十二条 因当事人一方的违约行为,侵害对方人身、财产权益的,受损害方有权选择依照本法要求其承担违约责任或者依照其他法律要求其承担侵权责任。

第八章 其他规定

第一百二十三条 其他法律对合同另有规定的,依照其规定。

第一百二十四条 本法分则或者其他法律没有明文规定的合同,适用本法总则的规定,并可以参照本法分则或者其他法律最相类似的规定。

第一百二十五条 当事人对合同条款的理解有争议的,应当按照合同所使用的词句、合同的有关条款、合同的目的、交易习惯以及诚实信用原则,确定该条款的真实意思。

合同文本采用两种以上文字订立并约定具有同等效力的,对各文本使用的词句推定具有相同含义。各文本使用的词句不一致的,应当根据合同的目的予以解释。

第一百二十六条 涉外合同的当事人可以选择处理合同争议所适用的法律,但法律另有规定的除外。涉外合同的当事人没有选择的,适用与合同有最密切联系的国家的法律。

在中华人民共和国境内履行的中外合资经营企业合同、中外合作经营企业合同、中外合作勘探开发自然资源合同,适用中华人民共和国法律。

第一百二十七条 工商行政管理部门和其他有关行政主管部门在各自的职权范围内,依照法律、行政法规的规定,对利用合同危害国家利益、社会公共利益的违法行为,负责监督处理;构成犯罪的,依法追究刑事责任。

第一百二十八条 当事人可以通过和解或者调解解决合同争议。

当事人不愿和解、调解或者和解、调解不成的,可以根据仲裁协议向仲裁机构申请仲裁。涉外合同的当事人可以根据仲裁协议向中国仲裁机构或者其他仲裁机构申请仲裁。当事人没有订立仲裁协议或者仲裁协议无效的,可以向人民法院起诉。当事人应当履行发生法律效力的判决、仲裁裁决、调解书;拒不履行的,对方可以请求人民法院执行。

第一百二十九条 因国际货物买卖合同和技术进出口合同争议提起诉讼或者申请仲裁的期限为四年,自当事人知道或者应当知道其权利受到侵害之日起计算。因其他合同争议提起诉讼或者申请仲裁的期限,依照有关法律的规定。

分　则

第十五章 承揽合同

第二百五十一条 承揽合同是承揽人按照定作人的要求完成工作,交付工作成果,定作人给付报酬的合同。

承揽包括加工、定作、修理、复制、测试、检验等工作。

第二百五十二条 承揽合同的内容包括承揽的标的、数量、质量、报酬、承揽方式、材料的提供、履行期限、验收标准和方法等条款。

第二百五十三条 承揽人应当以自己的设备、技术和劳力,完成主要工作,但当事人另有约定的除外。

承揽人将其承揽的主要工作交由第三人完成的，应当就该第三人完成的工作成果向定作人负责；未经定作人同意的，定作人也可以解除合同。

第二百五十四条 承揽人可以将其承揽的辅助工作交由第三人完成。承揽人将其承揽的辅助工作交由第三人完成的，应当就该第三人完成的工作成果向定作人负责。

第二百五十五条 承揽人提供材料的，承揽人应当按照约定选用材料，并接受定作人检验。

第二百五十六条 定作人提供材料的，定作人应当按照约定提供材料。承揽人对定作人提供的材料，应当及时检验，发现不符合约定时，应当及时通知定作人更换、补齐或者采取其他补救措施。

承揽人不得擅自更换定作人提供的材料，不得更换不需要修理的零部件。

第二百五十七条 承揽人发现定作人提供的图纸或者技术要求不合理的，应当及时通知定作人。因定作人怠于答复等原因造成承揽人损失的，应当赔偿损失。

第二百五十八条 定作人中途变更承揽工作的要求，造成承揽人损失的，应当赔偿损失。

第二百五十九条 承揽工作需要定作人协助的，定作人有协助的义务。定作人不履行协助义务致使承揽工作不能完成的，承揽人可以催告定作人在合理期限内履行义务，并可以顺延履行期限；定作人逾期不履行的，承揽人可以解除合同。

第二百六十条 承揽人在工作期间，应当接受定作人必要的监督检验。定作人不得因监督检验妨碍承揽人的正常工作。

第二百六十一条 承揽人完成工作的，应当向定作人交付工作成果，并提交必要的技术资料和有关质量证明。定作人应当验收该工作成果。

第二百六十二条 承揽人交付的工作成果不符合质量要求的，定作人可以要求承揽人承担修理、重作、减少报酬、赔偿损失等违约责任。

第二百六十三条 定作人应当按照约定的期限支付报酬。对支付报酬的期限没有约定或者约定不明确，依照本法第六十一条的规定仍不能确定的，定作人应当在承揽人交付工作成果时支付；工作成果部分交付的，定作人应当相应支付。

第二百六十四条 定作人未向承揽人支付报酬或者材料费等价款的，承揽人对完成的工作成果享有留置权，但当事人另有约定的除外。

第二百六十五条 承揽人应当妥善保管定作人提供的材料以及完成的工作成果，因保管不善造成毁损、灭失的，应当承担损害赔偿责任。

第二百六十六条 承揽人应当按照定作人的要求保守秘密，未经定作人许可，不得留存复制品或者技术资料。

第二百六十七条 共同承揽人对定作人承担连带责任，但当事人另有约定的除外。

第二百六十八条 定作人可以随时解除承揽合同，造成承揽人损失的，应当赔偿损失。

第十六章 建设工程合同

第二百六十九条 建设工程合同是承包人进行工程建设，发包人支付价款的合同。

建设工程合同包括工程勘察、设计、施工合同。

第二百七十条 建设工程合同应当采用书面形式。

第二百七十一条 建设工程的招标投标活动，应当依照有关法律的规定公开、公平、公正进行。

第二百七十二条 发包人可以与总承包人订立建设工程合同，也可以分别与勘察人、设计人、施工人订立勘察、设计、施工承包合同。发包人不得将应当由一个承包人完成的建设工程肢解成若干部分发包给几个承包人。

总承包人或者勘察、设计、施工承包人经发包人同意，可以将自己承包的部分工作交由第三人完成。第三人就其完成的工作成果与总承包人或者勘察、设计、施工承包人向发包人承担连带责任。承包人不得将其承包的全部建设工程转包给第三人或者将其承包的全部建设工程肢解以后以分包的名义分别转包给第三人。

禁止承包人将工程分包给不具备相应资质条件的单位。禁止分包单位将其承包的工程再分包。建设工程主体结构的施工必须由承包人自行完成。

第二百七十三条 国家重大建设工程合同,应当按照国家规定的程序和国家批准的投资计划、可行性研究报告等文件订立。

第二百七十四条 勘察、设计合同的内容包括提交有关基础资料和文件(包括概预算)的期限、质量要求、费用以及其他协作条件等条款。

第二百七十五条 施工合同的内容包括工程范围、建设工期、中间交工工程的开工和竣工时间、工程质量、工程造价、技术资料交付时间、材料和设备供应责任、拨款和结算、竣工验收、质量保修范围和质量保证期、双方相互协作等条款。

第二百七十六条 建设工程实行监理的,发包人应当与监理人采用书面形式订立委托监理合同。发包人与监理人的权利和义务以及法律责任,应当依照本法委托合同以及其他有关法律、行政法规的规定。

第二百七十七条 发包人在不妨碍承包人正常作业的情况下,可以随时对作业进度、质量进行检查。

第二百七十八条 隐蔽工程在隐蔽以前,承包人应当通知发包人检查。发包人没有及时检查的,承包人可以顺延工程日期,并有权要求赔偿停工、窝工等损失。

第二百七十九条 建设工程竣工后,发包人应当根据施工图纸及说明书、国家颁发的施工验收规范和质量检验标准及时进行验收。验收合格的,发包人应当按照约定支付价款,并接收该建设工程。建设工程竣工经验收合格后,方可交付使用;未经验收或者验收不合格的,不得交付使用。

第二百八十条 勘察、设计的质量不符合要求或者未按照期限提交勘察、设计文件拖延工期,造成发包人损失的,勘察人、设计人应当继续完善勘察、设计,减收或者免收勘察、设计费并赔偿损失。

第二百八十一条 因施工人的原因致使建设工程质量不符合约定的,发包人有权要求施工人在合理期限内无偿修理或者返工、改建。经过修理或者返工、改建后,造成逾期交付的,施工人应当承担违约责任。

第二百八十二条 因承包人的原因致使建设工程在合理使用期限内造成人身和财产损害的,承包人应当承担损害赔偿责任。

第二百八十三条 发包人未按照约定的时间和要求提供原材料、设备、场地、资金、技术资料的,承包人可以顺延工程日期,并有权要求赔偿停工、窝工等损失。

第二百八十四条 因发包人的原因致使工程中途停建、缓建的,发包人应当采取措施弥补或者减少损失,赔偿承包人因此造成的停工、窝工、倒运、机械设备调迁、材料和构件积压等损失和实际费用。

第二百八十五条 因发包人变更计划,提供的资料不准确,或者未按照期限提供必需的勘察、设计工作条件而造成勘察、设计的返工、停工或者修改设计,发包人应当按照勘察人、设计人实际消耗的工作量增付费用。

第二百八十六条 发包人未按照约定支付价款的,承包人可以催告发包人在合理期限内支付价款。发包人逾期不支付的,除按照建设工程的性质不宜折价、拍卖的以外,承包人可以与发包人协议将该工程折价,也可以申请人民法院将该工程依法拍卖。建设工程的价款就该工程折价或者拍卖的价款优先受偿。

第二百八十七条 本章没有规定的,适用承揽合同的有关规定。

附 则

第四百二十八条 本法自 1999 年 10 月 1 日起施行,《中华人民共和国经济合同法》、《中华人民共和国涉外经济合同法》、《中华人民共和国技术合同法》同时废止。

附录Ⅲ　建设工程施工合同(示范文本)

《建设工程施工合同(示范文本)》

GF—1999—0201

第一部分　协议书

发包人(全称):________________

承包人(全称):________________

依照《中华人民共和国合同法》、《中华人民共和国建筑法》及其他有关法律、行政法规,遵循平等、自愿、公平和诚实信用的原则,双方就本建设工程施工项目协商一致,订立本合同。

一、工程概况

工程名称:________________

工程地点:________________

工程内容:________________

群体工程应附承包人承揽工程项目一览表(附件1)

工程立项批准文号:________________

资金来源:________________

二、工程承包范围

承包范围:________________

三、合同工期

开工日期:________________

竣工日期:________________

合同工期总日历天数________________天

四、质量标准

工程质量标准:________________

五、合同价款

金额(大写):________________元(人民币)

¥:________________元

六、组成合同的文件

组成本合同的文件包括:

1. 本合同协议书

2. 中标通知书

3. 投标书及其附件

4. 本合同专用条款

5. 本合同通用条款

6. 标准、规范及有关技术文件

7. 图纸

8. 工程量清单

9. 工程报价单或预算书

双方有关工程的洽商、变更等书面协议或文件视为本合同的组成部分。

七、本协议书中有关词语含义与本合同第二部分《通用条款》中分别赋予它们的定义相同。

八、承包人向发包人承诺按照合同约定进行施工、竣工并在质量保修期内承担工程质量保修责任。

九、发包人向承包人承诺按照合同约定的期限和方式支付合同价款及其他应当支付的款项。

十、合同生效

合同订立时间：＿＿＿＿＿年＿＿月＿＿日

合同订立地点：＿＿＿＿＿＿＿＿

本合同双方约定＿＿＿＿＿＿＿＿后生效。

发包人：（公章）＿＿＿＿＿＿＿＿	承包人：（公章）＿＿＿＿＿＿＿＿
住所：＿＿＿＿＿＿＿＿	住所：＿＿＿＿＿＿＿＿
法定代表人：＿＿＿＿＿＿＿＿	法定代表人：＿＿＿＿＿＿＿＿
委托代表人：＿＿＿＿＿＿＿＿	委托代表人：＿＿＿＿＿＿＿＿
电话：＿＿＿＿＿＿＿＿	电话：＿＿＿＿＿＿＿＿
传真：＿＿＿＿＿＿＿＿	传真：＿＿＿＿＿＿＿＿
开户银行：＿＿＿＿＿＿＿＿	开户银行：＿＿＿＿＿＿＿＿
账号：＿＿＿＿＿＿＿＿	账号：＿＿＿＿＿＿＿＿
邮政编码：＿＿＿＿＿＿＿＿	邮政编码：＿＿＿＿＿＿＿＿

第二部分　通用条款

一、词语定义及合同文件

1　词语定义

下列词语除专用条款另有约定外，应具有本条所赋予的定义：

1.1 通用条款：是根据法律、行政法规规定及建设工程施工的需要订立，通用于建设工程施工的条款。

1.2 专用条款：是发包人与承包人根据法律、行政法规规定，结合具体工程实际，经协商达成一致意见的条款，是对通用条款的具体化、补充或修改。

1.3 发包人：指在协议书中约定，具有工程发包主体资格和支付工程价款能力的当事人以及取得该当事人资格的合法继承人。

1.4 承包人：指在协议书中约定，被发包人接受的具有工程施工承包主体资格的当事人以及取得该当事人资格的合法继承人。

1.5 项目经理：指承包人在专用条款中指定的负责施工管理和合同履行的代表。

1.6 设计单位：指发包人委托的负责本工程设计并取得相应工程设计资质等级证书的单位。

1.7 监理单位：指发包人委托的负责本工程监理并取得相应工程监理资质等级证书的单位。

1.8 工程师：指本工程监理单位委派的总监理工程师或发包人指定的履行本合同的代表，其具体身份和职权由发包人承包人在专用条款中约定。

1.9 工程造价管理部门：指国务院有关部门、县级以上人民政府建设行政主管部门或其委托的工程造价管理机构。

1.10 工程：指发包人承包人在协议书中约定的承包范围内的工程。

1.11 合同价款：指发包人承包人在协议书中约定，发包人用以支付承包人按照合同约定完成承包范围内全部工程并承担质量保修责任的款项。

1.12 追加合同价款:指在合同履行中发生需要增加合同价款的情况,经发包人确认后按计算合同价款的方法增加的合同价款。

1.13 费用:指不包含在合同价款之内的应当由发包人或承包人承担的经济支出。

1.14 工期:指发包人承包人在协议书中约定,按总日历天数(包括法定节假日)计算的承包天数。

1.15 开工日期:指发包人承包人在协议书中约定,承包人开始施工的绝对或相对的日期。

1.16 竣工日期:指发包人承包人在协议书中约定,承包人完成承包范围内工程的绝对或相对的日期。

1.17 图纸:指由发包人提供或由承包人提供并经发包人批准,满足承包人施工需要的所有图纸(包括配套说明和有关资料)。

1.18 施工场地:指由发包人提供的用于工程施工的场所以及发包人在图纸中具体指定的供施工使用的任何其他场所。

1.19 书面形式:指合同书、信件和数据电文(包括电报、电传、传真、电子数据交换和电子邮件)等可以有形地表现所载内容的形式。

1.20 违约责任:指合同一方不履行合同义务或履行合同义务不符合约定所应承担的责任。

1.21 索赔:指在合同履行过程中,对于并非自己的过错,而是应由对方承担责任的情况造成的实际损失,向对方提出经济补偿和(或)工期顺延的要求。

1.22 不可抗力:指不能预见、不能避免并不能克服的客观情况。

1.23 小时或天:本合同中规定按小时计算时间的,从事件有效开始时计算(不扣除休息时间);规定按天计算时间的,开始当天不计入,从次日开始计算。时限的最后一天是休息日或者其他法定节假日的,以节假日次日为时限的最后一天,但竣工日期除外。时限的最后一天的截止时间为当日24时。

2　合同文件及解释顺序

2.1 合同文件应能相互解释，互为说明。除专用条款另有约定外,组成本合同的文件及优先解释顺序如下:

(1)本合同协议书;

(2)中标通知书;

(3)投标书及其附件;

(4)本合同专用条款;

(5)本合同通用条款;

(6)标准、规范及有关技术文件;

(7)图纸;

(8)工程量清单;

(9)工程报价单或预算书。

合同履行中,发包人承包人有关工程的洽商、变更等书面协议或文件视为本合同的组成部分。

2.2 当合同文件内容含糊不清或不相一致时，在不影响工程正常进行的情况下,由发包人承包人协商解决。双方也可以提请负责监理的工程师作出解释。双方协商不成或不同意负责监理的工程师的解释时,按本通用条款第37条关于争议的约定处理。

3　语言文字和适用法律、标准及规范

3.1 语言文字

本合同文件使用汉语语言文字书写、解释和说明。如专用条款约定使用两种以上(含两种)语言文字时,汉语应为解释和说明本合同的标准语言文字。

在少数民族地区,双方可以约定使用少数民族语言文字书写和解释、说明本合同。

3.2 适用法律和法规

本合同文件适用国家的法律和行政法规。需要明示的法律、行政法规,由双方在专用条款中约定。

3.3 适用标准、规范

双方在专用条款内约定适用国家标准、规范的名称；没有国家标准、规范但有行业标准、规范的，约定适用行业标准、规范的名称；没有国家和行业标准、规范的，约定适用工程所在地地方标准、规范的名称。发包人应按专用条款约定的时间向承包人提供一式两份约定的标准、规范。

国内没有相应标准、规范的，由发包人按专用条款约定的时间向承包人提出施工技术要求，承包人按约定的时间和要求提出施工工艺，经发包人认可后执行。发包人要求使用国外标准、规范的，应负责提供中文译本。

本条所发生的购买、翻译标准、规范或制定施工工艺的费用，由发包人承担。

4 图纸

4.1 发包人应按专用条款约定的日期和套数，向承包人提供图纸。承包人需要增加图纸套数的，发包人应代为复制，复制费用由承包人承担。发包人对工程有保密要求的，应在专用条款中提出保密要求，保密措施费用由发包人承担，承包人在约定保密期限内履行保密义务。

4.2 承包人未经发包人同意，不得将本工程图纸转给第三人。工程质量保修期满后，除承包人存档需要的图纸外，应将全部图纸退还给发包人。

4.3 承包人应在施工现场保留一套完整图纸，供工程师及有关人员进行工程检查时使用。

二、双方一般权利和义务

5 工程师

5.1 实行工程监理的，发包人应在实施监理前将委托的监理单位名称、监理内容及监理权限以书面形式通知承包人。

5.2 监理单位委派的总监理工程师在本合同中称工程师，其姓名、职务、职权由发包人承包人在专用条款内写明。工程师按合同约定行使职权，发包人在专用条款内要求工程师在行使某些职权前需要征得发包人批准的，工程师应征得发包人批准。

5.3 发包人派驻施工场地履行合同的代表在本合同中也称工程师，其姓名、职务、职权由发包人在专用条款内写明，但职权不得与监理单位委派的总监理工程师职权相互交叉。双方职权发生交叉或不明确时，由发包人予以明确，并以书面形式通知承包人。

5.4 合同履行中，发生影响发包人承包人双方权利或义务的事件时，负责监理的工程师应依据合同在其职权范围内客观公正地进行处理。一方对工程师的处理有异议时，按本通用条款第 37 条关于争议的约定处理。

5.5 除合同内有明确约定或经发包人同意外，负责监理的工程师无权解除本合同约定的承包人的任何权利与义务。

5.6 不实行工程监理的，本合同中工程师专指发包人派驻施工场地履行合同的代表，其具体职权由发包人在专用条款内写明。

6 工程师的委派和指令

6.1 工程师可委派工程师代表，行使合同约定的自己的职权，并可在认为必要时撤回委派。委派和撤回均应提前 7 天以书面形式通知承包人，负责监理的工程师还应将委派和撤回通知发包人。委派书和撤回通知作为本合同附件。

工程师代表在工程师授权范围内向承包人发出的任何书面形式的函件，与工程师发出的函件具有同等效力。承包人对工程师代表向其发出的任何书面形式的函件有疑问时，可将此函件提交工程师，工程师应进行确认。工程师代表发出指令有失误时，工程师应进行纠正。

除工程师或工程师代表外，发包人派驻工地的其他人员均无权向承包人发出任何指令。

6.2 工程师的指令、通知由其本人签字后，以书面形式交给项目经理，项目经理在回执上签署姓名和收到时间后生效。确有必要时，工程师可发出口头指令，并在 48 小时内给予书面确认，承包人对工程师的指令应予执行。工程师不能及时给予书面确认的，承包人应于工程师发出口头指令后7天内提出书面确认要求。工程师在承包人提出确认要求后48小时内不予答复的，视为口头指令已被确认。

承包人认为工程师指令不合理，应在收到指令后24小时内向工程师提出修改指令的书面报告，工程师在收到承包人报告后24小时内作出修改指令或继续执行原指令的决定，并以书面形式通知承包人。紧急情况下，工程师要求承包人立即执行的指令或承包人虽有异议，但工程师决定仍继续执行的指令，承包人应予执行。因指令错误发生的追加合同价款和给承包人造成的损失由发包人承担，延误的工期相应顺延。

本款规定同样适用于由工程师代表发出的指令、通知。

6.3 工程师应按合同约定，及时向承包人提供所需指令、批准并履行约定的其他义务。由于工程师未能按合同约定履行义务造成工期延误，发包人应承担延误造成的追加合同价款，并赔偿承包人有关损失，顺延延误的工期。

6.4 如需更换工程师，发包人应至少提前7天以书面形式通知承包人，后任继续行使合同文件约定的前任的职权，履行前任的义务。

7　项目经理

7.1 项目经理的姓名、职务在专用条款内写明。

7.2 承包人依据合同发出的通知，以书面形式由项目经理签字后送交工程师，工程师在回执上签署姓名和收到时间后生效。

7.3 项目经理按发包人认可的施工组织设计（施工方案）和工程师依据合同发出的指令组织施工。在情况紧急且无法与工程师联系时，项目经理应当采取保证人员生命和工程、财产安全的紧急措施，并在采取措施后48小时内向工程师送交报告。责任在发包人或第三人，由发包人承担由此发生的追加合同价款，相应顺延工期；责任在承包人，由承包人承担费用，不顺延工期。

7.4 承包人如需要更换项目经理，应至少提前7天以书面形式通知发包人，并征得发包人同意。后任继续行使合同文件约定的前任的职权，履行前任的义务。

7.5 发包人可以与承包人协商，建议更换其认为不称职的项目经理。

8　发包人工作

8.1 发包人按专用条款约定的内容和时间完成以下工作：

(1)办理土地征用、拆迁补偿、平整施工场地等工作，使施工场地具备施工条件，在开工后继续负责解决以上事项遗留问题；

(2)将施工所需水、电、电讯线路从施工场地外部接至专用条款约定地点，保证施工期间的需要；

(3)开通施工场地与城乡公共道路的通道，以及专用条款约定的施工场地内的主要道路，满足施工运输的需要，保证施工期间的畅通；

(4)向承包人提供施工场地的工程地质和地下管线资料，对资料的真实准确性负责；

(5)办理施工许可证及其他施工所需证件、批件和临时用地、停水、停电、中断道路交通、爆破作业等的申请批准手续（证明承包人自身资质的证件除外）；

(6)确定水准点与坐标控制点，以书面形式交给承包人，进行现场交验；

(7)组织承包人和设计单位进行图纸会审和设计交底；

(8)协调处理施工场地周围地下管线和邻近建筑物、构筑物（包括文物保护建筑）、古树名木的保护工作，承担有关费用；

(9)发包人应做的其他工作，双方在专用条款内约定。

8.2 发包人可以将8.1款部分工作委托承包人办理，双方在专用条款内约定，其费用由发包人承担。

8.3 发包人未能履行8.1款各项义务，导致工期延误或给承包人造成损失的，发包人赔偿承包人有关损失，顺延延误的工期。

9　承包人工作

9.1 承包人按专用条款约定的内容和时间完成以下工作：

(1)根据发包人委托，在其设计资质等级和业务允许的范围内，完成施工图设计或与工程配套的设计，经工程师确认后使用，发包人承担由此发生的费用；

(2)向工程师提供年、季、月度工程进度计划及相应进度统计报表；

(3)根据工程需要，提供和维修非夜间施工使用的照明、围栏设施，并负责安全保卫；

(4)按专用条款约定的数量和要求，向发包人提供施工场地办公和生活的房屋及设施，发包人承担由此发生的费用；

(5)遵守政府有关主管部门对施工场地交通、施工噪音以及环境保护和安全生产等的管理规定，按规定办理有关手续，并以书面形式通知发包人，发包人承担由此发生的费用，因承包人责任造成的罚款除外；

(6)已竣工工程未交付发包人之前，承包人按专用条款约定负责已完工程的保护工作，保护期间发生损坏，承包人自费予以修复，发包人要求承包人采取特殊措施保护的工程部位和相应的追加合同价款，双方在专用条款内约定；

(7)按专用条款约定做好施工场地地下管线和邻近建筑物、构筑物(包括文物保护建筑)、古树名木的保护工作；

(8)保证施工场地清洁符合环境卫生管理的有关规定，交工前清理现场达到专用条款约定的要求，承担因自身原因违反有关规定造成的损失和罚款；

(9)承包人应做的其他工作，双方在专用条款内约定。

9.2 承包人未能履行9.1款各项义务，造成发包人损失的，承包人赔偿发包人有关损失。

三、施工组织设计和工期

10　进度计划

10.1 承包人应按专用条款约定的日期，将施工组织设计和工程进度计划提交修改意见，逾期不确认也不提出书面意见的，视为同意。

10.2 群体工程中单位工程分期进行施工的，承包人应按照发包人提供图纸及有关资料的时间，按单位工程编制进度计划，其具体内容双方在专用条款中约定。

10.3 承包人必须按工程师确认的进度计划组织施工，接受工程师对进度的检查、监督。工程实际进度与经确认的进度计划不符时，承包人应按工程师的要求提出改进措施，经工程师确认后执行。因承包人的原因导致实际进度与进度计划不符，承包人无权就改进措施提出追加合同价款。

11　开工及延期开工

11.1 承包人应当按照协议书约定的开工日期开工。承包人不能按时开工，应当不迟于协议书约定的开工日期前7天，以书面形式向工程师提出延期开工的理由和要求。工程师应当在接到延期开工申请后48小时内以书面形式答复承包人。工程师在接到延期开工申请后48小时内不答复，视为同意承包人要求，工期相应顺延。工程师不同意延期要求或承包人未在规定时间内提出延期开工要求，工期不予顺延。

11.2 因发包人原因不能按照协议书约定的开工日期开工，工程师应以书面形式通知承包人，推迟开工日期。发包人赔偿承包人因延期开工造成的损失，并相应顺延工期。

12　暂停施工

工程师认为确有必要暂停施工时，应当以书面形式要求承包人暂停施工，并在提出要求后48小时内提出书面处理意见。承包人应当按工程师要求停止施工，并妥善保护已完工程。承包人实施工程师作出的处理意见后，可以书面形式提出复工要求，工程师应当在48小时内给予答复。工程师未能在规定时间内提出处理意见，或收到承包人复工要求后48小时内未予答复，承包人可自行复工。因发包人原因造成停工的,由发包人承担所发生的追加合同价款,赔偿承包人由此造成的损失,相应顺延工期;因承包人原因造成停工的,由承包人承担发生的费用,工期不予顺延。

13 工期延误

13.1 因以下原因造成工期延误,经工程师确认,工期相应顺延:

(1)发包人未能按专用条款的约定提供图纸及开工条件;

(2)发包人未能按约定日期支付工程预付款、进度款,致使施工不能正常进行;

(3)工程师未按合同约定提供所需指令、批准等,致使施工不能正常进行;

(4)设计变更和工程量增加;

(5)一周内非承包人原因停水、停电、停气造成停工累计超过8小时;

(6)不可抗力;

(7)专用条款中约定或工程师同意工期顺延的其他情况。

13.2 承包人在13.1款情况发生后14天内,就延误的工期以书面形式向工程师提出报告。工程师在收到报告后14天内予以确认,逾期不予确认也不提出修改意见,视为同意顺延工期。

14 工程竣工

14.1 承包人必须按照协议书约定的竣工日期或工程师同意顺延的工期竣工。

14.2 因承包人原因不能按照协议书约定的竣工日期或工程师同意顺延的工期竣工的,承包人承担违约责任。

14.3 施工中发包人如需提前竣工,双方协商一致后应签订提前竣工协议,作为合同文件组成部分。提前竣工协议应包括承包人为保证工程质量和安全采取的措施、发包人为提前竣工提供的条件以及提前竣工所需的追加合同价款等内容。

四、质量与检验

15 工程质量

15.1 工程质量应当达到协议书约定的质量标准,质量标准的评定以国家或行业的质量检验评定标准为依据。因承包人原因工程质量达不到约定的质量标准,承包人承担违约责任。

15.2 双方对工程质量有争议,由双方同意的工程质量检测机构鉴定,所需费用及因此造成的损失,由责任方承担。双方均有责任,由双方根据其责任分别承担。

16 检查和返工

16.1 承包人应认真按照标准、规范和设计图纸要求以及工程师依据合同发出的指令施工,随时接受工程师的检查检验,为检查检验提供便利条件。

16.2 工程质量达不到约定标准的部分,工程师可要求拆除和重新施工,直到符合约定标准。因承包人原因达不到约定标准,由承包人承担拆除和重新施工的费用,工期不予顺延。

16.3 工程师的检查检验不应影响施工正常进行。如影响施工正常进行,检查检验不合格时,影响正常施工的费用由承包人承担。除此之外影响正常施工的追加合同价款由发包人承担,相应顺延工期。

16.4 因工程师指令失误或其他非承包人原因发生的追加合同价款,由发包人承担。

17 隐蔽工程和中间验收

17.1 工程具备隐蔽条件或达到专用条款约定的中间验收部位,承包人进行自检,并在隐蔽或中间验收前48小时以书面形式通知工程师验收。通知包括隐蔽和中间验收的内容、验收时间和地点。承包人准备验收记录,验收合格,工程师在验收记录上签字后,承包人可进行隐蔽和继续施工。验收不合格,承包人在工程师限定的时间内修改后重新验收。

17.2 工程师不能按时进行验收,应在验收前24小时以书面形式向承包人提出延期要求,延期不能超过48小时。工程师未能按以上时间提出延期要求,不进行验收,承包人可自行组织验收,工程师应承认验收记录。

17.3 经工程师验收,工程质量符合标准、规范和设计图纸等要求,验收24小时后,工程师不在验收记录上签字,视为工程师已经认可验收记录,承包人可进行隐蔽或继续施工。

18　重新检验

无论工程师是否进行验收,当其要求对已经隐蔽的工程重新检验时,承包人应按要求进行剥离或开孔,并在检验后重新覆盖或修复。检验合格,发包人承担由此发生的全部追加合同价款,赔偿承包人损失,并相应顺延工期。检验不合格,承包人承担发生的全部费用,工期不予顺延。

19　工程试车

19.1 双方约定需要试车的,试车内容应与承包人承包的安装范围相一致。

19.2 设备安装工程具备单机无负荷试车条件,承包人组织试车,并在试车前48小时以书面形式通知工程师。通知包括试车内容、时间、地点。承包人准备试车记录,发包人根据承包人要求为试车提供必要条件。试车合格,工程师在试车记录上签字。

19.3 工程师不能按时参加试车,须在开始试车前24小时以书面形式向承包人提出延期要求,不参加试车,应承认试车记录。

19.4 设备安装工程具备无负荷联动试车条件,发包人组织试车,并在试车前48小时以书面形式通知承包人。通知包括试车内容、时间、地点和对承包人的要求,承包人按要求做好准备工作。试车合格,双方在试车记录上签字。

19.5 双方责任

(1)由于设计原因试车达不到验收要求,发包人应要求设计单位修改设计,承包人按修改后的设计重新安装。发包人承担修改设计、拆除及重新安装的全部费用和追加合同价款,工期相应顺延。

(2)由于设备制造原因试车达不到验收要求,由该设备采购一方负责重新购置或修理,承包人负责拆除和重新安装。设备由承包人采购的,由承包人承担修理或重新购置、拆除及重新安装的费用,工期不予顺延;设备由发包人采购的,发包人承担上述各项追加合同价款,工期相应顺延。

(3)由于承包人施工原因试车达不到验收要求,承包人按工程师要求重新安装和试车,并承担重新安装和试车的费用,工期不予顺延。

(4)试车费用除已包括在合同价款之内或专用条款另有约定外,均由发包人承担。

(5)工程师在试车合格后不在试车记录上签字,试车结束24小时后,视为工程师已经认可试车记录,承包人可继续施工或办理竣工手续。

19.6 投料试车应在工程竣工验收后由发包人负责,如发包人要求在工程竣工验收前进行或需要承包人配合时,应征得承包人同意,另行签订补充协议。

五、安全施工

20　安全施工与检查

20.1 承包人应遵守工程建设安全生产有关管理规定,严格按安全标准组织施工,并随时接受行业安全检查人员依法实施的监督检查,采取必要的安全防护措施,消除事故隐患。由于承包人安全措施不力造成事故的责任和因此发生的费用,由承包人承担。

20.2 发包人应对其在施工场地的工作人员进行安全教育,并对他们的安全负责。发包人不得要求承包人违反安全管理的规定进行施工。因发包人原因导致的安全事故,由发包人承担相应责任及发生的费用。

21　安全防护

21.1 承包人在动力设备、输电线路、地下管道、密封防震车间、易燃易爆地段以及临街交通要道附近施工时,施工开始前应向工程师提出安全防护措施,经工程师认可后实施,防护措施费用由发包人承担。

21.2 实施爆破作业,在放射、毒害性环境中施工(含储存、运输、使用)及使用毒害性、腐蚀性物品施工时，承包人应在施工前14天以书面形式通知工程师，并提出相应的安全防护措施，经工程师认可后实施，由发包人承担安全防护措施费用。

22　事故处理

22.1 发生重大伤亡及其他安全事故，承包人应按有关规定立即上报有关部门并通知工程师，同时按政府有关部门要求处理，由事故责任方承担发生的费用。

22.2 发包人承包人对事故责任有争议时，应按政府有关部门的认定处理。

六、合同价款与支付

23　合同价款及调整

23.1 招标工程的合同价款由发包人承包人依据中标通知书中的中标价格在协议书内约定。非招标工程的合同价款由发包人承包人依据工程预算书在协议书内约定。

23.2 合同价款在协议书内约定后，任何一方不得擅自改变。下列三种确定合同价款的方式，双方可在专用条款内约定采用其中一种：

(1)固定价格合同。双方在专用条款内约定合同价款包含的风险范围和风险费用的计算方法，在约定的风险范围内合同价款不再调整。风险范围以外的合同价款调整方法，应当在专用条款内约定。

(2)可调价格合同。合同价款可根据双方的约定而调整，双方在专用条款内约定合同价款调整方法。

(3)成本加酬金合同。合同价款包括成本和酬金两部分，双方在专用条款内约定成本构成和酬金的计算方法。

23.3 可调价格合同中合同价款的调整因素包括：

(1) 法律、行政法规和国家有关政策变化影响合同价款；

(2)工程造价管理部门公布的价格调整；

(3)一周内非承包人原因停水、停电、停气造成停工累计超过8小时；

(4)双方约定的其他因素。

23.4 承包人应当在23.3款情况发生后14天内，将调整原因、金额以书面形式通知工程师，工程师确认调整金额后作为追加合同价款，与工程款同期支付。工程师收到承包人通知后14天内不予确认也不提出修改意见，视为已经同意该项调整。

24　工程预付款

实行工程预付款的，双方应当在专用条款内约定发包人向承包人预付工程款的时间和数额，开工后按约定的时间和比例逐次扣回。预付时间应不迟于约定的开工日期前7天。发包人不按约定预付，承包人在约定预付时间7天后向发包人发出要求预付的通知，发包人收到通知后仍不能按要求预付，承包人可在发出通知后7天停止施工，发包人应从约定应付之日起向承包人支付应付款的贷款利息，并承担违约责任。

25　工程量确认

25.1 承包人应按专用条款约定的时间，向工程师提交已完工程量的报告。工程师接到报告后7天内按设计图纸核实已完工程量(以下称计量)，并在计量前24小时通知承包人，承包人为计量提供便利条件并派人参加。承包人收到通知后不参加计量，计量结果有效，作为工程价款支付的依据。

25.2 工程师收到承包人报告后7天内未进行计量，从第8天起，承包人报告中开列的工程量即视为被确认，作为工程价款支付的依据。工程师不按约定时间通知承包人，致使承包人未能参加计量，计量结果无效。

25.3 对承包人超出设计图纸范围和因承包人原因造成返工的工程量，工程师不予计量。

26　工程款(进度款)支付

26.1 在确认计量结果后14天内，发包人应向承包人支付工程款(进度款)。按约定时间发包人应扣回的预付款，与工程款（进度款）同期结算。

26.2 本通用条款第23条确定调整的合同价款，第31条工程变更调整的合同价款及其他条款中约定的追加合同价款，应与工程款（进度款）同期调整支付。

26.3 发包人超过约定的支付时间不支付工程款（进度款），承包人可向发包人发出要求付款的通知，发包人收到承包人通知后仍不能按要求付款，可与承包人协商签订延期付款协议，经承包人同意后可延期支付。协议应明确延期支付的时间和从计量结果确认后第15天起应付款的贷款利息。

26.4 发包人不按合同约定支付工程款（进度款），双方又未达成延期付款协议，导致施工无法进行，承包人可停止施工，由发包人承担违约责任。

七、材料设备供应

27　发包人供应材料设备

27.1 实行发包人供应材料设备的，双方应当约定发包人供应材料设备的一览表，作为本合同附件（附件2）。一览表包括发包人供应材料设备的品种、规格、型号、数量、单价、质量等级、提供时间和地点。

27.2 发包人按一览表约定的内容提供材料设备，并向承包人提供产品合格证明，对其质量负责。发包人在所供材料设备到货前24小时，以书面形式通知承包人，由承包人派人与发包人共同清点。

27.3 发包人供应的材料设备，承包人派人参加清点后由承包人妥善保管，发包人支付相应保管费用。因承包人原因发生丢失损坏，由承包人负责赔偿。

发包人未通知承包人清点，承包人不负责材料设备的保管，丢失损坏由发包人负责。

27.4 发包人供应的材料设备与一览表不符时，发包人承担有关责任。发包人应承担责任的具体内容，双方根据下列情况在专用条款内约定：

（1）材料设备单价与一览表不符，由发包人承担所有价差；

（2）材料设备的品种、规格、型号、质量等级与一览表不符，承包人可拒绝接收保管，由发包人运出施工场地并重新采购；

（3）发包人供应的材料规格、型号与一览表不符，经发包人同意，承包人可代为调剂串换，由发包人承担相应费用；

（4）到货地点与一览表不符，由发包人负责运至一览表指定地点；

（5）供应数量少于一览表约定的数量时，由发包人补齐，多于一览表约定数量时，发包人负责将多出部分运出施工场地；

（6）到货时间早于一览表约定时间，由发包人承担因此发生的保管费用，到货时间迟于一览表约定的供应时间，发包人赔偿由此造成的承包人损失，造成工期延误的，相应顺延工期。

27.5 发包人供应的材料设备使用前，由承包人负责检验或试验，不合格的不得使用，检验或试验费用由发包人承担。

27.6 发包人供应材料设备的结算方法，双方在专用条款内约定。

28　承包人采购材料设备

28.1 承包人负责采购材料设备的，应按照专用条款约定及设计和有关标准要求采购，并提供产品合格证明，对材料设备质量负责。承包人在材料设备到货前24小时通知工程师清点。

28.2 承包人采购的材料设备与设计标准要求不符时，承包人应按工程师要求的时间运出施工场地，重新采购符合要求的产品，承担由此发生的费用，由此延误的工期不予顺延。

28.3 承包人采购的材料设备在使用前，承包人应按工程师的要求进行检验或试验，不合格的不得使用，检验或试验费用由承包人承担。

28.4 工程师发现承包人采购并使用不符合设计和标准要求的材料设备时，应要求承包人负责修复、拆除或重新采购，由承包人承担发生的费用，由此延误的工期不予顺延。

28.5 承包人需要使用代用材料时，应经工程师认可后才能使用，由此增减的合同价款双方以书面形式议定。

28.6 由承包人采购的材料设备,发包人不得指定生产厂或供应商。

八、工程变更

29　工程设计变更

29.1 施工中发包人需对原工程设计变更,应提前 14 天以书面形式向承包人发出变更通知。变更超过原设计标准或批准的建设规模时,发包人应报规划管理部门和其他有关部门重新审查批准,并由原设计单位提供变更的相应图纸和说明。承包人按照工程师发出的变更通知及有关要求,进行下列需要的变更:

(1)更改工程有关部分的标高、基线、位置和尺寸;

(2)增减合同中约定的工程量;

(3)改变有关工程的施工时间和顺序;

(4)其他有关工程变更需要的附加工作。

因变更导致合同价款的增减及造成的承包人损失,由发包人承担,延误的工期相应顺延。

29.2 施工中承包人不得对原工程设计进行变更。因承包人擅自变更设计发生的费用和由此导致发包人的直接损失,由承包人承担,延误的工期不予顺延。

29.3 承包人在施工中提出的合理化建议涉及到对设计图纸或施工组织设计的更改及对材料、设备的换用,须经工程师同意。未经同意擅自更改或换用时,承包人承担由此发生的费用,并赔偿发包人的有关损失,延误的工期不予顺延。

工程师同意采用承包人合理化建议,所发生的费用和获得的收益,发包人承包人另行约定分担或分享。

30　其他变更

合同履行中发包人要求变更工程质量标准及发生其他实质性变更,由双方协商解决。

31　确定变更价款

31.1 承包人在工程变更确定后 14 天内,提出变更工程价款的报告,经工程师确认后调整合同价款。变更合同价款按下列方法进行:

(1)合同中已有适用于变更工程的价格,按合同已有的价格变更合同价款;

(2)合同中只有类似于变更工程的价格,可以参照类似价格变更合同价款;

(3)合同中没有适用或类似于变更工程的价格,由承包人提出适当的变更价格,经工程师确认后执行。

31.2 承包人在双方确定变更后 14 天内不向工程师提出变更工程价款报告时,视为该项变更不涉及合同价款的变更。

31.3 工程师应在收到变更工程价款报告之日起 14 天内予以确认,工程师无正当理由不确认时,自变更工程价款报告送达之日起 14 天后视为变更工程价款报告已被确认。

31.4 工程师不同意承包人提出的变更价款,按本通用条款第 37 条关于争议的约定处理。

31.5 工程师确认增加的工程变更价款作为追加合同价款,与工程款同期支付。

31.6 因承包人自身原因导致的工程变更,承包人无权要求追加合同价款。

九、竣工验收与结算

32　竣工验收

32.1 工程具备竣工验收条件,承包人按国家工程竣工验收有关规定,向发包人提供完整的竣工资料及竣工验收报告。双方约定由承包人提供竣工图的,应当在专用条款内约定提供的日期和份数。

32.2 发包人收到竣工验收报告后 28 天内组织有关单位验收,并在验收后 14 天内给予认可或提出修改意见。承包人按要求修改,并承担由自身原因造成修改的费用。

32.3 发包人收到承包人送交的竣工验收报告后28天内不组织验收,或验收后14天内不提出修改意见,视为竣工验收报告已被认可。

32.4 工程竣工验收通过,承包人送交竣工验收报告的日期为实际竣工日期。工程按发包人要求修改后通过竣工验收的,实际竣工日期为承包人修改后提请发包人验收的日期。

32.5 发包人收到承包人竣工验收报告后28天内不组织验收,从第29天起承担工程保管及一切意外责任。

32.6 中间交工工程的范围和竣工时间,双方在专用条款内约定,其验收程序按本通用条款32.1款至32.4款办理。

32.7 因特殊原因,发包人要求部分单位工程或工程部位甩项竣工的,双方另行签订甩项竣工协议,明确双方责任和工程价款的支付方法。

32.8 工程未经竣工验收或竣工验收未通过的,发包人不得使用。发包人强行使用时,由此发生的质量问题及其他问题,由发包人承担责任。

33 竣工结算

33.1 工程竣工验收报告经发包人认可后28天内,承包人向发包人递交竣工结算报告及完整的结算资料,双方按照协议书约定的合同价款及专用条款约定的合同价款调整内容,进行工程竣工结算。

33.2 发包人收到承包人递交的竣工结算报告及结算资料后28天内进行核实,给予确认或者提出修改意见。发包人确认竣工结算报告,通知经办银行向承包人支付工程竣工结算价款。承包人收到竣工结算价款后14天内将竣工工程交付发包人。

33.3 发包人收到竣工结算报告及结算资料后28天内无正当理由不支付工程竣工结算价款,从第29天起按承包人同期向银行贷款利率支付拖欠工程价款的利息,并承担违约责任。

33.4 发包人收到竣工结算报告及结算资料后28天内不支付工程竣工结算价款,承包人可以催告发包人支付结算价款。发包人在收到竣工结算报告及结算资料后56天内仍不支付的,承包人可以与发包人协议将该工程折价,也可以由承包人申请人民法院将该工程依法拍卖,承包人就该工程折价或者拍卖的价款优先受偿。

33.5 工程竣工验收报告经发包人认可后28天内,承包人未能向发包人递交竣工结算报告及完整的结算资料,造成工程竣工结算不能正常进行或工程竣工结算价款不能及时支付,发包人要求交付工程的,承包人应当交付;发包人不要求交付工程的,承包人承担保管责任。

33.6 发包人承包人对工程竣工结算价款发生争议时,按本通用条款第37条关于争议的约定处理。

34 质量保修

34.1 承包人应按法律、行政法规或国家关于工程质量保修的有关规定,对交付发包人使用的工程在质量保修期内承担质量保修责任。

34.2 质量保修工作的实施。承包人应在工程竣工验收之前,与发包人签订质量保修书,作为本合同附件(附件3)。

34.3 质量保修书的主要内容包括:

(1)质量保修项目内容及范围;

(2)质量保修期;

(3)质量保修责任;

(4)质量保修金的支付方法。

十、违约、索赔和争议

35 违约

35.1 发包人违约。当发生下列情况时:

(1)本通用条款第24条提到的发包人不按时支付工程预付款;

(2)本通用条款第26.4款提到的发包人不按合同约定支付工程款,导致施工无法进行;

(3)本通用条款第33.3款提到的发包人无正当理由不支付工程竣工结算价款;

(4)发包人不履行合同义务或不按合同约定履行义务的其他情况。

发包人承担违约责任,赔偿因其违约给承包人造成的经济损失,顺延延误的工期。双方在专用条款内约定发包人赔偿承包人损失的计算方法或者发包人应当支付违约金的数额或计算方法。

35.2 承包人违约。当发生下列情况时:

(1)本通用条款第14.2款提到的因承包人原因不能按照协议书约定的竣工日期或工程师同意顺延的工期竣工;

(2)本通用条款第15.1款提到的因承包人原因工程质量达不到协议书约定的质量标准;

(3)承包人不履行合同义务或不按合同约定履行义务的其他情况。

承包人承担违约责任,赔偿因其违约给发包人造成的损失。双方在专用条款内约定承包人赔偿发包人损失的计算方法或者承包人应当支付违约金的数额或计算方法。

35.3 一方违约后,另一方要求违约方继续履行合同时,违约方承担上述违约责任后仍应继续履行合同。

36　索赔

36.1 当一方向另一方提出索赔时,要有正当索赔理由,且有索赔事件发生时的有效证据。

36.2 发包人未能按合同约定履行自己的各项义务或发生错误以及应由发包人承担责任的其他情况,造成工期延误和(或)承包人不能及时得到合同价款及承包人的其他经济损失,承包人可按下列程序以书面形式向发包人索赔:

(1)索赔事件发生后28天内,向工程师发出索赔意向通知;

(2)发出索赔意向通知后28天内,向工程师提出延长工期和(或)补偿经济损失的索赔报告及有关资料;

(3)工程师在收到承包人送交的索赔报告和有关资料后,于28天内给予答复,或要求承包人进一步补充索赔理由和证据;

(4)工程师在收到承包人送交的索赔报告和有关资料后28天内未予答复或未对承包人作进一步要求,视为该项索赔已经认可;

(5)当该索赔事件持续进行时,承包人应当阶段性向工程师发出索赔意向,在索赔事件终了后28天内,向工程师送交索赔的有关资料和最终索赔报告,索赔答复程序与(3)、(4)规定相同。

36.3 承包人未能按合同约定履行自己的各项义务或发生错误,给发包人造成经济损失,发包人可按36.2款确定的时限向承包人提出索赔。

37　争议

37.1 发包人承包人在履行合同时发生争议,可以和解或者要求有关主管部门调解。当事人不愿和解、调解或者和解、调解不成的,双方可以在专用条款内约定以下一种方式解决争议:

第一种解决方式:双方达成仲裁协议,向约定的仲裁委员会申请仲裁;

第二种解决方式:向有管辖权的人民法院起诉。

37.2 发生争议后,除非出现下列情况的,双方都应继续履行合同,保持施工连续,保护好已完工程:

(1)单方违约导致合同确已无法履行,双方协议停止施工;

(2)调解要求停止施工,且为双方接受;

(3)仲裁机构要求停止施工;

(4)法院要求停止施工。

十一、其他

38　工程分包

38.1 承包人按专用条款的约定分包所承包的部分工程，并与分包单位签订分包合同。非经发包人同意，承包人不得将承包工程的任何部分分包。

38.2 承包人不得将其承包的全部工程转包给他人，也不得将其承包的全部工程肢解以后以分包的名义分别转包给他人。

38.3 工程分包不能解除承包人任何责任与义务。承包人应在分包场地派驻相应管理人员，保证本合同的履行。分包单位的任何违约行为或疏忽导致工程损害或给发包人造成其他损失，承包人承担连带责任。

38.4 分包工程价款由承包人与分包单位结算。发包人未经承包人同意不得以任何形式向分包单位支付各种工程款项。

39 不可抗力

39.1 不可抗力包括因战争、动乱、空中飞行物体坠落或其他非发包人承包人责任造成的爆炸、火灾，以及专用条款约定的风雨、雪、洪、震等自然灾害。

39.2 不可抗力事件发生后，承包人应立即通知工程师，在力所能及的条件下迅速采取措施，尽力减少损失，发包人应协助承包人采取措施。不可抗力事件结束后48小时内承包人向工程师通报受害情况和损失情况，及预计清理和修复的费用。不可抗力事件持续发生，承包人应每隔7天向工程师报告一次受害情况。不可抗力事件结束后14天内，承包人向工程师提交清理和修复费用的正式报告及有关资料。

39.3 因不可抗力事件导致的费用及延误的工期由双方按以下方法分别承担：

(1)工程本身的损害、因工程损害导致第三人人员伤亡和财产损失以及运至施工场地用于施工的材料和待安装的设备的损害，由发包人承担；

(2)发包人承包人人员伤亡由其所在单位负责，并承担相应费用；

(3)承包人机械设备损坏及停工损失，由承包人承担；

(4)停工期间，承包人应工程师要求留在施工场地的必要的管理人员及保卫人员的费用由发包人承担；

(5)工程所需清理、修复费用，由发包人承担；

(6)延误的工期相应顺延。

39.4 因合同一方迟延履行合同后发生不可抗力的，不能免除迟延履行方的相应责任。

40 保险

40.1 工程开工前，发包人为建设工程和施工场内的自有人员及第三人人员生命财产办理保险，支付保险费用。

40.2 运至施工场地内用于工程的材料和待安装设备，由发包人办理保险，并支付保险费用。

40.3 发包人可以将有关保险事项委托承包人办理，费用由发包人承担。

40.4 承包人必须为人事危险作业的职工办理意外伤害保险，并为施工场地内自有人员生命财产和施工机械设备办理保险，支付保险费用。

40.5 保险事故发生时，发包人承包人有责任尽力采取必要的措施，防止或者减少损失。

40.6 具体投保内容和相关责任，发包人承包人在专用条款中约定。

41 担保

41.1 发包人承包人为了全面履行合同，应互相提供以下担保：

(1)发包人向承包人提供履约担保，按合同约定支付工程价款及履行合同约定的其他义务；

(2)承包人向发包人提供履约担保，按合同约定履行自己的各项义务。

41.2 一方违约后，另一方可要求提供担保的第三人承担相应责任。

41.3 提供担保的内容、方式和相关责任，发包人承包人除在专用条款中约定外，被担保方与担保方还应签订担保合同,作为本合同附件。

42　专利技术及特殊工艺

42.1 发包人要求使用专利技术或特殊工艺,就负责办理相应的申报手续,承担申报、试验、使用等费用;承包人提出使用专利技术或特殊工艺,应取得工程师认可,承包人负责办理申报手续并承担有关费用。

42.2 擅自使用专利技术侵犯他人专利权的,责任者依法承担相应责任。

43　文物和地下障碍物

43.1 在施工中发现古墓、古建筑遗址等文物及化石或其他有考古、地质研究等价值的物品时,承包人应立即保护好现场并于4小时内以书面形式通知工程师,工程师应于收到书面通知后24小时内报告当地文物管理部门,发包人承包人按文物管理部门的要求采取妥善保护措施。发包人承担由此发生的费用,顺延延误的工期。

如发现后隐瞒不报,致使文物遭受破坏,责任者依法承担相应责任。

43.2 施工中出现影响施工的地下障碍物时,承包人应于8小时内以书面形式通知工程师,同时提出处置方案,工程师收到处置方案后24小时内予以认可或提出修正方案。发包人承担由此发生的费用,顺延延误的工期。

所发现的地下障碍物有归属单位时,发包人应报请有关部门协同处置。

44　合同解除

44.1 发包人承包人协商一致,可以解除合同。

44.2 发生本通用条款第26.4款情况,停止施工超过56天,发包人仍不支付工程款(进度款),承包人有权解除合同。

44.3 发生本通用条款第38.2款禁止的情况,承包人将其承包的全部工程转包给他人或者肢解以后以分包的名义分别转包给他人,发包人有权解除合同。

44.4 有下列情形之一的,发包人承包人可以解除合同:

(1)因不可抗力致使合同无法履行;

(2)因一方违约(包括因发包人原因造成工程停建或缓建)致使合同无法履行。

44.5 一方依据44.2、44.3、44.4款约定要求解除合同的,应以书面形式向对方发出解除合同的通知,并在发出通知前7天告知对方,通知到达对方时合同解除。对解除合同有争议的,按本通用条款第37条关于争议的约定处理。

44.6 合同解除后,承包人应妥善做好已完工程和已购材料、设备的保护和移交工作,按发包人要求将自有机械设备和人员撤出施工场地。发包人应为承包人撤出提供必要条件,支付以上所发生的费用,并按合同约定支付已完工程价款。已经订货的材料、设备由订货方负责退货或解除订货合同,不能退还的货款和因退货、解除订货合同发生的费用,由发包人承担,因未及时退货造成的损失由责任方承担。除此之外,有过错的一方应当赔偿因合同解除给对方造成的损失。

44.7 合同解除后,不影响双方在合同中约定的结算和清理条款的效力。

45　合同生效与终止

45.1 双方在协议书中约定合同生效方式。

45.2 除本通用条款第34条外,发包人承包人履行合同全部义务,竣工结算价款支付完毕,承包人向发包人交付竣工工程后,本合同即告终止。

45.3 合同的权利义务终止后,发包人承包人应当遵循诚实信用原则,履行通知、协助、保密等义务。

46　合同份数

46.1 本合同正本两份,具有同等效力,由发包人承包人分别保存一份。

46.2 本合同副本份数，由双方根据需要在专用条款内约定。

47　补充条款

双方根据有关法律、行政法规规定，结合工程实际经协商一致后，可对本通用条款内容具体化、补充或修改，在专用条款内约定。

第三部分　专用条款

一、词语定义及合同文件

2　合同文件及解释顺序

合同文件组成及解释顺序：______________

3　语言文字和适用法律、标准及规范

3.1 本合同除使用汉语外，还使用______________语言文字。

3.2 适用法律和法规需要明示的法律、行政法规：______________

3.3 适用标准、规范

适用标准、规范的名称：______________

发包人提供标准、规范的时间：______________

国内没有相应标准、规范时的约定：______________

4　图纸

4.1 发包人向承包人提供图纸日期和套数：______________

发包人对图纸的保密要求：______________

使用国外图纸的要求及费用承担：______________

二、双方一般权利和义务

5　工程师

5.2 监理单位委派的工程师

姓名：______________职务：______________

发包人委托的职权：______________

需要取得发包人批准才能行使的职权：______________

5.3 发包人派驻的工程师

姓名：______________职务：______________

职权：______________

5.6 不实行监理的，工程师的职权：______________

7　项目经理

姓名：______________职务：______________

8　发包人工作

8.1 发包人应按约定的时间和要求完成以下工作：

(1)施工场地具备施工条件的要求及完成的时间：______________

(2)将施工所需的水、电、电讯线路接至施工场地的时间、地点和供应要求：______________

(3)施工场地与公共道路的通道开通时间和要求：______________

(4)工程地质和地下管线资料的提供时间：______________

(5)由发包人办理的施工所需证件、批件的名称和完成时间：______________

(6)水准点与坐标控制点交验要求：______________

(7)图纸会审和设计交底时间：______________

(8)协调处理施工场地周围地下管线和邻近建筑物、构筑物(含文物保护建筑)、古树名木的保护工

作：________________

(9)双方约定发包人应做的其他工作：________________

8.2 发包人委托承包人办理的工作：________________

9 承包人工作

9.1 承包人应按约定的时间和要求完成以下工作：

(1)需由设计资质等级和业务范围允许的承包人完成的设计文件提交时间：________________

(2)应提供计划、报表的名称及完成时间：________________

(3)承担施工安全保卫工作及非夜间施工照明的责任和要求：________________

(4)向发包人提供的办公和生活房屋及设施的要求：________________

(5)需承包人办理的有关施工场地交通、环卫和施工噪音管理等手续：________________

(6)已完工程成品保护的特殊要求及费用承担：________________

(7)施工场地周围地下管线和邻近建筑物、构筑物(含文物保护建筑)、古树名木的保护要求及费用承担：________________

(8)施工场清洁卫生的要求：________________

(9)双方约定承包人应做的其他工作：________________

三、施工组织设计和工期

10 进度计划

10.1 承包人提供施工组织设计(施工方案)和进度计划的时间：________________

工程师确认的时间：________________

10.2 群体工程中有关进度计划的要求：________________

13 工期延误

13.1 双方约定工期顺延的其他情况：________________

四、质量与检验

17 隐蔽工程和中间验收

17.1 双方约定中间验收部位：________________

19 工程试车

19.5 试车费用的承担：________________

五、安全施工

六、合同价款与支付

23 合同价款及调整

23.2 本合同价款采用 ________________ 方式确定。

(1)采用固定价格合同，合同价款中包括的风险范围：________________

风险费用的计算方法：________________

风险范围以外合同价款调整方法：________________

(2)采用可调价格合同，合同价款调整方法：________________

(3)采用成本加酬金合同，有关成本和酬金的约定：________________

23.3 双方约定合同价款的其他调整因素：________________

24 工程预付款

发包人向承包人预付工程款的时间和金额或占合同价款总额的比例：________________

扣回工程款的时间、比例：________________

25 工程量确认

25.1 承包人向工程师提交已完工程量报告的时间：________________

26　工程款(进度款)支付

双方约定的工程款(进度款)支付的方式和时间：________________

七、材料设备供应

27　发包人供应材料设备

27.4 发包人供应的材料设备与一览表不符时,双方约定发包人承担责任如下：

(1)材料设备单价与一览表不符：________________

(2)材料设备的品种、规格、型号、质量等级与一览表不符：________________

(3)承包人可代为调剂串换的材料：________________

(4)到货地点与一览表不符：________________

(5)供应数量与一览表不符：________________

(6)到货时间与一览表不符：________________

27.6 发包人供应材料设备的结算方法：________________

28　承包人采购材料设备

28.1 承包人采购材料设备的约定：________________

八、工程变更

九、竣工验收与结算

32　竣工验收

32.1 承包人提供竣工图的约定：________________

32.6 中间交工工程的范围和竣工时间：________________

十、违约、索赔和争议

35　违约

35.1 本合同中关于发包人违约的具体责任如下：

本合同通用条款第 24 条约定发包人违约应承担的违约责任：________________

本合同通用条款第 26.4 款约定发包人违约应承担的违约责任：________________

本合同通用条款第 33.3 款约定发包人违约应承担的违约责任：________________

双方约定的发包人其他违约责任：________________

35.2 本合同中关于承包人违约的具体责任如下：

本合同通用条款第 14.2 款约定承包人违约承担的违约责任：________________

本合同通用条款第 15.1 款约定承包人违约应承担的违约责任：________________

双方约定的承包人其他违约责任：________________

37　争议

37.1 双方约定,在履行合同过程中产生争议时：

(1)请________________调解；

(2)采取第______种方式解决,并约定向______仲裁委员会提请仲裁或向______人民法院提起诉讼。

十一、其他

38　工程分包

38.1 本工程发包人同意承包人分包的工程：________________

分包施工单位为：________________

39　不可抗力

39.1 双方关于不可抗力的约定：________________

40　保险

40.6 本工程双方约定投保内容如下：

(1)发包人投保内容：________________

发包人委托承包人办理的保险事项：________________

(2)承包人投保内容：________________

41 担保

41.3 本工程双方约定担保事项如下：________________

(1)发包人向承包人提供履约担保,担保方式为：________________,担保合同作为本合同附件。

(2)承包人向发包人提供履约担保,担保方式为：________________,担保合同作为本合同附件。

(3)双方约定的其他担保事项：________________

46 合同份数

46.1 双方约定合同副本份数：________________

47 补充条款

附件1:承包人承揽工程项目一览表(略)

附件2:发包人供应材料设备一览表(略)

附件3:工程质量保修书(略)

参考文献

[1] 全国建筑企业项目经理培训教材. 施工组织设计与进度管理[M]. 北京:中国建筑工业出版社,2001.

[2] 全国监理工程师培训考试教材. 建设工程监理进度控制[M]. 北京:知识产权出版社,2003.

[3] 全国监理工程师培训考试教材. 建设工程监理投资控制[M]. 北京:知识产权出版社,2003.

[4] 全国监理工程师培训考试教材. 建设工程监理概论[M]. 北京:知识产权出版社,2003.

[5] 中国建设监理协会. 2001 年度全国监理工程师执业资格考试辅导资料[M]. 北京:知识产权出版社,2000.

[6] 中国建设监理协会. 建设工程监理相关法规文件汇编[M]. 北京:知识产权出版社,2003.

[7] 刘贞平,李清立,刘廷彦. 工程建设监理概论[M]. 北京:中国建筑工业出版社,1997.

[8] 毛鹤琴,孙锡衡,张毓贤,等. 工程建设质量控制[M]. 北京:中国建筑工业出版社,1997.

[9] 李新军. 水利水电建设监理工程师手册[M]. 北京:中国水利水电出版社,1998.

[10] 丰景春,王卓甫. 建设项目质量控制[M]. 2 版. 北京:中国水利水电出版社,1998.

[11] 姜大敏. 建筑工程施工质量验收监理实务[M]. 上海:同济大学出版社,2004.

[12] 王长永,李树枫. 工程建设监理概论[M]. 北京:科学出版社,2001.

[13] [illegible]止. 建设工程合同管理与索赔[M]. 北京:机械工业出版社,2003.

[14] 刘伊生. 建设工程招投标与合同管理[M]. 北京:北方交通大学出版社,2002.

[15] 雷俊卿,杨平. 土木工程合同管理与索赔[M]. 武汉:武汉工业大学出版社,2003.

[16] 卢谦. 建设工程招标投标与合同管理[M]. 北京:中国水利水电出版社,2001.

[17] 李开运. 建设项目合同管理[M]. 2 版. 北京:中国水利水电出版社,2001.

[18] 周宜红. 水利水电工程建设监理概论[M]. 武汉:武汉大学出版社,2003.

[19] 钟汉华. 建筑工程安全管理[M]. 北京:中国电力出版社,2008.